学前教育专业教育教研成果系列教材

学前科研方法和研究性学习

主　编　左彩云
副主编　周惠杰

北京理工大学出版社
BEIJING INSTITUTE OF TECHNOLOGY PRESS

内 容 简 介

本书为适应基础教育改革和国家对学前教育行业教师专业发展的要求，针对保教工作中的现实需要与问题，要求教师能做到"主动收集分析相关信息，不断进行反思"、"掌握观察、谈话、记录等了解幼儿的基本方法"、"研究幼儿，遵循幼儿成长规律"、"主动自主研修"等探索和研究工作。因此，遵循理论联系实际的原则，以培养学生科研意识、创新精神和实操能力为目标，以学前教育行业领域保教工作中存在的现实问题和高等教育院校学前教育专业学生如何开展教育科学研究为两条主线，以教育研究的实施步骤为载体，采取讲练结合、学思结合的形式，把学前教育科学研究的相应内容融入到问题情境中，通俗易懂地介绍了教育科学研究的基础理论知识、基本技能和职业素养。

本书共 8 个单元，包括学前教育科学研究的基本理论、学前教育研究课题的选择、文献检索、观察研究、调查研究、实验研究、个案研究和学前教育研究成果的呈现等内容。每一单元，都以"案例导入"即问题情境引出内容，并辅以课堂讨论、研究案例、相关链接、思考与练习等，既能帮助学习理解、打基础，又能引发思考、促发展，具有很强的实用性。

本书可作为高等教育院校师范类专业，尤其是学前教育专业的教材，也可作为从事学前教育行业教育教学一线教师、教育研究工作人员的参考书。

版权专有　侵权必究

图书在版编目（CIP）数据

学前科研方法和研究性学习 / 左彩云主编 . — 北京：北京理工大学出版社，2020.3（2022.6 重印）

ISBN 978-7-5682-8168-3

Ⅰ. ①学… Ⅱ. ①左… Ⅲ. ①学前教育—教育研究 Ⅳ. ① G61

中国版本图书馆 CIP 数据核字（2020）第 028825 号

出版发行 / 北京理工大学出版社有限责任公司	
社　　址 / 北京市海淀区中关村南大街 5 号	
邮　　编 / 100081	
电　　话 /（010）68914775（总编室）	
（010）82562903（教材售后服务热线）	
（010）68944723（其他图书服务热线）	
网　　址 / http://www.bitpress.com.cn	
经　　销 / 全国各地新华书店	
印　　刷 / 涿州市新华印刷有限公司	
开　　本 / 787 毫米 × 1092 毫米　1/16	
印　　张 / 21.5	责任编辑 / 李慧智
字　　数 / 508 千字	文案编辑 / 李慧智
版　　次 / 2020 年 3 月第 1 版　2022 年 6 月第 3 次印刷	责任校对 / 周瑞红
定　　价 / 55.00 元	责任印制 / 施胜娟

图书出现印装质量问题，请拨打售后服务热线，本社负责调换

前　言

民族振兴，教育为本；教育振兴，教师为本。随着我国学前教育的蓬勃发展，学前教育科研的重要性日益显现，向科研要质量、以教育科学研究带动学前教育的各项工作，已成为广大学前教育工作者的共识。在我国相继出台的《国家中长期教育改革和发展规划纲要（2010—2020）》《幼儿园教师专业标准（试行）》等一系列学前教育发展的相关文件中，都对幼儿园教师提出了更高的要求。针对幼儿园保教工作中的现实需要与问题，幼儿教师要"了解国内外学前教育改革与发展的经验和做法""主动收集分析相关信息，不断进行反思""掌握观察、谈话、记录等了解幼儿的基本方法""研究幼儿，遵循幼儿成长规律""主动自主研修"，要不断进行探索和研究，促进自身专业素养的提升。

学前教科研究方法和研究性学习是高等教育院校学前教育专业的教育类课程，课程主要阐述教育科学研究的基本理论、基本概念，培养学生的教育科学研究意识、批判性思维、创新精神及逻辑推理能力，使学生掌握教育科学研究方法的实施、运用，从而发现教育教学及学前儿童成长发展的一般规律，尤其是研究幼儿园教育教学活动中常见的教育现象，为将来从事学前教育工作奠定坚实的基础。

本书遵循理论联系实际的原则，以培养学生实操能力为目标，具有以下特点：

1. 定位明确

将主要使用本书的广大读者定位为高等教育院校师范类专业学生，尤其是学前教育专业学生，目标是使本书的学习，成为学生教育科学研究的启蒙开端，并引领学生在专业成长发展方面，成为有科研视野的反思型、创新型教师。因此，本书选取的内容既能帮助学生弄懂日常模糊的一些科研概念，又能理清进行教育科学研究工作的基本步骤，能够实现"应知应会"的知行目标。

2. 内容新颖

本书尽可能将最新国内外学前教育科研成果吸收进来，并结合当前学前教育改革的需要，注意引导学生对学前教育发展中的现实问题进行思考，以学前儿童存在的现实问题和高等教育院校学前教育专业学生如何开展研究为两条主线,内容既能紧密结合学前儿童保教的实际情况、突出学前教育科学研究工作的实施开展,又能与时俱进,具有较强的时代感。

3. 讲练结合、学思结合

考虑到学前教科研究方法和研究性学习课程在各高校开设的学时有限、学生科研基础薄弱等因素,本书突出说明了各种方法的基本程序、优点、局限性,并结合了诸多的范例,辅以案例导入、课堂讨论、研究案例、相关链接、思考与练习等,具有很强的实用性。这种讲解与练习结合的形式,对师范类专业学生在实际工作中选择、使用恰当的方法进行研究大有裨益。

本书在编写过程中,参考了国内外相关文献资料和学前教育教学研究的一些教材、论文、专著等,在此向有关作者衷心致谢。

时代在发展,学科也在发展,加之编者水平有限,本书难免有疏漏之处,敬请专家、同行、读者给予批评指正。

编 者
2019 年 2 月

目 录

第1单元 学前教育科学研究概述 …………………………………………… 1

第一节 学前教育科学研究 ………………………………………………… 1
　　一、教育研究与学前教育研究 …………………………………………… 1
　　二、学前教育研究的作用 ………………………………………………… 3

第二节 学前教育研究遵循的原则 ………………………………………… 4
　　一、客观性原则 …………………………………………………………… 4
　　二、教育性原则 …………………………………………………………… 5
　　三、系统性原则 …………………………………………………………… 6
　　四、伦理性原则 …………………………………………………………… 7
　　五、发展性原则 …………………………………………………………… 7

第三节 学前教育研究的一般程序与基本方法 …………………………… 8
　　一、学前教育研究的一般程序 …………………………………………… 8
　　二、研究对象的确定方法 ………………………………………………… 11
　　三、学前教育研究的方法 ………………………………………………… 15

思考与练习 …………………………………………………………………… 19

附录（二维码）……………………………………………………………… 20

第2单元 学前教育研究课题的选择与开题报告撰写 …………………… 21

第一节 学前教育研究课题的概述 ………………………………………… 21
　　一、什么是学前教育研究课题 …………………………………………… 21

二、学前教育研究课题的来源 …………………………………… 22
　　三、学前教育研究课题的表述 …………………………………… 23

　第二节　学前教育研究课题的选择 …………………………………… 30
　　一、学前教育研究课题选择的原则 ……………………………… 30
　　二、学前教育研究课题选择的过程 ……………………………… 33
　　三、学前教育研究课题选择的方法 ……………………………… 35
　　四、学前教育研究选题的注意事项 ……………………………… 35

　第三节　开题报告撰写 ………………………………………………… 37
　　一、开题报告及其构成 …………………………………………… 37
　　二、选题论证 ……………………………………………………… 38
　　三、开题报告、开题答辩与论文的关系 ………………………… 49

　思考与练习 ……………………………………………………………… 54

　附录（二维码） ………………………………………………………… 55

第3单元　学前教育文献的检索与文献综述撰写 …………………… 56

　第一节　文献概述 ……………………………………………………… 57
　　一、什么是文献 …………………………………………………… 57
　　二、文献的分类 …………………………………………………… 57
　　三、文献的作用 …………………………………………………… 60
　　四、真假刊物的判断 ……………………………………………… 61
　　五、刊物级别的判断 ……………………………………………… 65

　第二节　文献检索 ……………………………………………………… 66
　　一、文献检索的意义 ……………………………………………… 66
　　二、学前教育文献查找的过程 …………………………………… 70
　　三、文献检索的基本要求 ………………………………………… 75

　第三节　文献综述撰写 ………………………………………………… 75
　　一、什么是文献综述 ……………………………………………… 75
　　二、撰写文献综述的阶段 ………………………………………… 76

三、文献综述的结构 77

四、撰写文献综述的基本要求 80

五、文献综述中的常见问题 81

思考与练习 82

第4单元 观察研究 84

第一节 观察研究概述 84

一、什么是观察研究 84

二、观察的作用 88

三、观察研究的特点 91

四、观察研究的信度与效度 95

第二节 观察研究的分类 99

一、依据是否借助于中介或仪器 99

二、依据是否参与研究对象的活动 100

三、依据观察对象是否受控制 102

四、依据观察是否有目的、有计划 104

五、依据观察对象的数量多少 106

六、依据观察情境的范围不同 106

第三节 观察研究的具体方法 107

一、描述观察法 107

二、抽样观察法 111

第四节 观察研究的实施 121

一、观察准备阶段 121

二、实施观察阶段 124

三、整理分析观察记录阶段 128

第五节 观察记录方法 128

一、定量观察记录 128

二、定性观察记录 137

三、观察记录的注意事项 …… 142

第六节 观察记录的处理 …… 144

一、观察记录的整理分析 …… 144

二、观察结果的解释、评价与形成结论 …… 145

三、观察结果的运用 …… 148

思考与练习 …… 149

实　训 …… 151

项目一　幼儿游戏类型与交往反应观察记录 …… 151

项目二　图示记录 …… 155

项目三　6岁儿童课堂捣乱行为观察记录 …… 155

项目四　幼儿户外活动观察记录 …… 158

第5单元　调查研究 …… 159

第一节　调查研究概述 …… 160

一、教育调查研究的意义 …… 160

二、调查研究的特点 …… 161

三、调查研究的分类 …… 161

四、教育调查研究的一般步骤 …… 164

第二节　问卷调查 …… 166

一、什么是问卷调查 …… 166

二、问卷调查的特点 …… 167

三、调查问卷的编制原则 …… 168

四、问卷调查的类型 …… 168

五、问卷的基本结构 …… 170

六、问卷设计的技术 …… 176

七、问卷调查实施的步骤 …… 181

第三节　访谈调查 …… 184

一、访谈调查的意义 …… 184

二、访谈调查的特点 …… 185

三、访谈调查的分类 186
四、访谈调查的实施步骤 187

第四节 作品分析法 197
一、什么是作品分析法 197
二、作品分析法的作用 199
三、作品分析法的特点 199
四、作品分析法的类型 202
五、作品分析法常用的 5 个维度 204
六、作品分析法的实施步骤 205
七、作品分析法实施时的注意事项 207

第五节 测验法 208
一、测验法的意义 208
二、测验法的特点 209
三、测验法的分类 210
四、测验法实施的步骤 211
五、使用测验法时的注意事项 212
六、常用的学前教育测验工具 213

思考与练习 228

实　训 229
项目一　问卷的编制 229
项目二　访谈提纲的编制 233

第 6 单元　实验研究 238

第一节 教育实验研究的概述 238
一、什么是教育实验研究 238
二、教育实验与自然科学实验的区别 240
三、教育实验的特点 242
四、教育实验的适用范围与实施要求 243
五、教育实验研究的分类 245

第二节　假说与变量 ····· 251
  一、假说的意义与特点 ····· 251
  二、假说的分类 ····· 253
  三、提出假说的方法 ····· 254
  四、实验中"量"的相关概念 ····· 255
  五、选择变量的注意事项 ····· 257

第三节　教育实验研究的实施步骤 ····· 258
  一、实验的准备阶段 ····· 258
  二、实验的实施阶段 ····· 259
  三、实验的总结评价阶段 ····· 260

第四节　教育实验设计与控制 ····· 261
  一、什么是教育实验设计 ····· 261
  二、实验设计模式 ····· 261
  三、教育实验的控制 ····· 266

思考与练习 ····· 270

实　训 ····· 271
  项目一　教育实验中自变量操纵情境的设计技能 ····· 271
  项目二　教育实验设计技能 ····· 272

第 7 单元　个案研究 ····· 274

第一节　个案研究概述 ····· 274
  一、什么是个案研究 ····· 274
  二、个案研究的特点 ····· 275
  三、个案研究的分类 ····· 275

第二节　学前教育个案研究的基本过程 ····· 278
  一、确定研究问题和假说 ····· 278
  二、选择研究对象 ····· 278
  三、搜集个案资料 ····· 279

四、个案的补救、矫正与发展指导 ……………………………………… 280
　　五、个案资料的整理与分析 ……………………………………………… 281
　　六、撰写个案研究报告 …………………………………………………… 282
思考与练习 …………………………………………………………………………… 283

第8单元　学前教育研究成果的呈现 …………………………………… 284

第一节　学前教育研究成果呈现的概述 …………………………………… 284
　　一、学前教育研究成果呈现的意义 ……………………………………… 285
　　二、学前教育研究成果呈现的分类 ……………………………………… 286
　　三、学前教育研究成果呈现的要求 ……………………………………… 289

第二节　学前教育研究成果呈现的步骤 …………………………………… 290
　　一、确定标题 ……………………………………………………………… 290
　　二、拟定提纲 ……………………………………………………………… 290
　　三、撰写初稿 ……………………………………………………………… 292
　　四、修改定稿 ……………………………………………………………… 295

第三节　学前教育研究成果规范 …………………………………………… 297
　　一、题名、署名 …………………………………………………………… 297
　　二、摘要 …………………………………………………………………… 298
　　三、关键词 ………………………………………………………………… 299
　　四、引文、注释与参考文献 ……………………………………………… 300
　　五、附录 …………………………………………………………………… 302
　　六、名词术语、数字、符号和缩略词 …………………………………… 302
　　七、图和表 ………………………………………………………………… 304

第四节　学前教育研究论文与研究报告的基本结构 ……………………… 306
　　一、学前教育研究论文的基本结构 ……………………………………… 306
　　二、学前教育研究报告的基本结构 ……………………………………… 307

思考与练习 …………………………………………………………………………… 325
实　训 ………………………………………………………………………………… 326

项目一　调查研究报告的写作技能 …………………………………………… 326
项目二　教育论文写作技能 ………………………………………………… 326

参考文献 ……………………………………………………………………… 330

第 1 单元

学前教育科学研究概述

任务

1. 了解教育研究及其特点；
2. 理解学前教育研究的原则；
3. 掌握学前教育研究的一般程序。

案例导入

进入大学二年级后，学校每学期都会安排学前教育专业的学生轮换到不同的幼儿园见习4周。第四学期见习时，孟妍在完成学校布置的见习即组织一次体育教学活动时发现，同是小班幼儿，但目前见习的兰开艺术幼儿园和之前见习的体育学校幼儿园相比，幼儿大动作发展明显处于落后状态而且差距较大；在对待体育活动中教师发出的指令方面，理解与反应速度也呈弱势。返校后，孟妍问在其他幼儿园见习的同学，大部分同学感觉区别不明显。孟妍很困惑：为什么差别会这么大？怎么才能找到原因呢？

成为研究者是当前教师专业化的重要内容，作为学前教育专业的学生或幼儿教师，都需要具备一些研究素质和一定的研究能力，而进行教育研究是提高教师专业素养的有效途径。那么，什么是研究、什么是教育研究、研究实施有哪些步骤、可以采用什么研究方法、需要遵循哪些基本原则？本单元，将一一解答上述问题。

第一节 学前教育科学研究

一、教育研究与学前教育研究

（一）教育研究

1. 什么是教育研究

研究是一种系统的探究活动，由客观事实、科学理论和方法技术3个基本要素组成，有着解释、预测和控制的功能。科学研究具有不同于一般认识过程的形式和特点，有比较系统的理论框架，有一定程度的控制机制和严密的分析，如惯性定律、浮力原理的提出。

教育研究是人们有目的、有计划、有系统地采用严格而科学的方法，遵循一定科学程序，对教育问题进行观测、分析和了解，从而发现教育现象之间本质联系与规律的创造性的认识活动。简单地说，教育研究是采用系统的方法来研究教育问题的活动，有客观事实、科学理论、方法技术3个基本要素。

2. 教育研究的特点

（1）理论性和实践性

必须要在教育理论指导下进行，要经过严密的科学论证，因为有的教育实验对象是幼儿，不允许失败，失败没有重新再来的机会。如通过研究教师教育活动中词汇量与幼儿口语发展的关系，可以改变教师日常用语习惯，促进幼儿语言发展。

（2）教育性与思想性

全部教育活动或一切与教育相关联的活动都应当具有教育性，教育科学的方法、手段及全部研究过程都具有直接的育人作用。教育研究，也要反映当今社会最先进的思想文化。

（3）系统性

教育研究与诸多因素有联系，并受其影响制约，教育科学必须从全局出发，全面考虑问题，是一项复杂的系统工程，具有系统性。如受教育的幼儿，其成长不仅仅与其自身生长规律、与家庭有关，还与幼儿园、社区等有密切联系，如果要改变某幼儿的某一不良习惯，则可谓牵一发而动全身，要涉及很多方面。

（4）启发性

要求教育科学研究本身不应当是简单地得出结论，或成果介绍，而应当充满研究和探索的气氛，创造性地解决问题。就如同教育教学行为当中充斥着很多"两难"的情境，都没有现成的解决模式可供借鉴，只能通过研究寻找适合自身特点的做法。如顾及了个性，则会妨碍集体；关注到了幼儿的兴趣，但规范性、一致性的要求会被削弱；让幼儿在课堂和班级中站立起来了，而教师的引导角色却无法体现等。

此外，教育研究周期长，如某种教学方法的改革，需要一定时期才能有成效显现。

（二）学前教育研究

学前教育科学研究，是指采用科学的方法，有意识、有目的、有计划地对学前阶段的教育现象和教育实践中的事实，进行了解、收集、整理和分析，从而发现和认识教育现象的本质和客观规律。学前教育科学研究，是探索学前教育科学的认识过程，目的是通过揭示和发现幼儿教育领域内各种现象的客观规律，不断丰富和完善幼儿教育科学的知识体系，进而更有效地指导幼儿教育实践。

与其他教育科学研究相比，学前教育科学研究的对象是幼儿，有其特有的生理、心理特点，如身体的高速生长发育、心智不成熟、语言理解能力差、缺少辨别是非的能力、情绪冲动性大等特点决定了该阶段的教育科学研究与其他阶段的教育科学研究有所不同，具有特殊性。

二、学前教育研究的作用

（一）更好地指导教育实践

对于教育规律的认识，离不开教育科学研究，通过教育科学研究将感性认识上升为理性认识，然后再指导实践，为教育实践提供理论指导。而且教育的主体与客体都是具有主观能动性的人，无论是教学手段改进，还是教学内容创新，或是教学形式的变换，都说明教育活动非常复杂，因而没有科学理论的指导，不认真研究和探索，单凭每个教育工作者自己的摸索，难度大，而且尝试错误次数可能会很多，不仅事倍而功半、对幼儿发展可能带来不利影响，而且很难与时俱进，也很难促使教育获得更好的发展。

教育科研成果能快捷、方便地被教育工作者用于实践工作中，提高教学质量，促进受教育者身心健康发展，相应也能促进生产力发展。如通过研究，美国心理学家布鲁纳提出的发现学习、德国教育心理学家瓦·根舍因提出的范例教学、苏联教育家赞可夫提出的"高速度、高难度"等教学原则，有效地解决了教育中的一些实际问题，而且不同程度地促进了教育实践的发展。因此，无论是一线幼教工作者还是在校学前教育专业学生，在工作或学习之余多阅读《教育研究》《教育文摘周报》《学前教育》《幼儿教育》等报刊文献，从中学习借鉴他人的教育研究成果，这对自身教育实践能力和研究能力都有一定的助益。

（二）提高教师自身素质

教师是教育活动的主导者，是组织、设计、实施培养人的社会实践活动的主体，其素质水平高低关系着教育教学活动的成败。教育科学研究素质也是教师素质的一个重要组成部分，而且在网络文化盛行、手机通信设备极为便利的现今时代，"教书匠"已远远不能胜任社会对教师角色的要求，教师要更好地履行"教书育人"职责，也需要具备教育科研素质。

教师的教育科学研究素质取决于参与教育科学研究的经验，参与教育科学研究越多、反思总结越多，相应的教育科研素质就越高。深入教育科学研究工作中，了解和把握科学发展的动态和前沿，了解更多更新的信息，掌握大量的全新的科学知识，位于学科发展的前沿或接近学科发展前列，有利于教师开阔视野、激发思路、增长知识，使教师能发现和分析教育实践中各种问题，对原来的做法进行反思，并探索出解决问题的原则和方法，从而提高解决复杂的教育问题的应变能力和创新能力，使旧的观念、方法、技术得到更新，进而提高教师的教学水平和教学能力，提高教育教学质量，使教学与科研融为一体，相辅相成、相得益彰。科研带动教学，教学促进科研，形成良性循环，促使教师整体素质不断提高。如魏书生、斯霞、欧阳黛娜等人之所以成为优秀教师，是因为他们总是从科学研究的角度看待教育教学工作。因此，教师积极参与教育科学研究活动对提高教师自身素质意义重大。

（三）推动幼教改革全面深入

幼儿教育是人发展过程中的重要阶段，只有不断加强对此阶段的教育现象、教育问题的研究，才有可能更好地把握幼儿教育规律，从而在学前教育实践中更好地贯彻教育方针，增强教育自觉性，减少盲目性，促进幼儿身心全面健康发展。每一次的幼教改革都是为了幼儿能够更好发展，而学前教育研究和幼教改革关系紧密，一方面，幼教改革必须以学前教育科学研究的成果为指导；另一方面，在推动幼教改革的过程中又要通过加强对存在问题的研究而保证改革的顺利进行。

随着《幼儿园教育指导纲要（试行）》《3~6岁儿童学习与发展指南》的颁布施行，各地幼儿园纷纷加快了幼教改革的步伐。怎么能更有效地贯彻文件精神，怎么能使幼儿在游戏中快乐学习，怎么能避免幼儿园小学化，怎么结合当地情况进行课程建设，这些都需要幼教工作者在教育教学活动中加强研究，随着问题的解决，幼教改革的进程也在不断地深入。

（四）发展学前教育科学理论

任何一门科学的发展，都要依靠本门学科科学研究成果的积累与创新，学前教育科学的发展也需要大量的、科学的、逻辑的、实证的教育科学研究。教育研究工作者在教学一线进行的各种教育研究，推动了教育科学的发展。但目前还存在一些亟待解决的问题，如针对幼儿多元智能发展的差异性，如何设计、组织教育活动；面对手机、电脑、电视等电子产品中动态游戏或动画对幼儿强烈的吸引，如何创编游戏、引导幼儿阅读，创设健康的成长环境……因此，通过开展学前教育研究，能系统地总结广大幼儿教育工作者多年来积累的大量实践经验，借鉴国内外优秀的教育思想，不断丰富和完善学前教育科学理论和实践体系。

第二节　学前教育研究遵循的原则

学前教育科学研究的原则是指在学前教育科学研究过程中必须遵循的基本要求，为了保证学前教育研究的顺利开展，研究者必须遵守以下原则：

一、客观性原则

教育科学研究工作注重真实性，反映事物的原本情况。客观性原则就是指在学前教育科学研究过程中必须实事求是地根据客观事实或事物的本来面貌加以考察、探索，尊重客观存在，以严谨科学、去伪存真的态度进行研究，反对主观臆想、弄虚作假，是科研工作者应遵循的基本原则。贯彻这一原则，需要做到以下3点：

1. 从实际出发，详细占有材料

研究资料越丰富，越能反映研究对象的真实情况，也更容易抽象概括出事物的规律。科学研究是通过对充分的事实分析、概括，揭示现象的本质，发现事物的客观规律，而非道听途说、主观臆断或一叶障目。因此，只有从客观实际出发，详细地占有相关研究资料，才能接近事实的真相。如研究大班幼儿自主阅读问题，不仅需要观察幼儿在园阅读材料的数量、种类、时间等，还要访谈教师及家长幼儿平时在阅读方面的主动性、独立性及其他阅读习惯等，而这些观察后得出的结论和访谈得来的信息都来源于实际。

2. 运用恰当的研究方法，实施过程科学规范

研究过程中，要秉承科学的研究态度，立足客观存在，从实践中发现问题、提出问题，并采用适当的方法实施研究、解决问题。方法选用得当，则结论误差小、信效度高。

相关链接

还有什么不是研究

都知道,科学之所以成为科学是因为其采用了科学的方法来探讨问题,那么什么样的方法是科学的呢?

按最初的理解,当然是严谨的实验研究了,具备可证伪性、可重复性等一些特点,但是这样的研究其实也是最麻烦的研究,需要严格的概念限定、操作定义、实验设计、数理统计,等等,麻烦得要死,对教育科学而言,似乎只有那些偏执狂才愿意去做这样的研究。那么,怎么办?当然,这难不倒那些头脑聪明但又非常懒惰的专家们,他们有办法:

如果找严谨的实验太辛苦,找那么多被试太麻烦,找两三个来访谈好了,把访谈前前后后写得详细一点,把这种研究起个名,称为质的研究。

如果访谈也太麻烦了,毕竟还要对访谈结果进行分析,那么不谈了,就直接去做好了,把实践中做的过程写出来,起个名,叫行动研究。

如果做也懒得做,那么只要看看想想就好了(或者应该叫作观察与反思),想到什么写什么,起个名,叫叙事研究。

如果看也懒得看,也有办法,自己闭门造车,想几个巨大无比的概念,云山雾罩吹上一通,也起个名字,叫理论研究。

这样看来,我们大家只要写字,就是做研究了,想不研究估计都不行。那么,亲爱的,你告诉我,还有什么不是研究呢?

——来源:迟毓凯.还有什么不是研究[EB/OL].
http://chiyukai.blog.163.com/blog/static/27341122008061038122897/,2008-1-6.

研究的方法很多,尤其是在本专科学生做的小课题研究中,调查研究、案例研究、文献研究、行动研究、叙事研究和课堂观察等都是最常用的方法。现实的问题是,如何根据课题而适宜地运用科学研究方法。方法是死的,人是活的,进行课题研究必须认真分析课题研究的内容,从内容出发,选择合适的研究方法,才能顺利实现研究的目的。

<u>3. 以严谨审慎的态度,分析数据得出结论</u>

对研究过程中收集到的信息、数据要采取实事求是的态度进行统计分析,得出真实的结论,若结论与现实情况有出入,应仔细查证、小心检验找出干扰因素。但有的人做课题研究,为了图方便省事而臆造结论,或为了成果创新获奖评优而歪曲事实,或因为研究结论不符合领导想法、与查阅文献观点均不相符,而对数据进行修改,或者夸大结论的某一方面而回避一些数据分析,这些都不符合客观性原则。

二、教育性原则

教育性原则是指在学前教育科学研究过程中,要牢记育人使命,是为育人而研究而非为研究而研究,不论是研究目的的制定、研究方法的选择,还是研究过程的组织与实施等,都要体现为了人、发展人的育人原则,这是学前教育的目的和任务所决定。贯彻这一原则，需要做到以下两点：

1. 课题研究内容要有教育意义

进行的科学研究活动与教育有关联，教育科学的方法、手段及全部研究过程都具有直接的育人作用。选题、研究方法的确定都要坚持正面教育的原则，尽可能是正面积极的内容，对不得不涉及的消极内容，要在研究中或研究后引导幼儿进行评价，加强积极正向的教育宣传，并力争通过研究使幼儿获得健康发展。如对幼儿实施思维守恒验证实验后，有的班级教师会对达不到思维守恒的幼儿有不当言语，这就需要在实验前和班级教师做好沟通，一是避免班级教师对幼儿产生不好印象，二是在实验后做好安抚或鼓励幼儿的工作。

2. 慎重对待研究活动

通常而言，大众对科研工作者展示的研究材料或研究成果有一种信任感，也乐于引用或使用，这也是研究具有教育性的体现。因此，研究者应该严肃对待自己在研究活动中收集的各种信息、数据，审慎地提出研究结论。如果处理不慎，易给研究对象、教育实践造成消极后果，在社会上给科研工作者带来不利影响。在解释结论时夸大或歪曲事实，也容易对教育实践形成误导，造成难以弥补的损失等。

三、系统性原则

研究对象是处于系统中的，无论是教师或幼儿，都受家庭、幼儿园、社会等多方面环境因素影响，也受个人身心状况影响，具有明显的系统性。系统中的每一部分都不是孤立的，而是彼此相互作用、相互制约，表现为一定的因果联系。而系统性原则则是指在学前教育科学研究活动中，把研究的问题或对象放在系统的形式中，注重从整体上、联系上、结构的功能上，考察整体与部分之间、部分与部分之间、整体与外部环境之间的关系，从而找到解决问题的有效途径。贯彻这一原则，需要做到以下两点：

1. 注重整体性

任何科学研究都是建立在前人研究的基础上，是前人研究的延续和发展，学前教育科学研究也是如此。因此，不论进行什么样的研究内容与采用何种方法，都要对已有相关研究进行认真考察和梳理，把握前人对该课题的研究程度，明确自己研究的创新之处，通过研究丰富相关理论、提出相应的实践对策。不能脱离已有研究而闭门造车，不考虑整体性的研究只能是管中窥豹，很难得出客观且具有普遍性特点的结论。

整体性也体现在科研成果成文时，要考虑论文的整体与部分之间的关系，当论文框架标题有变化时，目录中的标题也要随之修改、标题下所属段落里的论据也要相应而变；当附录中的访谈问题有增删时，研究方法中访谈问题的数量也要同时调整……

2. 要有大局观

事物是普遍联系的，客观世界是部分与部分之间紧密联系的整体系统，进行科学研究不可能脱离整个系统而只去研究某一个别对象。即学前教育科学研究过程中，眼界不能局限于研究课题本身，还要考虑课题所处的时代、已有相关研究等外部因素，及课题本身的研究对象、研究方法、创新性、可行性等诸多因素，综合考虑，才能做到见微知著、一叶见秋，从而真正把握住课题，避免坐井观天的结论。

如对某幼儿园阅读区域环境创设问题的研究，采用观察和访谈相结合的方法，要确定观察时间、频次和访谈时间，首要考虑的是幼儿园本身的情况，如环境创设多久更新，是和主题单元教学有关，还是和节气（国学特色的幼儿园）或节日有关等，因为观察不需要天天观察或周周观察，只需要在环境创设更新的第一天观察就可以，如果要找寻阅读区域环境创设问题的规律，找到环境创设更新的周期，根据更新周期观察即可。其次是考虑观察与访谈的先后顺序，因为只有在观察到问题后，访谈才有针对性，也才能对访谈对象的回答有更深刻的理解，因此，访谈应在观察初步有结论后进行。而且，从统筹角度看，观察结束后的当天进行访谈，时间上比较经济，同时避免间隔时间久，访谈问题受干扰而导致访谈不深入。

四、伦理性原则

伦理性原则是指在学前教育科学研究过程中，要遵循基本的社会道德准则，不侵犯研究对象或研究参与者的权益，避免给他们造成身心伤害。贯彻这一原则，需要做到以下两点：

1. 尊重受试者的权利

学前教育科学研究活动中，不论研究工作处于什么条件，都应保障受试者的权利，这些权利包括被测试者有权决定是否参加实验、问卷是否署名、有些涉及隐私的数据资料不能公开的权利、要求研究者承担相关责任等。如有些以数据进行排名的实验或测试，不宜公开结果。

2. 研究过程不能损害幼儿利益

研究过程中，要求被试幼儿完成的任务、活动，要考虑幼儿的现有身心状况；研究设计的活动或任务不能与日常教育中所倡导的行为规范相悖，避免与日常教育相矛盾；采用对照研究时，不能为凸显实验组效果而剥夺对照组基本的教育环境与条件，或加重被试幼儿与家长的负担；要充分考虑到研究可能带来的不良后果并做好消除补救工作；要充分尊重被试幼儿的意愿，不强迫被试幼儿执行其不愿从事的任务，保护其自尊心和隐私权等。如不能占用幼儿的休息、睡眠等时间，不能让小班幼儿连续1小时做剧烈运动，不能为研究而让幼儿阅读不健康的书或玩强烈刺激视觉的游戏等。

五、发展性原则

教育的本质是培养人，而培养人的教育实践活动是不断发展的动态过程，从事教育科学研究的主试和被试都是处于不断发展中的人，因此，教育科学研究必须遵循发展性原则。贯彻这一原则，需要做到以下两点：

1. 以动态的观点看待教育活动

社会在不断发展进步，处于变化环境下的教育，是一个随时代变化、因人变化而随之变化的培养人的社会实践活动。在教育发展过程中，既有不间断的量变过程，也有质变的飞跃，如教学手段的变化，由最早的口耳相传到粉笔、黑板时代，再到幻灯、投影、课件多媒体，直至现如今的微课、慕课、网络课程等。因此，对教育发展的研究，不仅要描述教育发展量的变化，还要揭示教育发展质的变化。

2. 以发展的观点看待幼儿

幼儿是受教育者，是教育科学研究的主要被试，是有主观能动性的人，是不断发展变化的。处在成长和发展中的幼儿，变化可能是朝夕之间，教育研究活动必须清楚这一点。如在幼儿生活自理能力问题研究中，发现幼儿入园 1 学期后自理能力大大提高；在大班幼儿自主阅读问题研究中，3 个月的观察，得出幼儿自主阅读速度较观察初期有所提升。这些研究结论，分析其原因，除了提供机会、教师引导等之外，不可忽略的还有幼儿的成长原因。就如同艾宾浩斯的遗忘规律，遗忘并不是一成不变的，幼儿的成长也是变化的，有成长、也有停滞不前或后退。因此，教育研究活动中，不能以静止的态度看待幼儿。

第三节 学前教育研究的一般程序与基本方法

一、学前教育研究的一般程序

研究总是一步一步进行的，先做哪一步、再做哪一步、每一步要达到什么要求、用多少时间，这些都是研究的不同阶段需要考虑的。这就需要教育研究工作者在研究伊始做到心中有数，在实施研究中一环接一环、有条不紊地开展各项工作，从而保证研究能按预定要求如期完成。科学研究是非常复杂的活动，和其他科学研究一样，学前教育科学研究也是系统的探索过程，需要遵循一定的步骤、环节。通常而言，一项教育研究活动至少应该包括以下 6 个步骤：

（一）选定研究课题

对于教育研究人员而言，在从事一项科学研究之前，首要考虑的问题是"研究什么。"对于在校学前教育专业学生来说，在撰写论文之前，最先想到的就是"写什么"。这两者反映的都是选择和确定研究问题，即"以什么为题"的思考过程。

选定研究课题，即确定研究题目，是一个由初步意愿到思路清晰的过程，是教育研究活动的第一步，也是非常关键的一个环节，因为不仅要确立一个研究方向，发现和确定一个问题的范围，而且还要在一定的范围选定研究的专门问题或具体问题。因此，也可以说，选定一个研究问题是教育科学研究中最难的一个步骤。

（二）查阅文献资料

选定研究题目之后，就会想知道：关于这个课题，别人有没有研究过、是怎么研究的、研究到了什么程度？因此，接下来就需要查阅有关课题的文献资料。科学研究是建立在资料信息基础上的创造性工作，收集资料、获取信息是科学研究最基础性的工作。

没有查阅相关资料，就无法确定选题。假使没有查阅文献确定了选题，很有可能在研究过程中发现因已有研究过多、没有研究价值而不得不放弃；没有查阅相关资料，就不能设计研究方案，即使在不依靠查阅文献基础上设计了研究方案，实施时可能会因为缺少可行性而难以实施；没有查阅相关资料，就得不出研究结论，可能有些人会在不查阅文献的前提下形成研究结论，但极有可能这些结论是片面的、不具有普遍性的。一句话，没有查阅相关资料，就没有科学研究，而查阅文献资料是贯穿科学研究全过程的工作，即学前教育研究的每一个环节中都离不开查阅文献。

（三）确定研究方法

在确定研究课题之后，自然而然地就会想到"怎么研究、如何实施研究"的问题，这个问题既涉及研究方法，也涉及制定研究计划。任何科学研究都要通过具体可行的研究方法来完成，恰当的方法有助于顺利完成研究任务，实现预期的研究目标。

对于学前教育专业本专科学生来说，从确定研究变量、控制研究条件，到掌握学前教育理论知识、从事学前教育工作的经验、掌控群体的能力等，都尚有欠缺，这些都不同程度决定了在学前教育课题研究中尽量少用或不用实验法，而选用观察法、调查法。

（四）制定研究计划

研究计划是在对教育研究进行设计的基础上对整个研究过程的全面规划和对各项工作的总体安排，以便按部就班地进行教育研究的各项具体工作，保证教育研究在规定时间内完成。研究计划是指导实施教育研究的总方案，对课题研究起着导向、调控与激励的作用。

研究计划一般包括：课题名称；研究人员组成及分工；课题研究背景，包括选题缘由、国内外相关研究的历史及现状、研究范围、研究假设及目的、研究意义及可能性的简要分析等；研究目标及研究内容；课题中关键性概念的界定；研究对象及选择方法；研究实施要点；研究进程的安排；预期研究成果；设备经费预算等。在不同课题研究计划中，上述内容在表述顺序、项目等方面可能会有所不同，而且在进行教育研究过程中，实际情况会与计划有出入，需要对原定计划进行调整，在尊重原计划的前提下，也要从实际出发。

（五）收集、整理与分析资料

资料是教育研究的基础材料，是获得研究成果的原始资料。收集资料就是获取研究项目最终结论所需要的事实材料或数据，按照研究计划的规定，在教育研究的每一个环节、步骤，做好及时准确的记录数据、收集推论研究成果所需的信息。收集资料时，力求收集基础材料、原始数据，注重资料和数据的准确性、客观性。资料的加工整理，分事实资料整理和数据资料整理。事实资料的整理通常需要经过核对、分类、挑选等步骤，数据资料的整理一般需要运用归类与统计等方法。

分析资料是通过对事实资料与数据资料的抽象、概括、归类、比较、归纳、推理等，从表面上杂乱无章的现象中发现或找寻被掩盖的教育规律，分析资料是为形成结论做准备，即把分析的结果用简练、概括的语言表述出来，形成研究成果。在分析时，若发现原有材料尚有不足之处，缺乏足够的事实材料或数据支撑结论，或无法得出相应的结论，应当再次收集与整理材料。

（六）撰写研究报告或研究论文

研究报告或论文是教育研究过程和结论的文字记录和重要成果形式。撰写研究报告是把研究过程及取得的研究成果以书面形式合理地表达出来，这是教育研究的重要组成部分，也是教育研究的重要工作之一。学前教育研究成果的主要表现形式有多种，如观察报告、调查报告、实验报告、教育案例、学术论文、专著、教材、教具及教学软件等。

相关链接

孩子能不能做研究

在美国，有一个颇有启发的现象，即：相信孩子具有同成人一样的独立研究的能力。因此，美国教育的另一个特点就是为孩子独立研究、独立动手能力的发展提供所需的时间和空间。

矿矿在小学二年级时，就开始搞"研究"了。那时他8岁，刚能读些稍厚点的书，写些由几个长句子拼凑成的所谓"文章"。一天，他从学校回来，一进门就缠着妈妈带他去图书馆，说正在做一个关于蓝鲸的研究，要去图书馆找参考资料。"老师说了，研究论文至少要有3个问题，要写满两页纸。"两个多小时后，母子两人抱着十几本书回来了，翻了翻矿矿借回的"参考资料"，十几本都是儿童图画书，有的文字说明部分多些，有的少些，全部是介绍关于蓝鲸和鲸鱼的知识性书籍。随着儿子对那十几本书的阅读及"研究"的深入，我和妻子也不断从矿矿那儿获得有关蓝鲸的知识：一天要吃4吨虾，寿命是90~100年，心脏像一辆汽车那么大，舌头上可以同时站50~60人……矿矿终于完成了他有生以来的第一份研究报告：蓝鲸。

论文是由3张活页纸钉起的。第一张是封面，上面画着一条张牙摆尾的蓝鲸。蓝鲸前面还用笔细细地画了一群慌慌张张逃生的小虾。在封面的左下方，工工整整地写着"By Kuangyan Huang"（作者：黄矿岩）。论文含4个小题目：1.介绍。2.蓝鲸吃什么。3.蓝鲸怎么吃。4.蓝鲸的非凡之处。每个小标题下的正文不过一两句话，既没有开篇段，也没有结论段，读起来倒也开门见山。

这是我一生中所看到的最简短的论文，当然也是一篇最让我感兴趣的论文。问题不是儿子在此次研究中学到了什么有关蓝鲸的知识，我更感兴趣的是，从这次研究经历中，孩子获得了什么，学到了什么？从一开始，孩子就摆开了一副正经八百做课题研究的架势：收集资料、阅读、找观点、组织文章……一本不差，一丝不苟。从决定题目，到从那十几本书中发现对自己研究有用的资料，到着手写文章，孩子始终处于一个独立工作的状态下。他用自己的脑子去思考、筛选材料，决定研究的方向……这个收获要比蓝鲸有多重、多长更有价值。

矿矿五年级写了一篇研究卡通画和漫画的文章，这是一个独立自觉的研究报告，所谓独立自觉，是指自选课题、利用自学课及课外时间进行的研究和学习。在研究结束之前，老师不对选题及研究过程发表任何意见，只是在学生提出要求时，老师为学生在收集资料方面提供参考意见。和矿矿二年级写的论文相比，这篇研究论文可以称得上非常专业化了，就像是任何一篇正规论文一样，以非常工整的双排间距洋洋洒洒地写满了4张纸，文章后面附上了参考资料的来源出处。除了去图书馆找参考书外，还在互联网上找了不少材料，借看了录像带，最后采访了一位迈阿密大学美术系的教授。充实的资料使得他的研究报告具备了游刃有余的发挥余地。

在美国做研究报告，不管是大学还是小学，主要由3个基本要素构成：
1. 收集材料，研究前人对这一问题的看法，提出新问题。
2. 发现新的问题，提出新的研究课题。
3. 确定研究方法，实施研究计划。

——来源：黄全愈. 素质教育在美国［M］. 北京：中国人民大学出版社，2010年.

二、研究对象的确定方法

不论是哪种课题研究，也不论是采用何种研究方法，都要确定研究对象和研究对象选取的方法和数量。

（一）明确研究对象的概念

不同课题研究的对象会有所不同，大体来说是指幼儿、教师、家长等群体。选取研究对象，首先要做的就是将一些模糊的研究对象概念进行明确、具体，如新入职教师，要明确为工作两年以内的教师；青年教师，指35岁以下（含35周岁）的幼儿教师。明确了研究对象的概念后，才能采取统计学的方法进行选取、确定范围和数量。

（二）取样与取样的基本要求

1. 相关概念

总体是研究对象的全部；样本是从总体中抽取的、对总体有一定代表性的个体，样本所包含的个体数量称为样本容量。如要研究5岁幼儿能否上小学，安排研究的幼儿是有限的，但结论却要推广到全体，得出一个普遍性的结论，即样本的目的在于推论总体，这也是样本与总体的辩证关系。如果要选取某地两所幼儿园400名5岁幼儿进行研究，则样本容量是400；取样，又称抽样，是遵循一定规则，从一个总体中抽取有代表性、一定数量的个体进行研究的过程，目的是从被抽取样品单位的分析、研究结果来估计和推断全部样品特性，是科学实验、质量检验、社会调查普遍采用的一种经济有效的工作和研究方法。

研究对象选择的方式，有总体研究和抽样研究两类。总体研究指对研究对象总体进行研究；抽样研究是从一个确定总体中抽取研究样本进行的研究。许多教育科学研究不可能或没必要以总体作为研究对象，选取能代表总体的样本进行研究，取得能说明总体的足够可靠资料，准确地推断总体情况，从而就能认识总体的特征和规律性。进行抽样研究必须遵循一定的要求、采用恰当的方法进行，以取得有代表性的样本作为研究对象（见表1-1）。

表 1-1　从给定的总体确定样本大小一览表

N	S	N	S	N	S
10	10	220	140	1 200	291
15	14	230	144	1 300	297
20	19	240	148	1 400	302
25	24	250	152	1 500	306
30	28	260	155	1 600	310
35	32	270	159	1 700	313
40	36	280	162	1 800	317
45	40	290	165	1 900	320
50	44	300	169	2 000	322
55	48	320	175	2 200	327
60	52	340	181	2 400	331
65	56	360	186	2 600	335
70	59	380	191	2 800	338
75	63	400	196	3 000	341
80	66	420	201	3 500	346
85	70	440	205	4 000	351
90	73	460	210	4 500	354
95	76	480	214	5 000	357
100	80	500	217	6 000	361
110	86	550	226	7 000	364
120	92	600	234	8 000	367
130	97	650	242	9 000	368
140	103	700	248	10 000	370
150	108	750	254	15 000	375
160	113	800	260	20 000	377
170	118	850	265	30 000	379
180	123	900	269	40 000	380
190	127	950	274	50 000	381
200	132	1000	278	75 000	382
210	136	1100	285	1 000 000	384

注：N：总体大小　S：样本大小

——来源：裴娣娜. 教育研究方法导论［M］. 合肥：安徽教育出版社，1995，第 120 页.
http://www.360doc.com/content/10/0427/15/549367_25132717.shtml.

2. 选择样本的基本要求

要明确规定总体，即从内涵和外延两方面明确总体的界限。如"鞍山市铁东区幼儿园青年教师游戏创编能力问题研究"，研究总体是鞍山市铁东区、不分公办园还是民办园、35周岁（含35周岁）、不分男女性别的幼儿教师。

要保证取样的随机性，这是取样原则，即取样总体中每一个体被抽选的概率是完全均等的，因此，能使样本保持和总体有相同的结构，或者说具有最大的可能性使总体某些特征在样本中得以表现，从而保证由样本推论总体。

取样要有代表性，使抽取的样本能代表总体。取样的偏差将导致研究结论的无效，如有人研究某大学学生课余休闲和爱好，利用晚自习时间到图书馆发放问卷，问卷回收率90%以上，结论是"65%的大学生晚上都是在图书馆度过的"，这一结论也是由于取样的偏差而带来的误差。同样，1936年美国全国新闻杂志联合会就总统候选人进行选民民意测验，取样对象是各州交通处登记在案的汽车主人和各城市的电话用户两类人。正式开票结果：罗斯福当选，民意测验结果失误。究其原因，取样时将多数没有汽车、电话的选民被排除于调查对象之外了。

要有合理的样本容量。杨李荣在《传播研究方法总论》中给出了一个决定样本量的一般原则，即大样本小样本原则。样本量达到总体5%或以上，称之为大样本；样本量不到总体5%，但是大于500，也称之为大样本；样本量不到总体5%、小于500，称之为小样本。选取有代表性的样本，尽量使样本量是总体5%以上，若在5%以下，最好在500以上。裴娣娜认为样本受研究者时间、人力和物力、研究类型、研究总体的同质性及取样方法等因素影响，若要求精确度高、允许误差值小、总体异质性大、研究因变量在测量上信度较低时，要考虑较大的样本。因此，可参考以下标准：描述研究、抽查研究可取样总体10%，无特殊情况，调查研究容量一般不少于100；相关、比较研究的样本每组至少30；实验研究，条件控制较严密的研究，如心理学实验，每组15人；条件控制不严密的教育实验，最好是一个自然班，不少于30人。

（三）取样的方法

取样的方法分两类，一类是随机取样，一类是非随机取样。随机取样，可利用统计分析方法对总体数量特征做出估计，抽样误差可事先确定并加以控制，但难点在于要有总体完整的名单才能进行随机抽样。非随机抽样，更多依赖研究者个人的经验和判断，简便易行，常在定性调查研究中使用，缺点是无法估计和控制抽样误差，也不能用样本的定量数据推断总体。

第一，随机抽样。

随机抽样又分为简单随机抽样、系统随机抽样、分层随机抽样和整群随机抽样。

1. 简单随机抽样

简单随机抽样是直接从总体中随机抽取样本的方法，个体被选中的概率相等，适用于总体单位数不是很庞大，而且样本分布比较均匀的情况。

简单随机抽样常采用抽签法和随机数表法。抽签是将总体中每个个体先编号，写在签上，在一个器皿中将签充分混合均匀，每次抽取一个签，记下号码，抽中的签不放回器皿中，再接着抽下一个签，直到取够样本量为止。随机数码表，是按照随意抽签方法顺序排列的，根据总体中每个个体的标号，从随机数码表中任一位置开始，依次往下找足研究者所需要的随机数，以这些随机数为编号的个体即组成一个样本。日常生活中的投币法、抓阄法也是简单随机抽样。

2. 系统随机抽样

系统随机抽样又称等距抽样、机械抽样，将总体的每个个体编号，并按照一定顺序排列，然后按一定间隔选取样本的抽样方法。或按某一标志顺序排列并分成数量相等的组，使组数与取样数相同，然后从每组中依事先规定的机械次序抽取对象。因其简单方便，在抽样调查中常被采用。

K（样本距离）＝N（总体数）/n（样本容量），如从120名教师中选7人，$K＝N/n＝120/7≈17.1$，间隔数定为17，随意使用一个起点抽取第一个编号，然后每隔17抽取一个编号，若超出编号，则减去总体数120。如38、55、72、89、106、123（3）、140（20）。

3. 分层随机抽样

如果总体存在周期性变化，如考试试卷，男生单号、女生双号，采用系统随机抽样很可能出现系统误差，抽取的样本只有一个性别，这时就可以采用分层随机抽样，这种方法比较实用。

分层随机抽样，又称类型抽样，先将总体分成若干互不重叠的层次、类别等，再根据事先确定的样本大小及其各层各类在总体中所占比例提取一定数目的样本容量，即按总体中具有各类特征的对象所占的比例，在总体中随机抽取同样比例的样本成分的取样方法。如对某幼儿园50个大班幼儿的辨色能力进行调查，拟抽取4/10的幼儿共20人作为样本。先按照评定标准，将幼儿分成优、良、中、差4层，优、良、中、差的幼儿分别是20人、16人、10人、4人；然后用简单抽样法在4层中分别抽取样本，优等中抽$20×4/10=8$人，良等中$16×4/10=6.4$人（约6人），中等中$10×4/10=4$人，差等中$4×4/10=1.6$人（约2人）。这20人组成分层随机抽样的样本。

4. 整群随机抽样

整群随机抽样，是先将总体划分为若干互不重叠的群，然后在所有群中随机地抽取一部分，对抽中的群内的样本进行调查的抽样方法。把一个个整体，如学校、班级、宿舍编号后，用简单随机抽样、系统抽样或分层抽样的方法进行抽取，不是从总体中逐个抽取个体，而是抽取一个或几个单位整群作为样本。如发现幼儿自理能力越来越弱，确定研究选题"幼儿自理能力与家长教育观念的关系"，选择的研究对象定为一个区的10所幼儿园的中班或小班，组成样本进行分析。也可以按城市、农村不同类型的中小班中抽若干班组成样本。整群随机抽样组织实施方便，但代表性不如个别取样。

第二，非随机抽样。

非随机抽样又分为便利抽样、判断抽样、配额抽样、滚雪球抽样。

1. 便利抽样

便利抽样又称偶遇抽样，根据调查者的方便与否来选取样本的方式，如访问路过的行人、任意找一些在家的居民进行访问，如记者常采用街头拦人法迅速了解公众对某些重大事件的反应,简便易行、省时省力,但抽样偏差大,一般用于探索性调查。

2. 判断抽样

判断抽样又称目的抽样,凭借调查研究人员的主观意愿、经验等,从总体中选择具有典型代表性的样本作为调查对象的方法。选取样本时,通常考虑最能代表普遍情况的或"有目的"地选择样本。最能代表普遍情况的,需要避免极端情况,如调查义务教育普及情况,不选最富裕的城市,也不选最贫穷的山区,而选择经济发展中等程度的城镇;"有目的"地选择样本,如问卷设计阶段,为检验问题设计是否得当,有意选择一些观点差异悬殊的人作为调查对象,目的是为了确定合理的、全面的问题范围。适合样本量小、抽样对象不易分门别类的市场调查。

3. 配额抽样

配额抽样是非随机抽样中应用最广泛的一种抽样方法,是指划分出总体各类型,即几个次总体;然后将总样本量按照各次总体所占比例分配,这样在选择样本容量时,可以为每个调查员指派配额,要求其在某个次总体中访问一定数额的样本量的调查样本的方法。类似于随机抽样中的分层抽样,区别是配额抽样的被调查者不是按随机抽样原则选取的,而分层抽样必须遵守随机抽样的原则。

如将一个以家庭户为基本单位的总体按照家庭月收入和家庭规模分为4个次总体(见表1-2),若样本容量为400户,则从每个次总体中按比例抽取样本,应依次抽取140、80、100、80户。调查时可以给每一个调查员指定在每个次总体中调查的户数,若派20个调查员,则A、B、C、D 4个次总体中调查的户数分别为7、4、5、4户。

表1-2 家庭户配额抽样法一览表

次总体	家庭规模	家庭月收入	在总体中比例
A	3口及3口以下	2 000元以下	35%
B	3口及3口以下	2 000元或以上	20%
C	3口以上	2 000元以下	25%
D	3口以上	2 000元或以上	20%

4. 滚雪球抽样

指通过少量适合的样本获得更多调查容量,即通过使用初始被调查者的推荐来选取被调查者的抽样程序。步骤如下:首先,找出少数样本容量,其次,通过这些样本了解更多样本容量,再次,通过更多样本容量去了解更多数量的样本容量。以此类推,滚雪球般,样本越来越多。适合于调查总体内的个体信息不充分时,如研究城市月嫂问题,通过家政公司、熟人介绍,先找几个月嫂调查,并请她们提供所认识的其他月嫂情况,再去扩展调查。

三、学前教育研究的方法

学前教育研究方法是指学校教育研究过程中,以科学的态度,采用科学的思维方式,运用严密而规范的标准化的程序，进行研究的各种手段、工具、技巧和诀窍的总和。

（一）研究方法的分类

1. 按研究目的或功能划分

按研究目的或功能划分为基础研究、应用研究、发展研究、评价研究、预测研究。

基础研究，主要目的是发展和完善理论。通过研究，寻找新的事实，阐明新的理论或重新评价原有理论，回答"为什么"的问题，如关于教育本质、教学规律的研究。

应用研究，主要目的是应用或检验理论，评价它在解决教育实际问题中的作用，具有直接的实际应用价值，解决某些特定的实际问题或提供直接有用的知识，回答"是什么"的问题，如农村幼儿入园状况的分析、独生子女家庭教育现状的研究。

发展研究，主要目的是发展用于学校的有效的策略，回答"如何改进"的问题，如学前教师培训问题、教学管理问题、贫困地区学前教育普惠制推广问题等。

评价研究，主要目的是对一定教育目标和教育活动的相关价值做出判断，回答"怎么样"的问题，如幼儿园创建校本课程成效的分析，某新的实验教材与传统教材的比较分析。

预测研究，分析事物未来发展的前景和趋势，回答"将会怎么样"的问题，如未来10年学前教育改革政策的展望。

2. 按研究方法划分

按研究方法划分为历史研究、描述研究、相关与比较研究、实验研究、理论研究。

历史研究，涉及对过去发生事件的了解和解释，通过对以往事件的原因、结果或趋向的研究，有助于解释目前事件和预测未来事件，如杜威教育思想对我国20世纪20年代学前教育改革的影响。

描述研究，是通过问卷、访谈、观察及测验等手段搜集资料以验证假设或回答有关现实研究的问题，如教师对幼儿晨间活动的安排问题、幼儿在家自主阅读行为的培养调查等。

相关研究是对两个或更多数量的变量间是否存在相关及相关程度进行判定，研究目的在于建立相关或用于预测，如幼儿语言发展与性格之间关系的研究。比较研究是按一定标准对彼此有联系的事物加以对照分析以确定它们的共同点和差异点，从而得出符合客观实际的结论，如幼儿教育活动中视觉刺激与听觉刺激的比较研究、大陆与台湾在幼儿自理能力培养方面的差异研究。

实验研究，研究目的是根据一定的假设在教育活动中创造能验证实验假设的系统和环境，主动控制研究对象，排除无关因素的干扰，从而探索事物的因果联系。如皮亚杰的三山实验、思维守恒实验等。

理论研究，是对复杂的教育问题的性质和相互关系从理论上加以分析和综合、抽象和概括，以发现其内在规律和一般性结论。

相关链接

教育研究方法的演进

教育研究方法的历程大致可划分为5个阶段：

第一阶段：注重思辨

此阶段，教育研究方法甚为朦胧，还没有从哲学的母腹中分离出来，没有鲜明方法特征的思辨在教育研究中占据着重要的地位。思辨是以哲学为理论依据，以分析归纳为特点的方法。

第二阶段：强化实证

这个阶段，教育研究中的方法意识有所增强，突出表现是强调实证在教育研究中的重要地位和作用，并酝酿成一股实证化思潮。实证是从一定的假设出发，对假设逐步加以验证的，也就是以演绎为资料分析的主要方法，测验、测量、实验都是研究中的主要方式。

共有两股实证化思潮：一是儿童研究运动，大约始于19世纪80年代，"儿童研究"热潮大大地改观了人们对教育研究的传统认识，提高了心理学研究在教育研究中的地位，并因其重视实证材料的收集而对教育科学的发展产生深远的影响，促成了教育理论研究由思辨向实证的大转轨。二是实验教育学，随着儿童研究运动的深入，人们逐渐发现问卷法并不如霍尔等人所说的那样精确。20世纪初，一种主张用新的方法来进行教育研究的思潮在欧美崛起，即"实验教育学"，代表人物是德国的梅伊曼和拉伊。定量的教育研究随着实验教育学的诞生很快在20世纪的前30年达到了全盛时期。

第三阶段：定性研究的兴盛

雏形在20世纪20年代初期即已出现，在社会学领域运用较多，其中影响较大的是"芝加哥学派"，即20世纪20年代和30年代美国芝加哥大学社会学系的一批从事教学的社会学研究者。但这种研究方法及其认识上的科学价值并未得到人们承认和正确评估，直到20世纪60年代，定性研究才进入了人类历史上第一个实质性的繁荣期。到了20世纪70年代，定性研究获得了进一步的发展，80、90年代，定量、定性研究基本上是"平起平坐"了，不同的是，定量研究的热潮已过，定性研究正处于热潮之中。

第四阶段：定性研究与定量研究的融合

人们认识到：无论是注重科学主义的定量研究，还是以人文主义为基础的定性研究，都有着存在的基础，都是必要的。由于科学主义与人文主义传统的日趋融合，教育研究中的定性研究与定量研究也日趋融合。

第五阶段：系统科学方法的渗透

系统科学方法论原理给教育理论家以极大的启示。以前片面地、孤立地、单一地研究教育，寻找教育出路的方法过时了，必须全方位、多视角地、系统地、完整地、有联系地分析教育成败的原因，制定教育改革的策略。因而，到20世纪50年代中下期，旧三论（系统论、信息论、控制论）被引进教育理论研究中。到20世纪70年代，新三论（耗散结构论、突变论、协同论）的出现，引起了教育理论界的极大兴趣，暗示出教育系统中许多以前并不为人们觉知的潜在因素。

——来源：王焕．教育研究方法导论［EB/OL］．
https://wenku.baidu.com/view/22792ceeddccda38376bafed.html.

（二）学前教育研究的基本方法

1. 观察法

观察法是研究者凭借自身感觉器官和其他辅助工具，在教育活动的自然状态下，对研究对象进行的有目的、有计划的考察和研究的方法。观察法在学前教育研究中较为常用，是最基本的一种方法，可独立或辅助其他方法使用。很多著名教育家或心理学家都曾用观察法研究儿童，如我国著名幼儿教育专家陈鹤琴自儿子出生起进行观察，并著有《儿童心理之研究》；苏联教育家苏霍姆林斯基为了研究道德教育问题，仔细观察和研究"差生""调皮学生"的心理状况、行为表现，曾先后为3 700名学生做了观察记录，能够指名道姓地说出35年中178名"最难教育"的学生的曲折成长过程。

2. 调查法

调查法是指研究者通过访谈、问卷等方式，有计划地了解教育活动的历史现状与发展、经验与问题，经过分析与综合，得出正确结论以指导教育实践的一种研究方法。调查法在学前教育研究中是一种比较经济、使用方便广泛的方法，能同时收集到大量资料。如美国心理学家柯尔伯格运用道德两难情境故事对儿童进行访谈，考察儿童道德判断和推理发展过程，提出了儿童道德发展三水平六阶段理论。

3. 实验法

实验法是研究者为解决教育中的问题，根据一定的教育理论或假设有组织、有计划地进行教育实践，经过一定的时间，就实验效果进行比较，从而得出有关实验因素的科学结论的一种研究方法。实验法在学前教育研究中因实施需要控制条件、有计划改变某种因素并观测由此而产生的结果，而且人为的实验情境与真实情境有所不同，有一定操作和实施上的难度，较之观察法和调查法，应用的普遍性不够强。如瑞士心理学家皮亚杰通过思维守恒实验、三山实验等提出了认知发展理论。

相关链接

老鼠有决策能力吗？

美国学生经常要完成研究性课题作业，为此他们必须要去图书馆查资料，要动手完成模型，要编写实验报告，这个过程和科学家完成研究的过程是一样的。如果说小学侧重的是对孩子收集材料、独立提问的研究能力的培养，到了中学，确定研究方法，实施研究计划的能力，则成为培养的重点。

矿矿七年级时，独立完成了一个"百分之百"的科学研究。自然科学课的老师在一开学时就给孩子们布置了科学研究的任务，要求孩子们自选一个课题，用两个半月的时间独立完成全部的研究过程。课题上到天文，下至地理，从动物到植物，从心理学到行为科学，选什么都行。但有一条必须遵守，即一定要新，不能重复前人的研究，而且一定要有自己的独立见解。

矿矿认准了要做一个"真正"的科学研究——与那些在科学实验室工作的科学家所做的一样，既然白老鼠是科学家们常用的实验工具，那就用白老鼠做研究好了。他左思右想，终于想出了课题：测试小老鼠的决策能力，于是从宠物店买回了两只小老鼠，一白一黄。矿矿想出了一个用食物引诱老鼠钻洞的方法。他用一块硬纸板把大塑料狗笼一分为二，在硬纸板上一左一右开了两个洞。再把两个一尺长的纸筒接在洞口上，测试时，让小老鼠待在一边，在另一边放上老鼠最爱吃的奶酪，然后测试老鼠钻过洞，取得食物的时间。

整个测试过程分为3个阶段，每个阶段5天。第一阶段，主要是训练老鼠钻洞。白老鼠很机灵，每次只需十几秒就可以钻过纸洞，吃到食物。而那只黄老鼠，却是只实实在在的小笨蛋，从来就没弄明白，钻过洞就会别有洞天。第二阶段，主要是让老鼠知道左边的洞不通，右边的洞则可以吃到食物。按照设计，第三阶段是提供结论的阶段。矿矿拿着秒表，一丝不苟地记下小老鼠每次通过右边洞获取食物的时间。小黄鼠虽然有时会拉一两个"引体向上"却还是傻乎乎地不会钻洞。而小白鼠则10次中有8~9次知道从右边的洞钻入。测试结束，矿矿完成了他的论文。

美国专业学术论文有一个特定格式，开篇通常是介绍研究背景，然后介绍研究假设论点，即研究中想证明或反对的论点。接着是所运用的研究方法和研究过程、研究中得到的新信息材料及对这些材料的统计分析。最后是结论段，提出自己的见解。

矿矿的研究题目是："老鼠有决定能力吗？"论文一步不差地模仿了美国专业学术论文的格式，10页正文外加3页附加的分析表格，从头到尾的叙述、分析有条有理。论文结论更让我对儿子刮目相看。他写道："研究的结论既没有支持老鼠没有决策能力的论点，也没有支持老鼠有决策能力的论点。因为，如果老鼠有决策能力，那只白老鼠就不应该走进左边的洞。但是如果老鼠没有一点记忆力的话，它也不可能多次成功地选择右边的洞。所以，最后的结论是：老鼠没有做出复杂决策的能力，但它们的简单记忆和本能会影响它们做出的决策。"

美国的研究方向是开放性的，就是说老师并不告诉孩子去研究什么。在七年级的科学研究展览会上，展示了一百多个研究报告，看看孩子们自己选择的研究课题：

——音乐（古典音乐、乡村音乐、摇滚乐）对植物生长的影响；

——色彩对植物生长过程的影响；

——食物的色彩与消费者的心理；

——狗靠什么来决定选择玩具？

——猫是左撇子，还是右撇子？

——辛辛那提地区的气温与环保；

……

——来源：黄全愈．素质教育在美国［M］．北京：中国人民大学出版社，2010年．

思考与练习

1. 什么是教育研究？
2. 教育研究有哪些特点？
3. 学习教育研究有何意义？
4. 进行学前教育研究要遵循什么原则？
5. 学前教育研究的实施步骤有哪些？
6. 学前教育研究基本的方法有哪些？
7. 根据专业见习或实践经历，初步拟定论文选题。

附录（二维码）

学生科技创新基金
项目申请表

大学生科研项目协议书

大学生科技创新基金
项目结题申请书

第 2 单元

学前教育研究课题的选择与开题报告撰写

任务

1. 能从不同表述方式中辨别出选题；
2. 能根据课题选择的原则进行选题；
3. 能根据好的选题表述方式，表述论文选题；
4. 能格式规范地列举不同来源的参考文献；
5. 会给研究中搜集到的资料编码、能列全代码；
6. 会填写开题报告。

案例导入

在学前教育专业本科学生第七学期学前教育科学研究方法课上，教师让即将开始撰写毕业论文的学生说一下准备写的论文题目是什么，学生说出了以下标题：幼儿自入园以来一段时间的问题研究、幼儿教师针对问题儿童的解决办法、幼儿园里幼儿老师的孩子在本园的现象研究、根据幼儿教师教学方式进行分析、家园合作问题研究、幼儿园艺术课程问题研究、如何解决幼儿自闭问题、教师走后门现象研究、幼儿安全教育等。

以上题目能否作为毕业论文的题目，为什么？

初次撰写论文或者刚接触教育研究的人，对确定选题很迷茫，不知从何处入手，有的人不知道研究什么，有的人则不知如何表述想要研究的内容，那么如何选题、如何表述选题、选题时需注意什么？本单元，将对此做出解答。

第一节 学前教育研究课题的概述

一、什么是学前教育研究课题

问题，指要求解答的困惑、疑问，或需要研究解决的疑难和矛盾，如为什么幼儿初入园时会哭闹不止、为什么有的幼儿爱啃手指甲、怎么让幼儿安静有序盥洗、如何对新教师培训等。课题是指要研究、解决的问题，学前教育研究课题即学前教育研究的题目，相对问题而言，课题会研究得更全面、更深入，即有些问题可以成为课题，有些则不能。

选题，即通过选择确定所要研究的中心问题。题目的选择，可以是毕业论文选题、研究课题选题、新闻栏目的选题等。毕业论文选题、研究课题选题等，都要回答研究什么、为什么要研究，即交代研究的价值及其背景。选题通常会从两方面考虑，一是现实需要，即由存在的问题导出研究的实际意义。二是理论价值，即通过研究选题，可以在相关教育理论方面起到的作用。

二、学前教育研究课题的来源

（一）从研究文献中选题

通过查阅各种教育类报刊、网络期刊数据库、国家相关政策法规等，如《3~6岁儿童学习与发展指南》（简称《指南》）、《幼儿园教师专业标准》、《幼儿园教育指导纲要》、《幼儿园工作规程》等相关文件，从中寻找研究切入点，发掘他人尚未注意到或有争议性的问题及仍有进一步研究价值的问题，作为研究课题或论文题目。或者，通过国家、省、地市机关制定的课题指南或规划中选题，由于这些课题大多是一般意义上的，带有导向性，范围相对较大，研究者要根据自己实际能力、现实情况加以修正，从大处着眼、小处入手，确定选题。如《指南》中指出"理解幼儿的学习方式和特点。幼儿的学习是以直接经验为基础，在游戏和日常生活中进行的。要珍视游戏和生活的独特价值，创设丰富的教育环境，合理安排一日生活，最大限度地支持和满足幼儿通过直接感知、实际操作和亲身体验获取经验的需要，严禁'拔苗助长'式的超前教育和强化训练"。据此，幼儿园幼小衔接工作怎么与游戏化结合？和安吉游戏相比，幼儿园游戏如何改变才能体现生活化？以国学文化特色为主的幼儿园，怎么使教育活动和幼儿直接感知、实际操作紧密结合？……

（二）从理论学习中选题

理论学习可以丰富知识储备，也有提供研究选题的可能。任何理论体系都不是一蹴而就，也并非尽善尽美的，而是在历史发展中不断沉淀积累、逐渐完善而形成的，在课程学习、交流讨论或外出观摩培训时，在学习理论的过程中，通过不同观点流派的争执，也可以受到启发，发现值得进一步研究和思考的问题，对这些问题进行分析和提炼，就可能作为研究的课题。如英国著名教育家斯宾塞提出"教育是为未来完满生活做准备"，而美国实用主义哲学创始人、教育家杜威则提出"教育即生活"，两种不同教育观念下的幼儿园教育活动有无差异、差异何在，可以对此展开研究。

（三）从基础教育实践中选题

在基础教育改革实践中，存在着许多值得研究的问题。尤其是学前教育工作者和学前教育专业的学生在一线工作中或专业实践中，除了和学前儿童、家长接触外，还是幼儿园保教工作的直接实施者，会产生：幼儿为什么特别爱告状？幼儿怎么会有那么多的为什么？为什么情绪变化那么快？怎么能让初入园幼儿更快地适应幼儿园生活、减少焦虑？如何让家长配合幼儿园培养幼儿阅读习惯？怎么设计活动才能培养幼儿创造性……诸如此类的疑问，对这些问题进行适当的甄选、提炼，就可能成为很好的研究课题。

（四）从问题中、热点中选题

密切关注当前学前教育事业发展过程中迫切需要解决的重大现实问题，关注幼儿园保育教育和管理过程中具有现实意义和有价值的问题，具有对问题的高度敏感，善于从热点中发现问题，使研究的选题有一定的时代感和创新性。如针对幼儿园的六一、春节等重要节日，开展某幼儿园节日庆典生活事件的个案研究；针对社会上某幼儿园的虐童事件，进行幼儿教师对虐童事件态度的调查研究；在以国学文化为特色的幼儿园里，即入眼之处皆是中国结、脸谱、二十四节气等相应环境创设的传统文化；大班开设木偶剧，参与制作、宣传、表演等各环节……可开展基于国学文化的幼儿园环境创设问题研究、某园二十四节气的教育活动开展问题研究、某园大班幼儿参与木偶剧制作与表演的个案研究等。

（五）从成功的教育教学经验中选题

通常是工作在教育一线并且有一定时间的教育工作者，在自己的教育实践中，不断总结教训、积累经验，并进行验证。辽宁省锦州市的杨慧敏老师，任乡村小学、中学教师近四十年，多年的教学实践使她悟到：学校课业很简单，就是学制太长了，学生学习压力不是来自课本，而是来自大量没有多大意义的强化训练。教育，只有让学生不断接受新的知识，才能使学生有兴趣学习。在此基础上，她认为"学习应该永远前进、永远上升，而不应该过多地重复"，她拿自己子女做的实验，不让孩子过多地做题，而坚持一次成功的原则，即非常认真地理解例题、认真做课后练习，做的时候要非常用心，争取不出错。在她的实验下，长子长女都不断跳级，最小的女儿5岁半上小学，18岁成为全国名校研究生。

（六）从学科之间的交叉地带选题

当前，科学发展的趋势是学科的交叉、渗透，学科交叉、渗透地带存在着大量新课题可供选择。如从教育法看虐童事件、幼儿攻击性性格形成的社会学因素、幼儿的生态教育研究等。需要注意的是，从学科交叉地带选题，就需要研究者具备多个领域的相关知识，对教育研究人员的学习能力也是一个挑战。

（七）从个人专长、兴趣中选题

学前教育专业学生课程博杂，喜好有不同、术业有专攻，可以根据个人不同的兴趣爱好来选择研究的问题领域，如对语言活动感兴趣的，可以开展幼儿园大班自主阅读能力培养问题研究，或童话故事中大班幼儿叙事能力的培养研究；喜欢美术或音乐的，可以选择基于国学特色的幼儿园班级区角环境创设问题研究、某市C园大班美术活动指导策略研究、某艺术幼儿园歌唱活动的现状调查；除此之外，也可以针对幼儿一日生活的某个环节开展研究，如幼儿园签到的现状与对策研究等。

三、学前教育研究课题的表述

（一）选题包括研究对象、研究内容和研究方法

通常而言，好的选题要体现研究对象、研究内容和研究方法，但前提是此选题要符合

创新、操作性强、条件可行等条件。创新即要研究的内容、对象或方法和以往研究要有所不同，如果是前人研究过的、重复研究价值不大；操作性强，指采用的研究方法能驾驭、研究内容可观测等，学前教育专业本专科学生虽然也开设科学研究方法课，但相对来说，实验法较难掌握，实施起来条件控制也不容易；条件可行，指人员、物质保障及工作量等是否充足适宜，如果问卷统计量太大，几个月都统计不出来，就会影响到之后的数据分析、结果推论等。

  如关于幼儿教师对虐童事件态度的调查研究，"态度"是一个抽象概念，需要将态度从认识反应、情感反应和行为反应 3 方面进行界定，然后对此展开访谈或问卷调查。又如幼儿园教学中师幼问答观察研究、民营幼儿园教师流动现象调查研究，研究对象分别是教师和幼儿、民营幼儿园教师，研究内容先后是师幼之间的问答、教师流动，研究方法依次为观察法、调查法。反之，如幼儿在园午睡入睡困难干预研究，带"干预"字样的是实验研究，难操作。研究生可以作为论文选题，能把控，但本专科生就要慎重考虑以此为选题；又如在大班幼儿阅读区域材料投放调查研究中，研究对象是大班幼儿吗？研究对象应该是材料投放的主体——教师，访谈的也应该是教师，此题目可作为选题，但应该区分清楚研究对象。

（二）选题表述要客观

  教育研究需要遵循客观性原则，以中立的观点、不带情感色彩地看待所要研究的问题，研究问题可以有预设或假说，但不能在开展研究之前就对研究结果下定论。如幼儿教师心理变态问题调查研究，从题目上看，就认定了幼儿教师中就存在着心理变态的行为或现象，而且既然作为课题研究，这一现象不是个别而是具有一定的人群数量，显然这和现实不相符。此选题可以修改为"幼儿教师心理问题调查研究"，因为心理问题与心理变态两个概念明显不同，心理问题分为一般心理问题和严重心理问题，严重心理问题包括心理变态。而作为幼儿教师，和其他职业人员一样，可能会或多或少程度不同地存在着焦虑、紧张或职业倦怠等心理问题，甚至个别人有严重心理问题。同样，以幼儿沉迷手机游戏现状研究作为选题，也不合适，因为一是幼儿作为身心发育不成熟的人，出现对手机游戏、电视动画等感兴趣的任何行为都可以理解，也有机会得到修正。二是幼儿的时间分配到在家里休息、在幼儿园里进行教育活动后，所剩无几，何谈"沉迷"？

  因此，选题应该实事求是、客观公正地表述研究内容，不偏颇、不歧视，如小班幼儿规则行为养成的因素研究、幼儿自由活动游戏选择的问题研究及家园沟通中，教师对家长类型喜好的调查研究等，这些选题表述中提到的研究内容，如规则行为养成的影响因素、游戏选择、教师喜好的家长类型，在研究过程中，会发现这些研究内容可能存在着好的方面、也可能存在着不好的方面。以教师喜好的家长类型为例，调查中发现，教师都喜欢主动配合的家长，但也有的教师喜欢不给幼儿园"找麻烦"的家长，"找麻烦"自然包括了给幼儿园提意见或建议。

（三）选题表述要简练、清晰、准确、规范

  选题表述简练是指标题字数不要过多、啰唆，即在把内容表达清楚的前提下，题名应

越短越好。举个通俗的例子，能用"消费能力状况调查"的标题，就不要用"蔬菜水果肉蛋粮油销售量情况说明"。简练的标题需要有高度概括能力。通常而言，论文标题不超过20个汉字，论文的框架标题不多于15字。如"基于营养教育课程的中班幼儿健康饮食行为养成的实证研究""基于省编教材的幼儿园科学课程资源开发与利用研究——以辽宁省鞍山市A幼儿园为例"等，作为选题不合适，因为标题烦琐、冗长，导致主题不鲜明，而且前一个选题中提到的营养教育课程，现实中幼儿园普遍没有。

相关链接

如何使题名简洁

减少题名字数的常用方法有：

1. 尽可能删去多余的字或词语

经过反复推敲，删去某些字或词语之后，题名仍能反映论文的特定内容，那么这些字、词就应删去。如"地震作用下框架结构节点破坏规律的分析及研究"，删去"分析及"；"幼儿园幼儿教师与幼儿之间的问答现状研究"，删改为"教师与幼儿的问答现状研究"；"某幼儿园游戏生活化问题的个案研究"，可删去"某"或"个案"。

2. 避免将同义词或近义词连用

同义词或近义词留其中之一，如"问题的分析计算"，"分析"与"计算"在该处是近义的，不计算又如何分析呢？所以二者保留其一即可。又如，"分析与探讨"，二者取一，如"结构加层对固有建筑物基础的影响分析探讨"，删去"探讨"。"幼儿园离园活动安排现状与问题研究"，"现状和问题"删去一个，并且删掉"与"。

3. 题名不易简化时，可加副标题来简化主题名的字数

不易简化的情况有：一是字数太多，无法减少；二是题名语意未尽；三是一系列研究工作用几篇论文报道，或是分阶段的研究结果各用不同副标题区别其特定内容；四是其他有必要用副题名作为引伸，如主标题"建筑、结构、表现形式的有机融合"，加副标题：迁安市体育馆建筑方案设计。

——来源：节选自科技论文题目与摘要撰写方法 [EB/OL].
https://wenku.baidu.com/view/49e9b683dd88d0d233d46a1f.html，2013-7-1

清晰是指研究内容、研究对象及研究方法等要清晰，一看便知其意，不费解，如"关于建立和使用幼儿成长档案袋的研究""幼儿园对新生入园准备工作的问题研究"等选题，标题显示研究内容很清晰。不清晰表现为，一是选题使用笼统、泛指性很强的词语和华而不实的词藻。如"关于×××的若干问题""学前教育的研究"辽阳市十所幼儿园教学活动小学化倾向的问题研究等。以"辽阳市十所幼儿园教学活动小学化倾向的问题研究"为例，一是标题太长，二是研究内容"小学化倾向"不好界定。因为没有相关文件明确规定教50个字还是150个字就是小学化，而且如何确定哪些做法是小学化倾向、哪些是幼小衔接？没有明确、量化的区分标准。二是选题表述不完整，缺少必要的研究内容或核心词。论文选题具体体现为论文的总标题，也称篇名。作为一篇论文的总名称，题名应该使读者能从中了解

到该论文所要研究的核心内容和主要观点，如"幼儿从入学以来到一段时间的问题研究"，"入学以来到一段时间的问题"指什么问题呢？情绪、适应、学习、身体发育……选题中没有明确意义的核心词或关键词，使人无法知道到底要研究什么。"入学以来到一段时间"中的"一段时间"到底是多长时间？属于很模糊的表述方式。

准确，是指要恰如其分反映研究的范围和深度，用词要反映研究内容的实质。若题名很难表达论文的内容，可用副标题名进一步说明。若题名很含糊、有歧义，会使人分不清它属于哪个学科范畴，分类造成困难。如本单元"案例导入"中选题"教师走后门现象研究"，提出选题的学生到底要研究的是"教师利用职务条件给家长提供'特殊方便'"还是"教师为了自己的利益去找别人通过不正当渠道或手段达到自己目的"，或者简言之，是"教师收家长好处"还是"教师送领导好处"？显而易见，作为学生的选题者，因为其有限的见习或实践经验，想到的选题是后者。因此，选题者使用"走后门"一词，意义不准确。那么，从准确性来看，"走后门"应该换成"开后门"，但知道"走后门"意义的人，清楚研究内容属于教师师德问题、幼儿园管理问题；不知道的以为教室门很多，前门后门都得开，可能是安全问题，这就导致读者理解上出现了歧义，即使不存在理解上的分歧问题，不规范用语的论文标题也缺乏学术文章的庄重性，因此，从规范性而言，"走后门"可改为"收受馈赠"更易被理解，而且不会产生误解。

相关链接

标题用词要准确

标题更应该提纲挈领，清晰展现内文主旨。好的论文标题都要尽量做到直截了当、一语破的、文约而事丰、言短而旨远，不可冗长或语焉不详。论文的标题过长不仅容易使人产生烦琐和累赘之感，而且难以让读者得到鲜明的印象，从而影响对文章的阅读选择。

常见标题用词的不合理使用。标题中有些常用词语，作为一种辨体词，可以界定文章属性，但应适可而止，宜开门见山、直入主题。尽量少用"浅析""试论"等谦辞，以及"关于×××的思考""×××之我见"等闲词。现今标题中常用"基于"一词，笔者在知网查询到的为 1 916 436 篇。"基于"在汉语中有"由于""鉴于""根据"之意。其在标题中更贴近英语"based""based on"所表达的"建基于""立足于"等意。具体而言有 3 层意思：其一为指明研究的路径，即依据理论及研究方法，如《基于系统理论的广东高校财务风险评价研究》《基于模糊熵层次分析法的高等教育国际化策略风险评价模型研究》；其二为着眼于、立足于，如《基于回报的合作——生物有机体制胜中的策略》《基于问题的学习在美国基础教育中的应用》；其三为界定研究范围，如《工作满意度、年龄与主观幸福感——基于武汉市城镇居民的研究》。有些论文标题滥用"基于"一词，如《基于媒体融合发展趋势的研究》，此处"基于"一词意为"关于"，便属误用。

——来源：节选自给论文起标题，原来这么难 [EB/OL].
https://wenku.baidu.com/view/780e245ff011f18583d049649b6648d7c0c7084e.html

规范，一是指选题表述要使用专业性词语，不要用口语或方言。如"男女幼儿交往特点研究"和"幼儿交往的性别差异研究"，两个选题比较而言，后者明显更规范。又如，选题"幼儿园幼儿老师孩子在本园的现象研究"，存在的三个问题就是：用词不规范，"老师"应为"教师"，"孩子"改为"子女"；语句不简炼，多次出现"幼儿"。在"幼儿园"与"幼儿教师""幼儿"同时出现的选题中，通常删掉"幼儿园"；"教师子女在其所在园的现象研究"，研究的核心内容是什么、有什么意义呢？二是指格式要规范，便于检索、便于认读。如标题的表述格式通常是关于×××的调查研究、关于×××的观察研究、×××的问题研究、×××的个案研究等，研究方法一目了然；又如，主、副题名之间中文用破折号连接，英文用冒号连接；题名所用词语必须有助于选定关键词和编制索引等二次文献，以便为检索提供特定的实用信息；题名中一定要有反映文章内容的关键词，要通顺、合乎语法语序要求；题名要避免使用化学结构式、数学公式及非公知公认的缩略语、字符、代号等；标题中尽量不用标点等。

（四）选题表述要明确、具体、有新意

选题中的研究内容表述要明确、具体、有一定创新性，而且要能被研究者掌控、驾驭。明确、具体表现为，一是尽可能用可观测的行为作为研究内容，不用过于抽象概括化的词语来描述研究内容，如幼儿生活自理行为、依赖行为可以研究，但幼儿焦虑、教师职业压力等不适合研究，因为自理行为、依赖行为可以观测继而下操作性定义进行界定，而焦虑、职业压力难以界定。明确、具体的第二个表现是选题要有针对性，注重资料分析，注重时代、地区发展的需要，切忌空洞无物的口号，也就是所说的选题"宜小忌大，宜实忌虚"，切中要点。例如"幼小衔接视角下幼儿入学准备研究""幼儿园安全教育研究""幼儿体育游戏问题研究"等就不适合做选题，因为范围过大、让人很难知道研究重点是什么。

相关链接

关于加拿大毕业论文如何精练主题

主题陈述决定了研究的内容和研究的范围，请牢记，这个观念非常重要。有个同事是芝加哥大学的学者，他获得所在研究领域的博士学位，我们询问他是怎么做研究的，他的回答让我们很吃惊。他说："对于我来说，在思考要研究什么上的时间很少，真正花大量时间思考的是不去研究什么。"主题陈述从两个角度来确定研究范围：一个是要研究的内容，另一个是不要研究的内容。我们要用心思考的是不要研究的内容，这可以帮助我们建立研究课题的框架和研究的关注点，这一阶段应该问的问题是：

1. 你是不是对研究课题的核心观点有一个清楚的理解？
2. 你的文献查询是不是足够支撑这些核心观点？
3. 文献查询后，你的主题陈述发生了什么变化？
4. 回顾核心观点图和作者图谱，思考你选择的主题是不是太宽泛或太狭窄。

文献查询是精练主题的好机会，深入研究了核心观点和主要术语，并且了解了其主要思想，便可以根据文献查询来修改主题陈述的关注点和立足点，从而提高准确度和清晰度。当然，在尝试缩小主题范围时，请思考以下问题：

1. 你真正要研究的是什么？
2. 你不要研究的是什么？

缩小主题范围时，再回顾一下起初用于限定主题的研究对象陈述，精练研究主题陈述，从而进一步精练你的主题陈述。

——来源：关于加拿大毕业论文如何精练主题 [EB/OL]. https://wenku.baidu.com/view/a1203cbb846a561252d380eb6294dd88d0d23d0b.html, 2017-12-4.

选题要被研究者掌控、驾驭，是指为了引起他人注意而夸大或拔高自己研究的选题，或是虽然有新意，但受自己水平能力所限、研究难以实施的选题都应该放弃，如选题中出现"×××机理的研究""×××的规律"等词语。若研究的深度确实达到了这个水平，是可以用的，但应采取谨慎态度。什么是规律？新生儿都会哭，1岁半出现电报句，2~3岁都会使用当地语言与成人正常交流，4~5岁不理解双重否定句和被动句，这是语言发展的规律，既然称之为规律，不仅适用于北方、南方，也适用于古今中外，总结概括出来的普遍适用性的东西才能称为规律，能研究出规律需要一定的专业水平、研究能力，也需要充足的时间、广泛的研究对象，而学前教育专业的本专科学生，在半年或一年内，只凭借访谈几十或几百个人、发几十或几百份问卷进行研究，结论是不能称为规律的。又如对幼儿心理行为感兴趣的，常常选题为"幼儿攻击问题研究""幼儿撒谎问题研究""幼儿入园焦虑现象研究"或"幼儿语言发展规律研究"，从学前教育专业本专科学生所学的知识丰富程度、相关技能水平来看，无法驾驭这些选题，常常会沦为剽窃教材观点或相关心理理论。又如"幼儿游戏动机与游戏效果的关系研究""鞍山与台湾两地幼儿园户外体育活动开展的比较研究"等也不适合本专科学前教育专业学生作为选题，因为，涉及关系研究的数据要利用统计学的相关分析来处理。而"基于保教质量评估的幼儿教师评价指标体系研究""《指南》在幼儿园教育实践中的应用研究"等选题，涉及的研究范围广、内容多，而论文的内容只涉及其中的某一方面或某一点，以后一个标题为例，《指南》包括了不同年龄生长发育特点、5大领域教育任务与要求等诸多方面，题目没有显示将研究某一具体内容，而都作为研究内容的话，则研究无法深入下去。

选题要有新意，是指不要选教材章节标题或网络比较泛滥的论文题目作为选题，因为会导致研究缺少创新性、很难有自己的独特见解。如"幼小衔接视角下幼儿入学准备研究"，可以从小学、幼儿园两主体研究，也可以从幼儿生活、学习等方面研究；"幼儿园安全教育研究"，在《学前儿童卫生学》教材中至少有一章讲疾病、意外事件等；"幼儿体育游戏问题研究"，也是《学前儿童游戏》教材的一章，幼儿游戏的偏好、游戏中的选择实施指导问题、游戏材料环境的问题都可以单独作为选题进行研究，但和教材上前人研究的成果比，需要考虑有没有创新的可能性和研究价值有多大。又如家庭教养方式对幼儿自理能力形成的影响研究、智力游戏对幼儿想象力发展的作用、童话故事讲述对大班幼儿叙事能力的重要性等，即凡是以"影响、作用、重要性、价值、意义"等作为核心词的语句都不适合做选题，一是因为这些研究的重要性、意义等，前人都研究很多了，不用再研究也众所周知。二是即使开展研究，也是停留在粗浅的理论空谈水平，若真要研究有没有效果，得用实验法的方法或借助统计学的知识。

（五）选题表述要用陈述语句

选题表述应为相对完整的陈述句子，而非短语或词汇，也不是疑问句，不使用否定、感叹等句式，也尽量不使用"试述、浅论、刍议……"及口语化的词语。如"离园时间幼儿活动安排的问题研究""幼儿参与木偶剧制作与表演的问题研究""幼儿入园签到的现状调查与对策研究""新手教师应对幼儿意外事件的问题研究"等选题，能够完整表达出研究的内容，或根据选题表述能预测出研究采用的研究方法，甚至一些研究结论。而"窗边的小豆豆""托起明天的太阳"等标题，不是完整的语句，不知道研究者所要研究的范畴是安全教育、教育活动，还是领域教学、精细动作发展？即使采用的是叙事研究，主标题可以拟得抒情些、艺术气氛浓厚些，但也要添加副标题以相应的关键词来明确凸显研究内容。但从选题表述要简练的要求来看，能不用副标题的尽量不用副标题。

有的选题虽然语句完整，诸如"教师对幼儿拒绝进食的问题有什么方法""如何在幼儿自主游戏中提高合作能力""针对问题儿童幼儿教师怎么解决"等选题，都带有疑问词，也不适合做毕业论文、学术论文的题目，因为毕业论文属于学术论文，比较严谨、规范，是通过采用一定的研究方法、实施研究得出结论，而非仍在争议状态、研讨状态或不确定状态。不使用感叹句及"试述、浅论、刍议……"及口语化的词语，也是同样道理。而标题中使用否定句，会增加读者思维负担，也可能会导致标题不够精练。还有"幼儿教师针对问题儿童的解决办法"的选题表述方式，作为论文框架标题尚可，作为论文选题明显缺乏"研究"的意味，此外"问题儿童"指什么，是学业方面的阅读障碍、品行方面的打人说脏话？还是心理方面的自闭、多动？或是社会方面的适应不良、交往不利、拒绝分享？模糊不清、范围过广。

课堂讨论

下面选题表述有问题吗？
1. 教师对幼儿拒绝进食的问题有什么方法
2. 幼儿与教师之间的关系问题
3. 根据幼儿教师教学方式进行分析
4. 幼儿园多动症幼儿的问题研究
5. 家园合作问题研究

参考答案：
以上表述均有问题，第一个有疑问词。第二个是关系研究，并且"关系"一词太模糊。第三个没有核心关键词，具体研究内容不明晰。第四个"多动症"专业性太强，难驾驭。第五个，"家园合作"内容太广泛。

第二节　学前教育研究课题的选择

一、学前教育研究课题选择的原则

（一）创新性原则

创新性原则是指选题在研究范围、研究方法或研究内容等方面，发现前人没有涉猎或没有充分开展的领域，认识到前人没有认识或没有充分认识的教育规律，解决前人没解决或没完全解决的教育问题，即教育研究选题要有一定的独创性和新颖性。创新性原则要求在选题时，要对相关教育研究有丰富的了解并掌握教育发展的前沿信息与动态，才能及时发现新问题；要到最可能产生创造性的地方或领域去选题，如研究的空白区、学科交叉的边缘地带、实践迫切需要的方面等。

> **相关链接**
>
> ### 创新的来源
>
> 本文主要从3方面，对选题给出建议：
>
> 1. 空白处
>
> 空白处指本学科领域尚未涉猎的课题，此类问题其实不多，因此，要求对现有领域研究进展非常了解，同时因为前人研究得少，可能无所借鉴，研究难度大。但若能充分了解总体研究状况，并能从现实生活中提出研究空白和现有研究中忽略的薄弱环节进行研究，提出独到见解，使研究具有较强的应用性、实效性，其价值会很大。
>
> 2. 空缺处
>
> 空缺处是本学科领域有人研究但仍有探讨余地的选题，或不同意既往观点，或对旧主题独辟蹊径、选择新角度阐述问题，或纠正研究方法的错误或缺陷的选题。可考虑从以下几方面探讨：其成果有无不完备、不深入、不妥当之处？某学科领域中，哪些问题尚待解决？已解决的问题中，哪些需要补充或修正？当前理论争议的焦点是什么？代表性意见是什么？占上风的意见有何不足？相反意见有何可取之处？
>
> 3. 多学科交叉处
>
> 交叉学科的背景知识，是思维开阔的重要基础。在学科与学科交叉地带，不断涌现一些新的学科门类，如文艺心理学、生物医学工程等，必然带来新问题，在前人尚未探索的多学科交叉新领域中，通过学科比较、综合发现新问题、产生新思想。
>
> ——来源：节选自论文选题的突破口［EB/OL］.
> https://wenku.baidu.com/view/3be467404a73f242336c1eb91a37f111f0850d50.html.

（二）可行性原则

可行性原则是指选题要具备能够实施的可能性、保证课题完成的主客观条件，否则选题极易半途而废。主观条件是研究者的知识水平、智力结构、研究能力、专业特长、兴趣爱好、心理素质等，如有的人喜欢观察幼儿心理活动、有的人愿意与教师访谈，选题中也要取长补短，才能确保研究顺利完成。客观条件，包括研究需要的文献资料、完成研究必需的物质条件、被研究人员单位的配合、研究所需时间长短及研究团队的资质、数量等，这些也不同程度影响着选题的开展。如学生撰写毕业论文到幼儿园进行研究可能需要花费些交通费、复印问卷或研究结束后为表示感谢买些水果或小礼品等，这些费用一般学生能够负担得起，但研究要花费上千或数万元，就很难实施了。

课堂讨论

由"教师走后门现象的问题研究"选题所想到的

思考并回答以下3个问题：

1. 什么是"走后门"？教师"走后门"与教师"开后门"意义一样吗？学生拟用"教师走后门现象的问题研究"为题，本意是想研究什么？

2. 教师不是为了自己利益、找他人为自己"行方便"，而是为了幼儿家长的某些特殊需求而做出不公平或有损其他幼儿利益的事情，拟论文选题的话应该怎么拟？可以拟哪些选题？

3. 拟出的选题，从研究对象、研究内容及研究方法等方面考虑是否具有可行性？

参考答案

1. "走后门"比喻用托人情、行贿等不正当的手段，通过内部关系达到某种目的。

教师"走后门"，即用不正当手段、不公平做法，达到自己私利的目的。教师"开后门"，即教师为他人的私欲或利益而提供的"特殊方便"，可能会对其他幼儿不公平或损害、侵犯他人利益的做法或行为。"走后门"与"开后门"的意义明显不同。

学生拟用"教师走后门现象的问题研究"为论文选题，是因为在幼儿园中看到了家长为了让教师照顾自己家孩子，而送教师钱、卡或礼物等，通过研究了解这种现象的原因及预防措施、解决对策。

2. 无论是"走后门"还是"开后门"都不是规范用语，因此，根据"教师是为了幼儿家长的某些特殊需求而做出不公平或有损其他幼儿利益的事情"的意思，可拟标题有：

①关于幼儿教师接受家长馈赠的现象研究；
②关于家长馈赠幼儿教师钱物现象的问题研究；
③幼儿园对教师收受家长馈赠态度的研究；
④幼儿园对教师收受家长馈赠处理方式研究；
⑤关于幼儿教师向家长索要钱物现象的研究；
……

3. 以上选题，研究对象、研究内容和研究方法大相径庭。研究对象看选题中的主语，研究内容体现为研究成果或论文的框架，研究方法是实施研究采用的适合的手段。对以上选题从以下3方面进行比较：

①关于幼儿教师接受家长馈赠的现象研究：研究对象是幼儿教师，研究内容主要是教师接受家长馈赠的现状或者问题表现、影响因素及应对策略，研究方法是访谈或问卷。和第

5个选题研究对象相同，但不同的是本选题中的教师在家长馈赠时，态度可能有主动、有被动，主动的就是通过明示、暗示等方式让家长主动送钱物，教师对家长送钱物的行为高兴接纳；被动则是家长有特殊要求而主动送与教师，教师或多或少、不同程度地表示一下拒绝才接受。

②关于家长馈赠幼儿教师钱物现象的问题研究：研究对象是家长，研究内容主要是家长馈赠幼儿教师钱物的问题表现、原因及预防措施，研究方法是问卷法。

③幼儿园对教师收受家长馈赠态度的研究：研究对象是幼儿园，或者说幼儿园管理人员、园长等；研究内容是幼儿园对教师收受家长馈赠的态度表现、影响因素及应对策略；研究方法是访谈法或问卷法。

和其他选题相比，"态度"比较抽象，需要下操作性定义进行界定，而且通常而言，调查中幼儿园态度很可能倾向是一致的，即"反对"或"不赞成"，而导致研究范围狭窄，不适合当论文标题。

④幼儿园对教师收受家长馈赠处理方式研究：研究对象与上一个选题相同，研究内容是幼儿园对教师收受家长馈赠处理方式的类型、原因及改善建议，研究方法是访谈法或问卷法。和上一个标题明显不同的是"处理方式"，具体可操作，但和"态度"相同的是，研究范围狭窄，不适合当论文选题。

⑤关于幼儿教师向家长索要钱物现象的研究：研究对象是教师，研究内容是幼儿教师向家长索要钱物现象的问题表现、影响因素及应对策略。研究方法是问卷法。和第1个选题研究对象相同，但不同的是本选题中教师主动明示家长送钱物。此选题在实施时会有困难，一是"索要钱物"的教师毕竟相对整个教师群体而言数量较少，发放问卷多，但统计上来数据可能占比很小。二是填写问卷时，即便匿名，填写内容也未必真实。三是如果找家长填写问卷，可能担心孩子会受影响，另外，家长也未必了解教师"索要钱物"的真正原因。因此，可操作性低。

（三）价值性原则

价值性原则是指选题要有意义，即教育研究的开展或其成果有其普遍性，能在理论上纠正某种错误观念、丰富或完善教育理论体系；在实践中，能够深入贯彻执行教育方针政策、指导一线教育工作者、促进幼儿身心发展。而作为学前教育专业本专科学生的毕业论文，受研究者水平、对教育实践了解的深入程度与视野等所限，可能对解决某一实际问题有些贡献，或在某一理论问题研究上有一点突破，但价值并不是特别大。基于此，毕业论文选题不能范围过大，否则易流于泛泛而谈、难以深入。

（四）科学性原则

科学性原则指选题必须要符合国家有关教育方针政策、符合教育教学的基本规律和发展方向，要有一定的事实依据和科学理论依据。选题的科学性表现在选题以教育科学基本原理为依据，来源于教育实践，不违背教育规律、不空谈理论，以免研究半途而废。通常而言，实践经验为课题的形成提供了一定的依据，在较丰富的实践经验基础上，可以保证课题选择的科学性。而教育科学理论对选题起的是定向、规范、解释等作用，缺乏一定的科学理论依据的题目容易出现起点低、盲目性大等问题。

二、学前教育研究课题选择的过程

（一）调查研究，明确研究方向

初学研究的人，一开始总是对几个研究方向同时感兴趣。如果要在某个方面真正获得成果，就必须把主要精力集中在一两个方面上，这就需要进行深入细致的调查研究，了解有关课题发展历史、现今研究水平与今后发展趋势，而调查研究的方法主要是查阅资料和咨询专家。

查阅资料可以考察哪一个研究方向更具有研究价值，广泛阅读文献，吸收与消化有关领域其他人的研究成果，了解前人研究达到的程度及当前研究动态，然后根据选题原则，反复比较、认真考虑该方向研究的理论和实践价值有无继续深入挖掘的必要和可能、自身在此方面有无较多信息和研究基础，相比其他研究方向，有无更多的环境或条件优势。然后，选择最适合自己的一个研究方向。此外，也可以征询专家或对此方向有研究经验者的意见，从中受到启发和借鉴。

（二）总结提炼，确立研究课题

在研究方向基础上，进行必要的提炼，才能加工成有意义、表述准确、切实可行的课题。初涉教育研究的人，或多或少地存在着选题宽泛、狭窄、模糊等不当现象。因此，在进行有效的研究之前，必须对所选定的问题进行必要的提炼，以形成有意义的、提法恰当的、有可能实现的课题。具体策略有以下3点：

1. 缩小策略

缩小策略，即将宽泛的主题缩小到易于把握的程度。主题涉及范围的大小与研究的时间、地点、研究人员和研究对象的数量、研究事件的多寡等相关。对过于宽泛的主题，可缩小研究对象的范围，如"幼儿园的环境创设问题研究"，可缩小为"×××市10所幼儿园的环境创设问题研究"。在此基础上，还可以考虑聚焦研究问题的核心，如果研究人数有限、时间不充足，缩小后这个课题仍然宽泛，因为"环境创设"也包括幼儿园户外、室内及走廊、班级等不同区域，班级环境创设还分天棚、墙面、区角等位置，可以针对其中某一个要素进行研究，即缩小为"×××市10所幼儿园的班级墙面环境创设问题研究"。

2. 扩展策略

扩展策略，是将狭窄的问题进行扩充、丰富，使其值得研究。问题狭窄在于研究的主要因素太小，或不具备代表性和普遍性，使研究没有价值。如"怎样解决幼儿×××爱告状的行为问题"，这是一种个别的具体问题，要从这个问题中提炼出值得研究的课题，应该从普遍性的角度对其扩展和丰富：这个幼儿爱告状，是否这个班级或这个年龄段都有这样的特点？有哪些影响因素导致这种行为或增加这种行为？等等。通过这样的扩充和丰富，可以把此问题提炼为"小托班幼儿爱告状行为的成因与对策研究"。这是通过对个别现象由表及里、由特殊性到普遍性的提炼。

3. 分析策略

分析策略是将复杂、模糊的问题进行分解，或对模糊问题各要素的关系进行分析，使研究问题简化、清晰，使研究问题范围清楚集中。

分解问题，将一个复杂的研究问题按照内在的逻辑体系，分解成若干个相互联系的小问题，使这些问题形成具有一定层次结构的问题网络，从而在具体化的基础上确定研究问题。如幼儿园语言领域教学改革的调查研究，可将此问题分解为：语言领域中教学内容的改革、教学方法手段的改革、幼儿学习方式的改革、教学中主体参与的形式等系列问题。通过分解研究问题，不仅使研究的问题更加明确，而且使所要研究的课题沿着一定脉络，由浅入深向前推进，形成稳定的研究方向。

分析因果，指分析问题的产生原因及影响，发现问题的内在联系，以便深入准确地掌握问题根本。如某校"成功教育研究"课题就源于对"学习困难学生"问题因果关系的深刻分析。学习困难学生形成的主要原因是学生有失败者心态、自卑、自信心丧失，这种心态产生于学生学习中的反复失败，因此，改变学生学习困难，就要改变学生的学习心态，改变不良心态的最好办法是让每个学生获得成功。因果分析能帮助研究者找到问题根本，同时为问题解决提供思路和办法。

（三）分析梳理，明确研究目标

课题研究目标是通过课题研究预期解决的问题和最后取得的成果，即通过研究获得的对某一教育现象及其有关现象之间的相互联系的科学认识。研究一个课题，需要经过深思熟虑的推敲，明确研究目标，才能把研究问题的内容与方向把握住，并成为界定研究范围的标尺。

从过程论角度，把课题研究目标分成3个层次，即任务目标、状态目标和成果目标。任务目标也称研究工作目标，一般通过制定研究任务书的方式来确立任务目标，内容包括课题研究的任务是什么、谁负责完成、如何完成、什么时候完成等。状态目标是对被试施加实验变量后，旧状态发生变化，研究者期望达到的新状态。成果目标是研究完成后预期得到的综合性成果。3个层次目标是相互联系的统一体，前一层次目标是后一层次目标的手段，按层次设计课题目标，简明实用，具有导向作用。

从系统论角度看，一些综合性较强的课题，往往存在着目标系列，应当给予明确，按彼此之间的关联影响及隶属关系形成一个多层次的目标系统，便于课题研究的开展，也有利于课题成果形成一个完整的有机体系。如关于当前教师对幼儿评价的现状调查，目标包括4方面内容：教师评价从应试教育向素质教育转轨中的现状、分析造成教师评价偏离素质教育要求的原因、指出教师评价中不符合素质教育要求需改变的方面、提出相应的改进建议。显然，课题要实现的目标是明确的，目标间包含着一定的系统性也是清楚的，每一个子目标都可以构想自己的研究方案，但处于大系统中，必须服从课题总目标的需要。

（四）预实施，课题确立

对课题进行小范围的调查或实验，通过模拟研究，对提出的研究目标、采用的方法、研究内容等进行初步的论证。论证中主要回答以下问题：研究问题的性质和类型；课题研究的迫切性和针对性，具有的理论价值和实践意义；课题以往研究的水平和动向，包括前人及他人有关研究的基础，研究已有的结论及争论等，进而说明该课题研究将在哪方面有所创新和突破；课题理论、事实依据及限制，研究的可能性，研究的条件及能否取得实质性进展；课题研究策略及成果形式。

在系统的分析综合基础上写出简洁、明确、具体、概括的课题申请报告或开题报告，不仅用于课题申请或开题，也可放在科研成果或论文的相应位置。课题申请报告包括：课题名称；本课题国内外研究现状，预计有哪些突破；本课题研究的理论基础；本课题研究的目的、理论与实践意义；课题研究的方法、步骤及主要内容；课题组成员及分工；完成本课题的条件分析，如现有的物质条件和具备的理论基础等；完成本课题的预定时间和预定成果形式。开题报告包括研究背景与文献综述、理论价值与实践意义、研究目标、研究内容、选题的框架结构、研究重点与难点、研究方法与实施步骤、已有的主要参考文献等项目。

三、学前教育研究课题选择的方法

（一）问题筛选法

这是研究者常用的方法，从课题指南中或从网络查找课题目录，从中选取自己想要的题目，即需要什么研究什么。

（二）经验提炼法

通常有教育实践经验的人，或者说教育工作者，在有了一定时间的教育经历后，从经验或教训中总结概括提炼的课题，即做什么研究什么。

（三）资料寻疑法

通过对有关资料的分析，比较不同观点，诘问前人的结论，揭露理论与实践的差异等，从中产生研究课题，即怀疑什么研究什么。

（四）现状分析法

在教育见习实习中，发现现实中存在的问题或困惑，对此产生兴趣，选为课题，即欠缺什么研究什么。

（五）意向转化法

实际上是一定的教育实践或理论信息在思维中积累的反映，即发现什么研究什么。

四、学前教育研究选题的注意事项

选题时，要遵循学前教育研究课题选择的原则，即创新性原则、可行性原则、价值性原则和科学性原则。

1. 忌与时代、政策法规相悖

选题要符合科学性原则，不违背教育规律和相关教育理论。虽然政策有一定时效性，但政策的制定也需要依据相关的教育理论，因此，选题时不要与政策法规冲突。如幼儿英语课程教学指导策略研究，幼儿园有教育教学活动、有游戏，但没有课。而且国家教育部办公厅印发《关于开展幼儿园"小学化"专项治理工作的通知》（教育厅函〔2018〕57号），明确提出"对于提前教授汉语拼音、识字、计算、英语等小学课程内容的，要坚决予以禁止"。同样道理，中班幼儿识字量的问题研究，也不能做选题。

2. 忌关系研究、实验研究

选题要遵循可行性原则，在研究者自己的水平与能力范围内选题。如幼儿饮食困难的干预研究，选题明显要采用实验法进行，而实验研究要有前测和后测，前测与后测之间施加实验条件，如采用音乐疗法、催眠疗法及医学或心理学专业的技术来改善，这是学前教育专业本专科学生现有水平达不到的，也可以用教育的方法，但时间长、见效慢。施加实验条件后，前后测比较看效果有什么变化，达没达到统计学标准的显著差异（$P<0.5$）或非常显著差异（$P<0.01$），需要用统计学公式计算。

3. 忌难操作、难驾驭的选题

选题时要扬长避短，紧密结合自己的专长、兴趣点，尽可能选取可观测行为进行研究，要有可行性和可操作性，即所选问题应该是可以研究的，存在被解决的可能性。尽量不要选在物质保证、环境或人员等主客观及时机条件超出自己控制范畴的选题。主观条件，涉及研究者自身素质，包括知识基础、业务水平、科研能力、实践经验、专业特长、研究兴趣、知识储备、精力等。客观条件，涉及研究的物质条件、外在环境是否适合，包括占有资料的完备程度、研究规模、范围，所需的时间、经费、人力、物力等。时机条件，涉及与研究有关的理论、工具、技术手段的发展成熟程度、领导是否支持等。如"某幼儿园中班教学活动'小学化'现象问题研究"，"小学化"概念很难界定；"幼儿美术活动中创造力的培养研究""幼儿园德育教育问题研究"等选题中的"创造力""德育教育"太笼统，需要下操作性定义；"家庭中幼儿叙事能力的培养研究"，选题表述没有问题，但要实施此研究，需要访谈家长或让家长填写问卷，而对于家长的调查，相对教师而言要有难度，因为访谈家长时间会受限，而编制问卷比设计访谈问题要困难得多。

4. 忌空洞不实、泛滥的研究

选题要有创新性、价值性，这是因为教育研究是探索未知的过程，选择的问题应是前人未曾解决或尚未完全解决的问题，选题最忌讳的是无意义重复别人的研究。创新并非要求研究的一切都是独创的、全新的，可以选择别人未曾研究的问题，如签到、馈赠钱物问题；用与别人研究方法不同的方法去研究同一个问题，如个案、访谈、观察等方法；将某理论、方法应用到新的研究领域中去……而论德育教育的价值、家庭氛围对幼儿语言发展的影响研究、论幼儿言语能力对思维发展的重要性等，学习的教材中都有相关理论，没有创新性，也没什么研究价值。

第三节　开题报告撰写

一、开题报告及其构成

（一）开题报告

开题报告，是指开题者对研究课题或毕业选题的一种文字说明材料，作为毕业论文工作的重要环节，是为阐述、审核和确定毕业论文题目而做的专题书面报告。它是实施毕业论文课题研究的前瞻性计划和依据，是监督和保证论文质量的重要措施，同时，也是训练学生科研能力与学术作品撰写能力的有效的实践活动。一般为表格式，把要报告的每一项内容转换成相应的栏目，既便于开题报告按项目填写，避免遗漏，又便于评审者一目了然，把握要点。

开题报告的目的，是向专家汇报自己学位论文工作的准备情况，请专家帮助判断：自己选择的问题有没有研究价值，选用的研究方法可不可行，自己的论证逻辑有没有明显缺陷，然后由专家给出具体的建议，从而达到进一步明确研究目标、理清研究思路的目的，同时，在文献和研究方法方面获得更多的帮助。因此"主要研究内容"和"研究的角度、方法与拟实现的目标"是开题报告的重点。

（二）开题报告构成

通常是表格形式，包括封皮（略）、学生填写项目、教师和答辩组意见（略）3大项，如表2-1所示。

表2-1　开题报告

题目
1. 研究问题与文献综述（研究背景与问题、相关文献综述、主要参考文献）
2. 研究意义（理论价值与现实意义）

3. 研究目标与内容（研究目标；研究内容或框架；研究的重点与难点等）

4. 研究方法与实施步骤

本人签字：
年 月 日

二、选题论证

（一）格式要求

1. 不要漏项

开题报告中所给出的标题项目，都要填写，如研究内容、框架都是必填的，不要有所遗漏。

2. 标题数量与层级序号

标题数量是几个、怎么拟标题？标题序号怎么写？

①拟定标题的数量是根据表格里给定标题及括号内具有说明意义的标题来划分的，若无括号，则根据给定标题所含的名词短语数量划分。如根据"研究背景与问题、文献综述和主要参考文献"，可拟定3个标题。

②标题序号层级分布有两种形式，不可混用。一是依照表格给出的标题序号，在不改变原来标题序号的情况下，标题序号层级如下：

```
1. 研究问题与文献综述
  1.1 研究背景与问题
    1.1.1 研究背景
      1.1.1.1 从国家法规政策来看
      1.1.1.2 从教育实践需求来看
    1.1.2 问题
  1.2 文献综述
  1.3 主要参考文献
2. 研究意义
  2.1 理论意义
  2.2 现实意义
```

二是改变表格给出的原标题序号，标题序号层级如下：

```
（一）研究问题与文献综述
    1. 研究背景与问题
       （1）研究背景
            ①从国家法规政策来看
            ②从教育实践需求来看
       （2）问题
    2. 文献综述
    3. 主要参考文献
（二）研究意义
    1. 理论意义
    2. 现实意义
```

（二）研究问题与文献综述

1. 研究背景与问题

本部分大体 2~3 段，不需要拟段落标题，段落内容可从以下几方面阐述：一是从《3~6 岁儿童学习与发展指南》《幼儿园教育指导纲要》《幼儿园工作规程》《幼儿教师专业标准》或学前教育领域的著名专家、学者讲话等方面，查找与研究主题相关的内容，引用用于说明研究问题的重要性。二是从现实的教育实践中举例，说明研究实施的必要性、迫切性。三是以问题形式引出自己要研究的选题，此部分也可和教育实践中的阐述合为一段。如《童话故事中大班幼儿叙事能力的问题研究》：

　　2012 年教育部颁布的《3~6 岁儿童学习与发展指南》中明确指出，"幼儿期是语言发展，特别是口语发展的重要时期"。叙事能力作为幼儿语言发展的重要组成部分，对幼儿今后口语表达能力的发展将产生积极的影响。《幼儿园教育指导纲要》中，在幼儿语言能力发展方面，要求大班幼儿"集体中能注意听老师或其他人讲话"，并建议经常和幼儿一起看图书、讲故事，让幼儿学会认真倾听和表达。由此可见，对幼儿的叙事能力问题进行研究十分必要。

　　在鞍山市宝宝乐幼儿园实习过程中发现，教师讲述童话故事时，幼儿很感兴趣，但是幼儿在叙述故事时，往往表达不清楚、叙述故事没有感情和动作。基于此，以童话故事为媒介对大班幼儿的叙事能力展开研究。

2. 文献综述

与选题相关的国内外研究的进展、现状、问题与发展趋势等，至少 2~3 个标题，每个标题下 1~2 段。大体格式如下：

在中国知网或万方数据库，以关键词"×××"进行检索，查找到的相关文献中，有 × 篇期刊论文、× 篇学位论文，通过阅读理解，对以上文献进行了梳理，综述如下：

（1）关于×××的相关研究

……

（2）关于学前儿童×××的相关研究

……

综上所述，以往文献在研究内容、研究对象或研究方法存在着……因此，基于已有研究，以……为研究对象，采用……研究方法，选择……进行研究。

文献综述详见第3单元。

3. 主要参考文献

进行教育研究或撰写论文都要查阅大量文献，对于学前教育专业的本专科学生而言，建议参考的文献首先是期刊论文、学位论文，其次是报纸、年鉴等文献，而且出版或上网时间应该选择在近5年的文献。

根据全国信息与文献标准化技术委员会提出，北京大学信息管理系、中国科学信息研究所、北京师范大学学报（自然科学版）编辑部、北京大学学报（哲学社会科学版）编辑部、中国科学院文献情报中心起草的中华人民共和国国家标准《信息与文献参考文献著录规则（GB/T 7714—2015）》（见本单元附录（二维码）），常用文献类型标识规范格式如下：

（1）参考文献类型标识代码

普通图书——M；论文集、会议录——C；报纸——N；期刊——J；学位论文——D；数据库——DB；电子公告——EB；报告——R；专利——P；A——档案；标准——S；其他——Z。

（2）载体标识代码

电子资源载体标识代码用双字母表示：磁带［MT］，磁盘［DK］，光盘［CD］，联机网络［OL］。

电子文献载体类型的参考文献类型标识格式为：［文献类型标识/载体类型标识］。

①联机网上数据库［DB/OL］（data base online）。

②磁带数据库［DB/MT］（data base on magnetic tape）。

③光盘图书［M/CD］（monograph on CD-ROM）。

④磁盘软件［CP/DK］（computer program on disk）。

⑤网上期刊［J/OL］（serial online）。

⑥网上电子公告［EB/OL］（electronic bulletin board online）。

（3）专著文献的规范格式

以单行本或多卷册（在限定的期限内出齐）形式出版的印刷型或非印刷型出版物，包括普通图书、学位论文、会议文集、标准、古籍、汇编、报告、多卷书、丛书等。

格式：主要责任者.题名：其他题名信息［文献类型标识/文献载体标识］.其他责任者.出版地：出版社,出版年：引文页码.

［1］陈登原.国史旧闻：第1卷［M］.北京：中华书局，2000：29.

［2］牛志明，斯温兰德，雷光春.综合湿地管理国际研讨会论文集［C］.北京：海洋出版社，2012.

［3］全国信息与文献标准化技术委员会.信息与文献都柏林核心元数据元素集：GB/T

25100-2010［S］.北京：中国标准出版社，2010：2-3.

［4］昂温G，昂温PS.外国出版史［M］.陈生铮，译.北京：中国书籍出版社，1988.

（4）连续出版物的规范格式

通常载有年卷期号或年月日顺序号，并计划无限期连续出版发行的印刷或非印刷形式的出版物，包括期刊、报纸等。

格式：主要责任者.题名：其他题名信息［文献类型标识/文献载体标识］.年，卷（期）–年，卷（期）.出版地：出版者，出版年.

［1］中华医学会湖北分会.临床内科杂志［J］.1984，1（1）–.武汉：中华医学会湖北分会，1984–.

［2］中国图书馆学会.图书馆学通讯［J］.1957（1）–1990（4）.北京：北京图书馆，1957–1990.

（5）析出文献的规范格式

从整个信息资源中析出的具有独立篇名的文献。

① 专著中的析出文献。

格式：析出文献主要责任者.析出文献题名［文献类型标识/文献载体标识］.析出文献其他责任者//专著主要责任者.专著题名：其他题名信息.版本项.出版地：出版者，出版年：析出文献的页码.

贾东琴，柯平.面向数字素养的高校图书馆数字服务体系研究［C］//中国图书馆学会.中国图书馆学会年会论文集：2011年卷.北京：国家图书馆出版社，2011：45-52.

②连续出版物中的析出文献。

格式：析出文献主要责任者.析出文献题名［文献类型标识/文献载体标识］.连续出版物题名：其他题名信息，年，卷（期）：页码.获取和访问路径.

袁训来，陈哲，肖书海，等.蓝田生物群：一个认识多细胞生物起源和早期演化的新窗口［J］.科学通报，2012，55（34）：3219.

余建斌.我们的科技一起在追赶：访中国工程院院长周济［N/OL］.人民日报，2013-01-12（2）［2013-03-20］.http://paper.people.com.cn/rmrb/html/2013-01/12/nw.D110000renmrb._20130112_5-02.htm.

课堂讨论

对下列参考文献进行纠错。

［1］关立哲，韩纪富，张晨珏.科技期刊编辑审读中要注重比较思维的科学运用［J］，编辑学报：2014.26（2）：144-146.

［2］彭聘玲.普通心理学［J］.自然杂志，1984（7）

［3］（美）约翰·杜威.民主主义教育［M］.王承绪，译.北京：人民教育出版社，1990.

参考答案

1.是期刊中的论文，对照连续出版物中的析出文献的规范格式修改。

有年、卷、页码的格式为：2018，510：25-28

有年、期、页码的格式为：2018（6）：23

有年、卷、期、页码的格式为：2018，1（1）：5-6

2. 是著作教材［M］，不是期刊［J］，应对照专著文献格式规范修改。

3. 外国作者，不需标注国籍，应对照专著文献格式规范修改。

（6）电子资源的规范格式

以数字方式将图、文、声、像等信息存储在磁、光、电介质上，通过计算机、网络或相关设备使用的记录有知识内容或艺术内容的信息资源，包括电子公告、电子图书、电子期刊、数据库等。

因仅是载体模式有区别，所以除增加文献载体标识［OL］外，格式与专著、连续出版物中析出文献等相同。

中国造纸学会.中国造纸年鉴：2003［M/OL］.北京：中国轻工业出版社，2003［2014-04-25］.http://www.cadal.zju.edu.cn/book/view/25010080.

赵学功.当代美国外交［M/OL］.北京：社会科学文献出版社，2001［2014-06-11］.http://www.cadal.zju.edu.cn/book/trySinglePage/33023884/1.

（7）专利文献的规范格式

格式：专利申请或所有者.专利题名：专利号［文献类型标识/文献载体标识］.公告日期或公开日期.获取和访问路径.

邓一刚.全智能节电器：200610171314.3［P］.2006-12-13.

另外，在论文后所附的主要参考文献中，常出现的问题有：文献名与论文主题差距悬殊，如学前教育专业的论文，参考文献列的是畜牧或医学类文章或著作；文献名与文献类型标识代码不符，如"学前儿童发展心理学"的文献名，但文献类型标识代码用的却是"J"；文献类型与出版地不匹配，同样是"学前儿童发展心理学"，文献类型是"M"，出版地列得是"×××学报"；文献中有多余的空格或书名号，参考文献的项目不全、项目之间分隔的标点不正确，文献列举数量过少，或文献名、出处或出版期、页码等项目胡编乱造等。

（三）研究意义

1. 理论价值

理论价值在于研究的实施、开展及研究成果对相关理论有何意义或作用，如丰富了所涉及教育领域的知识和理论，为新的研究过程提供新的观点或在构建、发展、完善理论方面，或对原有理论的检验或突破方面起到了什么作用。教育研究成果提供了所研究问题的真实情况，并提出解决问题的理论依据、办法或建议，使教育实践工作可以根据研究成果进行变革。

研究案例

选题《中班幼儿游戏活动中违规行为研究》的理论价值

通过对已有文献的归纳，发现关于幼儿游戏和规则意识培养方面的研究很多，但是关于幼儿违规行为的研究很少。学前儿童游戏是幼儿园培养幼儿规则意识的主要手段，而且是幼儿最喜爱的活动，幼儿在游戏中会自然地表现出不同的违规行为。本研究从幼儿违规行为角度开展研究，客观地呈现幼儿违规行为的具体表现及特点，从多方面分析原因，并提出教育建议，以进一步完善幼儿规则教育和游戏领域的研究，从违规行为这一新的领域展开理论建构，丰富学前教育理论。

2. 实践意义

实践意义，即应用价值，教育研究的最终目的是为了指导教育实践、解决现实问题，在指导实践过程中理论价值才能得以彰显，从而提高教育质量或效益。通常而言，实践意义可以从研究成果的 4 个方面来阐述，一是对提升教师组织开展教育教学活动的能力或为教师从事教育教学活动提供具有针对性的技巧和策略，为预防和处理隐患或问题提出建议。二是规范或促进幼儿品行或学习习惯，对促进幼儿身心健康发展有积极作用。三是能更好地指导家长做好相关方面的家庭教育，或改进家长不良的教养方式，或纠正错误教育观念，配合幼儿园，使教育起到合力作用。四是促进幼儿园对相关领域的重视及对教师的引领、培训等工作。

研究案例

选题"中班幼儿游戏活动中违规行为研究"的实践意义

通过研究中班幼儿游戏活动中的违规行为，一方面发现幼儿违规行为的特点及表现形式，帮助幼儿教师更深入地了解中班幼儿；另一方面为教师顺利开展游戏活动提供针对性的技巧和策略，促进教师反思教育方法，提升教师组织游戏活动的能力，为她们正确预防和处理幼儿违规行为提出建议，规范幼儿行为，促进幼儿健康全面的发展。

（四）研究目标与内容

1. 研究目标

研究目标即通过研究想要达到什么目的，解决什么问题。

研究案例

选题《幼儿园活动区材料投放的个案研究》的研究目标

本选题对 J 幼儿园的活动区材料投放进行研究。首先，了解当前幼儿园活动区材料投放所处的状态，通过分析状态发现其存在的问题。其次，通过问题找出原因，为提高 J 幼儿园活动区材料投放的效率和效果提供有效建议。再次，通过对 J 幼儿园活动区材料投放的研究，总结其中的规律，为其他幼儿园改进本园的活动区材料投放提供实证研究的参考依据。

2. 研究内容

研究内容，是采用什么研究方法、如何达成研究目的的。

研究案例

选题《幼儿园活动区材料投放的个案研究》的研究内容

针对鞍山市 J 幼儿园大、中、小班活动区材料投放的现实情况，具体研究以下两个方面的内容：一是鞍山市 J 幼儿园活动区材料投放的情况，教师在材料投放时的行为特征以及导致行为产生的教育学与心理学因素。二是运用教育学和心理学的相关理论对鞍山市 J 幼儿园活动区材料投放的调查资料进行分析,发现其中存在的问题。

3. 框架

与上下内容各空一行;有多少级标题列多少级,尽可能详细;研究方法使用观察、访谈、问卷的要列附录,除文献法外,研究方法达到两个或以上的,附录下要列下级标题;方法排序,避免头重脚轻,即少的放前面,内容多的放后面。大体顺序为文献、观察、访谈、问卷。框架中的文献综述与开题报告中的文献综述内容是相同的,如果开题报告中文献综述的标题或内容有所变化,框架中的文献综述也要做相应调整。

研究案例

框架的大体项目

一、问题的提出

 (一)选题缘由

 (二)概念的界定

此标题可能有,也可能没有。标题存在的前提条件是:研究的核心概念易引起歧义,需要明确;研究内容范围的大小,需要界定;概念不够具体,需要下操作性定义进行界定。

 (三)文献综述

二、研究设计

 (一)研究目标

 (二)研究内容

 (三)研究方法与研究对象

  1. 文献法

  2. 观察法

  3. 访谈法

  4. 问卷法

三、×××的现状/问题表现

四、×××的成因分析/影响因素

五、×××的应对策略/解决对策,或改善/提升×××的措施/建议/办法

参考文献

 附录

  1. 关于×××的观察表格

  2. 关于×××的访谈提纲

  3. 关于×××的调查问卷

(五)研究重点与难点

研究是指选题、设计目标与内容、选择方法、实施研究、数据分析处理、形成结论,不同于论文,论文是研究成果的呈现形式。因此,研究重点难点不是论文写作重点、难点。

研究重点，通常是采用研究方法要重点攻克的部分，也可以是对研究得出的数据处理分析后的结论。如选题"童话故事中，大班幼儿叙事能力的问题研究"，其研究重点是童话故事中大班幼儿叙事能力问题的解决策略，如何促进幼儿叙事能力的发展，如何促进教师语言领域教学活动水平的提高。

难点通常是观察法、访谈法等研究方法的选择、观察表格或访谈提纲等研究方法设计实施与根据数据统计分析得出结论。如选题"童话故事中大班幼儿叙事能力的问题研究"，其研究难点是童话故事中大班幼儿叙事能力问题研究的方法选择、应用与数据分析，并形成结论。

（六）研究方法与实施步骤

1. 研究方法

通常采用的研究方法有文献法、观察法、访谈法或问卷法，在开题报告或论文中呈现时，按照研究方法从简单到困难的顺序呈现，即依次为文献法、观察法、访谈法、问卷法等。如此做的同时，也能避免介绍时容易出现的头重脚轻问题。

呈现研究方法时，文献法除外，其他研究方法通常分为3部分：一是介绍采用的是哪种研究方法、如何应用、与主题关系；二是介绍研究方法怎么选择研究对象、选择原因及相应代码；三是附上观察表格、访谈提纲、调查问卷。

2. 常用的研究方法

（1）文献法

文献法主要是介绍文献法对研究所起的作用，即通过图书馆或网络数据库，查阅了有关文献，获得了哪些信息资料，在对已有研究成果进行整理分析的基础上，对确定研究选题、设计研究思路，或找到研究的切入点、相应的理论或实践依据等起到了重要作用。

> **研究案例**
>
> **选题《幼儿园自制玩教具开发与利用的问题研究》中的文献法介绍**
>
> 查阅中国知网数据库，对以"幼儿园自制玩教具""玩教具开发与利用"等为关键词搜集到的相关资料进行整理和分析，基于已有文献的研究结论，找到本研究的切入点、相应的理论与实践依据。

（2）观察法

分3部分介绍：一是交代采用事件观察、时间观察或事件与时间观察相结合3种观察方式中的哪种观察方式，还有观察周期的起止时间、观察内容及观察记录的编码方式；二是介绍观察对象、数量、选取方式及相应代码；三是列出观察表格（见表2-2）。

> **研究案例**
>
> **选题《童话故事中大班幼儿叙事能力的问题研究》中的观察法介绍**
>
> 采用事件取样观察，针对大班幼儿童话故事叙事活动（每天10:00—10:30）进行观察，每当幼儿出现叙事能力问题就记为1次事件。记录以编码方式进行标记，如G20180629D1X1，表示2018年6月29日对大一班（D1）幼儿叙事能力问题（X）的第1次观察记录。观察自

2018年6月28日至2018年7月25日，为期4周，4个大班每班观察1周。

因为鞍山市宝宝乐幼儿园只有4个大班，所以以4个大班幼儿为对象，对叙事活动进行观察。

表2-2 关于大班幼儿叙事能力观察记录表

班级	时间	事件	备注

（3）访谈法

分3部分介绍：一是交代采用结构式访谈、半结构式或结构式加随机访谈等不同方式中的哪一种访谈方法，访谈问题的数量，访谈的大体内容，采用当面访谈、电话访谈或微信访谈等何种形式，访谈选取的时间及访谈记录的编码方式。二是选取访谈对象及数量、选取的原因及相应代码。三是列出访谈提纲。

研究案例

选题《家园沟通中，教师对家长类型喜好的调查研究》中的访谈法介绍

采用结构式访谈，利用幼儿午睡时间与教师访谈，共3个问题，内容主要是关于家园沟通中的家长类型、教师对家长类型喜好特点、教师偏好家长类型产生的问题以及提出相应的改善对策等4个方面。记录以编码方式进行整理，如F20180703D1N1表示2018年7月3日对大一班（D1）主班教师的第1（N1）个问题的访谈记录，X1表示小一班。

考虑到幼儿所处年龄段不同，家长与教师沟通上可能存在较为明显的差异性，因此，选取鞍山市金色童年幼儿园3个大班的主班教师和3个小班的主班教师访谈，共6人。

关于沟通中对家长类型喜好的教师访谈提纲：
①根据您的经验，家长类型可分为哪几种？
②您喜欢和哪种类型的家长沟通，为什么？
③您认为教师偏好家长类型所带来的问题有哪些？
④教师偏好家长类型的问题，有哪些改善对策？

（4）问卷法

分3部分介绍：一是交代采用问卷法、问题涉及的主要内容、问卷中问题的数量及问题形式。二是问卷选取的发放对象、发放问卷发放数量、问卷回收率及有效率。三是列出调查问卷。

研究案例

选题《关于幼儿教师对虐童事件的态度调查》中的问卷法介绍

采用问卷法，围绕着幼儿教师对虐童事件的关注程度、情绪反应、行为反应及影响教师态度的因素、改善幼儿教师对虐童事件态度的有效做法等方面编拟了问题。问卷中共设

12 道题，其中有 8 道封闭式问题和 4 道开放式问题。

问卷选取对象是 8 所幼儿园的教师，分别是鞍山市的鞍钢第一幼儿园艺术分园、体育学校幼儿园、鞍山市政府机关幼儿园、旭虹早教艺英幼稚园，沈阳市的和平鸽幼儿园、小凯迪幼儿园，海城市红黄蓝幼儿园，大连市辰光幼儿园。从每个幼儿园抽取 10 名幼儿教师作为调查对象，发放问卷共 80 份，回收率为 100%，有效率为 80%。

调查问卷略。

（5）关于代码与编码

代码，是用简略的拼音字母或英文单词首字母代表特定的对象，代码与所指代对象有一定意义上的联系。如拼音字母 G、F，分别代表观察、访谈；英文首字母 I、O，是室内、室外，T、P 代表教师和家长，S、M、L 代表小、中、大班。N 代表数字 1、2、3……表示第 N 次事件的观察记录或第 N 个问题的访谈记录；W、Q 或 WN、QN 都可以用于代表问题。有一定意义上的联系，是指采用字母的谐音或意义，如全全好幼儿园可以用代码 Q，因为 Q 是"全"的拼音首字母，但是不能用 A 或 B 等。

编码，是用数字、字母等符号对观察记录、访谈记录等资料进行编排，以区分其他信息资料的一种整理资料的方式。编码要能找回访谈的对象、访谈的问题或观察日期、观察的哪次事件等。简言之，编码是将有一定意义的代码以某种方式组合在一起，并赋予一定意义。如 G20180504JQN，表示 2018 年 5 月 4 日对幼儿俊俊（J）区域活动（Q）第 N 次争抢玩具事件的观察记录。其中，J 可省略，因为是个案研究，省略也不影响解读。又如，F20180918Z1 表示 2018 年 9 月 18 日对主班教师（Z）第 1 个问题访谈的记录。

完整的编码中，作为代码的字母、数字既要交代清楚要表达的意义，但又要注意不能啰唆、雷同、跨越顺序。

①啰唆：如 GSN20180105ZZN、GSW20180105ZFN 两个编码，分别代表的是 2018 年 1 月 5 日对中班主班教师室内活动组织的第 N 次观察、对中班副班教师室外活动组织的第 N 次观察。代码中，SN、SW 分别代表室内、室外，既然 N、W 一个字母就能表示，就没必要用 S，因为多余的代码会令编码看起来很啰唆、令读者很费解。同样，个案研究的话，个案不需要用代码。同理，访谈的都是教师，就没必要用 T 代码。

②雷同：用 ZZ 是表示中班（Z）、主班教师（Z），或主班（Z）、张老师（Z），是雷同。编码中要尽量避免出现雷同，访谈对象尽量用职务当代码，即访谈主、副班教师和保育员，用 Z、F、B 表示，不要放教师的姓；如果是不同年级主副班教师、保育员，那就用 L、M、S 表示大中小班；如果是同年级几个班的主、副班教师和保育员，可在 Z、F、B 字母下加数字下标的方式来区分不同班级；如果选取了不同年级、每个年级多个班的主副班教师和保育员的话，则可在表示大中小班的 L、M、S 加数字下标来区分不同年级，在 Z、F、B 字母下加数字下标的方式来区分不同班级。还有，观察某种行为，如幼儿告状，用 N 代表发生次数，正常是 1 个事件 1 个代码的现象，一天出现多次，编码就会重复。同样，访谈问题，用 Q 或 W 代表，但问题数量不止是一个，应该将问题序号代入编码中，这样才能避免不同问题对应不同编码的记录。怎么编？考虑字母加数字下标的方式。总之，作为代码的字母要区分开研究对象，但又不重复。

③跨越顺序：字母或数字的位置要按照解读的顺序来安排，不能随意放置。还要注意用字母来隔离日期和次数，避免日期和次数的数字挨在一起。如 GN20180105MZN，若其代表意义是 2018 年 1 月 5 日对中班主班教师室内活动组织的第 N 次观察，则需要将编码修改为 G20180105MZN$_N$，第一个 N 代表着室内活动，下标 N 代表着观察次数。又如，G20180105N 代表着 2018 年 1 月 5 日对个案幼儿第 N 次攻击行为的观察，日期与观察行为出现的次数均为数字，连在一起，容易导致解读时出现混淆，需要修改为 G20180105N$_1$，代表着 2018 年 1 月 5 日对个案幼儿第 1 次攻击行为的观察。

编制代码、编码时，要把可能出现的所有研究对象的代码都考虑进去并解释清楚，即先以一个完整编码说明通用的意义，然后再分别解释未出现的代码。如编码中提到了大班主班教师，后面需要交代将要出现的小班、中班、副班教师、保育员等代码。否则出现时，无法理解。但是编码中出现了 N$_1$、Q$_1$ 等，没有必要再解释 N$_2$、Q$_2$ 等，因为意义显而易见。

需要注意的是，只有研究对象才用代码代替，如研究的是个案幼儿彤彤，代码 T，那论文中出现的教师或其他幼儿，不要用代码，避免阅读理解起来混乱，不能突出重点。此外，在编码后，就可以用代码指代相应的对象，好处是简洁而明确，而在编码之前不能用代码，因为读者不明其意。论文中，编码常用括号括起，放于观察或访谈案例后，观察记录或访谈记录的字体要与其他文字有所区别。

课堂讨论

1. 下面研究方法在介绍中，代码或编码存在什么问题？

①选题《中班幼儿在园拒绝分享行为的研究》，采用结构式访谈，共 5 个访谈问题，访谈主要内容是关于幼儿拒绝分享行为的表现、成因、解决策略 3 个方面。记录以编码方式进行整理，如 F20171226ZLN，表示 2017 年 12 月 26 日对主班（Z）李老师（L）第 N 个问题的访谈记录，F、B 表示副班教师和保育员。研究选取幼儿所在班级教师主班李老师（L）、副班王老师（W）和保育员张老师（Z）3 名教师作为访谈对象。

②选题《幼儿在园用餐困难个案研究》，采用事件观察法，每天餐点时间观察进餐困难个案幼儿的进餐情况，自 2017 年 11 月 13 日到 12 月 20 日，观察四周。观察记录以编码的形式标记整理，如 GZ20171122，表示 2017 年 11 月 22 日对该幼儿早餐观察的记录。

2. 根据下面选题要求，怎么编制代码与编码？

①选题《开原市 10 所幼儿园户外体育活动开展现状调查》，采用结构式访谈，由于访谈人数多，采用面谈、电话或微信访谈相结合的形式，了解 10 所幼儿园中班户外体育活动开展的形式、时间等现状，探究其原因及相应的解决对策等。开原市 10 所幼儿园由 5 所公立幼儿园与 5 所私立幼儿园组成：公立幼儿园有红旗幼儿园、里仁幼儿园、实验幼儿园、新华路幼儿园、中心幼儿园；私立幼儿园有东方幼儿园、大自然幼儿园、美弗幼儿园、小葵花幼儿园、育才幼儿园。

访谈对象共 10 人，分别来自 5 所私立幼儿园和 5 所公立幼儿园中班的主班教师，每园各 1 人。

②选题《辽阳市 C 园体育游戏活动的应用研究》，采用事件观察法，自 2017 年 11 月 20 日至 12 月 8 日，每天户外活动时间（9:00—9:30），随机选取辽阳市长城幼儿园大、中、小

班各一个班的体育游戏活动,依次序每班一周,观察在体育游戏活动中师幼的互动行为、活动器械使用及活动内容等。

参考答案:

1. ①代码过多、啰唆,只需要以主班教师、副班教师、保育员职务编制代码即可,不必再用姓氏编制代码。

②存在问题较多,一是有总编码,但没有每个代码的意义。二是代码交代不全,只有早餐(Z),没有午餐、晚餐及间点的代码。三是跨越顺序,各餐点的代码应放在日期数字之后。

2. ①公立幼儿园依次序,代码分别为 G_1、G_2、G_3、G_4、G_5;私立幼儿园依次序,代码分别为 S_1、S_2、S_3、S_4、S_5。访谈记录以编码方式进行整理,如 $F20171225G_1N_1$,表示 2017 年 12 月 25 日对第 1 所公立幼儿园(G_1)中班主班教师第 1 道题(N_1)的访谈记录,G_N、S_N 分别表示第 N 所公立幼儿园和第 N 所私立幼儿园。

② $G20171125LN$,表示 2017 年 11 月 25 日对大班(L)体育游戏活动第 N 次观察的记录,S、M 分别代表小班、中班。

3. 实施步骤

实施步骤指的是自选题、查阅文献起开始的研究步骤,不是论文撰写阶段。

其格式包括研究的时间段和在此时间段内进行的具体研究内容。研究时间段,要有具体起止时间,安排时间时要考虑实施观察或访谈的周期、观察或访谈对象的数量与幼儿园工作日的关系。

实施步骤通常是 3 个阶段,在每个阶段中,要交代研究方法、研究内容和目的。

研究案例

选题《童话故事中大班幼儿叙事能力的问题研究》的实施步骤

2018 年 6 月 19 日—7 月 1 日

搜集资料阶段,通过文献检索,确定针对童话故事对大班幼儿叙事能力展开研究,在对"幼儿叙事能力"相关资料的搜集和梳理基础上,确定研究思路,为后续研究打好基础。

2018 年 7 月 2 日—7 月 29 日

研究实施阶段,观察大班幼儿童话故事叙事能力的现状,与大班幼儿教师进行访谈,了解幼儿童话故事叙事能力的情况。

2018 年 7 月 30 日—8 月 30 日

数据统计分析、形成结论阶段,通过对得出的数据进行统计分析,找到影响幼儿童话故事叙事能力的原因,并对此提出有效的解决策略,撰写、修改论文,形成定稿。

三、开题报告、开题答辩与论文的关系

开题报告是论证确定的选题是否有研究价值(值得不值得写)、有无创新性(他人研究滥的或是有自己想法)、是否可行性(研究方法是否与研究内容匹配、能否实施,能否获得

相应的数据、结论）等，因此，论文指导教师与开题答辩专家组教师也会重点看3方面：一是选题表述是否恰当、有新意。二是框架与研究方法是否匹配，能否保证研究出结论、最终形成论文。三是框架是否合理。开题报告通过、开题答辩通过，才能正式开展研究、开始撰写论文，即开题报告、开题答辩是论文撰写的基础。

教育研究实施后，对开题报告中不完善的地方进行修正、调整，最终呈现研究成果即论文撰写时，可以直接采用开题报告中的有些项目，如框架、研究背景、文献综述等。

相关链接

开题答辩

在开题报告完成以后，要组织相关人员对项目和设计思路进行审核，而这种审核是以答辩方式进行的，相当于对项目进行前期的可行性分析，通过答辩才可以进行下一步的研究工作。开题答辩流程大体包括以下几项：

1. 学生自述，陈述3~5分钟。自述部分主要包括：论文题目、研究目的、实用价值（创新点）、将解决的问题和拟采用的方法、进度安排、文献综述（即文献检索和阅读情况，以书报刊论文为主）等内容。

2. 答辩评委提问或点评，2~5个问题。学生应提前准备好纸和笔，认真听取并记录开题答辩评委教师的问题或建议。

3. 答辩通过的同学需认真根据答辩评委提出的建议修改开题报告，并按计划完成各阶段工作；答辩未通过的同学，会后请尽快与指导老师协商，对开题报告进行修改，准备好二次答辩。

——来源：节选自开题答辩［EB/OL］.
https://baike.baidu.com/item/%E5%BC%80%E9%A2%98%E7%AD%94%E8%BE%A9/5184774
?fr=aladdin.

研究案例

《幼儿园自制玩教具开发与利用的问题研究》开题报告

一、研究问题与文献综述（研究背景与问题、相关文献综述、主要参考文献）

1. 研究问题

自制玩教具的根本目的是能让幼儿在自制的过程中发展自己各方面的能力，让幼儿在充分的活动中得以满足，从而获得知识和技能。在《幼儿园教育指导纲要》中，教育部指出："指导幼儿利用身边的物品或废旧材料制作玩具、手工艺品等来美化自己的生活或开展其他活动。"为提高幼儿动手动脑能力，对幼儿园自制玩教具开发和利用问题进行研究是很有必要的。

基于以上原因，选择以"幼儿园自制玩教具开发与利用的问题研究"为题，探讨幼儿园自制玩教具的发展现状，对于存在的问题进行分析，力争提出相对应的建议和改善措施。

2. 文献综述

在中国知网数据库中以"幼儿园自制玩教具"为关键词进行文献查询，检索到33篇；

以"玩教具开发与利用"为关键词进行检索,有8篇文献。对相关文献要点进行梳理,并做如下总结。

(1)幼儿园自制玩教具作用的相关研究

包杰在《试论玩教具在幼儿教学中的作用》中指出,自制玩教具可以促进幼儿合作能力的提升。董芳的《自制玩教具在幼儿教学中的作用》认为幼儿园自制玩教具可以拉进幼儿与教师之间的距离,让幼儿能够更加适应学前教育。刘焱在《幼儿园自制玩教具活动的作用、指导思想和评价标准》中,提出幼儿园自制玩教具可以增进亲子之间的感情,鼓励幼儿积极思考、独立解决困难。

(2)自制玩教具存在问题的相关研究

陆晓益在《幼儿园自制玩教具的开发和存在问题探讨》中表明,当前幼儿园自制玩具活动存在诸多问题:一方面,活动难度较高,不宜于幼儿参与;另外一方面,活动难以引起幼儿参与兴趣。梁艳荣等在《农村幼儿园自制玩教具及效用的现状与问题调查》中,提及幼儿园自制玩教具倡导幼儿模仿,限制了幼儿创作能力的发挥。周春的《幼师生自制玩教具存在问题及对策》认为,幼儿园自制玩教具过于程序化。

(3)玩教具开发与利用方法的相关研究

程秀兰、李晓利在《幼儿教师自制玩教具的价值与开发探析》中,提到要根据材料特点合理制定教学方法,比如剪贴、编织、印染、雕刻、捏塑、黏合、插接等。王芳、董艳民分别在《浅谈幼儿园自制玩教具的开发与应用》和《简析幼儿园自制玩具的创新与运用》中,不同程度地提到了用废旧材料或生活常见用品进行自制玩教具。

综上所述,大多文献都是有关幼儿园自制玩教具使用现状和价值的研究,缺乏对幼儿园自制玩教具开发利用的对策研究。因此,在查阅大量文献的基础上,采用访谈法对教师进行调查,了解幼儿园自制玩教具开发和利用的现状及问题,并对其原因及解决对策展开研究。

3.参考文献

[1]包杰.试论玩教具在幼儿教学中的作用[J].新课程研究,2016(8):23-24.

[2]董芳.自制玩教具在幼儿教学中的作用[J].学周刊,2017(36):45-46.

[3]刘焱.幼儿园自制玩教具活动的作用、指导思想和评价标准[J].学前教育研究,2017(9):68-69.

[4]陆晓益.幼儿园自制玩教具的开发和存在问题探讨[J].科技展望,2015(5):47-49.

[5]梁艳荣,成少钧,王利娟.农村幼儿园自制玩教具及效用的现状与问题调查[J].邯郸职业技术学院学报,2016(4):37-39.

[6]周春.幼师生自制玩教具存在问题及对策[J].湖北科技学院学报,2015(8):18-19.

[7]程秀兰,李晓利.幼儿教师自制玩教具的价值与开发探析[J].兰州教育学院学报,2015(4):42-43.

[8]王芳.浅谈幼儿园自制玩教具的开发与应用[J].新课程,2016(6):52-53.

[9]董艳民.简析幼儿园自制玩教具的创新与运用[J].才智,2015(25):62-63.

二、研究意义

1. 理论价值

对已有文献进行归纳整理,发现关于幼儿自制玩教具开发和利用的研究较少,所以,通过文献法、访谈法分析当前幼儿园自制玩教具开发和利用存在问题,找出相应的原因,并提出解决对策,对当前学术界进一步挖掘幼儿自制玩教具内涵有一定参考意义。

2. 现实意义

通过访谈法发现幼儿园自制玩教具开发和利用中存在的问题并构想对策,能够让幼儿自制玩教具课程充分开发幼儿动手动脑能力,有利于提高学前教育教学质量。

三、研究目标与内容(研究目标、研究内容或框架、研究的重点与难点等)

1. 研究目标

通过研究了解幼儿园自制玩教具开发与利用问题的现状,分析原因,提出恰当的方式解决问题。

2. 研究内容或框架

通过文献法、访谈法归纳幼儿园自制玩教具开发与利用的问题表现,找到幼儿园自制玩教具开发与利用问题的影响因素,探寻幼儿园自制玩教具开发与利用问题的解决策略。

一、问题提出

(一)选题缘由

(二)文献综述

二、研究设计

(一)研究目的

(二)研究内容

(三)研究方法与研究对象

1. 文献法
2. 访谈法

三、幼儿园自制玩教具开发与利用存在的问题

(一)自制玩教具开发中的问题表现

1. 玩教具开发缺乏创新
2. 玩教具开发不适合幼儿年龄段
3. 玩教具开发缺乏目的性

(二)自制玩教具使用中的不足之处

1. 玩教具使用率较低
2. 玩教具质量较差
3. 玩教具制作材料存在隐患

四、幼儿园自制玩教具存在问题的原因分析

（一）教师思维固本守旧

（二）教师不了解自制玩教具使用对象的年龄特点

（三）教师缺乏自制玩教具的经验

（四）教师缺少对自制玩教具的重视

（五）缺少足够的经费购买新材料

五、幼儿园自制玩教具开发与利用的对策

（一）培养教师自制玩教具的制作能力

（二）深入了解自制玩教具使用对象的年龄特点

（三）增加玩教具的适用性和趣味性

（四）提高教师对玩教具的重视程度

（五）适当增加自制玩教具的材料费用

参考文献

附录

3.研究重点与难点

研究重点是摸清幼儿教师自制玩教具开发和利用的现状。

研究难点是对幼儿教师自制玩教具开发和利用研究方法的选择、使用与数据分析形成结论，最终归纳出幼儿园自制玩教具开发与利用的对策。

四、研究方法与实施步骤

1.研究方法

（1）文献法

查阅中国知网网站，对搜集到的以"幼儿园自制玩教具""玩教具开发与利用"相关的资料进行整理和分析，基于已有研究结论，找到研究的切入点、相应的理论与实践依据。

（2）访谈法

采用结构式访谈，共3个问题，内容主要是关于幼儿园自制玩教具开发与利用的问题表现、原因、解决策略3个方面。记录以编码方式进行整理，如 $F20180629X_1N_1$ 表示2018年6月29日对小一班（X_1）主班教师第一个问题（N_1）的访谈记录，D_1 表示大一班主班教师。

选取鞍山市鞍钢第七幼儿园3个小班、3个大班的主班教师访谈，共6人。

幼儿园自制玩教具开发与利用的访谈提纲：

（1）您认为幼儿园在自制玩教具开发与利用方面存在哪些问题？

（2）您认为导致幼儿园在自制玩教具开发与利用中出现问题的原因是什么？

（3）对于幼儿园在自制玩教具开发与利用中存在的问题，您觉得应该怎样改善？

2.实施步骤

2017年6月19日—6月27日搜集资料阶段：

结合中国知网数据库查阅的有关"幼儿园自制玩教具开发与利用"问题的期刊文献，确定研究思路。

2017年6月28日—2018年7月15日实施阶段：

采用访谈法，通过对幼儿园教师进行访谈，了解幼儿园自制玩教具开发与利用的问题、原因及解决策略。

2018年7月16日—8月30日数据整理、分析阶段：

对所得数据进行整理，并结合文献资料，将已有思路进行梳理，提炼出主要观点，得出结论，完成论文撰写。

本人签字：

年 月 日

思考与练习

一、判断哪些是研究或论文选题

1. 游戏活动中幼儿违规行为观察研究
2. 托起明天的太阳
3. 提升幼儿教师教学能力的策略研究
4. 幼儿园晨间活动的形式与指导研究
5. 浅析幼儿入园焦虑问题
6. 幼儿园环境创设形式初探
7. 怎样提升幼儿教师专业素质问题研究
8. 幼儿生命教育之理论探讨
9. 我国幼儿园教师资格政策的内容分析
10. 幼儿游戏的自由价值探讨
11. 教学活动中教师如何应答幼儿的行为研究
12. 论杜威教育思想在学前教育中的运用
13. 撒谎，是孩子本质差吗

二、判断下列参考文献的类型，并按照格式规范纠错

[1] 周庆荣，张泽廷，朱美文等. 固体溶质在含夹带剂超临界流体中的溶解度 [J]. 化工学报，1995（3）：317-323

[2] 蒋挺大. 亮聚糖 [M]. 北京：化学工业出版社，2001：127

[3] 郭宏，王熊，刘宗林. 膜分离技术在大豆分离蛋白生产中综合利用的研究 [C]. 第三届全国膜和膜过程学术报告会议论文集. 北京：高等教育出版社，1999：421-425

[4] 陈金梅. 氟石膏生产早强快硬水泥的试验研究 [D]. 西安：西安建筑科学大学，2000

[5] 厦门大学. 二烷氨基乙醇羧酸酯的制备方法. 中国发明专利，CN1073429.1993-06-23

[6] 陈志平. 减灾设计研究新动态 [N]. 科技日报，1997-12-12（5）

三、简述

1. 课题的来源有哪些？
2. 课题应如何表述？
3. 选题应遵循哪些原则？
4. 选题时的注意事项有哪些？

四、根据课题的来源和选题要遵循的原则，可从专业见习、实践中或《教育类教指委学前教育专委会 2019 年度课题指南》中，确定一个论文选题

五、根据自拟选题，填写开题报告

附录（二维码）

信息与参考文献
著录规则

幼儿教师专业标准（试行）

3~6 岁儿童学习与
发展指南

教育类教指委学前教育专
委会 2019 年度课题指南

毕业论文开题报告

第 3 单元

学前教育文献的检索与文献综述撰写

任务

1. 会判断刊物真假；
2. 会判断刊物级别；
3. 会运用万方、知网数据库进行文献检索；
4. 会将文献分类、拟标题；
5. 会将文献观点以不同形式表述出来；
6. 会撰写文献综述。

案例导入

学前教育专业毕业生李某，在见习的多个幼儿园中看到，很多小班幼儿吃饭需要教师喂、衣服和鞋需要教师给穿脱、收发餐具及铺床整理被褥等也全是教师来做，教师给见习成绩也是从见习学生是否帮幼儿喂饭、擦嘴、提裤子等方面进行评价。李某觉得从幼儿入园开始就应该从生活方面培养幼儿自己学着吃饭、穿衣等，培养他们做自己力所能及的事。因此，她想以此为切入点选题并对此展开研究，但在百度上一输入"幼儿吃饭、穿衣能力培养"，出现的标题除了很具体的"幼儿吃饭穿衣能力培养"的经验性总结外，也有"幼儿自理能力培养"标题的文章，她又上中国知网以"幼儿自理能力培养"为关键词检索，出现的标题关键词分为两类，即"生活自理能力"和"自我服务能力"，她开始困惑：生活自理能力、自我服务能力两者是一样的么？如果不一样的话，哪一个才是自己要研究的？如何确定？自己确定选题时这种检索文献的做法对不对呢？

案例中涉及的是如何进行文献检索、文献检索的作用等内容，本单元将对此一一阐述。

第一节 文献概述

一、什么是文献

（一）文献是指有关典章制度的文字资料和多闻熟悉掌故的人

最早的"文献"见于《论语·八佾》："夏礼吾能言之，杞不足徵也；殷礼吾能言之，宋不足徵也。文献不足故也。足，则吾能徵之矣。"意思是，孔子说："夏朝的礼，我能说出来，（但是它的后代）杞国不足以证明我的话；殷朝的礼，我能说出来，（但它的后代）宋国不足以证明我的话。这都是由于文字资料和熟悉夏礼和殷礼的人不足的缘故。如果足够的话，我就可以得到证明了。"因此，南宋朱熹在《四书章句集注》中将文献一词注释为："文，典籍也；献，贤也。"这时候的"文"指典籍文章，"献"指的是古代先贤的见闻、言论以及他们所熟悉的各种礼仪和自己的经历。《虞夏书·益稷》也有相关的引证说明"文献"一词的原意是指典籍与宿贤。

（二）文献是指有历史价值或参考价值的图书资料

元朝杨维桢《送僧归日本》诗："我欲东夷访文献，归来中土校全经。"清朝袁一相《睢阳袁氏家谱序》："虽长老无存，文献莫考，而耳闻目见颠末可述，吾之忠贤子弟，其益绍前烈，共思葛藟之诗。"鲁迅《书信集·致曹白》："不过这原是一点文献，并非入门书。"徐迟《哥德巴赫猜想》："由于这些研究员的坚持，数学研究所继续订购世界各国的文献资料。"以上所提及的文献，均指有价值的资料。

（三）文献是记录有知识的一切载体

对于文献，通常认为主要指有历史意义的比较主要的书面材料。那么，纪录片、纪实小说是文献吗？熊猫是文献吗？兵马俑、古长城、恐龙化石是文献吗？

随着社会的发展，文献的概念已发生了巨大变化。除了泛指古籍外，人们把具有历史价值的古迹、古物、模型、碑石、绘画等，统称为"历史文献"。1984年，中华人民共和国国家标准《文献著录总则》指出："文献，记录有知识的一切载体。"在此定义中，有两个关键词，一是知识，这是文献的核心内容。二是载体，是知识赖以保存的物质外壳，即可供记录知识的某些人工固态附着物。也就是说，除书籍、期刊等出版物外，凡载有文字的甲骨、金石、简帛、拓本、图谱乃至缩微胶片、视盘、声像资料，等等，皆属文献的范畴。

将文献的概念更具体化，即文献是用文字、图形、符号、声频、视频等技术手段记录人类知识的一种载体，或理解为固化在一定物质载体上的知识。文献是载体或载体上的知识，不局限于某一领域的知识，生物、建筑、考古、教育领域的都是，也可以理解为文献是古今一切社会史料的总称。

二、文献的分类

（一）根据文献创造者与文献反映内容之间相互关系划分

根据文献创造者与文献反映内容之间的相互关系可分为第一手文献和第二手文献。

第一手文献，指亲自经历事件的人所提供的各种形式的材料和各种著述。如从中央到地方的关于教育的政策、规划、文件及统计资料、学校规划、工作日志、会议记录、节假日活动录像；教师教学计划、学生作业、日记；教育家论文、著作手稿与首次发表著作的图书、报刊；等等。

第二手文献，是从他人处了解到情况的人撰写和制作的或是对一手文献的剪辑、摘录、综述或介绍性的述评，如对先进学校的采访报告、某次教育活动录音、教育家教育著作的介绍与评议等。

课堂讨论

下面哪些是第一手文献，哪些是第二手文献？
1. 发表的论文
2. 进行研究时写的观察记录
3. 他人录制的教学活动现场录像
4. 幼儿教师设计的教育活动方案

参考答案：
2、4是第一手文献，1、3是第二手文献。

（二）根据文献公开化程度划分

根据文献公开化程度可分为公开发表的文献和未公开发表的文献。

公开发表的文献，指专著、论文、科研报告和总结、丛书、学报、专利、文集、表册、年鉴及与研究问题有关的教科书、参考书等。其中又分为首次发表和转载（分部分转载与全文转载），转载的文献，通常是研究成果较新颖、写作水平较高。

未公开发表的文献，如报告、计划、总结等手稿，草案、提纲、实验、调查资料、日记及各种国家文件、学校档案资料、私人文献等。

（三）根据文献载体形式划分

1. 实物文献

以原物、模型、化石、标本等形式存在的文献资料，在考古、历史研究中具有无法替代的作用。如万里长城、熊猫、兵马俑……

2. 音像文献

以声频、视频为媒介，记录、保存、传递信息的文献，主要有录像、录音、电影、电视、图片、胶片、唱片、幻灯等，形象直观，易于传播。

3. 机读文献

机读文献也称电子文献，随着网络的快速发展，从因特网获得资料变得轻而易举，信息交流超越时空限制。互联网、光盘、磁盘、微缩胶片等是电子文献的代表形式，一张光盘储存量相当于几百本厚书。

4.纸制文献

纸质文献是目前使用最多的文献,如图书、期刊、目录、索引、文摘、报纸等。

①图书。

图书是信息量最多、最系统、完备详细的文献,包括专著、论文集、教科书、词典、手册、百科全书等,对科研非常重要,特别是教育年鉴、各种科技文化书籍等,周期虽长,但使用寿命长,价值重大。如教育年鉴、各种统计年鉴,撰写论文时可参考借鉴,年鉴里每年统计的数据,比较有权威性。

②期刊。

由特定官方机构、行政部门,官方认可的团体或学会主管、主办,并报省一级新闻出版主管部门(文化局、新闻出版局)备案,由国家新闻出版署批准出版,有固定出版周期(如周刊、旬刊、半月刊、月刊、双月刊、季刊等)和固定页码、版式规格(32开、16开、大16开等)的连续出版物。期刊是研究论文、研究报告等学术性文章的出版物,是文献资料内容详细的载体,比图书、专著出版周期短、信息量大,数据更新、交流面广、传播迅速,能及时反映学术动态,接近科技发展前沿。

核心期刊,一般是指专业情报信息量大、质量高,能够代表专业学科发展水平并受本学科读者重视的专业期刊,通常是根据期刊的引文率、转载率、文摘率等指标确定的。国内有7大核心期刊遴选体系:北京大学图书馆"中文核心期刊",简称"中文核心、北大核心、北核";南京大学"中文社会科学引文索引(CSSCI)来源期刊",简称"南大核心、南核";中国科学技术信息研究所"中国科技论文统计源期刊",又称"中国科技核心期刊";中国社会科学院文献信息中心"中国人文社会科学核心期刊";中国科学院文献情报中心"中国科学引文数据库(CSCD)来源期刊";中国人文社会科学学报学会"中国人文社科学报核心期刊";以及万方数据股份有限公司正在建设中的"中国核心期刊遴选数据库"。如果某期刊同时被两种核心期刊遴选体系认定为核心,那么该期刊就是双核心期刊。双核心期刊与单核心期刊在职称评选中,均为核心期刊,但双核心期刊的学术水准自然要更好一些。

③目录。

"目录"是目和录的总称,"目"指篇名或书名,"录"是对"目"的说明和编次。目录既是指书籍正文前所载的目次,也是揭示和报道图书的工具。作为文献的"目录",是记录图书的书名、著者、出版与收藏等情况,按照一定的次序编排而成,为反映馆藏、指导阅读、检索图书的工具,是检索工具中历史最悠久、使用最广泛的。

目录有多种形式,按出版物类型有图书目录、期刊目录、文献资料目录;按语种分中文目录、西文目录、俄文目录、日文目录等;按途径划分为书名目录、著者目录、分类目录、主题目录等。如《四库全书总目提要》《八十年来史学书目(1900—1980)》《社科新书目》和《科技新书目》等。

④索引。

如在一些商场、建筑物内都会有索引,标着各楼层及楼层房间的功用,起的是导航作用。索引是记录和摘引特定文献范围内的文献事项或单元知识,并按一定次序组织起来的检索工具,其基本作用是指向和示址,是文献深化揭示的方法。SCI(科学引文索引)、EI

（工程索引）、ISTP（科技会议录索引）是世界著名的三大科技文献检索系统，是国际公认的进行科学统计与科学评价的主要检索工具，其中以 SCI 最为重要。

按反映被检索对象的事项和内容，分为篇目索引和内容索引，内容索引又有语词索引、主题索引、关键词索引、人名索引、地名索引、分子式索引之分；按文献类型，分为期刊索引、报纸索引、书籍索引、论文索引等；按文献排检方式分为：字顺索引、分类索引、主题索引……。如《全国主要报刊资料索引》《资料索引卡片》《教育文献索引资料》等。

⑤文摘。

根据国际标准 ISO214-1979（E）的规定，文摘是"一份文献内容的缩短的精确表达而无须补充解释或评论"。中国国家标准 GB3793-83 规定，文摘是"对文献内容做实质性描述的文献条目"。具体地说，文摘是简明、确切地记述原文献重要内容的、语义连贯的短文，是以提供原始文献内容梗概为目的，不加评论和补充解释，简明、确切地介绍、摘录或描述文献重要内容的短文，是高度压缩的原始文献，与原始文献有同等重量的信息量，是比目录式检索刊物更为有用的检索工具。文摘分为对原始文献进行浓缩的报道性文献、根据原文编写的带评价的指示性文摘和兼具以上两者特点的报道-指示性文摘等种类。

文摘表明原文献的价值、重要意义。只有当原文献在社会上引起较大反响，或所研究问题的意义深远，或对所研究的学科领域有较大理论突破或实用前景广阔，或能直接创造较大价值时才被摘录，因此，文摘也是文献评价的重要依据。如《新华文摘》《中国社会科学文摘》《高等学校文科学报文摘》《教育文摘》等。

⑥报纸。

报纸是出版周期最短的，不装订、没有封面的纸质出版物。有固定名称，面向公众定期、连续发行。报纸一般是有关人文社会科学研究的内容，但对自然科学也有重要影响和指导。

按照出刊周期有日报、周报、双周报等，按照出刊时间有日报、晨报、晚报等，按照侧重内容有教育报、军事报、学生报、学术报、财经报、农业报、旅游报等。如《中国教育报》《中国青年报》等。

三、文献的作用

（一）文献能反映特定阶段的知识水平，并能促进社会的发展

文献是知识的载体，而文献的存在形式，诸如记录手段、书写材料、构成形态与传播方式等，又受当时社会科技文化发展水平的影响与制约。例如在纸发明以前，古人只能在甲骨、简牍、缣帛上做记录；在雕版印刷发明以前，古人只能凭手工抄写来记录文献。然而，正是在文献的初级原始阶段经验积累的基础上，才发明了纸与雕版印刷术，使文献的记录方式更为便利，传播的范围更广，速度更快。

同时，通过从文献中汲取、利用知识贡献于社会，又能极大地推动社会文明的发展。由此可见，社会的发展水平决定了文献的内容与形式，而文献的继承、传播与创造性的运用，又反作用于社会，文献能使人类的知识突破时空的局限而传之久远，成为社会向前发展的有利因素。

（二）文献是记录、积累、传播和继承知识的最有效手段

文献是人类文化发展到一定阶段，即具有可记录的内容与用于记录的工具、手段等条件时出现的产物，并随着人类文明的进步而不断发展。人类认识社会与自然界的各种知识的积累、总结、储存与提高，主要是通过文献的记录、整理、传播、研究而实现的。

文献，作为一种信息载体，记载着人类文明进步的发展、人类智慧的全部劳动成果，记载着宇宙万物的所有一切，是人类认识世界的重要途径、积累知识的重要宝库。

（三）文献是科学研究的基础

任何一项科学研究都必须广泛搜集文献资料，在充分占有资料的基础上，分析资料的种种形态，探求其内在的联系，进而做更深入的研究。如明代李时珍"渔猎群书，搜罗百氏，凡子、史、经、传、声韵、农圃、医卜星相、乐府诸家，稍有得处，辄著数言"，"岁历三十稔，书考八百家"，编纂了不朽的名著《本草纲目》，被称为"博物之通典"。据统计，其直接和间接引用的文献达900余种，是研究和利用古代文献的典范。

文献对人类的文明、社会的进步至关重要，也是开展后续研究的重要基础，是人类社会活动中获取情报的最基本、最主要的来源，也是交流传播情报的最基本手段。正因为如此，有人把文献也称为情报工作的物质基础。在国内国外，都常常可以看到有人把"文献"与"情报"，"文献学"与"情报学"等同起来，虽然这种等同未必适宜，但却反映了文献在情报活动和科学中极为重要的地位。

四、真假刊物的判断

辨别真假刊物的方法有以下几种：

（一）国家新闻出版署（原中华人民共和国国家新闻出版广电总局）官网查询

可以直接输入"国家新闻出版署"，进入网站 http://www.gapp.gov.cn/，或者用手机上 http://www.gapp.gov.cn/govinteract/4490.shtml 微信版。通过此方式查询、验证真刊假刊是最准确的方式，其他方式也能查询，但不够准确。

查询路径分别是：

1. 期刊

在"国家新闻出版署"网站，通过点击"办事服务—业务查询—新闻出版类查询—期刊/期刊社查询"，输入期刊名称和验证码，点击"查询"，查到的期刊为新闻出版广电总局登录在册的正规期刊。

2. 书籍

在"国家新闻出版署"网站，通过点击"办事服务—业务查询—新闻出版类查询—CIP数据核字号查询"，输入书籍扉页的CIP数据核字号和验证码，点击"验证"，能查到出版书籍的主编，但查不到副主编或参编者等信息。

> **课堂讨论**

有些教师在收到发表论文的期刊后，上国家新闻出版署网站查询，能查到的就是真刊吗？

参考答案：

不一定。首先，教师为评职称发论文，通常发的是学术期刊，而不是报纸或电子期刊。期刊的查询路径是通过"办事服务—业务查询—新闻出版类查询—期刊/期刊社查询"，尤其是最后路径"期刊/期刊社查询"，查到的才是真正的连续型纸版期刊。而有的刊物虽然在新闻出版广电总局网站能查到，但是通过的是"报纸/报社查询""连续型电子期刊查询"等途径，查询到的是报纸或电子期刊，而非纸版期刊。其次，查询到了刊物是真刊，还需要通过网络数据库查询发表的论文是否在真刊上，而非套刊。

（二）网络数据库查询

1. 中国知网数据库

输入"知网"或"中国知网"进入网站（http://www.cnki.net/），在"文献检索"右侧空白栏目里输入期刊名，点击页面右侧的"出版物检索"，可以查找到相应的期刊，再点击查找到的该期刊图片，能查询到不同年份、不同期次的论文。也可在首页"文献检索"右侧选择作者、篇名等，查找自己发表的论文。

熟悉中国知网旧版网站的，可通过网站首页"旧版入口"进入旧版中国知网首页，点击左侧中间位置的"期刊大全"，输入期刊名或刊号，可以查找到相应的期刊，再点击查找到的该期刊图片，能查询到不同年份、不同期次的论文。

2. 万方数据库

输入"万方"，进入万方数据知识服务平台官网（http://c.wanfangdata.com.cn/index.html），选择标题栏中的"期刊"，在万方智搜右侧空白栏里输入期刊名称，就能查到相应的期刊及不同年份、不同期次的论文。查找自己发表论文的话，可选择标题栏中的"全部"，然后在万方智搜右侧空白栏里输入自己姓名或论文标题，就可查询到相应论文。

> **课堂讨论**

1. 在网络数据库查到的期刊就是正刊吗？
2. 在网络数据库查到了期刊，但没有查到自己发表的论文，是怎么回事？

参考答案：

1. 能查到的不一定就是正刊，有些假刊也会上网络数据库。
2. 一种可能，是发在了套刊上；另外一种可能，是纸版期刊发行和上网会有一定的时间差，从发表见刊到能网上检索到，一般需要2~3个月左右的时间，核心期刊上发表的论文会比普刊上网时间快。若五六个月后上知网或万方网络数据库仍未查询到，基本就是假刊。

(三)期刊国内刊号甄别

正规期刊,在新闻出版局备案,三号齐全,有国际刊号 ISSN 和国内刊号 CN,还有邮发代号,刊号应印在每期报刊的固定显著位置及版权说明位置处。对中国大陆出版发行的报刊,通常以国内刊号来判定其是否为经批准公开发行的报刊。

国内刊号格式为:CNxx-yyyy/z,由中国国别代码"CN"、报刊登记号"xx-yyyy"和分类号"z"组成,报刊登记号6位数字,分类代码为1~2个大写字母,两者之间以斜线"/"隔开。如《鞍山师范学院学报》CN21-1391/G4。其中,"xx"为期刊出版单位所在地区代号,"yyyy"为出版管理部门分配的序号,"z"则是用以说明期刊所属学科分类。

1. 地区代号

国内刊号 CN 后共6位数字,前2位数字是这个省的代码,全国各省市的期刊地区代号和身份证号开头号码相同,按照各省地理位置划分,如东北三省、西南地区、西北地区等位置的省份开头数字相同。如11—北京市,12—天津市,13—河北省,14—山西省,15—内蒙古自治区;21—辽宁省,22—吉林省,23—黑龙江省;31—上海市,32—江苏省,33—浙江省,34—安徽省,35—福建省,36—江西省,37—山东省;41—河南省,42—湖北省,43—湖南省,44—广东省;45—广西壮族自治区,46—海南省;50—重庆市,51—四川省,52—贵州省,53—云南省,54—西藏自治区;61—陕西省,62—甘肃省,63—青海省,64—宁夏回族自治区,65—新疆维吾尔自治区。一般来说,一个省的杂志,办公地点、主管单位、主办单位都在这个省内。如果出现办公地点不在省内,或者主办单位不在省内,可能就是假刊。如辽宁高职学报,辽宁省教育厅主管,刊号:21-1411/G4,是正刊。若《中国教育教学研究》国内刊号:CN98-0315/G4,则为假刊。

2. 连续出版物序号

国内刊号 CN 后共6位数字,后4位为地区连续出版物的序号。各省、自治区、直辖市的国内连续出版物序号范围一律从0001~9999,其中0001~0999为报纸的序号,1000~5999为印刷版连续出版物的序号,6000~8999为网络连续出版物的序号,9000~9999为有形的电子连续出版物(如光盘等)的序号。如《中国教育论坛》CN43-7772/R,是假刊,因为1000~5999为印刷版连续出版物的序号,正刊应介于此;序号后4位7772为网络连续出版物,不是印刷版期刊。

3. 分类代码

分类代码为1~2个字母,说明期刊所属学科分类。

A—马克思主义、列宁主义、毛泽东思想、邓小平理论,B—哲学、宗教,C—社会科学总论,D—政治、法律,E—军事,F—经济,G—文化、科学、教育、体育,H—语言、文字,I—文学,J—艺术,K—历史、地理,N—自然科学总论,M—数理科学和化学,P—天文学、地球科学,Q—生物科学,R—医药、卫生,S—农业科学,T—工业技术,TB—一般工业技术,TD—矿业工程,TE—石油、天然气工业,TF—冶金工业,TG—金属学与金属工艺,TH—机械、仪表工业,TJ—武器工业,TK—能源与动力工程,TL—原子能技术,TM—电工技术,TN—无线电电子学、电信技术,TP—自动化技术、计算机技术，TQ—化学工业，TU—建筑科学，TV—水利工程，U—交通运输，V—航空、航天，X—环境科学、安全科学，Z—综合性图书。

上述代码是固定的，不可组合。国内刊号 CN 后面，缀有 NR 或者 HK 即香港刊号的标识，是非法期刊。如中华医学创新论坛杂志 CNl9-4721/HK。

（四）假期刊惯用的方法

1. 期刊的名字具有诱惑性

很多期刊基本上都是"国"字号的，如《中国教育××》，或者封面上标注着"国际中文核心期刊"、"世界××期刊"、"××统计源期刊"等字样。刊物主办、协办、支持单位都是"中国××研究院""中国××研究中心""香港现代××研究会""亚太××交流中心"等。或者将正刊刊名稍加改动，比如《中华护理杂志》，假的期刊用《中华护理》，名称不一样，其他的刊号等基础信息一致，以假乱真；《医学理论与实践》这个是正规期刊，假的期刊叫《中国医学理论与实践》《中华医学理论与实践杂志》。

2. 期刊都有虚假刊号

绝大多数非法期刊，都有国际刊号即 ISSN 号，也有国内统一刊号即 CN 号。但有些刊号根本就不符合正规刊号的结构式，有些国内统一刊号 CN 后面，大多都缀有 NR 或者 HK 即香港刊号的标识。此外，正规期刊变更刊名后，原国内统一连续出版物号即作废停止使用，如有的学报在学校更名或归属有变化后，期刊相应停办，但有些非法期刊会利用已停止使用的刊名、刊号私自印刷继续出版。

3. 期刊基本上都是自办发行

自办发行即不通过邮局，没有邮发代号。没有邮发代号的期刊从邮局或国家报刊发行网上是查不到任何信息的。也有少数非法期刊会编上一个邮发代号，但这些邮发代号要么根本不存在，要么是盗用其他期刊的邮发代号。

4. 非法期刊都以盈利为目的

"拿钱发文章"，是这类期刊最重要的特点。一般来说，这类期刊没有严格的审稿程序，版面费的多少视文章的长短而定，多则上千元，少则几百元。而正规的杂志社对文章都需要进行审核，周期一般在 2~7 天。文章审核通过的，杂志社会给作者发用稿通知，或通过查询系统或其他方法为作者提供查询服务。

5. 采用套刊形式

发表论文的作者会收到印刷品，但收到的期刊名称、刊号等基础信息与正规刊物全部一致，但只有联系方式不一样，这种形式危害性比较大，也不好辨别。

相关链接

套 刊

所谓套刊，就是一号多刊。有些杂志社为了创收，将杂志一个刊号出几个刊，分别标为上旬刊、中旬刊、下旬刊等，或者标以学术版、理论版等，这几个旬刊或不同版的刊物的国内刊号、国际刊号和邮发代号都是一样的。但是从邮局订阅的话则只能订阅到它的正刊。这种套刊其实就是高仿真的假刊，也就是赝品，很难识别。

当然，并不是说所有旬刊都是套刊。但是正规的旬刊其期号一年36期是连续的，一般也不会标示"上中下旬刊"字样，有的可能会标示"上旬版""中旬版""下旬版"等字样，但是一定注意这里是"版"而非"刊"。也可能会标示为"理论版""教学版"等字样，但期号一定是连续的，且一般会标明本刊物是旬刊。

另外，一个名称多种版的刊物也不一定是假。比如《北京大学学报》就有哲社版、自然科学版和医学版。但是这种刊物在新闻出版广电总局查询页输入"北京大学学报"字样，有3个刊号的3种版本都会显示出来，绝不是用一个刊号。

鉴别套刊还可以通过下面3步确定：一是核对三号是否齐全，二是查新闻出版广电总局网站，三是到邮局查询是否可以订阅。套刊只能订阅到它套号的正刊，套刊在邮局是订阅不到的。

——来源：节选自套刊［EB/OL］.
https://baike.baidu.com/item/%E5%A5%97%E5%88%8A/4773311?fr=aladdin.

五、刊物级别的判断

（一）国家级或省级

主要看主管主办单位，如果是中国、中央字样，为国家级；某省字样为省级。上百度百科直接输入刊物名称，就能看到刊物主管主办单位及国家级或省级级别；上国家新闻出版署官网查询，从查阅期刊真假的路径进入，即可看到刊物主管主办单位信息。中国知网网站，通过查询期刊真假的路径查到期刊，可看到主管主办单位。

（二）普刊与核心期刊的判断

核心期刊是由国内7大核心期刊遴选体系遴选出来的期刊，很多高校教师评职称需要发表核心期刊论文。需要注意的是，核心期刊目录不是固定不变的，如《中文核心期刊要目总览》，俗称北大核心期刊目录，是由北京大学图书馆及北京十几所高校图书馆众多期刊工作者及相关单位专家参加的研究项目，项目研究成果以印刷型图书形式出版，截止到2018年12月已由北京大学出版社出了八版：第一版（1992年）、第二版（1996年）、第三版（2000年版）、第四版（2004年版）、第五版（2008年版）、第六版（2011年版）、第七版（2014年版）和第八版（2017年版）。

1. 中国知网数据库查询

中国知网网站查询方式，与查真假刊物路径相同，可看到标有"核心期刊"或"CSSCI"等字样的为核心期刊，而普刊不标。如图3-1中下划线标记处所示。

图 3-1　中国知网数据库中核心期刊标识示意图

2. 万方数据库查询

万方网站查询方式，与查真假刊物路径相同，在点击"出版物查询"后，可以看到标有"北大核心""CSSCI""CSTPCD"等字样的是核心期刊，普刊不标。如图 3-2 所示。

图 3-2　万方数据库中核心期刊示意图

第二节　文献检索

一、文献检索的意义

（一）什么是文献检索

文献，是指在一定载体上具有历史价值和资料价值的媒介材料；检索，指从特定的信息需求出发，对特定的信息集合采用一定的方法或技术手段，根据一定的线索与规则从中找出相关信息。价值说的就是意义、作用，历史价值是指具体时代意义，不同历史时代对某一研究内容的文献在研究内容、体制、研究方法及受时代政治经济等因素影响都会有所不同，可以据此对文献材料进行比较，因此具有历史意义。以"学前教育"为关键词进行检索，有关的报纸文献最早是 2000 年，而期刊是 1988 年，年鉴则是 1938 年。这种历史价值对于进行比较研究而言，作用更大，但对于写毕业论文而言，过于久远的文献与现时代不符，理念差距悬殊、缺乏应用或借鉴价值，因此，需要参考近些年的文献资料。资料价值指的是搜集到的文献本身具有的意义，即通过阅读文献，可以拓宽知识面、引发思考，通过他人文献，提供研究视角、确定研究思路等。特定的信息需求指什么？检索的关键词，即拒绝分享、用餐困难、晨间活动、自我服务能力等研究选题或论文标题中的核心词。信息集合指什么？图书馆的期刊库或图书库、网络数据库等都是，指文献储存的载体。一定的方法或技术，指采用常规法还是跟踪法、顺查或逆查等。

简言之，文献检索就是从众多的文献中查找并获取所需文献的过程。

（二）文献检索的作用

文献检索的意义，就是文献检索的价值、作用。从本单元前的案例导入入手，看看文献检索有哪些作用。

课堂讨论

根据给出的两个选题，回答以下问题。

选题：小班幼儿在园生活自理能力培养的问题研究、小班幼儿自我服务能力的现状与对策研究。

1. 两个选题除了字面不一样，内涵一样吗？提示：选题里的关键词是什么？关键词的主体，即动作的发出者是谁？采用什么研究方法、研究对象又是谁？
2. 根据两个选题，拟的论文框架一样吗，即研究内容是否一样？
3. 毕业年级学生李某应该确定哪个论文选题？

参考答案：

通过上百度、中国知网数据库，以"幼儿自理能力""幼儿自我服务能力"等关键词进行文献检索，对查到的文献进行阅读、整理，可以得知：

1. 内涵不一样。"小班幼儿在园生活自理能力培养的问题研究"，关键词是自理能力、培养，"自理能力"是自己照料自己的能力，生活自理能力是围绕盥洗、如厕、午睡、进食4方面的幼儿自我管理能力，"培养"动作的发出者是教师，两个关键词中，"培养"是研究重点，研究方法可用观察和访谈，研究对象都是教师，"现状"处的标题主语都应是教师；"小班幼儿自我服务能力的现状与对策研究"，关键词就是自我服务能力，即照料自己和为同龄伙伴提供力所能及帮助的行为能力，研究方法用观察和访谈，研究对象是幼儿，"现状"处标题主语是幼儿。

2. 两个选题论文框架的区别主要体现在"现状"处，明显可以看出两选题现状处的框架标题主语不同、研究对象不同。

"小班幼儿在园生活自理能力培养的问题研究"的"现状"框架大体为：

（1）小班幼儿在园自理能力培养的问题表现

① 教师替代了幼儿自理做事的行为。

表现是幼儿自己能做，但教师帮着脱冬天的厚衣服、换室内外的鞋，帮幼儿接热水、搬桌椅等。

② 教师没给幼儿创设自理的条件。

因幼儿消化能力弱、细嚼慢咽是正常的，可以延长午饭时间到40~45分钟，不必10~20分钟内催着喂完；水可以兑成温水，幼儿可以自己接，接水洒了也没关系；教学活动中没有教幼儿穿脱衣服等环节。

"小班幼儿自我服务能力的现状与对策研究"的"现状"框架大体为：

（1）小班幼儿自我服务能力的现状

① 幼儿自我服务能力较弱。

在小班中，幼儿生活自理能力就不强，列举在盥洗、如厕、午睡、进食等方面不能照料自己的表现。

② 幼儿缺乏为同龄伙伴提供帮助的能力。

大多数幼儿仍处于不能自理、依赖成人阶段，不能为同龄伙伴提供力所能及的服务。但个别幼儿能自理，并能初步为同龄幼儿提供提醒、递鞋等简单帮助。

3. 无论是从其见习观察到的现象来看，还是文献检索结果来看，选题"小班幼儿在园生活自理能力培养的问题研究"更适宜。

以"小班幼儿生活自理能力""小班幼儿生活自理能力""小班幼儿生活自理能力培养"为关键词检索，分别有119、86、68条查找结果，在68条结果中查看，筛选掉"论幼儿园课程的诊断与改进""人本教育理念下初入园幼儿生活适应不良及对策研究——以深圳市S幼儿园为例""幼儿社会发展与教育研究"等文献外，标题中明确带有"小班幼儿生活自理能力培养"或"提高小班幼儿生活自理能力"字样的文献36篇，其中，5篇会议论文、3篇学位论文、1篇报纸文献，其余为期刊文献；在中国知网数据库，以"小班幼儿自我服务能力"为关键词检索，有14条查找结果，在14条结果中查看，除去"在社会性活动中促进小班幼儿主动学习的教学策略""幼儿自我管理能力发展及影响因素"等文献，标题中明确带有"小班幼儿自我服务能力"的文献只有7篇，其中，1篇论文集文献、1篇报纸文献，其余为期刊文献。和"小班幼儿自理能力培养"文献相比，已有研究文献较少、研究不深入不系统，而且从研究内容上看，更多地侧重在自理能力方面，而没有为同龄伙伴提供服务的研究。从学前教育专业本专科学生的研究水平看，查找到14篇或36篇文献，数量都不算多，而且从文献内容来看，"小班幼儿自我服务能力"的文献也多侧重在自理能力方面，为进一步深入开展研究不能提供充足的信息资料。因此，从小班幼儿存在问题的普遍性、文献占有的广度与深度来说，建议李某以"小班幼儿在园生活自理能力培养的问题研究"为选题。

1. 提供前人的研究信息，确定选题、避免不必要重复

通过检索"小班幼儿自理能力培养"和"小班幼儿自我服务能力"，一是由查找到的文献数量多少、文献中的研究内容来确定研究选题或论文选题，更具体地限制、确定了研究课题及假设（论文框架中的标题即假设），为研究提供了内容参考。二是通过阅读检索到的文献，研究者能知晓前人在本领域内已做了哪些工作，区分已完成和需要完成的研究，今后的研究可以避免不必要的重复，如以往文献研究的都是幼儿自理能力培养策略，需要完成的是培养中的问题现状和影响因素的寻找分析。

2. 提供对当前研究有用的研究思路或方法

通过查阅文献，了解他人的研究成果，并从中借鉴如何进行研究的方法，从模仿或参考中培养自己的创意。文献检索中，如果查阅到的文献观点大相径庭，在区分辨识观点的过程中，更有助于研究者明确研究重点、理顺研究思路。如"自理能力"与"自我服务能力"两个关键词的区分，在明晰概念的基础上，才能避免框架偏离主题。

如通过对"小班幼儿自理能力培养"检索到的文献归类整理，可以分为 3 类：一是从培养小班幼儿生活自理能力的影响因素看，通过儿歌、游戏、区角活动等方式培养的文献有《别样的儿歌不一样的精彩——以儿歌提高小班幼儿生活自理能力》《如何在游戏中培养小班幼儿的生活自理能力》《利用区角活动培养小班幼儿自理能力》等。二是从采用的研究方法角度看，采用实验法、调查法等研究方法的文献有《培养幼儿生活自理能力的实验研究》《运用生活主题绘本提高小班幼儿生活自理能力的实验研究》《3~5 岁幼儿生活自理能力现状调查及对策研究》《小班幼儿生活自理能力的现状调查研究》《小班幼儿家长培养幼儿自理能力的调查与分析》等。三是从研究对象的数量和研究内容的全面性来看，以个案或特殊群体为研究对象的文献有《石林县幼儿园小班幼儿自理能力培养现状——以独生子女家庭为例》《寄宿幼儿与走读幼儿自理能力差异的比较研究》和《培养幼儿生活自理能力——从小班幼儿如厕谈起》等。对检索到文献的分类整理，是为文献综述做准备，分类的标题即文献综述里的标题，而引用文献中的相关观点并加以简要评述，即为文献综述中的相应段落内容。从"小班幼儿自理能力培养"检索到的文献里，可以看到已有研究对象多为普遍性的群体，特殊对象的也是某个幼儿园或某个群体，如独生子女或寄宿、走读幼儿群体，因此，可以选取某个自理能力较强的幼儿作为个案对象进行研究，这也可以是自己的创新之处。

3. 能避免预想不到的困难

查阅文献中，通过检索到的文献数量、阅读文献的内容，可以清楚已有研究采用了哪些方法、从哪些角度展开的研究、研究到了什么程度、研究的趋势是什么，在阅读前人研究成果的同时，要思考：自己采用这些研究方法，会遇到哪些困难、如何解决或能否解决？从哪个角度研究、能否实施？如检索"小班幼儿自我服务能力"，只有 7 篇文献，文献过少，如何分类？不能分类，就不能进行文献综述。而且不能分类，意味着观念也偏于趋同，文献内容又多侧重在自理能力方面，对研究者观念没有冲击，引发不了新的思考，很难创新，也很难进一步深入研究。通过文献检索，筛选掉这个选题，就避免了研究开展后难以为继的尴尬。

4. 为解释研究结果提供背景材料

通常研究者在确定研究选题、研究思路的时候，就会提出一定的研究假设，而研究的过程就是验证假设是真或伪。研究结束，研究假设无论是被证真或证伪，都是研究结果，而研究假设的提出及研究成果的获得，除了和研究实践中采用的观察法、调查法等研究方法有关，也和文献检索有关。通过查阅文献，在研究过程中完善研究的思路、寻找解决问题的可能答案，为解释研究结果提供背景资料。如选题"小班幼儿自理能力培养的问题研究"，明确了研究对象是教师，那么研究假设围绕的主体就是教师，拟的标题或研究假设就是"培养幼儿自理能力方面存在的问题是什么""导致教师培养幼儿自理能力出现问题的原因有哪些""教师提高幼儿自理能力的有效做法有哪些"等，将研究假设具体明确下来，就要把疑问词具体化，这种具体化的过程，一是来自实践观察或调查，二是来自文献检索。

研究案例

"导致教师培养幼儿自理能力出现问题的原因有哪些"的具体化

（一）教师缺乏对幼儿长远发展的考虑

考虑的是时间紧张、幼儿太慢、耽误工作进度，而不是幼儿迟早是要长大、要学会自己照顾自己。同样可以类比的是教育科研方法课，可以教师讲授学生听就好，为什么要边讲边训练？就是因为学生要自己写开题报告、写论文，教会文献检索、文献综述撰写等，才能写论文，今后独立做研究、出成果。

（二）成人对幼儿自理能力习得的错误观念

很多家长认为幼儿大了就都会了，而且而家长夸教师或幼儿园的时候，也常说，这个幼儿园好，除了伙食等情况外，还会说这儿的教师帮幼儿喂饭、穿脱衣服。而对于教师让幼儿自己吃饭、穿衣服，认为是教师不负责任。同样，有些教师对见习学生的评价就是学生特别勤快、有眼力价儿，帮教师给幼儿喂饭、脱衣服等。

在前面的"课堂讨论"中，比较、确认两选题是否一样及根据选题拟定框架，主要有3步：一是找主题核心词、找研究主体。二是确定研究方法和研究方法针对的研究对象。三是拟框架。每一个环节都要用到文献检索，通过文献检索、比较、确定选题、研究思路或研究假设。而在此基础上，实施研究、撰写论文，还需要3步：查文献，修改框架；着手研究，完善、充实框架；形成论文。综上可见，研究的各个阶段，选题、文献综述、研究方法与对象选择、撰写论文等都离不开文献检索。

二、学前教育文献查找的过程

（一）获取文献

1. 明确检索的方向和要求

检索信息，要明确研究的方向要求，确定所需文献的主题范围、时间跨度、地域界限、载体类型。方向明确、要求具体，检索针对性才强、效率才高。检索中，先考虑有关文献的潜在标题，确定研究概念，即标题中的关键词，列出可能有关的概念，如同义词、反义词等。反义词的检索也能提供思路，如小班幼儿自理能力普遍弱，但若是查到幼儿自理能力强的文献，通过对比也能发现自理能力弱的原因及改进的做法了。如选题"幼儿在园用餐困难个案研究"，以选题标题、"幼儿进餐困难"、"用餐困难"等关键词都没有检索到文献，然后在每个词语中间加上空格、放宽范围，以"不良饮食"为关键词查找到29篇，而且大都是医疗领域的。需要注意的是，如果检索到文献数百篇、上千篇或学位论文几十篇，此选题就不用继续研究了，因为作为学前教育专业本专科学生，将很难在此选题上有所创新。

2. 确定检索的方法

（1）手工检索

手工检索现在比较少用，是上图书馆的现刊库、过刊库、图书库等，根据文献的信息特征，利用目录、索引卡片等检索工具来查找获取文献的方法。文献特征分外表特征（作者名、书/论文名、代码－报告号、专利号等）、内容特征（分类体系即学科范围、主题词）。

①作者途径。

已知作者，按姓名排序，从作者索引中去查找文献，排检字中笔画、拼音两种。外文姓名以姓的第一个字母进行检索，如 John Dewey（约翰·杜威），以 D 做排检，要研究某一个重要人物或评述某教育家重要思想时，就可通过此途径检索。

②书名途径。

已知文献名称，按其名称排检，即通过书名目录、篇名索引或论文索引来检索，找书通过书名目录易找，但文献较难查齐找全。

③代码途径。

在了解文献特有编号情况下，根据文献代码序号进行排检，一般先从代码索引中查文献序号，再查文献，如专利号索引、报告号索引、登记号索引，途径简单、序号难记，只在特定文献范围使用。

④分类（学科）途径。

根据图书分类体系来检索文献，根据文献所属学科性质分类编排形成的检索途径，适用于检索某类问题或某一学科领域的文献，应用广泛。如检索"教育研究与改革"的有关文献，依《中国图书馆图书分类法》分类体系可知，凡 G420 打头的文献，均涉及。

⑤主题途径。

按表示文献主题内容的主题词的音序或字顺排检，检索工具主要是《汉语主题词表》，优点是能满足特定检索的要求，尤其适合于具体而又专深课题的检索。

（2）计算机检索

随着计算机飞速发展，计算机检索将成为最简便的检索方式。计算机检索工具是由计算机程序人员编制的、储存于计算机中帮助读者查阅文献资料的软件，一般分为两种，一种是图书馆或资料中心使用的文献检索系统，和该图书馆或资料中心的数据库连接，读者能利用它从数据库中检索出所需资料。另一种是国际互联网上的各种网站上的搜索引擎，利用搜索引擎可从庞大的互联网中搜寻和阅读所需文献资料。

计算机检索工具操作简便，在互联网搜寻资料不受地域时间限制，可随时修改检索策略，有很大优势。利用计算机检索工具查阅文献资料时，有两种操作方法可用，一是利用电子查阅系统提供的分类目录，根据研究工作所需资料所在的学科或领域，进入相应的栏目来搜寻所需资料。二是利用电子查阅系统提供的搜索功能，将确定的关键词输入搜索功能的对话框，让计算机在数据库或互联网中进行搜寻，然后在计算机提供的搜索结果所列出的相关条目中查找自己所需的资料。

计算机检索关键是找出研究领域和主题词（检索关键词），主题词没选好，可能找不到所需要的文献。通常可将两三个相关领域放一起交叉考虑，或多选几个主题词，缩小检索的范围。

对于学前教育专业学生或研究者，除了知晓之前介绍的辨别刊物真假的中国知网、万方数据库的网站外，还要了解中华人民共和国教育部、中国教育新闻网等网站。

①中华人民共和国教育部（官网），http://www.moe.gov.cn/，一是开题报告或论文中"问题的提出"处，要引用《指南》《纲要》《幼儿园工作规程》《幼儿教师专业标准》等文件中的语句，就要上教育部网站查看文件。一定要看原文，不要看转载的、带有解读或评论的文件，可能会有曲解。路径：http://www.moe.gov.cn/ 文献－政策法规－教育部门规章。二是要查找一些有关学前教育的全国或地方性数据，也上网站教育年鉴中查看。路径：http://www.moe.gov.cn/ 右下角：教育年鉴。

②中国教育新闻网，http://www.jyb.cn/，中国教育报刊社主办的以教育新闻为主的网络信息传播平台，向社会传播教育声音、促进教育改革与发展。

③中国教育在线，https://www.eol.cn/，综合教育门户网站，以满足各类教育需求为主，随时发布各类权威的招考、就业、辅导信息通知等。

相关链接

获取论文全文的方法

1. 根据作者 E-mail 地址，向作者索要，这是最有效的方法之一。如果作者有自己的主页，可以去作者的主页看看。

2. 根据文章出处，去图书馆查找原文。

3. 从网易上下载超星图书馆专用下载器即可免费下载，可免费下载十万种书，也可以直接阅读。

4. 中国知网 CNKI：提供 3 种类型的数据库，题录数据库、题录摘要数据库和全文数据库，其中前两者属参考数据库类型，只提供目次和摘要，可在网上免费检索，全文数据库需付费。

5. 万方数据库系统中有一千余种电子期刊，以理工科技类为主，全部是国内出版的中文和英文期刊，比印刷版略晚。

6. 利用搜狐 SOHU、雅虎 YAHOO 等搜索引擎，关键词：你所要查的文献中最专业的词汇、材料与方法（因为这是一般论文通用格式）若为综述，加"综述"字样，末尾加 PDF 可能效果更好些。

7. 斯坦福大学 High Wire 出版社的电子期刊，提供免费检索目次和摘要的期刊为 192 种，主要包括物理、生物、医学和社会学领域的核心期刊，其中有 90 种可以得到全文。

8. High Wire Press 网站，斯坦福大学主办，文献量非常大。

——来源：节选自获取论文全文的 13 种方法 [EB/OL]．
https://blog.csdn.net/chenyusiyuan/article/details/2117731，2008-2-24．

（3）常规检索法与跟踪检索法

常规检索指利用目录、索引、文摘等检索工具查找所需文献的方法，它可以采用按时间顺序由远及近地进行检索，也可逆时间顺序由近及远地进行检索。顺查适用于主题复杂、范围较大、时间较长的课题研究，逆查适用于检索最新的课题。

跟踪检索分顺查法和逆查法。顺查法是以著作和论文后参考文献或参考书目为线索，跟踪查找有关主题文献的方法，在检索工具缺乏的情况下使用，更多为教学实践一线的教师所采用。顺查在搜索文献时，找到一篇较为权威的文章，不要放过该文章的参考文献，能获得更多同一主题的文章，而且一定程度上保证文章的权威性。

逆查，即从具体资源回推到一般性网站。如查到教育部网站的"指南"，想再看下其他有关学前的教育政策文献，就按照路径往后走。或者在网页上会看到"你当前所在位置"：首页 - 政策法规 - 教育部门规章 - 指南。当前在"指南"页面，想看其他政策文件，就点上一级地址"教育部门规章"，就会看到纲要、规程等。如搜到上海学前教育网当前页面文章"以七步法创设小班生态小乐园的实践研究"，逆查的话，点文章上面"研究探索"（如图 3-3、图 3-4 所示），可以看到更多类似文章。

图 3-3　逆查法步骤一

此外，在需求不是很明确时，可利用 Google、Baidu 等引擎进行大范围查找；查找相关的专业性网站，如各地学前教育网站，会有较为全面、权威、最新的资料；注意收藏专业性或领域内权威专家的博客，如学前教育领域朱家雄或学前教育特级教师应彩云的博客等；通过专业性的 QQ 群去获取专业资源或资源地址等。

图 3-4 逆查法步骤二

（二）文献的加工处理

1. 分类整理

在研究问题或撰写论文时，研究者总是要从已有相关文献不计其数的话语或论断中去选择所要研究的主题及与此有关的材料，筛选掉关系不密切的内容。通常选择也有两种方式：一是从实证观点出发，选择适合于做因果解释的事实性材料；另一种是从价值观点出发，选择那些包含着大量价值判断的观点的事实。前一种选择重视消灭假事实，努力探寻教育事件的历史原因，希望从中汲取对当今教育发展有实际效益的东西。后一种重视教育的向善、向上职能，希望从中能够找到促进教育向好的方向发展的东西。这是一个剔除、分类的过程，一是剔除重复、价值不大的文献，文献标题中没有研究关键词的删掉。二是将有用的文献划分层次或类别，核对重要文献的出处来源，分类后拟标题进行文献综述。

2. 做好摘要、笔记或卡片

手工检索时较为常用。

摘录卡，摘录文献或实验资料中能用于分析研究的原始材料或依据，也称为对检索文献的引用，即重复原文作者的观点与材料，准确抄录每句话，包括标点符号，标出准确页码及出版信息，以便于撰写文章时注明引文的资料来源。或称为对检索文献的复述，即为了行文需要，用自己语言转述作者思想，形成书面报告时也需要标明出处。需要列出参考书目或做好登记，注明出处：何文何书、作者译者姓名、出版机构名称、版次、页或网址等，要遵循文献著录规则。

提要卡，记录文献或实验资料中的主要内容、要点，从减少行文篇幅角度出发，用浓缩的形式叙述某篇文章或某几篇文章作者的观点与内容，形成书面报告时要将其出处一一标明。

心得卡，借助资料启发、思考而产生的新意识、新思路。

3. 写文献综述

有些研究课题或毕业论文撰写，都要求写出文献综述，即用自己语言对相关的已有研究即检索到的文献中的观点进行归纳总结，同时，进行客观性评价，并在此基础上提出自己的研究观点。文献综述如何撰写，将于第三节阐述，此处略。

三、文献检索的基本要求

（一）检阅要全面

全面性，是指不仅要广泛查阅特定范围内的国内外有关研究成果，而且要把视野放宽，广泛浏览特定范围以外的有关研究成果。不仅要搜集与自己观点一致的材料，也要搜集那些与自己观点不一致，或与自己构思相矛盾的资料。还要广泛查阅中、外文资料，以便及时掌握最新的研究资料和动向特别是要着力搜集第一手资料，以保证研究的客观全面。

（二）检索要认真细致

认真细致即准确性，体现在：一是要检索原文，检索到的不是原文，理解上就会有差异，影响分析。二是要通过细读，掌握若干年来所研究的领域内讨论过的问题、分歧意见、代表人物和主要著作、主要倾向。认真推敲观点和论据，并做好记录。从前人分歧矛盾中发现问题，不要避开争论，而是要从争论中弄清楚，或者站在某一方，或者提出新观点。

第三节 文献综述撰写

一、什么是文献综述

文献综述，是对某一领域、某一专业或某一方面的课题、问题或研究专题搜集大量情报资料后，通过阅读、分析、比较、归纳整理等，做出综合性介绍和阐述的一种学术论文。专题即某一主题、领域或关键词，综合分析是在很多文献资料基础上分类筛选、概括、归纳，并提出自己见解的过程。毕业论文中的文献综述，是借用文献综述形式对已有文献进行梳理，以引出自己研究与以往研究有所不同的过程。

文献综述是在确定了选题后，在对选题所涉及的研究领域的文献进行广泛阅读和理解的基础上，对该研究领域的研究现状（包括主要学术观点、前人研究成果和研究水平、争论焦点、存在的问题及可能的原因等）、新水平、新动态、新技术和新发现、发展前景等内容进行综合分析、归纳整理，还要根据自己的理解和认识，对综合整理后的文献进行比较专门的、全面的、深入的、系统的论述和相应的评价，并提出自己的见解和研究思路而写成的一种不同于毕业论文的文体。毕业论文的文献综述重在现状，即查到的现有文献资料，对发展前景及其他不做深入分析。但在对以往文献的梳理中，会根据自己的理解和认知对文献进行专门、全面、深入、系统的论述及评价，并提出自己见解和研究思路。

二、撰写文献综述的阶段

写文献综述一般经过以下几个阶段：即搜集阅读文献资料、拟定提纲（包括归纳、整理、分析）和成文。

（一）搜集阅读文献

这是上一节文献检索阐述的内容，在查阅文献方面，可以看期刊、学位论文、专著、教育或统计年鉴等。在选定题目后，要围绕题目搜集与文题有关的文献，搜集文献要求越全越好。查阅的文献应与研究问题相关；但又不能过于局限，过于局限又使视野狭隘，思维窒息。综述的对象，除观点外，还可以是材料与方法等。

搜集好与文题有关的参考文献后，就要对这些参考文献进行阅读、归纳、整理，如何从这些文献中选出具有代表性、科学性和可靠性大的单篇研究文献十分重要。从某种意义上讲，所阅读和选择的文献的质量高低，直接影响文献综述的水平。因此在阅读文献时，要写好"读书笔记""读书心得"和做好"文献摘录卡片"。用自己的语言写下阅读时得到的启示、体会和想法，将文献的精髓摘录下来，不仅可为撰写综述时提供有用的资料，而且对于训练自己的表达能力、阅读水平都有好处，特别是将文献整理成文献摘录卡片，对撰写综述极为有利。

（二）拟定文献综述提纲

在对文献比较、分类、归纳整理的基础上，初步拟定文献综述的主体框架标题，并在撰写中对框架标题进行修改。如《学前儿童撒谎问题的研究》可根据搜集到的文献资料分类整理后，将文献综述的框架提纲拟为：

```
1. 撒谎的认知研究
2. 撒谎的行为研究
3. 撒谎行为与相关因素研究
```

又如，《网络成瘾综述》的框架提纲拟为：

```
1. 网络成瘾定义
2. 诊断标准
   2.1 临床鉴定标准
   2.2 8 条网络成瘾诊断标准
   2.3 网络成瘾 4 种成分
   2.4 网络成瘾 6 项核心要素
3. 网络成瘾的成因
3.1 人格特征
3.2 理论模型
   3.2.1 AEC 模型
   3.2.2 认知行为模型
   3.2.3 阶段模型
   3.2.4 生理—心理—社会模型
4. 治疗方法
   4.1 认知—行为疗法
   4.2 药物疗法
5. 治疗方法中的局限及展望
```

（三）文献综述成文

在拟定的框架基础上，根据框架的标题，选取相应的文献，简要概括原文献的观点，并客观述评前人研究成果。针对已有研究的不足、未研究或研究薄弱处等，提出自己研究的内容。

三、文献综述的结构

论文中的文献综述，一般包含3部分：前言、主体、总结。

（一）前言

前言也称引言、导言等，简明扼要介绍检索的数据库、关键词，检索到的文献数量、质量及综述的范围，使读者对全文要叙述的问题有一个初步的轮廓。

研究案例

选题《幼儿在园午睡困难干预的个案研究》的文献综述前言部分

查阅大量的相关文献资料，在中国知网上搜索篇名包含"幼儿午睡"的文献，检索到相关研究文献60余篇，研究的内容主要集中在幼儿午睡的重要性、存在的问题、影响幼儿午睡的因素、午睡管理等方面。搜索篇名包含"入睡困难"的文献，检索到相关研究文献10余篇，其中硕士论文1篇。研究的内容主要集中在医学领域，研究的对象多数是病人，仅有1篇是针对小学生在校入睡困难进行的个案研究。以"睡眠干预"为关键词进行文献查询，检索的相关研究文献100余篇，其中大部分是采用专门的药物或医疗方法对病人出现的睡眠问题进行干预治疗。而采用心理、教育相关方法对睡眠问题进行干预的文献有5篇，运用催眠方法干预睡眠问题的文献有2篇，运用音乐疗法对睡眠问题进行干预治疗的文献有5篇。通过整理文献发现，人们重视睡眠问题，对睡眠问题的研究逐渐从生理、医学角度向心理、教育管理等方向发展。但单独研究幼儿领域午睡困难的文献还没有。总结已有相关文献，本综述主要从3个部分进行阐述：第一部分是午睡的研究综述；第二部分是幼儿午睡的研究综述；第三部分是睡眠问题干预方法的研究综述。

研究案例

选题《中班幼儿游戏活动中违规行为研究》的文献综述前言部分

查询与违规行为相近的文章，共有97篇期刊论文，且都是关于培养幼儿的规则意识的研究，研究不够深入；查阅幼儿违规行为研究，在中国知网上共查到3篇硕士论文，两篇期刊论文，且大都从幼儿园规则教育、常规教育的角度出发，很少专门针对幼儿违规行为找原因，研究系统性不足，特对以上研究做出如下综述。

（二）主体

主体是文献综述的主要内容，包括某一课题研究的历史、现状、基本内容，研究方法的分析，已解决的问题和尚存的问题，重点、详尽地阐述对当前的影响及发展趋势，通过这些阐述能明确研究者的研究方向，也便于他人了解该研究的起点和切入点，是在他人研究的基础上有所创新。主体部分写法多样，主体内容根据综述的类型可以灵活选择结构安排，没有固定的格式，根据内容的多少可分为若干个小标题分别论述。

按照分类标准拟标题，根据拟定的标题选用相关的文献，对选用的文献进行概括性归纳，来论证、支撑标题观点。学前教育专业本专科学生毕业论文中的文献综述里，至少需要拟定标题 2~3 个，每个标题下选用的文献至少 2~3 个以上。

文献分类，可按文献发表的年代顺序、不同的问题（问题发生的历史背景、发展阶段、研究成果、目前现状、发展方向或趋势等）、不同的观点进行比较或国内外不同学者对同一问题的看法及其理论依据等角度，进一步阐明问题的来龙去脉和作者自己的见解。此外，也可以从不同学科领域视角、运用不同研究方法、研究对象年龄段或数量多寡、研究内容等方面进行分类，如果根据研究内容进行分类，则标题范围要体现由宽变窄、越来越接近课题选题或论文选题的特点。如选题"中班幼儿游戏活动中违规行为研究"文献综述部分的标题分别是幼儿违规行为相关研究、游戏活动中幼儿违规行为相关研究。

选题《中班幼儿游戏活动中违规行为研究》，是按照研究内容拟定的文献综述框架：

```
（一）幼儿违规行为相关研究
  1. 有关规则定义的研究
  2. 有关规则意义的研究
  3. 有关违规行为定义的研究
  4. 有关违规行为类型的研究
（二）游戏活动中幼儿违规行为相关研究
  1. 有关游戏规则教育的研究
  2. 有关游戏活动中幼儿违规行为类型的研究
  3. 有关游戏活动中幼儿违规行为影响因素的研究
（三）研究述评
```

按年代、发展趋势分类的文献综述，类似于《我国学前教育体制走向分析》一文的框架：

```
（一）1949—1985 公办一统期
（二）1985—1993 民办产生期
（三）1993—2003 民办发展期
（四）2003—2010 民办主体期
（五）2010—2020 公办加强期
（六）2021 年以后，公办主体期
```

相关链接

两个范文的文献综述，哪个更可取？

范文 1：农村中学学生自学方法研究

1. 国外的研究现状

国外的自学方法很多。美国心理学家斯金纳提出程序学习法……，程序学习使学习变得相对容易，有利于学生自学。美国心理学家桑代克所创设的试误学习法……，它主要解决学习中的疑难问题。还有超级学习法，查、问、读、记复习法，暗示法等。

2. 国内的研究状况

我国古代就非常重视自学方法的研究，有"温故而知新""学而时习之"……，我国现代教育家叶圣陶先生主张培养学生的自学能力……，中国科学院心理研究所卢仲衡同志首先提出"自学辅导教学法"……，这种方法的主要优点在于……，魏书生的语文教学主张通过提高学生学习的自觉性来提高学习效率……。

以上国内外的研究经验为我们的课题研究提供了宝贵的经验。

范例 2："问题—探索—交流"小学数学教学模式的研究

我们在网上浏览了数百种教学模式，下载了 200 余篇有关教学模式的文章，研读了 50 余篇。概括起来，我国的课堂教学模式可分 3 类：

（1）传统教学模式——"教师中心论"。这类教学模式的主要理论根据是行为主义学习理论，是我国长期以来学校教学的主流模式。它的优点是……，它的缺陷是……。

（2）现代教学模式——"学生中心论"。这类教学模式的主要理论依据是建构主义学习理论，主张从教学思想、教学设计、教学方法以及教学管理等方面均以学生为中心，20 世纪 90 年代以来，随着信息技术在教学中的应用，得到迅速发展。它的优点是……，它的缺陷是……。

（3）优势互补教学模式——"主导－主体论"。这类教学模式是以教师为主导，以学生为主体，兼取行为主义和建构主义学习理论之长并弃其之短，是对"教师中心论"和"学生中心论"的扬弃。"主导－主体论"教学模式体现了辩证唯物主义认识论，但在教学实践中还没有行之有效的可以操作的教学方法和模式。

——摘自：王俊芳，撰写文献综述的基本要求［J］，教育科学研究.2004（6）.

（三）总结

对上面引用的文献进行总的归纳、评价，概括指出自己对该研究的意见、存在的不同意见问题和有待解决的问题等，引出自己的研究选题。总结有两种，一是在每个标题引用多个文献观点后，进行标题下的文献评述。二是在所有文献观点阐述后，最后对所有文献进行概括性的总结评述。

研究案例

选题《中班幼儿游戏活动中违规行为研究》的文献综述结束部分

综上所述，对于幼儿违规行为的研究没有区分幼儿的年龄段，大都从常规教育角度去研究，偏重于规则意识的培养，且都是基于一日所有活动中的违规行为分别进行的研究，虽然有提到游戏活动中的违规行为，但篇幅较短，只是简单的描述和总结，研究不够深入。只有一篇硕士论文《幼儿违反游戏规则行为的研究》对幼儿违规行为的研究相对深入，对违规行为进行了分类，找出原因并提出了教师的指导策略，但并没有具体对幼儿的年龄段进行区分，且没有研究幼儿违规行为的分布及特点。本研究把幼儿年龄限定在4~5岁的中班，专门针对幼儿在游戏活动中的违规行为进行研究，通过观察对幼儿违规行为的表现进行分类，总结其特点及分布，结合中班幼儿教师访谈记录和对违规幼儿的简单谈话总结原因，最后对学前教师提出切实可行的教育建议。

研究案例

选题《幼儿在园午睡困难干预的个案研究》文献综述框架及评述部分

（一）有关午睡的研究

我国对睡眠的研究起步比较晚，且目前对午睡的研究多是引进国外的研究成果。具体表现在人们经常从午睡对成人的情绪、行为和夜间睡眠等几个方面的影响来研究人类午睡的必要性。总结已有研究，影响成人午睡的因素主要有年龄、气候与季节、工作限制、夜间睡眠不足、饭后食物消化、气质类型不同等方面。

（二）有关幼儿午睡的研究

1. 幼儿健康领域对午睡的相关要求
2. 幼儿午睡的重要性研究
3. 幼儿午睡存在的问题、原因分析和解决策略研究

通过以上文献发现，目前，有关幼儿午睡的研究文献多是来自幼儿园一线教育工作者的经验总结，研究方法上以观察为主，没有对个别幼儿的午睡问题进行系统的研究，对幼儿午睡问题背后更深层次的原因挖掘不够全面深刻，从而导致提出的解决策略比较零散、不系统。

（三）睡眠问题干预方法的研究

1. 心理咨询干预
2. 音乐疗法
3. 体育锻炼法

总结已有研究发现，国内外睡眠专家对午睡的重要性、影响因素、睡眠问题的干预策略等方面进行了详尽的理论研究，为开展幼儿午睡困难问题的研究提供了理论基础。已有研究在研究对象上，多数是针对成人或中小学生，针对幼儿在园阶段午睡问题的研究较少，且多是幼儿教师的经验总结。对引起幼儿午睡困难问题的原因多是从幼儿当前的健康状况、睡眠的物理环境、教师的管理方式等表面现象进行分析。干预的策略方法上，对幼儿成长过程中的重大事件或心理问题引起的午睡问题关注不够。

四、撰写文献综述的基本要求

（一）开门见山，不绕圈子

文献综述的目的是通过深入分析过去和现在的研究成果，指出目前的研究状态、应该进一步解决的问题和未来的发展方向，并依据有关科学理论、结合具体的研究条件和实际需要，对各种研究成果进行评论，提出自己的观点、意见和建议。不同于推理小说，要经历设

疑、验证、层层递进、剥茧抽丝等环节，文献综述直接按照前言、主体和总结3个部分的规范，列出必要的内容即可，避免大篇幅地讲述历史渊源或选题研究过程，也不用客套话，如"才疏学浅""水平有限""恳请指正""抛砖引玉"之类的语言。

（二）言简意赅，突出重点

作为毕业论文中的一部分，文献综述所占比重并不多，约为正文的15%~20%，而且有些院校学生毕业论文要上网检测重复率，因此，不应过多叙述众所熟知的或教科书中的常识性内容，确有必要提及他人的研究成果和基本原理时，只需以参考引文的形式标出即可；引用他人文献观点时，尽可能地用自己的语言进行概括，意思应明确，语言应简练，不举事例、不放文献中的案例，不要插图、列表，不进行公式的推导与证明；学会使用省略号以缩短原文、用自己的话转述他人观点、通过言简意赅地综合概括他人观点，以降低查重率。重点是要比较评价前人研究、阐述要扣题，即引用或概括的文献观点要能支撑自己的论点，客观评价前人研究成果，最终目的是引出自己的研究。

（三）尊重科学，实事求是

搜集文献应尽量全，全面、大量的文献资料能保证观点客观而不失偏颇；引用文献时应注意选用代表性、可靠性和科学性较好的文献；综述中用于评论的观点、论据最好来自一次文献，并忠实于文献内容，尽量避免使用别人对原始文献的解释或综述，因这些文献在他人引用时是否恰当、有无谬误，不好判断；评价文献的价值要恰如其分、实事求是，用词要科学，不要断章取义、曲解原文，对自己研究的创新性也最好不要使用"本研究国内首创""填补了国内空白""有很高的学术价值""本研究内容国内未见报道"或"本研究处于国内外领先水平"等不适当的自我评语。

五、文献综述中的常见问题

（一）大量罗列堆砌文章、引用原文

很多人的文献综述选用了大量文献，而且大量引用文献中的段落，甚至原文中的事例也列举出来。文献综述的"综述"，是一种综合性分析、评价、阐述，不应是只对以往研究成果的简单罗列与介绍，而应该经过作者精心阅读后，紧紧围绕课题研究问题，确保所述已有成果与本课题直接相关，系统总结某一研究领域在不同阶段的进展情况，既能系统全面反映研究对象的历史、现状和趋势，又能反映研究内容的各个方面，并结合本国本地区的具体情况和实际需要提出自己见解的一种科研工作。要用自己的语言把文献的观点说清楚，对各种研究成果进行评论，提出自己的观点、意见和建议。而不应该以非研究问题为中心展开，而将其变成了读书心得清单或是资料库。

（二）选择性地探讨文献，回避和放弃研究冲突，另辟蹊径

选择性地探讨文献，即不是系统化地回顾现有的研究文献、找出适合研究的问题或可预测的假设，却宣称某种研究缺乏文献，从而认为自己的研究是探索性研究。如果有选择性地探讨现有文献，则文献综述就变成了主观愿望的反映。冲突全部放弃，就意味着放弃一大堆有价值的资料。将现有文献的冲突与矛盾加以整合是必要的，新研究比旧研究具有更好、

更强的解释力。

思考与练习

一、判断刊物真假

1. 《中国教育改革与研究》国内刊号 CN.H39-7869/G
2. 《中华之窗》国际刊号 ISSN 1606-9056
3. 《中国现代教育杂志》ISSN 1682-2706，CN 35-3917HK/G
4. 《教师》CN 46-1072/G4，ISSN 1674-120X
5. 《教育与职业》CN 11-1004/G4，ISSN 1004-3985
6. 《中国教工》CN 11-2959/G4，ISSN 1004-1362

二、判断刊物级别

1. 图书馆研究
2. 商情
3. 陕西教育
4. 现代商业
5. 鞍山师范学院学报
6. 工会博览
7. 教育与职业
8. 辽宁高职学报

三、从下列选题中任选一题，进行文献检索并撰写文献综述

1. 幼儿园晨间活动的形式与指导研究
2. 关于某幼儿园传统节日教育的问题研究
3. 小班幼儿自理能力培养问题研究
4. 幼儿自由活动时间游戏选择的问题研究
5. 应聘幼儿教师岗位影响因素研究
6. 大班幼儿在园图书阅读状况的问题研究
7. 关于民营幼儿园教师流动现象研究
8. 幼儿入园签到的现状调查与对策研究
9. 新手教师应对意外事件的问题研究
10. 大班幼儿阅读区域材料投放的问题研究
11. 幼儿园环境创设中传统文化元素的应用研究
12. 幼儿离园活动安排的现状调查与对策思考
13. 关于建立和使用成长档案袋的研究
14. 家长馈赠幼儿教师钱物现象的问题研究

15. 幼儿园对新生入园准备工作的问题研究
16. 家园沟通中幼儿教师对家长类型喜好的调查研究
17. 童话故事中大班幼儿叙事能力的培养研究
18. 幼儿参与木偶剧制作与表演的个案研究

第 4 单元

观察研究

任务

1. 会对所要观察的内容下操作性定义；
2. 能设计事件观察记录表格，并能客观记录观察事件；
3. 能用统计学方法进行频次记录；
4. 能根据观察事件或频次统计数据进行分析，拟定标题。

案例导入

学前教育专业学生张某在某幼儿园专业见习中，发现了一个令她非常困惑的问题，那就是在托班教学活动实施中，给幼儿讲他们喜欢的故事，即使出示了图片，使用了夸张的语调、表情，还是有一些幼儿溜号。到底是什么原因使幼儿注意力不能集中呢？为了帮她找到问题关键所在，带队教师和见习组同学一起观摩了她的教学活动。这种观摩是不是观察研究？能否帮助该同学解决她的困惑呢？

那么，什么是观察、观察研究、教育观察研究？观察有哪些作用、特点？如何实施观察？本单元将对此进行一一阐述。

第一节 观察研究概述

一、什么是观察研究

（一）观察

观察，是有目的、有计划的知觉活动，是知觉的一种高级形式。观，指看、听等感知行为，察即分析、思考，即观察不只是视觉过程，而且包含着积极的思维活动，因此称之为知觉的高级形式。如托班幼儿教学活动"认识水果"中，当教师指着桌上水果问

"这是什么"的时候,一个幼儿站起来朝着教师摆放水果的位置走,两三个幼儿站起来用手指着教师和水果方向,其余幼儿看着教师不吱声,还有一个幼儿身子扭向观察者,边用手扒拉观察者的纽扣,边问"你是谁呀"……从这个观察案例中,明显可以看出,观察不仅包括看,也包括听。而在幼儿观察动植物时,可能还会用手触碰、用鼻子嗅等,因此观察是以视觉为主,融其他感觉为一体的综合感知。"认识水果"教学活动课堂观察如图4-1所示。

图4-1 "认识水果"教学活动课堂观察

英国科学家贝弗里奇曾说过:"所谓观察,不仅止于看见事物,还包括思维过程在内。"思维过程是指什么?如中国北方的3月,可以观察到:下雪的现象逐渐消失、开始出现下雨,河上的冰雪融化,人们脱去棉服换上单衣,燕子从南方飞回,小草冒出地面、枯黑的枝条萌发出嫩绿的芽苞……。观察到这些现象时,通常人们会有什么想法伴随出现呢?有人说"天越来越暖和了","暖和"仅意味着温度的升高,从3月开始,一直到7、8月,都可以说"天越来越暖和了",但是冰雪融化、脱棉服等现象不是4—8月典型的特点,因此,"天气越来越暖和"这种说法概括性不够,更准确的说法应该是"春天到了"。那么,这个结论怎么来的?对观察到每一个现象、多个现象及整体的思考,是思维过程中的分析、比较、综合;"春天到了"结论的获得,涉及思维过程中的推理、判断、抽象、归纳、概括等。

课堂讨论

观察是有目的、有计划、有方向、比较持久的知觉活动。这个定义准确吗?

参考答案:

在这个定义中,有目的、有计划、有方向、知觉活动是关键词,先看知觉活动,再看其他关键词。知觉活动是人脑对客观事物整体属性的反映过程,通俗些表达,就是用眼、耳、口、鼻、手等感知器官去感知外界事物、现象,并对外界事物、现象整体做出反应。如自由活动时间,观察一个在超市区角里的幼儿5分钟,观察的是什么?幼儿的脸、还是手？应该是整个人的活动，包括表情变化、哭了笑了；动作变化，拿起什么、放下什么；社会性，与谁交往，说了什么、有哪些动作，等等。即看或听的是幼儿的活动，是对幼儿整体的反应，不是只观察幼儿某一个部位；有目的，即观察什么内容、观察对象是谁，观察之前就应该确定好；有计划，是什么时间观察、观察周期多久、在哪观察、采用什么方式观察（时间取样还是事件取样），采用什么方式记录（图形记录、速记方式记录还是录音录像等）；有方向，是指先整体后部分、先上后下，观察的程序或顺序。比较持久是什么意思？多长时间算持久？扫视、走马观花肯定不是观察。有的同学说时间短、次数少不是观察。那么，看幼儿建构活动5分钟是观察吗？看一次是观察吗？还有一个问题：幼儿连续观察植物一个月，种下种子第5天带皮破土了，第12天出芽了、第24天多了一个叶，这是观察吗？每一次看一分钟或者不到一分钟，是不是观察？所以，观察时间长短、次数多少是会影响观察结果的质量或准确性，但不是决定观察的主要因素，因此不是定义的关键词。

（二）观察研究

观察研究，是研究者根据一定的研究目的，凭借自己感官和借助其他辅助工具，在自然条件下，对研究对象进行有目的、有计划的观察，收集、分析研究对象感性资料进行研究的一种方法。所谓"自然条件"，即对所要观察的现象或行为不加以人为的控制，使它们以本来面目呈现出来。作为科学研究方法之一，观察现象的过程不能完全顺其自然而不加控制。尤其是在比较正式的观察方法中，为减少误差，增强结论的可信度，观察者应当将观察步骤、途径、方式等进行适当控制。如"案例导入"中的自然条件是指，教学活动就是幼儿一日活动中的环节之一，和幼儿以往在园的活动时间、同伴、场所等都一样，没有突兀的变化。对此可以进行人为的控制，如对教学活动环境干扰的控制，包括提前1~2周见习小组同学不定期地听课，让幼儿熟悉听课人员；对实施教学活动的幼儿加以指导，包括活动前让幼儿熟悉下观摩人员并提出"认真听故事，表现好的话，客人们会给我们鼓掌……"等要求。在这种情况下，探寻感官所发现的哪些因素会吸引幼儿注意力或哪些因素使幼儿不关注教学活动，这是观察的目的。通过观察研究，可清楚地知道：除去教学内容选取、教学环节设计及教学语言等方面存在的问题，幼儿座位的摆放形式、见习学生制作教具的大小及色彩对比的设计等都容易导致幼儿注意力分散。

《科学方法词典》里，也提到"所谓科学观察，即人们在自然条件下，通过感觉器官或借助科学仪器，有目的、有计划地感知客观对象从而获得科学事实的一种研究方法"。通过感觉器官或借助科学仪器，指观察可以直接用肉眼等感官进行，也可以借助放大镜、显微镜等仪器，或利用照相机、录音机、摄像机、单向透视玻璃等设备或工具进行观察。通过观察可以获得科学事实，如通过观察水的形态变化实验，得出水三态变化的条件；通过观察可得出什么物质是催化剂、能加速化学反应，什么物质在一起会爆炸。这是在实验过程中，通过观察总结概括出来结论。图4-2为单向透视玻璃的观察面与被观察面。

图 4-2　单向透视玻璃的观察面与被观察面

相关链接

单向透视玻璃

单向透视玻璃，又称原子镜、单面镜、单反玻璃、双面镜、单向玻璃，是一种对可见光具有很高反射比的玻璃。单向透视玻璃分为正、反两面。正面为玻璃镜面，用来反射光线，安装时应把正面朝向观察对象所在的空间，把反面朝向观察者所在的房间。

单向透视玻璃广泛应用于监狱、派出所、高级人民法院、公检法机构审讯室、精神病医院、大学科研机构、幼儿园、大型会议室、办公室等。在一定灯光效果配合下，可达到外面看不到里面，里面可以清楚看到外面的单向透视效果。经过研究部门特殊处理之后，该产品还具有防爆隔音效果。

——来源：节选自单向透视玻璃［EB/OL］.
https://baike.baidu.com/item/%E5%8D%95%E5%90%91%E9%80%8F%E8%A7%86%E7%8E%BB%E7%92%83/8855745?fr=aladdin.

教育观察研究，是一种较为基本和常用的教育科学研究方法，是指研究者带着明确的观察目的，凭借自身感官及有关辅助工具（观察表、录音录像设备等），直接从教育情境中、教育领域的现象中收集资料的一种教育研究方法。如台湾弘光科技大学附属幼儿园户外活动场地有两个秋千，每当小小班户外活动时，秋千处总有人排队，排队等候的幼儿通过查数，班级老师说中大班查20个数、小小班和小班查10个数，然后轮换玩秋千。两三岁幼儿数概念能掌握到什么程度：会查数吗？能查多少数？通过选取一名小小班两岁3个月的女孩，对她在等秋千查数时的行为进行了观察。女孩站在等候区黄色箭头位置，吐字清楚，每查一个数，同时耸下两边的肩膀，"17、18、19、22、25、27、28，请换人，请换人"，9秒的时间查完了7个数。观察可知：幼儿有秩序意识、守秩序行为，但对数的概念、数的顺序、相邻数字关系并不理解。图4-3为等待秋千女孩的查数行为观察。

图 4-3　等待秋千女孩的查数行为观察

观察法是研究教育现象的最基本方法，特别对于作为教育研究对象的幼儿，是最适宜的方法。这是因为作为被试的幼儿天真单纯、不谙世事，受观察者的影响较小，表现自然真实；而作为观察者的通常是教师、学前教育专业学生或其他教育研究工作者，熟悉与幼儿交往沟通的方式，因此在观察研究中，可以了解幼儿自然状态下的真实表现，无需幼儿做出超出自身水平的反应；能捕捉幼儿发展中的过程、与周围环境的相互作用过程，直接了解、记录幼儿行为。

二、观察的作用

观察是人们认识世界、获取知识的一个重要途径，也是科学研究的重要方法。一切科学实验，科学的新发现、新规律，都是建立在周密、精确、系统的观察基础之上的。居里夫人的女儿曾把观察誉为"学者的第一美德"，巴甫洛夫一直把"观察、观察、再观察"作为座右铭，并告诫学生：不学会观察，你就永远当不了科学家。学生的学习也离不开观察，各科教学中只有运用观察，才能使学生对学习对象获得鲜明、生动、具体的感性认识，积累丰富的感性经验，通过抽象概括达到理性认识。

（一）是获得第一手感性材料的重要渠道

中外教育史上有许多教育家就是从观察入手，使自己的观察结果记录成为教育科研中宝贵的第一手资料。观察获得的第一手感性材料，也是教育现象的真实过程。

瑞士心理学家皮亚杰关于儿童认知结构的发生学研究，最初采用的是自然观察法。我国学前教育家陈鹤琴采用观察法记录儿子陈一鸣自出生起的发展，写出了《儿童心理之研究》一书。苏联苏霍姆林斯基写了很多著作，大部分资料靠长期观察得来。为了研究道德教育问题，他仔细观察研究"差生"和"调皮学生"的心理状况、行为表现，先后为 3700 名学生做观察记录，能指名道姓地说出 35 年中 178 名"最难教育"学生的曲折成长过程。这说明，观察对于认识教育现象、搜集第一手资料起着重要作用，是教育科研的最基本方法。同时，许多实践也证明，对原有理论的验证和突破，最终、最有力的证明总是事实，而对事实的最直接的认识是通过观察获得的。

(二)是发现问题的前提

《美国文摘》曾经报道,恩维罗塞尔市场调查公司有个叫帕科·昂得希尔的人,是著名的商业密探。有一家音像商店由于地处学校附近,大量青少年经常光顾,但销售额却并不理想。通过昂得希尔的观察,发现这家商店磁带放置过高,身材矮的学生往往拿不到,从而影响了销售,于是他建议把商品放置高度降低18英寸①,结果销售量大大增加。此外,伍尔沃思公司发现商店后半部分的销售额远远低于其他部分,昂得希尔通过观察,拍摄现场揭开了这个谜:销售高峰期,现金收款机前顾客排着长长的队伍,一直延伸到商店的另一端,妨碍了顾客从商店的前面走到后面。针对此问题,商店专门安排了结账区,商店后半部分的销售额迅速增长。

同样,幼儿园里,教师让幼儿从家里带能观察或观赏的鱼、多肉到幼儿园,下面图4-4和图4-5里各有一张明显与众不同的"观赏肉"和"观赏鱼",从中可以获知幼儿对教师布置的任务在理解上出现了偏差。

图4-4 带入幼儿园用于观察的多肉　　图4-5 带入幼儿园用于观察的鱼

(三)是假说、理论产生与验证的必要手段

什么是假说?假说是对现象、行为或事件原因或结果的假设、预测,是一种判断。如看电影、电视剧或观察聚集的人群时,常常会推测某男和某女能成为一对、某人活不到剧终、交通肇事或超市搞促销活动等,这些预测或判断就是假说。又如进屋很黑,开灯不亮。假说有:停电了、灯钨丝断了、电闸跳了、开关接触不灵、欠电费了,等等。假说是完整的判断句,可以验证,假设成立是证实,证实框架标题不需要修改;反之是证伪,推翻假设,需要修改完善框架标题。

如生产销售玩具的工厂请300个幼儿来玩娃娃。假说是什么?幼儿喜欢的娃娃就是最畅销的娃娃。那么将"喜欢"具体化会是什么?即"喜欢"具体表现在什么行为?测量"喜欢"用什么指标?幼儿玩某个娃娃的时间长短、选择某个娃娃次数多少或选择的顺序代表了幼儿是否喜欢,决定了玩具是否畅销。因此,根据假说的关键词来设计观察表格,假说中,玩的持续时间、选择顺序、次数是观察表格要体现的重点。T、M、C分别为玩具(toy)、分钟(minute)、孩子(children)的英文首字母大写。幼儿独自玩娃娃观察记录表见表4-1。

---

① 1英寸=2.54厘米。

表 4-1　幼儿独自玩娃娃观察记录表

选择次数	T_1	T_2	T_3	T_4	T_5	T_6	T_7	T_8	T_9	T_{10}
0~5M	1				1	11				
5~10M						1				
10~15M										

和表 4-2 相比，表 4-1 测量的只是单一指标即一个幼儿玩某一玩具的时间、次数，选择顺序、具体时间还需要另外编制表格。在同一观察中，为方便快捷，最好是一个表格而不是多个表格，见表 4-2。

表 4-2　幼儿玩娃娃观察记录表

被试	T_1		T_2		T_3	T_4	T_5	T_6	T_7	T_8	T_9	T_{10}
	时长	选择顺序	时长	选择顺序								
C_1	3^1, 5^1	1, 3	2^1	2								
C_2												
C_N												

（四）观察是深入理解幼儿、进行教育评价的手段

通过观察浙江安吉游戏中幼儿的户外体育活动，可以看到幼儿踩滚动的铁筒、走在近 2 米高的木板上、踩着两个活动梯子组成的高跷（如图 4-6 所示），从中可以了解幼儿平衡发展的水平程度及幼儿对安全的自我把控能力。这和有些成人平时的想法或观念有很大冲突，或者会给有些成人带来很强烈的冲击，因为成人会觉得很危险、存在安全隐患。又如从小托班幼儿饭后刷碗、户外活动前换鞋、穿袜子等行为中可以看到（如图 4-7 所示）：幼儿学习能力很强，有很大的发展潜力，自理能力可以从小培养，小托班幼儿也能学会照顾自己，现实中成人应该给幼儿更大的发展空间，而不是束缚其发展。所以，通过观察发现，有很多现象和成人原有观念不相符，而观察既能帮助成人更好地了解、评价幼儿，又能促进成人反思，寻求更恰当的方法使幼儿更好地发展。

图 4-6　安吉游戏中的滚铁筒、登高跳、踩高跷

图 4-7　幼儿园托班幼儿洗碗、穿鞋与穿袜子

三、观察研究的特点

（一）观察研究的优势

1. 客观性

客观与主观相对，主观指研究结论可能受研究者的性别、年龄、经历或受教育程度等因素影响，导致其观念或意识方面在获得或推导研究结论时有所不同，如对同一个访谈问题，被访谈者回答会不相同；对于同样的访谈记录，研究者会推导出不一样的结论，这些都是主观性的表现。而客观性是指观察结果不受每个人的意识、想法所影响或改变，客观反映教育现象的本来面目，在一定程度上避免了研究者本人的期望效应。如课堂上学生参与度的观察（图 4-8），从图中可以清楚地观察到：没有学生提出问题、11 次回答中有 2 次错误回答，不论观察者是谁，都会得出相同的结论。

讲台								前门	
1	9 D		17	25	33	41		49	57
2	10 B		18	26	34	42		50 D	58
3	11		19	27	35	43		51	59
4	12		20	28	36	44		52	60
5	13		21	29	37 BD	45		53 BB	61 B
6	14		22	30	38	46		54	62
7	15		23	31	39	47		55	63 B
8	16		24	32 BB	40	48		56	64

A 为学生主动提出相关主题的问题；B 为学生正确回答；
C 为学生提出无关主题的问题；D 为学生错误回答。

图 4-8　课堂上学生参与度观察

2. 直接性

直接性与间接性相对，即观察者通过感官对观察现象的直接感知，或人脑对感知器官感知到的客观现象直接反映，能搜集到事后搜集不到的信息，不是通过他人转述，也不需要中介。如当被问及"北方的冬天或雨中的西湖是什么样子"时，头脑中会出现相应的场景，如有北方生活经历的人头脑中呈现的是：皑皑白雪之后，屋檐下垂着尖尖的冰柱，穿着厚厚羽绒服的大人们盯着脚下的路面、身体略向前倾、胳膊略向两侧伸开找寻着行走的身体平衡，而围着围巾、戴着手套的孩子们三五成群地堆雪人、打雪仗或溜冰……这就是观察的直接性。通过观察，下面的案例《我终于可以当小鱼啦！》里的教师可以直接发现幼儿情绪的变化。

研究案例

我终于可以当小鱼啦！

户外活动时，我和王老师组织幼儿玩"小鱼小鱼哪里游"的游戏。被选中当小鱼的小朋友在由老师和孩子们围成的圆圈内开心地游来游去。和我拉手的丁丁小朋友游戏时一直扯我，还用渴望的眼睛看着我，我松开他的手说："去吧！"没想到他竟然兴奋得跳了起来，大声喊道："我终于可以当小鱼啦，我终于可以做游戏啦！"然后高兴地游起来。游戏结束时，他跑到我面前说："谢谢刘老师！"

我一时愣住了，同时也很内疚。丁丁小朋友入园后一直表现得不好，不是打那个一下就是踢这个一脚，每天都有小朋友告他的状。为了安全，也为了班内的良好纪律，丁丁成了我们老师严管的对象。游戏时怕他不遵守游戏规则，极少让他成为游戏的"主角"，基本上都是"群众演员"。我仔细想想，开学两个多月了，他真的没当过几次"主角"，难怪他刚才那么激动！仅仅因为他好动，他不遵守这样或那样的规则，我们就剥夺了他游戏的权利，这对他是多么大的伤害！想到这里，我明白今后应该怎样教育丁丁以及与其类似的孩子了，"限制"他们的活动是行不通的，关键还得根据他们的兴趣进行"疏通"和"引导"。

——摘自张继兰.我终于可以当小鱼啦[J].早期教育，2005（2）.

3. 及时性

及时性是指观察能捕捉到正在发生的、可能会持续一段时间也可能眨眼即逝、可能会重复出现也可能不再出现的现象。如荡秋千的托班幼儿查的数不连续、数字不够10个；去盥洗室的托班幼儿只会拿小匙在碗里画圈圈、不会刷碗，有的幼儿在盥洗室转一圈，没刷碗，然后走出盥洗室；户外活动的幼儿在搬运游戏材料时，有独自进行的，也有合力完成的，等等。又如在一个养有一些小鱼的水池中，幼儿拿网捞鱼，捞到鱼后把鱼放到矿泉水瓶中。一个女孩捞到鱼后，用手抓网中的鱼，但鱼太滑，抓了半天都抓不到，一个男孩说："我来帮你放。"他接过女孩的渔网，从网底部抓住鱼，然后对着瓶口放了下去。图4-9~图4-11分别为搬木棍、合作抬轮胎、捞鱼游戏活动。

图 4-9　搬木棍　　　　图 4-10　合作抬轮胎　　　　图 4-11　捞鱼

4. 纵贯性

纵贯性也称之为深入性，即针对同一个观察对象或群体，或观察事件，进行持续、深入的观察，如滚桶游戏，开始是推着筒走，然后是站到滚桶上，再然后是在滚桶上做一些交替位置、前后转向等动作，或集体滚桶等变换形式、增加难度的游戏（如图 4-12 所示）。又如婴幼儿发出无意义音节、第一个有意义的词、电报句、简单句等语言发展或者小肌肉动作发展的观察，都需要较长时间、持续不断地观察，才能了解到相应的规律。若采用问卷、访谈等调查法，则问题过多过细、难以编拟，而被调查者也会因时间、记忆等干扰因素导致调查结论出现误差；若是实验，则设计与实施都较为烦琐。

图 4-12　练习滚铁筒的不同阶段

5. 情境性

情境性也称为生动性，指观察中因观察对象或事件发生的情境不同，或者说在一定情境中，就会观察到一定的现象或者说生动、有情节的故事。如在安吉游戏中，看到一些幼儿在玩悬绳游戏，即手脚分别搭在上下两根悬空的绳子上，而一个没在悬绳上的男孩一会儿用手拍拍悬绳上幼儿的前胸、一会儿拍拍后背，观摩的教师问男孩："你在做什么？"他回答："我在烤肉串。""那能给我来一串吗？要辣一点儿的。""好，等一会儿。"男孩回答完后走开了一会儿，带回来一块红砖，在地上磨了一会，然后用手沾了一些砖粉，拍到了玩悬绳的幼儿身上。悬绳游戏如图 4-13 所示。

图 4-13 悬绳游戏

6. 普适性

普适性是指观察适合所有年龄段的人，只要是可以用感官感知的人或现象都可以进行观察。而访谈或问卷等调查法、实验法，则对研究对象有所选择或有所要求。

（二）观察研究的局限性

1. 受时间限制

观察研究可当时当地观察到行为或现象的发生，但不能保证观察到预定的行为或现象，或想观察的现象未必能重复出现。如想观察幼儿查数或对数字的认知情况、刷碗会不会偷懒或教育活动中幼儿的提问现象等，但不一定会出现。有些现象，如语言、动作发展，短期内无法得出结果，比较耗费时间。

2. 受观察者影响

观察者在场，可能会对被观察者的行为产生影响，如教师在场，幼儿攻击行为、争执事件会减少或没有撒谎现象。同样，观察者的感官都有生理限度，超过限度就难以直接观察，而且观察结果也会受观察者主观意识影响，不同观察者对观察结果的解释会有差异。如建构区的幼儿窃窃私语，观察者可能会听不清；对于户外活动中在滑梯旁边不肯上去且啼哭不止的幼儿，不同观察者解释可能会对啼哭原因出现害怕、不喜欢、适应慢、身体不舒服等不同解释；对于观察小班幼儿攀爬旋转中空的梯子，有的研究结论是幼儿身体协调能力发展较快，可以多开发相类似游戏或玩具，促进幼儿平衡力、协调能力发展。但有的结论可能是这种游戏太危险，应该有教师在旁监督指导，或限时、限制年龄段，或禁止玩。

3. 受观察对象或观察情境等因素影响

观察研究的行为发生在自然条件下，观察者往往对可能影响观察过程或结果的外部变量难以控制。如幼儿因被批评或身体生病不舒服，而没有出现助人行为；被观察对象情绪不好会影响分享行为的发生或次数变化；要观察幼儿教育活动中注意力的稳定性，但因为组织活动的新教师紧张慌乱而分散了观察焦点；要观察幼儿户外活动的类型、游戏的形式，但因为下雨，虽然仍能进行户外活动，但活动的类型与形式会与日常有所不同。而且因观察对象数量受限，不适合大规模的宏观研究，具有偶然性和片面性。

4. 难于观察到现象的本质

受样本数量、时间或空间等限制，观察者通常只能观察到样本的外表现象，不能直接观察到事物的本质，或者说适用于研究外在行为、能得到真实的资料，但无法判断"为什么"之类因果关系的问题。《吕氏春秋》记载，孔子周游列国，潦倒在半路上，7天没饭吃。他的学生颜回出去弄了一点米煮给他吃，等到饭刚要煮熟时，孔子看见颜回从锅里抓起一把饭吃了，孔子假装没看见。过了一会儿，饭煮熟了。颜回端着饭送给孔子吃，孔子站起来说："今天我梦见死去的父亲，饭若是干净的话，我用来祭奠他。"颜回说："不行，刚才有烟灰掉进锅里，我觉得扔掉可惜，就把它抓起来吃了，这饭不干净了。"孔子听了感叹地说："我所信任的是眼睛呀，可是眼睛也不是完全可以信赖的；我所依靠的是心呀，可是心也还不足以完全依靠。弟子们要记住：认识了解一个人真是不容易呀！"这个例子说明，观察法虽然有直接性和可靠性，但有时却往往具有表面性、片面性和偶然性。

5. 难以量化或描述

观察研究中，观察者以文字或符号、图示或摄像、照相等方式记录观察事件，主要采取定性研究，难以量化分析。或者研究幼儿语言、情绪等问题时，观察到了幼儿发音或表情怪异，但没法描述或记录。

虽然观察存在着一定的局限性，但作为最基本的研究方法，常常在应用其他研究方法的同时会作为辅助方式出现。

四、观察研究的信度与效度

（一）观察研究的信度

信度即可靠性，指的是采取同样的方法对同一对象重复进行观察、测量时，所得结果相一致的程度。从另一方面来说，信度就是指观察结果或测量数据的一致性、稳定性及可靠程度，一般多以内部一致性来表示该观测信度的高低。信度系数愈高，表示该观测的结果愈一致、稳定与可靠。

观察信度的建立方式有不同观察者同时观察同一事件的一致性、不同观察者在不同时间观察结果的一致性、同一观察者在不同时间观察结果的一致性。第一种方式属于内在信度，后两种属于外在信度。

1. 观察研究信度的计算方式

观察研究信度，也称观察者一致性，主要的计算方式有以下几种：

（1）总体一致性

总体一致性是一种使用时距记录法的计算方式，也是比较直接的方法，通常是将每位观察者记录的反应分别求和，然后用最小的和除以最大的和，再乘以100%。以表4-3为例，R为反应行为，甲记录了6次反应，乙记录了5次反应，则一致性为：$5 \div 6 \times 100\% = 83.3\%$。这种计算方式的优点在于十分容易概念化、便于计算，而且对反应的总体水平相当敏感，但局限在于难以评估不同观察者是否在一个具体行为上达成一致性，因此，研究者可以得到很高的总体一致性，但不了解某次行为发生的观察一致性。

表 4-3　两名观察者观察行为反应出现的记录

观察者	10 秒的时距									
	1	2	3	4	5	6	7	8	9	10
观察者甲		R		R	R	R		R	R	
观察者乙		R	R			R		R	R	

（2）点对点一致性

此方法是针对观察者的每个具体行为计算其一致性程度，计算步骤包括：

①将不同观察者对每一个事件的评定（如每一个时距中反应是否出现）划分为一致或不一致。

②计算一致性的总数。

③计算不一致性的总数。

④一致性的总数除以一致性与不一致性的和。

⑤用第 4 步得到的数字乘以 100%。

即信度＝观察者观察一致的数目÷（观察一致的数目＋不一致的数目）×100%。其中，分母实际上是时间单位的总数，以表 4-3 的数据为例，观察了 10 个时间单位，具有一致性的时距是 1、2、6、7、8、9、10 共 7 个时距，具有不一致性的是 3 个时距（时距 3、4、5 不一致），7 除以 10 乘以 100% 等于 70%，即观察信度 ＝ [7÷（7+3）]×100% ＝ 70%，为观察一致性的数值。和总体一致性相比，点对点一致性更加精确。

又如表 4-4 中，甲乙两名观察者观察一致的行为有 11 次，各自不同的观察有 4 次，因此，信度为 11÷（11+4）×100% ＝ 73%。

表 4-4　甲乙两名观察者的一致性练习（20 秒为一时距）

次数\行为	行为 1	行为 2	行为 3	行为 4	行为 5	行为 6	备注
1	甲乙						
2	甲乙						
3			甲乙				
4			甲	乙			
5			甲乙				
6				甲乙			
7				乙		甲	
8					甲乙		
9					甲乙		
10					甲乙		
11		甲乙					

续表

次数\行为	行为1	行为2	行为3	行为4	行为5	行为6	备注
12		甲乙					
13		甲乙					
14				乙	甲		
15				甲		乙	

在具体行为一致性计算方面，要兼顾观察者人数的话，也可以采用此计算方式：观察一致总数÷观察到行为的总次数×观察者人数×100%，即先计算各类别观察者一致的总数、在类别中所有观察的总次数，然后用观察一致总数除以所有总次数，将此结果乘以观察者数目。适用于较短时间观察、观察者较多的状况。以表4-5为例，观察一致性为：13÷（15+15）×2×100%＝86%。

表4-5 观察行为反应出现次数及一致性的记录

次数	观察者甲	观察者乙	一致性
行为1	2	2	2
行为2	3	3	3
行为3	4	3	3
行为4	2	2	2
行为5	3	4	3
行为6	1	0	0
总数	15	15	13

（3）发生/不发生一致性

是一种更加严格计算一致性的方法，需要计算两个系数，一个是反应发生的一致性系数，一个是反应不发生的一致性系数。计算时，指定一位观察者为主要观察者（如表4-5中的观察者甲），另一位为次要观察者（如表4-5中的观察者乙）。计算发生一致性时，每一次当主要观察者记录行为发生时，检查次要观察者是否也记录行为发生，若两人均记为发生，则记录一致。

以表4-3为例，时距2、6、8、9为发生一致，时距4、5为发生不一致，因此，用4÷（4+2）×100%=66.7% 即为反应发生的一致性系数。反应不发生的一致性计算方式类似，时距1、7、10为不发生一致，时距3为不发生不一致，因此，3÷（3+1）×100%=75% 即为反应不发生的一致性系数。

（4）持续时间/潜伏期的一致性

计算持续时间或潜伏期的观察者一致性，需要使用前文所述的总一致性的方法，例如观察者甲记录行为的持续时间是300秒，观察者乙记录的是264秒，那么，他们的观察者一致性就是264除以300再乘以100%等于88%。

观察者一致性或观察信度，要在研究的每一个阶段都收集，尽可能随机收集。一般来说，研究者应该在观察期或干预期收集20%~30%的观察信度数据，观察期信度均值应该为80%~85%，研究者应努力得到90%以上的观察信度。

2. 提高观察一致性的方法

如果观察信度低于80%，可能原因有：目标行为的操作定义不清晰；观察者的粗心大意，对操作性定义及编码机制不熟悉；数据编码系统本身的复杂性可能会带来一致性的误差等。因此，在研究中要注意以下事项：一是在研究实施之前要对观察者进行数据收集方面的培训，或选择有经验和受过专业训练的观察者。二是操作性定义界定得要清楚且无重叠交叉的行为分类，实地观察时能观察到具体的行为类别、使用数量较少的观察行为类别。三是在固定时间内观察；四是通过在不同时间重复观察。五是增加观察者的人数。

（二）观察研究的效度

1. 效度的定义

效度，表示一项研究的真实性和准确性程度，亦是观测工具或手段能够准确测出所需测量事物的有效性程度，或测量工具确能测出其所要测量特质的程度、测量结果能反映所想要考察内容的程度。测量结果与要考察的内容越吻合，则效度越高；反之，则效度越低。效度与研究的目标密切相关，一项研究所得结果必须符合其目标才是有效的，因而效度也就是达到目标的程度。如同一名教师采用不同的音乐教材进行教学，最后用同一测试标准对两班幼儿进行测试，如果实验班平均分数高于对比班，经统计检验平均数差异呈现显著性水平，能说明本研究结果是由音乐实验教材这一因素导致的，这一研究就具有高的内在效度，因为结果能被精确地解释。反之两个幼儿园，两个教师教学，即使两园幼儿学习音乐结果有显著性差异，也不能说明有高的内在效度，因为，无法确认是教师原因，教学设备、环境原因还是教材导致的。

外在效度是研究结果能被推广到的人群和条件的程度，不能有效推广到某一预定的人群中，则说明缺乏外在效度。如调查5所幼儿园，每所幼儿园随机抽取20名家长，共100人进行会谈，但只同其中的5%，即10名家长进行了会谈，那么，会谈的结果就很难推广到这5所幼儿园的家长，因为人数太少、缺乏代表性，说明缺乏外在效度。

效度是相对的，仅针对特定目标而言，因此只有程度上的差别。

2. 影响效度的因素

效度是命中目标的程度、观察研究实施有无用处，因此，量的观察命中主题的条件或者说影响观察研究有用程度的因素主要有以下几方面：

①观察者的动机是内发的，而非外在要求的，也就是说观察者自己知道为什么观察。
②观察者对主题的界定是由其观察动机而产生的，也就是说观察者自己知道观察什么。
③观察主题到观察项目之架构必须是合理的，观察项目必须有其重要性及代表性。
④观察项目必须可以下操作性定义，很容易根据感官知觉下判断。如"重聚行为"，指与母亲重聚之后，最初5分钟的亲子互动过程中，受试对母亲的行为表现。重聚行为包括看

母亲、对母亲微笑、主动与母亲互动、回应与配合母亲的邀请、与母亲共同操作或摆弄玩具。记分时，采用时间取样法，将5分钟的亲子互动过程，分为30个观察单位，每个单位10秒钟，上述5项行为在每一个单位出现时，便记录一次，因此各项行为出现次数，最低为0次，最高为30次。

（三）信度与效度的关系

效度与信度的关系为：信度是效度的必要条件，但不是充分条件。

①信度低，效度不可能高。因为如果测量的数据不准确，也并不能有效地说明所研究的对象。

②信度高，效度未必高。例如如果准确地测量出某人的经济收入，也未必能够说明他的消费水平。

③效度低，信度很可能高。例如即使一项研究未能说明社会流动的原因，但它很有可能很精确、很可靠地调查了各个时期各种类型的人的流动数量。

④效度高，信度也必然高。

信度与效度的关系如图4-14所示。

可靠且有效　　　　有效但不可靠　　　　可靠但没有效

图4-14　信度与效度的关系

第二节　观察研究的分类

根据不同的划分标准，观察有不同的分类。

一、依据是否借助于中介或仪器

依据观察时研究者是否借助于中介或仪器，可分为直接观察和间接观察。

直接观察就是凭借自身的眼睛、耳朵等感觉器官在事发现场直接感知外界事物，从而获得感性材料的方法。如通过听课、观摩或参加到幼儿活动中，仅仅凭借自身的感觉器官进行观察获取研究资料，这种观察也称为公开观察。公开观察时，观察者出现在幼儿活动情境中，幼儿知道自己被观察，如果他们知道观察者的任务，就会尽量表现出观察者所希望的行为方式，或者说由于观察者的在场可能引起观察对象的行为变化。和间接观察相比，直接观察因身临其境，感受真切、直观。但因直接观察借助的是身体感官，人感知和加工信息的局限性也会导致直接观察具有一定局限性，如感官灵敏度有限，不能清楚观察速度过快或过慢物体的运动变化，且较细小图像、微弱的声音等不容易分辨。也由于人注意力和记忆力有限，观察时不能注意到同时发生的许多行为和事件，也难以及时精确地记录下来，更不能将其全部清晰地记忆和保持在头脑里，因此，观察记录的全面性、准确性会受到一定影响。

间接观察是研究者对观察对象的一些信息不能直接观察到，对事发后留下的痕迹，要通过照片、录音、录像、电影或其他资料等途径进行推测，去获得观察对象的感性资料。如果观察借助的仪器设施不被幼儿所察觉，如通过监视器或透过单向透视玻璃观察处在另一房间的幼儿活动表现，此种观察也称隐藏观察。幼儿对观察一无所知，因此，可以获得更多自然状态下的自主自发的行为。而且，间接观察可以克服人类感官的局限性，使获得的感性资料更加全面、精确，因而提高了观察的科学性。

课堂讨论

1. 用放大镜、显微镜对植物生长进行的观察是直接观察还是间接观察？交警判断司机超速、变道违章或"碰瓷"真假是直接观察还是间接观察？

2. 对实习学生或新入职教师听课、师范类专业学生的微格教学属于哪种观察？

参考答案：

1. 对植物生长的观察是直接观察。虽然借助了放大镜、显微镜等仪器，但与观察对象是直接接触或感知的；交警判断司机违章或"碰瓷"真假的观察是间接观察，因为需要借助监控视频、行车记录仪、探测车速的雷达或固定测速的摄像头等仪器设备。

2. 听实习学生或新入职老师课是直接观察；微格教学是间接观察（如图4-15所示）。

图4-15 微格教室里对录制教学视频的回放

二、依据是否参与研究对象的活动

依据研究者是否参与研究对象的活动，或研究者扮演的角色、隐藏自己的身份，可分为参与观察、非参与观察和不完全参与观察。

参与观察，也称为完全参与观察，是借鉴于人种志田野的方法，指观察者不同程度深入所研究对象的生活背景中，共同生活并参与他们的日常活动，从内部观察并记录观察对象的行为表现与活动过程。如班级教师或父母对幼儿的观察，强调研究要贴近研究对象，真实诠释行为的社会意义。所以，研究不但要了解被观察者的主观意识，还要依据自己的理论框架做出"主观"的解释和评价，当然，这种主观的解释和评价建立在长期的大量的观察基础上,而非经验性的推测,先入为主的观点会减少或降低,而且了解情况细致深入,能发现一些未曾料到的情况、问题和经验,还可以对一些不甚了解的问题探究根源、查明原委和症结。不足之处是难以用数量表示、研究结果也无法重复,因为观察者同时参与到幼儿活动中,只能在观察后记录,可能会因记忆漏缺出现记录偏差。更多的参与观察是观察者隐藏或改变自己的真实身份,与观察对象生活在一起,努力成为其中一员,被他们当成自己人,在不影响对方的行为和思想的情况下对他们进行深入的观察,这是一种完全参与观察,但很难做到。参与观察中,需要注意的是:参与观察目的通常是对现象的发生提供直接或详细资料;参与观察初,要为自己的出现进行某种方式的解释;观察者往往要经历一个"先融进去、再跳出来"的过程;事后记录与隐蔽记录;伦理问题。如 Malinowski 对美拉尼西亚群岛的 Trobriand Islands 土著的参与性观察(如图 4-16 所示)、丰田公司的美国家庭调研。

图 4-16　Malinowski 对美拉尼西亚群岛的 Trobriand Islands 土著的参与性观察

研究案例

丰田公司的美国家庭调研

一次,一个美国家庭住进了一位"不幸"的日本人。奇怪的是,这位"落难者"每天都在做笔记——记录美国人居家生活的各种细节,包括吃什么食物、看什么电视节目等。一个月后,这个日本人走了。不久,丰田公司推出了针对美国家庭需求而设计的价廉物美的旅行车,该车大受欢迎。比如美国男士(特别是年轻人)喜欢喝玻璃瓶装饮料而非纸盒饮料,日本设计师就专门在车内设计了能冷藏并能安全放置玻璃瓶的柜子。直到此时,丰田公司才在报纸上刊登了他们对美国家庭的研究报告,并向那户人家道歉,同时表示感谢。

——来源:节选自观察调研与实验调研法[EB/OL].
http://www.doc88.com/p-271407683295.html

不完全参与观察,即观察者不改变自己身份或向被观察者告知、透露自己的身份(做研究做课题来观察的)进入群体,并与观察者共同参与活动全过程,在相互交往活动中进行的观察,如有的研究者深入幼儿园或小学低年级进行长期的课堂观察,或见习、实习学生对班级幼儿的观察就是不完全参与观察。优点在于可缩短或消除观察者和被观察者之间的心理距离,便于深入了解被观察对象内部的真实情况,不足之处是观察者与被观察者相互影响,观察结论易带有主观感情色彩。

非参与观察，又称非介入观察、外部观察，指观察者与被观察对象无关，观察者不介入被观察者的活动，不干预其发展变化，对于被观察对象的行为与事件发展不施加任何影响，也不参与任何活动，只是作为一个旁观者置身于他所观察的课堂情境之外，以局外人身份从外部观察并记录观察对象行为表现与活动过程，适用于观察时间较短、内容较简单的情况。优点在于观察者不易受被观察者影响，观察结果比较客观、公正。不足之处为对现象的观察易带有表面性和偶然性，不易深入。如园长不定期地对教师教学或班级管理进行巡视、听课以及磁带销售问题的观察等。

三、依据观察对象是否受控制

依据观察对象是否受控制，分实验观察和自然观察。

实验观察，也称条件观察、控制观察或结构观察，是观察者根据研究目的，事先拟好观察计划，确定使用的观察工具，对周围条件、观察环境、观察对象等变量做出一定的控制，并严格按照规定的观察内容和程序实施观察。观察中，一般有一定的分类体系或结构性的较为详细的观察纲要，周围的条件和观察的环境由观察者规定，观察者能控制观察对象和观察数量，在特定时间和地点内，采用标准的观察程序和手段对预先设置的分类下的行为进行观察。如对婴儿听觉的观察有5个方面，包括婴儿听觉的音频范围、对不同频率的分辨力、声音空间定向能力、语音感知能力、音乐感知能力。而对声音不同频率的分辨力的研究中采用"转头技术"，即在改变了的声音刺激中，将经强化产生的转头作为辨别指标。婴儿坐在母亲腿上，婴儿左侧置一扬声器，声音重复地从扬声器中发出。当声音刺激被改变时，婴儿就如同被一个有趣的玩具所吸引而转头，反复强化，于是，改变了的声音会导致转头行为。而在实验观察中，研究人员和婴儿母亲均戴着耳机，通过耳机发出的音乐掩盖扬声器里给被试婴儿的刺激，用以避免研究人员和婴儿母亲给婴儿以任何暗示。这样的实验观察，有效地记录了婴儿对声音差异程度的辨别反应。由于观察程序标准化、观察问题结构化，实验观察能克服因观察者主观情绪所产生的误差，具有严密性和精确性的特点。但采用此方法，易缺乏弹性而影响观察结果的深度与广度，而且对观察人员和观察手段都有较高的要求。观察者事先要对观察对象有一定了解，要制定严格的观察计划，并能运用自如地使用观察工具。实验观察记录的结果通常是一些规范数据，还可以根据需要通过计算机处理，多用于验证性研究。和自然观察相比，其特点为：有特定观察内容，有专门的观察方法，有限制的观察范围，有可量化的观察记录方式。

研究案例

情景诱导实验法研究幼儿对消极行为的抵制

情景诱导实验，就是在标准化的实验情景中，诱导所要研究的行为发生，然后加以观察记录与分析，这是在干预与控制下的观察。

帕克（Parker，1967）采用情景诱导实验法进行了"不许玩的玩具"的研究：把儿童一个个地带进一间流动实验车，画图10分钟。然后，安排儿童单独坐在一张桌边，桌上有5

个玩具。主试对儿童说:"你可以坐在这看(此时主试掀开盖玩具的布),这些玩具是给别的孩子玩的,你别去碰它们。如果你是个好孩子,不去碰这些玩具,等会我们就可以一块玩一个游戏。哦,我把一样东西忘在学校了,现在要去拿一下。我走之后,你可以看这本小人书。我把这门关上,这样没人会打搅你。我回来时候会敲门,这样你就知道是我来了。"说完,主试便走出去,把儿童单独留在那里15分钟。观察者通过单向玻璃观察与记录儿童行为,看他是否能抗拒诱惑,不玩桌上的玩具。研究结果发现,儿童抵抗诱惑的能力差异很大,并受多种变量影响,其中之一是惩罚。

——来源:杜国莉,张德.学前教科研方法和研究性学习[M].
北京出版集团公司北京出版社,2018:73.

自然观察,又称实地观察或非结构观察,没有预先分类,对观察对象或背景因素很少予以控制,在完全自然的条件下对事件和行为尽量广泛地做记录,对教师的教育教学活动组织与实施、幼儿活动中的介入指导或幼儿日常生活、学习、游戏等方面进行的观察。自然观察没有预先分类,事先不做严格的观察计划,不必指定结构性观察表格或提纲,即使使用观察提纲也是结构松散的形式,往往只是宽泛的指导方针。观察者对观察活动只是有粗略的想法,而依照现场情况决定观察的进程,对观察者和观察对象都不做严格限定,最大特点是灵活机动,可根据实际情况随时调整观察计划和内容。因此,此观察方法适应性强、简单易行、了解情况真实,不足之处在于收集资料整理难度大,不易定量分析,不能在必要时重复观察,难以为确定事物与行为之间关系提供充分资料,只能观察到被观察者心理活动中的某些外部表现,不能对被观察者心理活动的进行施加影响,这决定了自然观察只能作为搜集初步资料的方法或其他观察方法的辅助,多用于探索性研究。观察者所记录的信息可以文字的形式体现,也可辅助以录音、录像等形式。如观察教育活动中幼儿的行为表现、教师参与的程度等。图4-17为"钻山洞"教学活动的观察,图4-18为"水果穿衣"教学活动观察。

图4-17 "钻山洞"教学活动的观察　　图4-18 "水果穿衣"教学活动观察

四、依据观察是否有目的、有计划

依据观察是否有目的、有计划,分随机观察和系统观察。

随机观察,又称偶然观察,指偶然、无目的、无计划地发现与记录一些事实,观察所得资料不全面、不完整和无系统性,科学性也不强,但往往能扩大人们的感性认识,启发思维,导致新的发现,如下面的案例《好玩的汽车》。

研究案例

好玩的汽车

今天早上,我和往常一样组织幼儿玩区域活动,孩子们都来到了自己喜欢的区域,有的玩娃娃家、有的玩数学屋、有的玩巧手坊、还有的玩玩具和建构区。与往常不一样的是有的孩子拿着汽车玩具来到了建构区,出于好奇,我想看看他们究竟会怎么玩这个汽车,所以也没有阻拦。只见他们把积木玩具搭成了滑滑梯,童宇航拿着两辆不一样的汽车在开。在他一旁玩积木的乐乐也想玩开汽车,便和童宇航商量能否让她也玩玩,童宇航说:"那里还有汽车,你拿来和我一起玩。"乐乐去拿来了一辆汽车,他们拿着汽车比赛。

他们比了一次又一次,在比赛时由童宇航说"预备——开始",可由于滑板太窄,汽车老掉下来,玩了一会乐乐就不高兴玩了,便走了。这时在一旁一直看他们玩的焦焦便走来说:"童宇航,我们一起玩吧。"童宇航说"好"。童宇航用高的木头做脚,而焦焦用了矮的木头做脚,每一次焦焦都输给童宇航。

——来源:节选自鄞州区学府实验幼儿园幼儿观察记录表[EB/OL].
https://max.book118.com/html/2018/1007/6205005221001221.shtm.

系统观察,指有目的、有计划、有规律地观察与记录一定时间内观察对象的行为发生、发展等。

从观察时间看,系统观察包括定期观察和追踪观察。定期观察是非连续性的、按一定时间间隔观察。如对某个幼儿的行为观察,规定每周一次或半个月、两个月一次等。追踪观察是对某个对象或者某种现象进行比较长时期的观察,从而获得发展性的资料。

从观察内容看,系统观察包括专项观察、全面观察。专项观察是对观察对象某一方面进行的观察,如对出生 2~5 天的婴儿分别给以 5%、10%、15% 的蔗糖溶液,观察发现,给 15% 的溶液的一组婴儿吮吸时间最长、吮吸速度明显放慢、吮吸间隔最短,似乎在品尝和享用这份糖水;而给以 5% 溶液的一组婴儿吮吸时间最短。另外,普莱尔(W.T.Preyer)在 19 世纪末发现:当把甜、酸和苦味的物质置于新生儿的舌面上时,他们分别做出不同的表情。甜味刺激诱发出"满意"的表情,并经常由于吮吸动作而伴有浅浅的似微笑的面容。酸味刺激诱发嘴唇噘起,并伴有纵鼻和眨眼。苦味刺激则诱发出厌恶和拒绝表情,并经常伴有吐出和像要呕吐的动作。全面观察,是指对被研究对象多方面进行的系统观察。如 1920 年陈鹤琴以自己刚出生的长子陈一鸣为研究对象,就儿童的动作、能力、情绪、言语、游戏、学习和美感等方面的发展,进行连续 808 天的全面而系统的观察实践研究,出版了极具教

育价值的专著——我国第一部科学、完整地阐述儿童心理发展特点的《儿童心理之研究》。又如3岁前婴幼儿手的动作发展的观察,见表4-6。

研究案例

手的动作的发展

表4-6 手的动作的发展

测定项目	月份									
	2	4	6	8	10	12	18	24	30	36
物体接触手心										
玩具放在面前										
拿取大小物体										
拿取两样物体										
传递物品										
画直线										
画圆										

观察对象为2个月、4个月、6个月、8个月、10个月、1岁、1岁半、2岁、2岁半、3岁的婴幼儿(1岁以内的月龄以±3天计;1岁后的年龄按±1个月计),选用大小粗细不同的物品几种,如大小积木、娃娃、铅笔、纸、小瓶、维生素片、玻璃丝、扣子。

表中每项可按下列几种可能的情况填写:

1. 将物品放在幼儿手中,物体接触手心:①抓握反射。②抓得不牢。③抓得牢。
2. 玩具放在面前:①眼注视或高兴地笑,并无拿的企图。②注视,并企图拿取,但拿不到或偶然拿到。③注视并能随意拿取。
3. 放两个物体在幼儿面前,拿大小物体:①一把抓。②五指分化,拇指与四指相对。③指尖拿取。
4. 拿取两样物体:①只拿一个,不管第二个。②一只手拿一个,拿第二个时丢掉第一个。③两手同时拿,一手一个。
5. 要求幼儿将一个物体从一只手递到另一只手,传递:①不能传递。②传递不灵活。③灵活传递。
6. 要幼儿用笔模仿画直线:①乱涂乱画不成直线。②画成一条线但不直;③能较直地画成一条线。

要幼儿用笔模仿画圆:①乱涂乱画不成形。②画成不闭合的圆。③画成闭合的圆。

——来源:节选自孙汀兰.学前儿童发展心理学实验实训指导书[EB/OL].
http://www.ycxy.com/cn/jpkc/2007/1143.html

五、依据观察对象的数量多少

依据观察对象的数量多少，分为个案观察和群体观察。

个案观察又称个别观察，是选定某一个幼儿、教师、家庭或班级为研究对象进行的观察，可以选择在某一方面表现特殊的幼儿，如智力超常或智力落后的幼儿，也可以是性格孤僻或不会与人交往的幼儿。个案观察可以了解到被观察对象出现某一方面问题或表现出某一方面特长的原因，可以有针对性地进行解决。个案观察的不足是可能会忽略其他因素的影响，造成归因片面。

群体观察也称团体观察，是指对两个或两个以上对象的观察。可以观察同伴间的交往方式、幼儿游戏活动中的兴趣，也可以观察幼儿教学活动中的语言发展等。群体观察可以同时对多个幼儿的表现进行观察，利于发现、比较不同幼儿的差异，其观察内容更为丰富，记录更为详尽，观察结果解释更为具体、明确。不利之处是如果没有明确的观察目的或提纲，观察记录的材料则会凌乱、不系统，不利于结果的整理、分析。

六、依据观察情境的范围不同

依据观察情境的范围不同，分为开放式观察与聚焦式观察。

开放式观察，是随事件自然进程进行的实况描述。观察者用纸和笔记录一节课的情况，如教师教学用语与动作表现、师生互动程度、对幼儿评价、教学环节设计、教具制作等，或以自己看得懂的方式对课堂各方面进行详尽的记录。尽可能开放地真实记录情况，不做判断，在整理观察记录时再做提炼。开放式观察记录中保留了较多的细节和事件行为的顺序，事后能通过文字记录重现所观察的事件和现场情境，如听课记录。

聚焦式观察需要选定一个焦点，即有一个观察的具体问题，如教学活动中教师的语言类型、活动中幼儿注意稳定性的情况。一般采用表格记录，预先选择行为及其项目类别，观察时视线集中于所选择的内容，较大程度上依靠观察者的判断记录，在观察表格上做记号，此种观察记录不能在事后重现原事件过程的详情与细节。教学活动中教师语言类型观察统计见表4-7。

表 4-7　教学活动中教师语言类型观察统计

序号	类型	示例		次数	简要述评
1	讲述	观察是有目的、有计划的知觉活动。			
2	提问	开放式提问	什么是有目的？		
		封闭式提问	时间长短是观察概念的重要指标吗？		
3	评价反馈	对学生回答的肯定、否定评价：回答非常准确、为他鼓鼓掌、坐下再认真想想……			
4	引导	运用假说中的指标，将其具体化来编制观察表格。如幼儿最喜欢的娃娃就是销量最好的娃娃，"喜欢"可以具体化为时间长、选取次数多……			
5	其他	如口头禅等			

第三节 观察研究的具体方法

一、描述观察法

描述观察法，是指通过详细记载事件或行为发生、发展的过程而获得资料的方法，主要用于幼儿园一日活动中或家庭环境里，对幼儿自然行为、教师教育教学活动等方面的观察记录，用描述和记叙性的语言记录观察对象的动作、对话、活动等，从中得出对研究对象个体或群体的认识。因为，观察到的是研究对象日常生活中的自然行为，可以获得鲜活的事例和生动的印象，所以，描述观察法具有灵活方便、生动形象两大特点，不足之处是样本较小，记录信息、分析综合资料所需时间太长。

描述性观察法要求记录具体，不要归纳或使用抽象、费解的形容词和副词，要设法写出具体行为，要设法停留在最小可能的推论层次上，尽可能地避免使用以自己的叙述词和解释词来作为观察者的叙述词和解释词，要设法掌握一个人的原始行为发生情况，而不是对当时的情况做最后判断或评价。同时，记录时还应把观察者脑海中闪现的分析意见和推论记录下来，并用特殊符号注明，因为，这些意见可能对以后资料分析会有帮助。

根据观察记录的目的要求及效果不同，描述观察法又可分为日记描述和事件描述。

（一）日记描述法

日记描述法，又称婴儿传记，是针对研究个案或团体进行长时间、反复性的记录，通常记录个案成长及发展的数据，着重记录观察对象出现的发展性变化，既可以用于观察记录研究对象的一般发展状况，也可以集中观察记录研究个案在某一发展领域的变化，如语言、社会、认知、动作技巧的发展等，是一种纵贯式的记录方法。最早运用这种记录方法的是瑞士教育家裴斯泰洛齐，他跟踪观察自己儿子3年，于1774年出版了《一个父亲的日记》，记录了孩子的成长、发展情况，同时，对母亲的早期教育作用及其他对儿童生活有重要影响的因素进行了分析。德国心理学家普莱尔从孩子出生到3岁连续日记描述，1882年写成了《儿童心理》一书。瑞士心理学家皮亚杰也用日记描述搜集观察资料，写成《儿童心理学》一书。19世纪末20世纪初，这种记录有关个案成长和发展的日记描述法，被认为是研究儿童的一种主要方法。

使用日记描述法，观察者必须在观察时记录以下内容：一是自然情况，包括观察对象的年龄、观察时间、观察地点、观察对象所处的环境等。二是婴幼儿发展变化或新的行为，每次记录内容应不同于以往的记录，观察者可以参与或旁观婴幼儿活动，在参与或旁观中观察记录婴幼儿的反应及所见所闻。三是细节情况，即观察记录婴幼儿行为表现时，也要观察记录他们的表情，如撇嘴、皱眉或微笑的眼神等。日记描述法可以了解个别孩子发展的过程，用来回答个别孩子行为的特质或原因，确有其价值。和其他描述观察法相比较，日记描述法是在比较长的时间内对行为和事件做详细记录，有背景、情节。

> **研究案例**

25天的婴儿

第25天,黄昏,祖母坐在火炉旁,她把婴儿平放在自己的膝盖上。婴儿感到非常满意,她盯着祖母的脸。这时,我走近祖母,并坐在她身旁,把脸伏在婴儿身上。这样,婴儿不能直接看到我的脸。她努力把眼睛转向我的脸。不久,她额头和嘴唇的肌肉就出现了轻微的紧张。然后,她又把眼睛转回到祖母脸上,继而又转向了我,如此往返几次。最后,她似乎看见了我肩上的一片灯光,她转动眼睛和头以便能更好地看见它。注视了一会儿,她的脸上出现了一种新的表情——一种模糊的初步的热情。她不再只是盯着它,而是真正地去看它。

——来源:谢因(Shirin).一个婴儿的传记[EB/OL].
http://ping.ci123.com/firms/topics/97136/38790.

使用日记法虽然可以取得个案幼儿长期的大量数据,但其不足之处也十分明显。一是观察对象选择的有限性。一般来说,日记描述法要求观察者与观察对象频繁接触,因此,大多数观察者都选取自己的孩子作为观察对象,其观察结果可能缺乏典型意义。二是观察客观程度的有限性。由于观察者通常是具有爱心的父母,有时候父爱或母爱使观察者忽略自己孩子的弱点,记录的真实性和客观性不够,因此,也常被认为是有偏见、不够科学的观察。当然,个案幼儿的教师、婴幼儿的保姆或托婴机构的照顾者,长时间地扮演照顾者的角色,也可利用日记法记录个案幼儿的身心状况,以作为哺育、照顾个案的重要参考数据,也可作为与个案幼儿父母亲沟通的重要依据。三是样本的有限性。观察者与观察对象的关系决定了观察内容以及样本的有限性,无法取得群体幼儿的数据,由于样本太少,难以进行分析比较,无法用来推估所有幼儿身心的发展,研究的严谨性受到一定影响。四是观察时间的某种限制。日记描述法要求每日记载或每周几次记载,完成的时间又较长,常常要延续一年以上,对父母而言,可以有足够的时间采用这种方法观察自己的孩子,而其他研究者要保持如此长期的观察则非常不容易。

(二)事件描述法

事件描述法与日记描述法同样是记事情的,但使用事件描述法,不需要像日记描述法那样记录个案幼儿按成长过程出现的发展变化和新行为,而是可以观察记录幼儿在日常生活中表现出的任何有观察意义的行为。事件描述法包括轶事记载和怪事记载,观察记录的都是典型事件,但分别侧重在重要价值和不常见、特殊性方面。

1. 轶事记载法

轶事记载法又称轶事记录法,是专门对事件进行记录,尤其是有选择地对有价值、感兴趣的某一事件、某一片段进行记录,不受观察时间、地点的限制,不要求对其连续跟踪观察,就记录随时出现的、观察者认为有意义的事件。记录时间通常是在行为的事后,正由于它的简单方便及事后记录,非常适合一般家长及保教人员使用,是自然观察中最容易的一种观察。轶事记录所得数据,不像日记描述法那么详细丰富,但它往往能掌握重点,记录到精要的数据。轶事记载适用于广泛的目的，可以了解初到新环境的幼儿，也可以了解幼儿某一方面的发展特点。轶事记载对教师具有一些特别意义，可以检验有关个别幼儿行为或学习方式的推测、证实强化幼儿某一行为的条件、获得有关幼儿在教学中的学习情况，还可以评价幼儿的进步与教学计划的适用性。

相关链接

轶事记录法观察内容的选取

从教育目标出发，将观察对象界定在其他方法不能较好评价的那些行为上。幼儿什么样的行为最值得观察和记录？主要取决于对教育的斟酌。幼儿应该有哪些特征呢？在这些特征中，有哪些只能经由日常观察才能有效地加以评价？幼儿某些知识与技能的掌握可以使用纸笔测验、问答、检核表来评价，言语表达能力可以使用表达性测验来证实。幼儿学习兴趣、情感体验、沟通能力、态度、习惯和适应模式等方面的发展，如幼儿分离焦虑程度怎样、幼儿如何解决问题、幼儿具有什么样的交往风格、幼儿是否愿意参与小组活动等，很难用上述方法来考量，这些往往需要在做轶事记录时特别关注。

——来源：节选自轶事记录法观察与记录的步骤［EB/OL］.
http://www.doc88.com/p-0149352552348.html.

采用轶事记载法记录观察对象生活中的事件时，需要注意几点：一是观察到某一轶事后要迅速记录，以便保证记忆的新鲜感和记录的真实性。教师或采用这种方法的研究者，应该随身携带或在观察场所放好记录用的笔、纸、卡片，以备不时之需。二是尽量记下观察对象的行动和所说的话，同时记下此环境中与他交往的人物的反应。三是记录中应尽可能地包括环境、时间、行为的简洁描写。四是尽量准确地记录观察对象谈话的用词用句。如果确实无法全部记录下来，可先记下每句话中的关键词或词组，并用标点符号进行标注，之后立即补充完整。五是尽量做到观察记录的客观、真实和完整，记录时不要尝试解释观察对象的行为。

研究案例

草莓的分配

吃水果的时候，教师端出了一盘草莓。教师问幼儿想要哪个，幼儿争着说"要大的""要小的""要最红的"……教师说："请要小草莓的孩子举手。"然后把大的、红的草莓分给了他们，却把小的草莓给了说要红的、大的的幼儿。在幼儿吃草莓的时候，教师说："好孩子要学会把好东西让给别人，不能先想着自己。"看着盘里剩下的几个草莓，教师问："还有几个，谁还要？"这次，只有5个幼儿说"不要"，其他幼儿都说"要"。结果，教师把余下的几个给了说"不要"的幼儿。但其中一个幼儿说："老师，我真的不要了。"教师很惊讶，一看之前发给他的草莓也只吃了一半，其余4个幼儿说不要的幼儿美滋滋地吃着教师给他们的最后几个草莓。

——来源：节选自轶事观察记录法［EB/OL］.
https://wenku.baidu.com/view/944967dde53a580216fcfeb4.html.

2. 怪事记载法

怪事记载法又称怪事记录法，是对一些不常见的、特殊行为或事件的记事描写。如一个内向幼儿第一次在班级发言、一个爱攻击的幼儿做出友好的举动、一个极端顺从的幼儿表现出创造性、一个缺乏兴趣的幼儿表现出对某事物的兴趣……这些行为或事件带有一定的起因或缘由，往往有助于理解幼儿行为的变化和发展，不仅要求观察者更仔细地观察记录行为和行为内容的细节，而且要求观察记录环境对行为的影响，以便保留记录，做进一步分析。观察时，观察者需要有一种特别的意识，即针对细节提出问题的能力。因此，采用怪事记载方法的观察者，要训练自己就所见行为细节提出问题的能力，这些问题有助于更明确地把握幼儿的行为，同时，可以帮助观察者分析各种行为的关系和成因。可以把观察限定在少数有特殊需要帮助的幼儿身上，如学习平衡木吃力的幼儿、被拒绝的幼儿、好动的幼儿等，将观察和记录放到少数几个幼儿行为上，同时观察几个幼儿的一类行为，或几个幼儿的几类行为，并制定一个清楚可操作的观察计划，避免收集那些不完整、非典型的无关事件。

运用怪事记载法观察记录研究对象的行为或事件时，要注意5点：一是观察记录事件发生时的情境；二是将注意力集中于观察对象的行为及环境对行为的影响上面；三是尽可能准确、完整地记录观察对象所说的话、所做的事和他对环境的反应，注意观察对象是怎样做的；四是记录与观察对象交往的其他人所说的话和所做的事，同时注意他是"怎样"的；五是按行动顺序记录事件的主要步骤，注意根据行动顺序分段记录。

研究案例

观察时间：2018年9月　观察班级：中班　观察幼儿：文文（男）　观察地点：自由活动区

观察内容：文文是一个9月份刚转入我们班的孩子，性格有些孤僻，与其他小朋友共处时，也不愿意与别人交流，经常会有些自我防御的动作。有时他会主动跑到我面前挠我几下，好像想和老师亲近；但有时也会紧紧握起拳头，好像大家对他都有敌意。

不过，有件事情让我感到非常意外。这周英语学习的重点是礼貌用语的掌握，特别是经常使用的日常用语，如"Thank you!""You are welcome!""I'm sorry!""It's OK!"从文文这几天的表现来看，在以前的幼儿园好像没有接触过英语，至少是没有受过正规英语训练，就是普通话说得也不是太流利。

下午依旧是幼儿园自选活动区活动，小朋友们都在那儿"热火朝天"地忙着。文文也在其中玩得不亦乐乎，只是不太愿意与其他小朋友合作。过了一会儿，他非常苦恼地拿着几块拼在一起的插塑走了过来，说："老师，我弄不开呀。你能帮帮我吗？"我拿过插塑看了看，说："你一块一块地动动看能不能拆开！"他又试了试，可结果还是没弄开，他感到非常无奈。我看了看他，决定帮他拆开。可能是插得太紧，我也是费了很大的劲才拆开的。我把拆开的玩具放到他的小手上说："好了，拆开了，你去玩吧！"他非常高兴，而且还说出了："Thank you! Nancy."我当时特别吃惊，简直就愣住了，他好像还在等着我说什么，我连忙说了句："You are welcome. Very good!"他又蹦又跳地跑去继续玩他的玩具。这次短暂的交流后，他对我友好了许多，也经常和我说他那些高兴的事，我也很高兴地听着他的"故事"。

——来源：节选自观察笔记关注个性幼儿［EB/OL］.
http：//www.cnfirst.net/et/gcjl/193557203.html.

日记描述法与事件描述法都是对事件和行为进行详细的观察和记录，但它们又有所不同，不同在于各种方法所强调的着重点不同。前者是在较长时间内，对行为和事件做详细记录，有相关背景和情节；后者是对研究者认为的典型的、有价值的事件进行记录。

二、抽样观察法

（一）抽样观察法的定义

抽样观察法，又称取样观察法，是根据一定的标准，抽取一定数量的幼儿行为进行观察、记录和研究，从而获得对幼儿行为的进一步认识、理解的方法，是一种以行为为样本的观察法。抽样观察法所采用的抽样是指对幼儿行为或事件的选择，即抽取一部分有代表性的幼儿行为作为研究对象，用来代表相同条件下的一般幼儿行为，观察时所观察的是作为样本的幼儿和有关的行为。抽样观察法的特点是对所观察的行为或事件进行分类，把复杂的行为或事件转化为可以数量化或可以限制的材料来进行记录，如考察教学质量，可把教学质量分为教学目标、教学内容和教态等类，笼统的教学质量就转化为了可限制的材料，从而能做出量化的观察记录。与描述观察法相比，抽样观察法常常用在较正式的场合，并要求观察者预先做出更周密的计划和准备，观察结果也更具有可靠性和代表性，是比较严格、系统地观察幼儿的一种方法。

（二）抽样观察法的基本操作程序

抽样观察法，包括3个基本操作程序。

1. 对所观察内容进行分类

运用抽样观察法首先要对观察内容进行分类，通过分类将其转化为可以数量化的材料，因此分类是取样法的关键。通常研究者一般从以下几方面考虑进行分类：一是从实际出发，确定哪些行为问题可能在观察期间发生，怎样分类才能观察到一系列行为或事件的变化；二是以理论指导，思考从什么理论角度考虑分类的内容，理论上已有哪些分类可以借鉴，如游戏的6个分类标准；三是借鉴他人研究，前人已有哪些分类，哪些分类可取。

科学分类要做到：第一，分类要详细、明确、具体。第二，分类应遵守详尽性和互相排斥性原则。详尽性原则指要包括所有的类别，不能缺漏；相互排斥性原则指每样东西都仅仅符合于一个种类，如性别的类别分为男性和女性，这种分类就是包罗无遗又相互排斥的。又如美国教育家帕顿运用时间抽样法研究了2~5岁学前儿童在游戏中表现出的社会参与行为，根据观察记录的结果将儿童的社会游戏分为6类：无所事事行为、旁观、独自游戏、平行游戏、联合游戏与合作游戏。6种游戏类型的分类是互斥的。

2. 给每种类别下操作性定义

（1）操作性定义的概念

操作性定义是用具体的（视觉可见、听觉可闻、等可感知、可观察）、可测量（可量长短、可称重或可测智商能力等可计数统计）、可操作（观察可实施、被观察行为或现象能出现、可记录、可采用措施纠正改变等）的特征对所要观察事物、事件等行为类别进行的界定，即从具体的行为、特征、指标上对变量的操作进行描述，将抽象的概念转换成可观测、可检验的项目。操作性定义是一种明确、可观察的行为描述，描述的行为要具体、外显。从本质上说，下操作性定义就是对观察行为给予详尽说明和规定，确定观察行为或现象的测量与观察记录的客观标准，即观测指标。如行人交通违章行为，可界定为闯红灯、不走人行道或斑马线、跨越道路隔离设施等。

需要注意的是，定义与操作性定义两者明显不同，定义反映的是事物内涵、本质，任何情境都适用，而操作性定义只适用于所观察的范围内。如观察的是 9:30—10:00 游戏活动时间段，则合作的操作性定义是"能与同伴共同完成游戏任务、共同使用游戏材料"，若时间改为 9:00—9:30，即教学活动时间，则合作的操作性定义将随之改变，而合作的定义始终不会发生变化。又如"挫折感"的定义为"在达到目标的过程中遇到障碍时所产生的情绪感觉或反应"。根据这一定义很难从科研中找到相应的测试内容，因为它不具体。如果研究人员把它规定为在某一具体情境中：幼儿正在玩一个他十分喜爱的玩具的过程中，突然告诉他不能玩，或禁止继续玩，此时，幼儿的反应就是挫折感的反应。这样，一个抽象性定义就转变成了操作性定义。

下操作性定义的目的：一是定义清楚才能快速判断行为，并进行记录；二是使不同观察者对该名词有相同解释，可以在同一标准下判断被观察者的行为，使不同观察者的记录趋于一致；三是便于研究中可重复验证。如一个观察"学生课堂问题行为"的研究将学生问题行为分为外显性问题行为（极易被教师和同学发现并造成一定影响的行为，主要表现为：大声说话或制造噪声打断教学；与同学在教室争吵、打架；在课桌周围过度活动；多嘴多舌等）和内隐性问题行为（不易被教师和同学及时发现，目前尚未对他人造成明显影响的行为，如上课不认真听讲；思想开小差；看课外书；吃零食；做其他学科作业等）。因此，对不明确的或理解可能产生歧义的类别都应下操作性定义，以保证不同观察者记录的一致性。

相关链接

操作性定义的提出

最早提出操作性定义的是美国的物理学家布里奇曼（P.W.Bridgman）。1923 年，他提出：一个概念的真正定义不能用属性，而只能用实际操作来给出；一个领域的"内容"只能根据作为方法的一整套有序操作来定义。他认为科学上的名词或概念，如果要想避免暧昧不清，最好能以我们"所采用的测量它的操作方法"来界定。他举例说明物理学领域的 3 个基本概念：长度、时间、重量，都可以采用测量它们的操作方法来界定，如可以界定"1 米"的长度为测量从赤道到北极直线距离的 1/10 000 000；"1 小时"的时间长度为测量地球自转一周所需时间的 1/24；"1 克"的重量为测量 1 立方厘米纯水在 4 摄氏度时的重量。布里奇曼的操作性定义的观点和思想在20世纪30到40年代被物理学界普遍接受，1971年被美国的《科学》杂志列为世界五大哲学成就之一。

——来源：节选自操作性定义［EB/OL］.
https://baike.baidu.com/item/%E6%93%8D%E4%BD%9C%E6%80%A7%E5%AE%9A%E4%B9%89/7959218?fr=Aladdin.

（2）操作性定义的特征

好的操作性定义的特征主要有5个：

① 操作性定义应该是可观测、可重复、可直接操作的。

如对侵犯性行为的定义有两种：一是儿童观看暴力电视将促使其攻击行为增多。二是让儿童观看在实验室攻击别人的3分钟短片后5分钟，儿童将可能按动按钮给隔壁房间儿童增加疼痛刺激。相比较而言，第二种表述更具有观测、操作性，因为比较确切地描述了做什么、结果会发现什么。

② 操作性定义所提示的测量或操作必须可行。

如发散思维是对同一物体多种用途的设想能力，具体测量指标是在60秒内回答的不同用途达10项以上为优秀，5项至9项为一般，5项以下为差。

③ 操作性定义的指标成分应分解到能直接观测为止。

如用饥饿小白鼠做实验，"饥饿"的描述性定义是指连续24小时没进食的状态，操作性定义则是一分钟内压低杠杆10次以上而获取食物的小白鼠，这就能直接观测了。

④ 操作性定义最好能把变量转化成数据形式。

凡是能计数或计量的内容都是可以直接观测的。

⑤ 用多种方法形成操作性定义，既可以从操作入手，也可以从测量入手。

而判断一个操作性定义是否具有较好的操作性，可以将此定义向第三者描述，如果他表示理解这个变量的含义，并知道该如何去操纵、测量，那么，这个定义往往是个比较好的、具体可行的操作性定义。在实际研究中，有些内容本身很难客观地观测，很难操作，研究者往往只需对变量或概念追问一个"什么是"的问题，便可判断这个变量或概念的可操作性。

（3）下操作性定义的方法

下操作性定义的方法主要有3种，常用的是指标描述法和行为描述法。

一是条件描述法。条件描述法通常是通过陈述测量操作程序来界定一个概念，是对所解释对象的特征或可能产生的现象进行描述，对要达到某一结果的特定条件做出规定，指出用什么样的操作去引出什么样的状态，即规定某种条件，观察产生的结果。如竞争关系，是两个以上的同伴，所处环境相似，大家都有相同的目标，但只允许其中一人达到目标，这时同伴之间的关系为竞争关系。又如智力，在《韦克斯勒儿童智力量表》（WISC-CR）上的测量分数。

二是指标描述法。指标描述法通常是通过陈述测量操作标准来界定一个概念，是对所解释对象的测量手段、测量指标、判断标准做出规定。通常这些指标能做量化处理，常用于给因变量下操作性定义。如青少年可以界定为年龄在7岁以上，18岁以下的人；阅读能力，用阅读测验表上中等难度的文章进行测验，要求阅读速度达到200字/分钟以上；辨别达到90%以上；理解达到80%以上；记忆达到70%以上为合格；差生，是在标准化成就测验中的分数低于个人智力所预测的成就分数一个标准差的学生,或者两门主课不及格的学生;态度,是个体对特定对象所持有的稳定的心理倾向,这种心理倾向蕴含着个体的主观评价以及由此产生的行为倾向性,因此,态度可界定为认知(看法、观点等)、情感(赞成、否定等)和行为意向(行为可能会出现、行为不会出现等)3方面。据此,对虐童事件态度的操作性定义界定为:对虐童事件的看法(赞同、反对、无所谓)、对虐童事件的情感(生气、伤心、愤怒等否定情感,赞赏、高兴、兴奋等肯定情感,介于两者之间)、对虐童事件的行为倾向(绝不会发生在自己身上、很大可能会发生、不好说)。

三是行为描述法。行为描述法通常是通过陈述测量结果来界定一个概念,是对所解释对象的动作特征进行描述,对可观测的行为结果进行描述。如旁观,即注视别人的活动达2~3分钟以上,自己未参与;谦让行为,在分配糖果时谦让行为可以分成3种水平:主动谦让,指没有任何人提醒或暗示,都能将高级糖果让给别人。被动谦让,指在他人的提醒或暗示下,才肯将高级糖果让给别人。不谦让,指经他人再三提醒,都不肯把高级糖果让给别人,一定要自己享用。拒绝分享具体表现为食物、玩具或物品不给别人享受或使用,给人后又要回来,抢夺自己喜欢的物品。

(4)下操作性定义的注意事项

① 研究课题中重要的变量要下操作性定义。

一般来说,研究假设中涉及的变量在整个研究中起关键作用的新概念、新名词等要下操作性定义。例如要研究儿童的创造能力,"创造能力"就是这项研究中的重要变量,不对这个变量下操作性定义,研究就难以进行,因为创造能力本身不会告诉人们:创造能力的具体指标是什么、如何去测量、用什么去测量。操作性定义要与变量的原意相符,要与抽象性定义的内涵和外延相符。一般对研究结果的测定以采用指标描述法或行为描述法为宜。一个变量可以从不同角度、不同水平进行定义,但在一项研究中,只能认定其中之一贯穿始终,以保证研究结果的可靠性。

② 操作性定义的设计要具体、明确。

操作性定义的设计要具体、明确。所谓具体,是指所提示的测量或操作必须具有可行性,要使别人能理解操作内容和过程并能重复验证,要使被解释的事物成为可以看得到、摸得着,可以测量计数的项目,要将操作性定义的指标成分分解到能直接观测为止。所谓明确,就是指制定的操作性定义要满足研究目的的需要,要与抽象性定义相吻合,能代表抽象性定义的实际含义。

③ 操作性定义在使用过程中应该是独特的。

操作性定义是研究者为了研究需要而规定的特殊解释,并非是对变量的全面的、唯一的解释。操作性定义比较灵活,研究者可以根据自己研究的需要界定变量,对同一个变量可以有不同的操作性定义。如把儿童的智力定义为:在韦克斯勒儿童智力量表(WISC-CR)上测得的分数。当然测得的分数并非是某个儿童智力的全部,仅仅代表该儿童整个智力的一部分。但在这项研究中,研究者就把这测得的分数看作该儿童智力的指标,用来代表该儿童的智力,这就是操作性定义的独特性。因为,要将智力的所有因素都测量出来才能确定该儿童的智力是无法做到的。又如研究大学生的学习态度,对学习态度可以通过查阅教育词典、百科全书、教科书等获得抽象性定义，或者自己给学习态度下一个抽象性定义。但这样的定义往往无法具体操作、测量，只能做价值判断。研究者试图给学习态度下操作性定义，以便对学习态度进行测量，获取资料，将学习态度定义为：学期内学生上课的出勤率。然后每周上课点名获取出勤率的资料。当然学习态度涉及很多因素，会有很多指标，如上课的参与程度、举手发言频率、作业的正确率等，出勤率仅仅是其中的一个因素，但研究者就以出勤率来代替学习态度，以出勤率解释学习态度，这就是操作性定义的独特性，研究者不可能、也没有必要将学习态度涉及的所有因素都研究一番，才能了解学生的学习态度。需要指出的是，操作性定义中的行为分类，如果过于细微、全面，其优缺点是：观察者间一致性高→臆测度低→较不易做出推论→主观性低；反之，行为类别笼统，其优缺点为：观察者间一致性低→臆测度高→较容易做出推论→主观性强。

④操作性定义必须兼顾排他性与普遍性。

定义的排他性越大，解释的范围越小，普遍性也就越小。如"攻击性"的不同操作性定义，排他性与普遍性就不同，见表4-8。

表4-8 "攻击性"操作性定义的排他性与普遍性比较

"攻击性"的操作性定义	排他性与普遍性
曾与同学吵嘴或打架	排他性最低，外延最广，包含吵嘴和打架两种行为
曾与同学打架	排他性略增，缩小范围，排除吵嘴行为
每周至少与同学打架一次	排他性最高，只含每周至少一次的打架行为

操作性定义如果普遍性太低，则解释的范围有限，研究结果易流于偏狭；但如果排他性太低，则恐失之笼统，而不易掌握操作测量的本义。因此，如何兼顾排他性和普遍性是个两难问题，一个基本的策略是：尽量用多种特征作为操作或测量的标准，以增加取舍的弹性。如表4-9中的社会互动行为，分为正向行为、负向行为和依赖行为3类，每类又有详细、具体的行为，在这些行为中，体现着互斥性（排他性，如正向行为与负向行为、帮助与拒绝、顺从与命令等）、设定限制（围绕重要变量"社会互动"设定外延）和分类的详细性等特点。社会互动行为观察表及行为操作性定义见表4-9。

表4-9 社会互动行为观察表及行为操作性定义

幼儿园： 编号： P（ ）R（ ） 年龄班： 观察者：

次数	正向行为						负向行为						依赖行为	
	帮助	合作	称赞	顺从	照顾	聊天	拒绝	干扰	忽视	命令	身体攻击	吵骂	威胁	征求意见	寻求帮助
1															
2															
3															
4															

续表

次数	正向行为						负向行为							依赖行为	
	帮助	合作	称赞	顺从	照顾	聊天	拒绝	干扰	忽视	命令	身体攻击	吵骂	威胁	征求意见	寻求帮助
5															
6															
7															
8															
9															
10															
11															

注：P 代表受欢迎幼儿，R 代表被拒绝幼儿。

实际研究中，只需对变量或概念追问一个"什么是"的问题，便可判断这个变量或概念的可操作性。如幼儿园老师经常会要求儿童与他人合作、能独立学习等。当这些概念前加上"什么是……"，即什么是与他人合作？什么是独立学习？就发现这些内容本身很难客观地观测、操作，还需要具体化。相反，有些概念的描述就比较容易理解和观测，如能辨别 3 种颜色、会使用电话、独立穿衣脱衣、会刷牙、会用筷子、能从 1 数到 20 等。

3. 设计观察记录表

主要分 3 步：一是确定研究中的自变量与因变量；二是将因变量进行操作性定义，使变量可观测、具体外显；三是设计观察表格。

如视崖实验，测试的是幼儿深度知觉，研究对象是 6~14 个月的 36 个幼儿。如此年龄的幼儿无法表达，只能设计情境观测其行为，因此，假说是 6 个月幼儿有/没有深度知觉，而设计的能使幼儿深度知觉表现出来的情境是站在深崖对面的妈妈以不同形式（正常呼唤、微笑鼓励式呼唤、担忧状态下的呼唤）呼唤幼儿，观测幼儿在听到妈妈呼唤并知觉到"深崖"时，会采取哪种行为（爬过中间板、停留在中间板、后退或调头往回爬），观察表格怎么设计？

视崖实验中，自变量是妈妈不同形式的呼唤，因变量是幼儿深度知觉（有或无），而视崖实验中深度知觉的操作性定义表现为爬过、停留、反方向爬或后退。据此，设计了表 4-10~表 4-12，3 个观察表。

表 4-10　6~14 月幼儿视崖实验观察记录表 1

幼儿	幼儿表现			妈妈表现		
	前进	停留	后退	正常呼唤	微笑呼唤	担忧呼唤
C_1						
C_2						
C_n						

表 4-11　6~14 月幼儿视崖实验观察记录表 2

幼儿行为		妈妈行为		
		正常呼唤	微笑呼唤	担忧呼唤
C_1	前进		√	
	停留	√		√
	后退			
C_2	前进			
	停留	√	√	√
	后退			
C_n	前进			
	停留			
	后退			

表 4-12　6~14 月幼儿视崖实验观察记录表 3

妈妈行为	幼儿行为			备注
	爬过中间板 / 人次	拒绝离开中间板 / 人次	爬向相反方向 / 人次	
正常呼唤	3	9	24	爬过者犹豫，远离者大哭，拒绝离开者可能个性固执
微笑呼唤				
担忧呼唤				

6~14 月幼儿视崖实验观察记录表 1 中，因变量和自变量虽然都在表格中，但在观察记录时，无法体现出在自变量变化的 3 种情境下被试有何种表现，因此不能使用。观察记录表 2 里，记录中能体现出自变量变化时每个被试者的相应表现，但因为被试多，表格会很长、不简便。表 3 中，针对自变量的变化，将被试的相应变化进行了汇总，并对行为表现伴随的情绪等情况进行了简要记录。即 6~14 月幼儿视崖实验观察记录表 2、3 分别适用于详细记录每个被试行为表现和概要汇总数据情况。

相关链接

视崖实验

婴儿对物体的大小和形状的知觉是视觉网像、双眼视差、肌肉关节动觉和手的触摸觉的协同活动产生的，对环境三维空间的认识与身体的运动能力密切相关。而婴儿又是如何认识环境的三度空间关系的呢？美国心理学家沃克和吉布森（R.D.Walk 和 E.J.Gibson）设计首创的视觉悬崖是一种用来观察婴儿深度知觉的实验装置。视崖装置的组成：一张 1.2 米高的桌子，顶部是一块透明的厚玻璃。桌子的一半（浅滩）是用红白图案组成的结实桌面，另一半是同样的图案，但它在桌面下面的地板上（深渊）。在浅滩边上，图案垂直降到地面，虽然从上面看是直落到地上的，但实际上有玻璃贯穿整个桌面。在浅滩和深渊的中间是一块0.3米宽的中间板。视崖实验如图4-19所示。

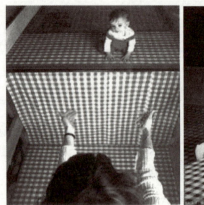

图4-19 视崖实验

　　理论假设是：如果想找到动物或人在发展过程中获得深度知觉的关键点，是将其放在悬崖边上，看他们能否使自己不掉下去。视崖装置能造成视觉上的视崖，不会因真正的悬崖而致使被试摔伤，可以把婴儿或小动物放在视崖上，观察其是否能知觉这种悬崖并进行躲避。

　　这项研究的被试是36名年龄在6~14个月之间的婴儿，这些婴儿的母亲也参加了实验。每个婴儿都被放在视崖的中间板上，先让母亲在深的一侧呼唤自己孩子，然后再在浅的一侧呼唤自己的孩子。观察结果显示，视崖深度在90厘米或更高时，36个婴儿中，面向浅侧外的母亲，有27个越过浅侧爬向母亲，有9名婴儿拒绝离开中间——虽然研究者没有解释这个问题，但这可能是因为婴儿太过固执。当另外27位母亲在深的一侧呼唤他们时，只有3名婴儿极为犹豫地爬过视崖的边缘，大部分婴儿拒绝穿过视崖，他们远离母亲爬向浅的一侧；或因为不能够到母亲那儿而大哭起来。吉布森等以此论证认为，此时，婴儿已经有了认知三维空间深度的知觉。而在视崖深度为26厘米时，38%的婴儿越过深侧；视崖超过100厘米时，只有8%的婴儿越过深侧。这个差异说明，视崖深度越大，婴儿拒绝越过的倾向越强。沃克随后的观察研究也显示：26厘米的深度，65%的7~9个月的婴儿越过深侧，仅有21%的10~13个月婴儿越过，说明年龄相对大的婴儿的深度知觉更敏锐。

视崖高度/厘米	年龄		
	6.5~14个月	7~9个月	10~13个月
26	38%	65%	21%
90	8.33%		
100	8%		

——来源：节选自视崖［EB/OL］.
https://baike.baidu.com/item/%E8%A7%86%E5%B4%96/10535764.

（三）抽样观察法的类型

抽样观察法主要有两种类型，即时间抽样法和事件抽样法。

1. 时间抽样观察法

时间抽样观察法，是在规定的时间间隔内观察记录预选行为是否出现、并记录行为发生的频率及行为持续时间的方法，比较适用于外显可观察且短时间高频率出现的行为，如幼儿游戏时常常会扮演角色进行的交往活动、教学活动中注意力的变化等，对很少出现的行为不适用。教保人员在适当的观察训练后可将其作为观察幼儿的有力工具，是一种实用且有效的方法。20世纪20年代，欧森曾用此法研究儿童在教室中表现出的习惯性紧张，运用此方法适合观察大量样本、能在短时间内搜集到大量的数据、易于统计分析、省力省时，但无法得知观察时间内影响幼儿行为的原因、无法确定许多行为间的相互关系、无法有效保存行为发生顺序，且因预设行为标准容易造成期待心理。如课堂参与度观察，能看到学生课堂问答情况，但看不到教师引导、学生动手实验与否。

记录方式分为时段连续观察和时距观察两种。时段连续观察，是以一段较持久的时间（约5~20分钟）针对一个幼儿进行观察（次数及持续时间），如5~6岁幼儿学习绘画坚持性的观察；时距，是一次观察时间的长度，它和行为发生的频率有关，时距数目是指在观察中一共要观察多少个时距。时距观察，是取短时距（约1分钟或30秒、15秒）作为记录一次行为，在此时距内，不管行为持续的时间或出现次数，都只记一次。采用时距观察，通常时距内比较可能只会出现一种行为，时距长短足够观察者判断记录该行为。

运用时间抽样观察法，事先要做好两方面的准备工作：一是根据观察目的规定观察时间间隔的长度、次数和分布，使得这些观察时间间隔内幼儿所表现的行为，能尽可能地代表所要研究的行为的一般形态。二是用时间抽样法观察前，应预先详细制作好系统的记录表格，并对表格中的有关行为类型做出具体的规定和详细描述，这样才能获得量化的数据。

采用时间抽样法制定观察计划时，还应注意3项因素的权衡考虑，即最适宜的时间单位、所要观察的对象人数、适当的观察行为类型。一般来说，观察中所需记录的内容越多，在一定时间间隔内可以观察的对象就越少。如果观察时间间隔较短，而所需记录的行为类型又相对较多，这种情况可能会造成记忆和记录的困难，因此，需要在观察前进行适当的训练。

研究案例

观察幼儿绘画的持续性

观察目标：5~6岁幼儿学习绘画的坚持性。

观察内容：绘画课上每隔5分钟对全班25个幼儿各观察10秒，看幼儿是否从事绘画以外的行为，包括：①观望。②离开座位。③做与绘画无关的事情。

观察表格见表4-13。

表 4-13　5~6 岁幼儿学习绘画坚持性观察表

幼儿姓名	时间																					总计		
	10:00			10:05			10:10			10:15			10:20			10:25			10:30					
	①	②	③	①	②	③	①	②	③	①	②	③	①	②	③	①	②	③	①	②	③	①	②	③
幼儿甲																								
幼儿乙																								
幼儿丙																								

说明：

将每个幼儿名字事先填入表内；在10:00—10:30的30分钟绘画课上，每5分钟对每个幼儿观察10秒；根据每个幼儿出现的相应非绘画行为，在相应表格内做记号。

从观察表格记录中，可以得出绘画活动中每个幼儿非绘画行为出现的次数及绘画课哪一段时间（活动初、中间或结束时），幼儿非绘画行为频率较高。

需要注意的是，表中数字（①②③）也可以用字母（G：观望；L：离开座位；W：无关行为）或其他符号代替，而无论数字、字母或其他符号所代表的含义均需要事先熟记。当人数众多时，可采取随机抽样的办法，将每个幼儿的名字写到小纸片上进行抓阄抽取或将幼儿编号，按随机号码表选取一定人数进行观察。

2. 事件抽样观察法

事件抽样观察法，指抽样观察并记录某种特定类别的完整行为事件，如幼儿的争吵、打架、合作等，事件取样观察所研究的行为事件较为完整，可了解事情发生的前、中、后等关联与过程，便于分析事件的因果关系，但因为把行为事件从具体背景中抽取出来，因此，割裂了事件与其背景的不同。事件取样观察法不受时间限制，可以研究各种行为或事件。

观察者事先明确观察目的，选定某种或某类事件作为观察记录的目标，对所要观察的行为要先界定清楚，如界定何谓"合作""分享""自我服务能力"等观察行为，然后在观察中等待这种事件的发生，只要所欲观察的行为出现，即予以记录，一直到行为结束为止。因此，记录的内容是以事件为主，详细忠实地记录该事件的发生情况与前因后果。它所关心的是事件本身的特征，而不像时间取样关心的是事件是否存在、出现频率，即搜集的数据不像时间取样的数据已经量化，需要花时间再去进行分析，幼儿日常生活中的许多事件都可以用这种方法来观察记录。

采用事件抽样法进行观察，由于对被观察的行为加以一定控制，因而观察到的行为具有一定的代表性，可在一定程度上帮助观察者摆脱主观选择性。但事件抽样法同样存在局限性，主要在于观察记录的往往是定性资料，较少定量资料，并且难以得到有关事件过去背景的信息，所以，记录下来的事件也有可能是无代表性的偶发事件。如某个幼儿平时较少自我服务，但在观察时却偶然出现自我服务行为，这种行为被列入事件抽样记录，可能并不代表他的一般表现。事件抽样观察结果对于检验假设有一定作用，但观察者必须注意，这些结果不能做出因果关系的结论。

> **研究案例**

幼儿争执事件观察

美国人大卫（Dawe）运用事件取样法对幼儿争执事件进行了观察。该研究以保育学校中 40 名 2~5 岁幼儿（女孩 19 人，男孩 21 人）的争执行为为观察目标，自 1931 年 10 月 19 日至 1932 年 2 月 9 日在幼儿自由游戏时间内观察自发的争执事件，并进行描述与记录。观察中，等待幼儿自发争执事件发生，自发生起用秒表计时，并观察与记录事件的进行状况。观察记录表的主要内容有：①争执者姓名、年龄与性别。②争执持续时间。③争执发生的背景与原因。④争执对象（玩具还是领导权等）。⑤争执者所扮演的角色（侵犯者、报复者、反抗者、被动接受者）。⑥争执时的特殊言语或动作。⑦结局如何（被迫让步、主动让步、和解、由其他幼儿干预解决、由教师干预解决等）。⑧后果与影响（高兴、愤恨、不满等）。

经过三个多月的观察，共记录了争执事件 200 例。其中，68 例发生于室外，132 例发生于室内；平均每小时发生争执事件 3~4 次；争执时间持续 1 分钟以上的只有 13 例；平均争执持续时间不到 24 秒；室内争执持续时间比室外争执持续时间短；男孩争执多于女孩，攻击性水平也高于女孩；争执常发生在不同年龄组、相同性别的幼儿之间；随年龄增长，争执事件减少，侵犯性增强；几乎所有争执都伴有如冲击、推拉等动作，偶尔有大声喊叫或哭泣，但无声争执占大多数；导致争执发生的原因往往是对占有物品的不同意见；大多数争执自行平息，往往是年幼幼儿被迫服从于年长幼儿或年长幼儿自愿退出争执；争执平息后，恢复常态很快，无耿耿于怀、愤恨等表现。幼儿争执事件观察记录表见表 4-14。

表 4-14　幼儿争执事件观察记录表

幼儿姓名	年龄	性别	争执持续时间	发生背景	争执对象	行为性质	做什么、说什么	结果	影响

第四节　观察研究的实施

各种类型观察法的实施都包括 3 个阶段，即观察准备阶段、实施观察阶段和整理分析观察记录阶段。

一、观察准备阶段

（一）确定观察的问题

观察问题和研究的问题不一样，两者相对而言，观察问题更具体。如"从中国的幼儿教育看中国社会变迁与全球资本主义之间的关系"是一个研究的问题，但不是一个观察的问题。而幼儿平时穿什么衣服、怎么穿，吃什么食品、吃多少，玩什么玩具、和谁玩，看什么电视节目、看多久，读什么书、什么时间读，等等，都是观察问题。可见，观察问题更直观、更容易着手。

确定观察问题的同时，也要确定观察目的，一是因为个人的行为尤其是幼儿行为复杂多样，且幼儿数量多，每个时间段该行为都有可能发生，观察在同一时间段所有幼儿的各种行为，或不同时间段所有幼儿某一类行为，都是不现实的。二是因为人的感觉器官在同一时间会受知觉广度所限，不能面面俱到，也受记忆影响难以持久、准确。明确了观察目的，使观察者集中注意力于观察问题，有利于观察聚焦，避免重要情境的错失或遗漏。因此观察之前，必须明确观察目的、确定观察的目标行为。

明确观察目的，就是对需要研究的问题做预先明确的规定，可以通过预设问题逐渐明确观察目的。如观察幼儿进餐问题，幼儿进餐中会出现什么问题？这些问题是一类还是几类（如囫囵吞枣吃得过快、边吃边玩拖拉属于时间一类，而挑食、下手抓等问题与前者不属于同一类）？同样的问题，会在多少幼儿身上出现、男孩女孩有无性别差异？出现这些问题时，教师是如何做的、其他幼儿有什么行为出现、周围的环境是什么样的？幼儿进餐中的问题有没有影响到其他幼儿？教师分发食物或处理幼儿进餐中问题的态度表情、进餐时播放的音乐、环境设置等对幼儿进餐行为有无影响……通过预设问题，使观察有所依据、贯穿着一条主线（发现问题、查找影响因素、寻找可能的解决对策），使研究能够顺利进行下去。

确定观察的目标行为，是将观察目标清晰后的行为进行具体化、下操作性定义，确定时将一些大的行为单元分成许多小的组成部分，如将游戏中的亲社会行为分为合作、分享、谦让、帮助和同情 5 大类别，"合作"的操作性定义是"能与同伴共同完成游戏任务、共同使用游戏材料"。

（二）制定观察计划

在观察计划中，**应明确观察目的**，并根据观察目的和经费确定观察内容、观察方式、观察设备和记录手段等。

观察内容主要包括 who、what、when、where、why 等 5 个要素，即观察对象、事件、时间、地点和原因。who 是指被观察的对象及数量、范围，教师还是幼儿、哪个或哪些年龄段、他或他们来自什么背景、他们之间有什么关系；what 是指发生什么事，他或他们在做什么、说什么，他或他们通常做什么或不做什么，他或他们对别人的言行有什么反应，事情经过的步骤、阶段及转变；when 是指观察的时刻、时间长度、次数，观察间隔时间、程序、每次观察持续时间、观察几次；where 是指研究地点或处境，是室内还是室外、是区角里还是教室中；why 是指为什么会发生观察的事件，即观察者现场的感受，观察前和过程中、结束后都要思考，也是结合前面 4 项内容考虑的结果。

观察方式是指采用何种观察类型，如参与观察还是非参与观察，实验观察还是自然观察，系统观察还是随机观察等。

观察设备是指采用什么设备设施进行观察，如借助摄像机、眼动仪、专门的观察室或特殊的仪器设备观测。

记录手段是对观察到的现象及观察到的数据资料等如何记录、处理的方式。要考虑到不能记录该如何办，即要有预案。

观察计划确定后，可以保证观察研究按步骤开展实施，也能提高观察的效率及质量。如观察幼儿语言发展状况，为保证观察到的现象特点鲜明，可选择小班与大班幼儿为观察对象。观察重点是幼儿的发音、词汇量、语法错误、语句完整程度及表达流畅与否等。观察的时间、地点要考虑幼儿语言应用较多的情境，如集体教学活动、游戏时、师幼、幼幼之间的对话或争论时等，除此之外，还要考虑观察的周期，使观察工作有条理、规范化地开展，避免失之随意。

（三）做好充分的人员与物质准备

人员准备是指对参与观察的研究人员进行培训，尤其是多个观察人员进行同一项内容的观察时，通过培训使他们理解观察的目的和重点、明确观察方式流程、熟悉观察设备和记录方法，用同样的标准进行规范的观察和记录，减少观察的误差，提高观察的信度。物质准备包括观察实施时使用的笔、印制的观察表格、记录卡片及录音机、录音带、录像机等音像设备等。最好是在正式观察前做一些预观察练习，这样可以发现有哪些方面准备得不充分，并进行修正。

（四）做好相应的知识准备

要搜集相关文献，提出相应假设，并对所观察的内容进行明确的操作性定义，确定相应的观察指标体系，这些都需要一定的教育研究的知识准备，除此之外，还必须要有深厚扎实的专业知识准备，以利于观察的实施开展、准确记录和结论的提出。如学前教育专业学生对中班幼儿游戏自主性的观察研究，观察到两个情境：一是建构游戏中，幼儿拿剪刀在橡皮泥上戳洞然后往洞里塞玻璃球时，教师制止幼儿用剪刀，递给幼儿一根筷子。二是户外游戏中，幼儿爬到约一米高的树墩上往下跳，附近站立的教师没有介入。在观察后的讨论中，有学生认为两个情境都是幼儿游戏自主性的体现，但第一个情境中体现了教师对幼儿自主性游戏的指导，而第二个情境则说明了教师忽视了对游戏中幼儿自主性的引导、缺乏对幼儿安全的重视。实际上，持这种观点的学生对"自主性"缺乏真正的理解。在特定条件下，如固定的游戏时间或场所，自主体现在对游戏种类、游戏材料、游戏器械及规则、玩法等的自由选择。反观两个情境，恰恰是第二个观察情境体现了教师能够尊重幼儿的自主性。

在学前教育的观察研究中，进行操作性定义是一个必要而且十分重要的环节。将一个含义模糊不清的术语转换成具体测量的指标，有以下几个步骤：概念化—抽象性定义—操作性定义—具体测量指标，而观察是否有价值，关键在于下操作性定义这一环节（详见本单元第三节抽样观察法中的操作性定义）。

在界定观察内容的操作性定义时，操作性定义往往可以分解成一个指标体系，即多项观察指标。如巴耐特（Barnet）在研究儿童游戏时，确定了游戏的5个维度：身体的自发性、社会自发性、认知自发性、明显的愉悦性和幽默感，见表4-15。

表 4-15　儿童游戏的观察指标体系

游戏维度	操作性定义
身体的自发性	儿童的运动能很好地协调 儿童在游戏中行为很活跃 儿童好动不好静 儿童有许多跑、跳、滑动作
社会自发性	儿童对别人的接近反应友好 儿童能与别人一起玩游戏 游戏中儿童能与其他儿童合作 儿童愿意与同伴分享玩具 在游戏中担任领导者的角色
认知自发性	儿童创造自己的游戏 游戏中使用非传统的物品 儿童担任不同特征的角色 儿童在游戏中变换活动
明显的愉悦性	儿童在游戏中表现很兴奋 在游戏中表现精力充沛 在游戏中表达情绪 在游戏时又说又唱
幽默感	儿童喜欢与其他儿童开玩笑 儿童善意地逗惹他人 儿童讲滑稽故事 儿童听到幽默故事时发笑，喜欢和周围人闹滑稽笑话

二、实施观察阶段

（一）进入观察现场

观察现场的确定应主要考虑 3 个条件：符合观察研究收集资料的要求，具备必要的人、财、物等条件，当地部门和观察对象不反对。

进入观察现场时，要注意选择恰当的方式，进入观察现场的方式主要有公开和隐蔽两大类。公开进入，通常都有合法的身份，如研究者、见习学生、实习教师或参与有关活动人员等，可以通过教育行政机构或幼儿园等相关部门批准、熟人或中间人介绍等途径获得。能够自然地、公开地进入现场当然十分理想，但往往比较困难。因此，观察者有时需要采取逐步进入和隐蔽进入的方式。逐步进入是在刚开始时，并不向有关人士介绍观察的全部内容或者观察的最终目的，以免对方因困惑不解或配合难度过大而拒绝观察者进入。在观察有了一定进展、对方习以为常时，再提出扩大观察范围或延长时间等要求。有时，观察者也可在观察的开始阶段先采取局外观察的方式进行观察，再自然而然地逐步建立与观察对象的关系，由浅入深地参与他们的一些活动，以后随着观察对象与观察者关系的加深，再逐步暴露自己的身份。隐蔽进入的方式就是观察者始终不暴露自己的身份，而是将自己装扮成教师或幼儿家长进入观察现场。对于大多数非参与式观察，这种方式较为适用。隐蔽进入的好处是避免了协商进入现场可能遇到的困难，行动也比较自由，但缺点是观察者不能像公开观察那样广泛接触各类人员，深入了解情况，还得时刻注意不要因暴露身份而节外生枝。

（二）进行观察

观察者顺利进入观察现场之后，即可根据特定角色和观察方式的要求进行观察。实施过程中，观察要先从大处着眼、注意转换观察视角，尽量减少误差。

对于非参与式观察来说，完成观察任务的关键是不能惊扰观察对象。而参与式观察中，完成观察任务的关键是与观察对象建立良好的关系。因此，观察者应当消除观察对象的种种顾虑，深入观察对象的生活之中，尊重观察对象的生活习惯和生活方式，重视个别交往，热情帮助观察对象。

观察的要求有以下几点：

1. 要有明确的观察目的、确定的范围

观察目的不明确，容易出现顾此失彼、遗漏重要部分、过多记录无关内容的现象。而观察范围不确定、观察指标模糊，观察就不能获得准确出现的行为和事件，将会影响获得数据的科学价值。因此，要弄清楚观察什么、达到什么目的，根据研究目的明确观察指标、观察范围。

要确定范围、明确观察指标，一是在观察前要通过查阅资料等方式，弄清观察的行为指标。二是要对事件有预测、假说，根据假说分解观察指标，观察指标要具体化。三是编制好观察表后，要以观察者身份预填写表格，看有无矛盾、冲突、不合理之处，在此基础上修改完善。四是制订严密、周全的观察计划。

2. 要有正确的指导思想

观察中容易出现"观察者放任""观察者期望效应"现象，观察者放任是指观察者在观察某一对象一段时间后，自以为对该现象已经"心中有数"了，在以后的观察中，会有意无意地降低对观察的要求，往往凭着以前的"老经验"来进行判断；观察者期望效应是观察者对观察对象有了先入为主的印象后，在以后的观察活动中，往往会自觉不自觉地以自己的期望来看待被观察者的行为。这两种现象，都会影响观察资料的客观性。

观察要客观，观察者应该实事求是地根据所观察到的事实进行记录及分析整理所搜集的材料，不应带有任何预期的主观倾向或偏见。否则，尽管占有了第一手资料，也不能从中获得正确的认识、科学的结论。

3. 要选择合适的观察方法

观察方法依据不同分类标准划分，有许多种。观察者要根据观察任务和对象，选择最有效、能准确提供所要搜索的信息又最可行的方法，对复杂的任务分小组进行，可以辅以录音机、录像机等设备。

4. 观察要消除干扰

"观察反应性现象"是指当被观察者知道有人在观察他时，会改变自己的行为，做出不正常、不自在的反应，从而使观察所获材料不能反映被观察者本来的面目。因此，观察时不

要干预正在观察的活动,可以进行多次、反复的观察,要密切注意在观察范围内的各种活动引起的反应,或注意做到看、听、提问、检查、思考相结合,以备观察后提炼结论。在无法兼顾时,可借助仪器观察。

此外,要有很强的洞察力,即能做到"眼观六路,耳听八方",透过现象看本质;要选择最适宜的观察位置,如应在能看到被观察对象整体的位置观察,如观察对象哭了,若看不到脸就看不到表情;观察要细致、主动,抓住观察重点。围绕着观察目的、观察指标进行,若观察的是幼儿冲突,则没必要紧盯着幼儿午睡。

相关链接

怎么才能消除观察干扰?

毛莉最近开始怀疑她的提问技巧的有效性,要求我观察她的一节复习课"植物和种子"。我们决定集中精力观察她提问技巧的有效性而不是关注教学内容。

我们还决定我在课堂中严格地作为一个观察者出现,不以任何方式参与课堂活动。因为我每周给这个班上2节课,所以学生很熟悉我,对我的出现没有感觉不安。我们还决定不使用录音机和摄像机,这样学生就不会感到不习惯。毛莉和我讨论了此次观察最有效的方法,我设计了一个核查清单交给毛莉,毛莉认为它应当可以收集到我们需要的信息。

我坐在教室里,适当地与学生保持着距离,这样当我进入学生视野时,不会由于他们看到我在做什么而引起他们的分心。另外,通过与他们保持距离可以确保不参与课堂活动。毛莉在课堂上进一步确保这一点。她告诉学生,我来看看他们上课,是因为我不相信他们知道什么关于植物和种子的知识,正如我们所预期的,除了偶然和某个学生视线相遇后相视一笑外,学生渐渐忽视了我的存在。

我们坐下以后,毛莉允许学生在她讲课之前有大约一分钟的说话时间,然后开始讲课。她首先就一些事实性问题提问,学生能直接从图画中找到答案,而学生的反应却很慢,很少学生自愿回答这些问题。不过,当毛莉继续进行事实性问题的提问时,学生开始变得积极,渴望回答问题了。

从上面案例可知:

1. 观察者如果熟悉学生,观察时就会在某种程度上消除学生的戒备,从而会采集到更准确的数据信息。

2. 使用观察工具时,尽量注意不干扰学生注意力。

3. 观察者要设计合适的观察位置。

——来源:节选自新教师培训讲座[EB/OL]。
https://wenku.baidu.com/view/36b79817a21614791711288b.html.

(三)做好观察记录

无论是参与观察还是非参与观察,及时进行观察记录都是非常必要的,它不仅可以使观察者在观察结束后的一段时间,能重新回忆起自己所观察到的事情场景及情节发生过程,也对观察结果的解释起到了澄清事实、组织思路的过程。

做好观察记录要求：

①观察记录要及时、掌握原始情况，尽量不要过后凭回忆记录，因为记忆会遗忘或记错，会使观察信息失真。而凭借设备摄录的影像资料，积累多了，费时费力，也会产生误差。观察记录时也不要主观臆断，要做到正确无误、如实记录、没有水分。

②记录速度要快、要全面完整，因为，观察的事件可能时间很短就结束了，记录速度慢可能受环境干扰，可能记载不完整或记载与原事件不相符，因此，可以采用速记符号或自己知道的特殊符号把观察到的内容、自己的意见或推论等记录下来，要周密完整，全盘记录，不能有随意性。

如为方便、快速记录，可以制定观察代码系统，即编制填写表格使用的相应系列代码。第一步是将观察范畴设计成为可进行观察的具体项目，即将行为或事件分为有意义的、可观察和处理的细小类别，将大的行为单位分成小的行为单位，并为观察、记录和随后分析处理的方便而制定出的一整套符号系统，也就是给研究问题下操作定义。如研究幼儿情绪变化表现，情绪表现为高兴、不高兴、生气、伤心、惊讶、疑问或怀疑等，要设置相关的情境，方便观察时采取图形方式记录，见表4-16。第二步是选取或设计代码符号进行标定。如图形代码、字母代码（可用一个字母，为避免重复也可用两个字母）、数字代码（1、0代表男、女）、字母与数字结合代码（JF-1表示拒绝分享第一种情况）等。

表4-16 幼儿情绪变化表现观察表

序号	情境内容	表情			简要述评
		C_1	C_2	C_n	
1	同桌小朋友抢了你最喜欢的玩具，不还你了	⌒			
2	妈妈买了你最喜欢吃的肯德基鸡腿	√			
3	爸爸答应周末带你去玩的游乐场拆除了	⊙	！		
4	…				

注：？疑问 ！惊讶 √高兴 ⌒不高兴 ⊙伤心 —无表情

又如蒙氏班幼儿工作观察记录表里（图4-20），幼儿工作状态用的是图形代码。

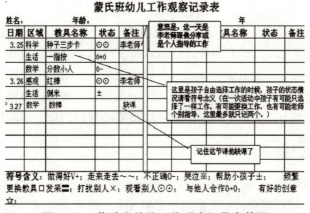

图4-20 蒙氏班幼儿工作观察记录表截图

③观察记录时难免会受观察者个人的情绪、身体生病或疲劳等因素影响,因此,要注意克服观察记录中的主观因素,如使用统一制作的表格,严格按照规定进行记录。

④对于容易引起行为变化的因素,可考虑使用单向玻璃观察室、拍照录像等,也可以采用多名观察者同时观察记录同一组被试,将相同或基本相同部分作为有效资料。

⑤要善于记录,便于整理。记录的内容要能看懂、有顺序,不要随便颠倒,避免后期整理出现问题。

三、整理分析观察记录阶段

观察者应随时对观察的时间、地点、人物和事件等基本内容的观察记录进行整理,同时,记录中要注明观察者对观察项目的主观印象和感受,以及分析性的想法和初步推论。需要注意的是,记录的客观事实和观察者的主观感受或解释不可混淆。

整理观察记录时,需要注意的是:

①检查观察资料是不是严格遵循科学方法的程序而获得的,会不会因为观察者的介入而表现不真实。

②把观察得到的资料和通过其他方法获得的资料进行比较,如研究主题是幼儿拒绝分享事件,访谈教师的也是关于幼儿拒绝分享的问题,但观察的却是爱分享、但有冲突的不给,这就明显与研究主题不符。

③当观察是以小组进行时,可将观察者之间获得的资料进行比较,小组进行讨论和验证。

④对重要的问题应注意观察时间的长短,应是一定周期的观察才有说服力,若是随便观察一两次就记录定性了,则不具有说服力和普遍性。

观察告一段落后,应把所有记录的材料加以整理和分析,准备下一步撰写观察报告。要认真、详细检查所有观察记录的材料,看分类是否恰当,有问题要及时进行更正。如果有遗漏或缺失、需要的材料还不完整,就要考虑延长时间继续观察,直到所需材料基本齐全。所有材料整理好后,对材料进行综合考虑、分析,提出结论并检验,最后撰写观察报告。

第五节 观察记录方法

要使观察成为理解幼儿、改进教育的有效手段,必须对观察的信息做认真、细致、系统、周密的记录。观察记录方式有多种,包括以数字形式呈现观察内容,如量表。也包括以非数字形式呈现观察内容,如书面语言、录音设备记录,或用其他手段记录的影像、照片和图示等。这些观察记录方式主要可归为定量观察记录和定性观察记录两大类。了解这些记录方法,可节省时间和精力,又能全面有效地获取重要的观察信息,有利于提高观察的质量。

一、定量观察记录

定量观察,又称结构观察或系统观察,是运用事先准备的一套定量的(确定数量、频次)、结构化的(观察项目列全,如提出问题类型5类、课堂言语行为10类、课堂捣乱行为9

种等）记录方式进行的观察，（见表 4-17）。定量观察中，主要运用时间和事件行为抽样的方法对观察对象进行结构分解（时间抽样比事件行为抽样更具有结构性），根据分解类别和因素设计观察工具（量表），收集到属于较低推论的、事实性的量化的资料，又经过统计分析的量化处理，以期得出科学客观的结论，特别是关于课堂的各种因素之间的相关关系等一些结论。如各种提问行为类别的观察就是定量观察，将课堂提问与回答行为列全、分类，观察时记录频次，根据频次统计的数据分析，研究者主观推论成分较少，能较为客观地反映事实。

表 4-17 各种提问行为类别频次统计表

项目	行为类别	频次	比例（%）
A. 提出问题的类型	1. 常规管理性问题	3	2.9
	2. 记忆性问题	78	74.3
	3. 推理性问题	22	21.0
	4. 创造性问题	2	1.9
	5. 批判性问题	0	0
B. 挑选回答问题方式	1. 提问前，先点名	0	0
	2. 提问后，让学生齐答	44	41.9
	3. 提问后，叫举手者答	57	54.3
	4. 提问后，叫未举手者答	1	1.0
	5. 鼓励学生提出问题	3	2.9
C. 教师理答方式	1. 打断学生回答，或自己代答	12	11.4
	2. 对学生回答不理睬，或消极批评	2	1.9
	3. 重复自己问题或学生答案	13	12.4
	4. 对学生回答鼓励、称赞	78	74.3
	5. 鼓励学生提出问题	0	0
D. 学生回答的类型	1. 无回答	2	1.9
	2. 机械判断是否	39	37.1
	3. 认知记忆回答	45	42.9
	4. 推理性回答	18	17.1
	5. 创造评价性回答	1	1.0
E. 停顿	1. 提问后，没有停顿或不足 3 秒	91	86.7
	2. 提问后，停顿过长	5	4.8
	3. 提问后，适当停顿 3~5 秒	8	7.6
	4. 学生答不出来，耐心等待几秒	1	1.0
	5. 对特殊需要的学生，适当多等几秒	0	0

■ 课堂提问的类型以记忆性问题为主（74.3%），推理性问题次之（21.0%），学生回答以认知记忆性回答为主（42.9%）或机械判断次之（37.1%）；其中教师提出的创造性问题很少，无批判性问题；该观察记录反映出：老师比较强调认知的识记与理解目标，而忽视了综合与评价的认知目标。

■ 教师喜欢提问后叫举手的学生回答问题（54.3%），或提问后让学生齐答（41.9%），教师提问后停顿时间不足 3 秒（86.7%）；该记录结果告诉我们：在该节课上学困生几乎没有办法参与课堂互动，教师对课堂的控制程度很高。

■ 教师注重对学生的鼓励与称赞（74.3%），但也有打断学生或消极批评（13.3%）等情况的存在。

定量观察记录，是指在记录体系中要确定需要观察的行为或事件的类别、观察的对象及观察的时间单位等。特点是预先设置行为的类别，然后对在特定时间段内出现的类别中的行为做记录，主要有分类体系和等级量表两种形式。分类体系指预先列出可能出现的行为或要观察的目标行为，在观察过程中以合适的时间间隔取样对行为进行记录，分类体系包括编码体系、记号体系或核查清单；等级量表指事先根据观察目的编制合理的量表，观察者观察时依据对象的行为表现在量表上评以相应的等级。

（一）编码体系

编码体系的记录是将某项观察内容分类，每类都有相应代码，相应时间内记录出现的观察行为类代码，常和时间抽样观察一起使用。弗兰德斯（N.A.Flanders）的师生言语互动分类体系是国外较有影响、被广泛使用的编码体系，包括3部分：一是描述课堂互动行为的编码系统，即把课堂的言语活动分为10类，每类都有一个代码，即一个表示此行为的数字，见表4-18。

表4-18　课堂言语行为分类表

教师说话	间接影响	1.接受感情 2.表扬或鼓励 3.接受或使用学生的主张 4.提问
	直接影响	5.讲解 6.给予指导或指令 7.批评或维护权威性
学生说话		8.学生被动说话（如回答问题） 9.学生主动说话
其他		10.沉默或混乱

二是关于观察和记录编码的规定标准，即编码体系主要采用时间抽样观察法，在指定的一段时间内，如每隔3秒观察者就依照上述分类记下最能描述教师和班级言语行为的种类的相应编码，记在下面的数据表中（见表4-19），每一行20个格内记录下一分钟内20个行为的编码，此表表示一段15分钟的连续观察。三是用于显示数据、进行分析，实现研究目的的矩阵表格，即FIAC数据表。

表4-19　FIAC数据表

	1	2	3	4	5	6	7	8	9	10	11	12	13	14	15	16	17	18	19	20
1	5	5	5	10	5	5	5	5	10	10	10	10	10	10	10	10	10	10	10	10
2	10	10	10	10	10	5	5	10	5	10	10	10	10	10	10	10	10	10	10	10
3	10	5	10	10	10	10	10	10	10	10	10	10	10	10	10	10	10	10	10	10
4	5	10	10	10	10	10	10	10	10	10	10	10	5	10	5	10	5	10	10	5
5	10	10	10	10	10	5	5	5	5	10	5	10	10	10	10	10	10	10	10	10
6	5	10	10	10	10	10	10	10	10	10	10	10	10	10	10	10	10	10	10	10
7	10	10	10	10	10	5	5	10	10	10	10	10	10	10	10	10	5	10	10	10
8	10	10	10	10	10	10	10	10	10	10	6	10	5	5	5	5	5	5	5	5
9	4	8	4	8	4	10	10	3	8	2	5	5	5	5	5	5	5	5	5	5
10	5	2	5	4	4	10	4	4	10	4	3	5	4	5	4	5	5	5	5	5
11	3	4	4	9	4	4	9	4	3	4	9	5	4	9	4	9	4	9	9	4

续表

12	9	2	5	4	10	4	4	4	5	4	4	9	5	5	5
13	5	4	9	5	4	10	4	4	8	8	8	8	2	8	3	2	5
14	4	9	9	4	10	10	10	9	2	3	5	5	5	10	5	5	5
15	5	5	5	5	5	5	4	5	5	5	5	5	5	5	5	5

表格中第一行的"1"表示观察开始第1个3秒,"20"则表示观察开始第20个3秒,也就是1分钟;第一列的"1"表示观察开始的第1分钟,"15"则表示观察的第15分钟。若观察的1节教学活动25分钟,则最后一行数字为25;除去第一行与第一列外的数字,表中的"1"至"10"分别表明表4-18对应的课堂言语活动种类。如果要知道在表中记录时间内教师"提问"的总时间及时间的百分比,计算方法是在15分钟内教师提问 36×3 秒 = 108 秒 = 1.8 分钟(因为表中有"4"的记录共36个,每个时间间隔3秒),百分比为 1.8/15=12%。除了评价教师的提问和反馈之外,还可以评估群体的参与水平,即通过计算时间段内"学生说话"的总时间来获得这一信息。真正的课堂互动并不是严格按照人为设计的行为种类发生,并不是每个行为都一定持续3秒,如果同一个3秒内发生了两件事情,应记录更为突出的那一个;如果同样突出都应记录,即虽然定量,也需要有一定主观判断。这种观察记录较适合于教师领导下进行的群体讨论或比较常规的课堂教学。如果课中有非常规的内容,如录像,则难于在记录中体现,即行为的某些特质可能被遗漏,如提问的水平等在记录中也得不到体现,还有上课的内容被忽略,这些都是编码体系的不足之处。

(二)记号体系或核查清单

1. 记号体系

记号体系观察记录是将所要观察的行为预先考虑好,列在观察表格里,观察时只需当出现某行为时,在该行为项目旁边做个记号,如打个钩、写"正"字或画计数用的竖线横线(四竖后一横,意为5次,同"正"字作用),或记录出现此行为的学生人数,或记录某个被观察对象出现此行为的次数。一般而言,如果观察一个对象在某时间段内的行为,直接打钩即可;如果观察一个群体或几个对象在某时间段内的行为,采用记录人数或次数的方式。表4-20为对某位同学每分钟具体活动的观察表。

表4-20 对某位同学每分钟具体活动的观察表

活动	时间												
	1	2	3	4	5	6	7	8	9	10	11	12	…
管理	√												
等待注意													
无关活动											√	√	
听	√		√	√	√	√	√	√	√				
观察					√	√	√						
动手实践													

续表

时间（分钟）	1	2	3	4	5	6	7	8	9	10	11	12	…
讨论		√											
思考			√	√				√					
阅读													
写	√	√	√			√	√						

如要了解学生课堂行为中的不当行为表现情况，可将不当行为列成清单，在课堂活动中观察这些行为是否出现，出现则进行记录（见表4-21）。观察者每2分钟对目标学生做一次记录，每一列代表2分钟，表4-21只是记录的一部分。类似的还有教师对学生不当行为做出的反应，包括点名、训斥、转移学生注意等；学生对教师反应如何应答，是争辩、抗议还是沉默；学生的不当行为是终止、减少还是继续或增强。几个时间段下来，通过统计人数及百分比，观察者就可以掌握一节课或几节课内教师课堂管理的大致情形。记号体系观察属于聚焦式观察。

表4-21 学生不当行为记录表

观察的客观性行为	0~2分钟		2~4分钟		4~6分钟	
	人数	百分比	人数	百分比	人数	百分比
吵闹或违纪说话						
不适宜地运动						
不适宜地使用材料						
损坏学习材料或设备						
不经允许拿别人的东西						
动作侵扰其他同学						
违抗教师						
拒绝活动						

记号体系或核查清单还比较适合用于核查学生在课堂上投入或非投入学习的状态表。如学生学习状态观察，每2分钟扫视确认出所有非投入学习的学生，为每次扫视编号。在下表中非投入学习一栏内列出每次扫视中没有投入学习的学生数目，再用总人数减去此人数即为投入学习学生数，最后算百分比。表4-22为学生学习投入状态观察表。

表4-22 学生学习投入状态观察表

每2分钟扫视	非投入		投入	
	人数	%	人数	%
1	4	16	21	84
2	6	24	19	76
3	1	4	24	96

第 4 单元 观察研究

续表

每 2 分钟扫视	非投入		投入	
	人数	%	人数	%
4	0	0	25	100
5	3	12	22	88
6	3	12	22	88
7	6	24	19	76
8	5	20	20	80
9	4	16	21	84
10	4	16	21	84
总计 / 人数	36		214	
平均数 /%		14.4		85.6

和编码体系相比，记号体系只记录单位时间内发生了需要观察的多少种行为，而编码体系则要记下单位时间内每一个需要观察的行为，即编码体系尽可能记录了所有发生的行为，但记号体系通过对要观察行为的频率记数能让观察者体会到每一个时间段内课堂活动或学生表现的特点。

如对 6 个班分别进行了一节课 45 分钟的观察，每 5 分钟记录不集中注意学生人数一次，每班 16 人，共 96 人。观察记录表见表 4-23。

表 4-23 课堂不集中注意学生数量观察统计

试验班	时间段内不集中注意人数								
	0~5 分钟	5~10 分钟	10~15 分钟	15~20 分钟	20~25 分钟	25~30 分钟	30~35 分钟	35~40 分钟	40~45 分钟
1	0	1	2	0	0	2	2	0	1
2	1	2	0	1	1	3	4	1	2
3	1	1	1	2	3	1	5	2	3
4	0	0	2	1	2	0	1	0	0
5	1	0	3	2	0	2	4	5	6
6	1	1	1	1	2	0	3	2	0
合计	4	5	9	7	8	8	19	10	12
注意人数	92	91	87	89	88	88	77	86	84
注意率 /%	96	95	91	93	92	92	80	90	88

注意率 = $\dfrac{\text{实际注意人数}}{\text{理论应注意人数}} \times 100\%$

理论应注意人数 $N = 6 \times 16 = 96$（人）

根据表中数据，可画出学生的注意分布曲线，如图 4-21 所示：

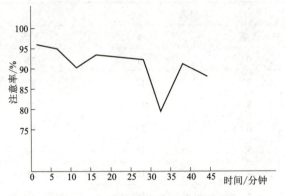

图 4-21　学生注意率分布曲线图

2. 核查清单

核查清单也称行为检核，是将要观察的行为项目排列成清单式的表格，在这些项目旁边标明是或否出现两种选择，然后通过现场观察，检查核对这些行为项目是否呈现或行为有无发生，只要某种行为一旦出现，就立刻标记，其作用就是核对检查。在教育保育工作实际中，将教保行为具体目标以检核表形式呈现，即可了解教保效果。检核表用途广泛，适用于教保目标、幼儿发展、幼儿互动、行为问题，及日常生活的采买、出游等。

核查清单的特点是快速、简便，实用性高，功能广泛，各范畴的内容均可观察。不足是欠缺质性资料，无法了解因果；整体行为描绘较不明确，只对条列化部分行为有所了解。表 4-24 为 6 岁儿童对形状及数概念理解的行为检核表，表 4-25 为数学预备技能核查表，表 4-26 为动作技能发展核查表。

表 4-24　6 岁儿童对形状及数概念理解的行为检核表

儿童姓名：　　性别：	记录者		
观测内容	能	不能	日期
按名称指出图形：圆形	————	————	————
正方形	————	————	————
三角形	————	————	————
菱形	————	————	————
长方形	————	————	————
椭圆形	————	————	————
……			
数数：从 1 数到 100	————	————	————
从 10 倒数到 1	————	————	————
用偶数数到 20	————	————	————
用奇数数到 19	————	————	————
5 个 5 个数到 50	————	————	————
10 以内的加减法运算	————	————	————
……			

注：资料引自陶保平.学前教育科研方法[M].上海：华东师范大学出版社，1999:107.

表 4-25　数学预备技能核查表

儿童姓名：		观察日期：	
任务	能	否	第一次出现时间
1.能否根据名称指出相应的图形 圆 正方形			
2.能否从 1 数到 10			
3.能否给下列图形命名 〇 □			
4.能否举例说明下述关系概念 大于 小于			
5.能否进行逐个匹配 两个物体 3 个物体			
6.能否在指导下理解下述概念 最先 中间			
7.能否举例说明 多于 少于			

表 4-26　动作技能发展核查表

被试	翻身/天	抬头/天	卧撑/天	坐立/天	爬行/周	站立/周	扶走/周	独行/周	跳跃/月	跑/月	…
A											
B											

（三）等级量表

观察者在一段时间内对目标进行观察，当观察结束时，在量表上对该期间发生的目标行为根据好坏、多少、强弱等，评以相应的等级，做数量化强度的区分。常见的等级量表有三级、五级、七级、九级量表，也可以在一条不分点的线段上判断相应的位置来表示等级，观察者在线段上记录的位置可折算成百分比。其特点是有预先设置的分类，与其他定量观察记录不同的是等级量表要求观察者做出更多的权衡和判断，也称为评定记录、评量表。其特点是便于使用，省时，比较经济，便于数据分析，研究范围广，也可以比较个别差异。但容易出现的问题是，可能受限于评量者的主观判断，有极强的主观性，也可以说是观察者印象的总结，易造成评量的偏差，可能高估或低估被评量者，或出现集中趋势。

评定的方式可以用等级（优、良、中、差等），或用字母（A、B、C、D 等）、数字（1、2、3、4 等）注明，还可以用词语描述（基本达到、不合格；无反应、反应一般、反应极快等）。可以当场评定，也可在观察后根据综合印象评定。比较客观的评定方法应是事先规定各种等级的具体标准指标，并由多个观察者当场评定之后，考查一致同意的程度。因为，等级量表是以数字作为描述观察对象的形式，这些数字具有高度推论性，并非根据短期时间样本得出的频率计数，因而从数据中得出结论比编码体系、记号体系容易。因此，我国课堂观察中最常用的是等级量表，常常被用来对教师的课堂教学进行评议，观察者一般是幼儿园或学校领导、行政人员、同事或学生。如：

①在最能描述教师对待班级的态度的等级上画圈：

非常肯定	大多时候肯定	既不肯定也不否定	偶尔否定	非常否定
5	4	3	2	1

②根据幼儿是否乐于与别人分享玩具的实际情况标出其一：

A. 从不　B. 很少　C. 有时　D. 经常　E. 总是

③教师教学情况评定量表（见表 4–27）。

表 4–27　教师教学情况评定量表

评定内容	评定等级				
	1	2	3	4	5
能较好地创设情境					
引导学生明确学习目标					
激发学生提出问题					
对学生学法恰当指导					
对学生学习恰当评价					
引导学生动手操作					
能灵活处理学生的意外行为					
恰当处理教与学的关系					

④教师对课堂活动的掌控程度评定量表。

教师决定一切课堂活动　教师帮助学生决定课堂活动　教师不做任何课堂活动的决定

←――――――――――――――――― M ―――――――――――――――――→

⑤上课效果评定量表（见表 4–28）。

表 4–28　上课效果评定量表

<table>
<tr><td colspan="2" rowspan="2">学生测评</td><td colspan="20">课堂教学（上课）</td></tr>
<tr><td colspan="4">教学设计</td><td colspan="4">教学过程</td><td colspan="4">学生活动</td><td colspan="4">教学效果</td><td colspan="4">总体印象</td></tr>
<tr><td>满意率</td><td>总体印象</td><td>优</td><td>良</td><td>合</td><td>差</td><td>优</td><td>良</td><td>合</td><td>差</td><td>优</td><td>良</td><td>合</td><td>差</td><td>优</td><td>良</td><td>合</td><td>差</td><td>优</td><td>良</td><td>合</td><td>差</td></tr>
<tr><td></td><td></td><td></td><td></td><td></td><td></td><td></td><td></td><td></td><td></td><td></td><td></td><td></td><td></td><td></td><td></td><td></td><td></td><td></td><td></td><td></td><td></td></tr>
<tr><td colspan="2">问题与建议</td><td colspan="20"></td></tr>
</table>

在进行等级评定时,要根据观察者对所评对象的多次观察所得到的综合印象进行。还要多个有经验的观察者同时进行评定,采用其平均值。经过系统训练的观察者会对各种主观偏见更加敏感,从而反应较为理智、准确与客观。

国外在 20 世纪六七十年代发展了大量的编码体系,一方面使研究者和教师有现成的观察工具可用,但另一方面使用别人开发的编码体系,就不可避免地使用别人的眼光来观察课堂,研究视角也较为狭窄。记号体系、核查清单及等级量表则较为灵活,因其可以自行设计,也可修改别人的东西为自己所用。

二、定性观察记录

定性观察记录是研究者依据粗线条的观察纲要,对观察对象做详尽的多方面的记录,并在观察后根据回忆加以必要的追溯性的补充和完善。观察结果的呈现形式是非数字化的,而分析手段是质化的,并且资料分析在观察周期中就可以进行。定性观察记录的形式是以非数字形式呈现观察内容,包括书面语言、录音设备记录的口头语言,或用其他手段记录的影像、照片及笔记、图示等,具体来说主要分为 4 种:描述体系、叙述体系、图示记录和工艺学记录。

(一)描述体系

描述体系,预先将要观察的目标进行分类,观察时对各类目标行为进行非数字化的、开放性的定性描述,如文字、个人化的速记符号,也可通过特殊设备在现场录制对观察对象的口头描述。往往抽取较大的事件片段,对行为的多方面进行记录,因此要考虑更多的背景因素,即在具体的情境和条件下考虑行为的意义。如对教师教学技能的观察,对观察到的教学技能的每一个方面进行详细描述,如"呈现或导入",教师是开门见山,还是以故事、游戏、猜谜语或设置情境方式导入,用了什么教具、教具制作得怎么样,幼儿的求知欲有没有被调动起来,课堂秩序如何等,将这些观察到的内容填写到记录表的不同项目中(见表4-29、表 4-30)。

表 4-29　教师教学技能观察记录表

观察的客观性行为	观察描述
呈现或导入	
间接教学	
直接教学	
声音	
提问策略	
反馈	
学科问题	
期待	

表 4-30　讨论式教学技能的观察

观察的事件	观察者分析
选择讨论内容	讨论题目是教师给的，不是学生提出的，忽视了学生的兴趣和需要
合理分组	4 人同座和前后座一组，分组不科学，忽略了学生的差异和讨论的方式
讨论形式	只围绕一个讨论主题，限制了学生的思维
交流反馈	提问 3 个学生，各有一个答案，未明确是否代表小组，课堂教学失控
概括总结	只教师总结，限制了学生的思维能力

（二）叙述体系

叙述体系是一个开放的体系，没有预先设置的分类，而是抽取一个较大的事件片断，观察时对相关事件和行为做详细真实的文字记录，可以分析加评价，即可以加入观察者的一些主观想法。叙述体系呈现信息形式基本一致，主要是文字形式，但在抽样、叙述内容等方面侧重点有所不同，主要形式包括实地笔记、日记／周记、轶事记录等。日记描述、轶事记录等在本单元第三节已经介绍过，本节不再赘述。

实地笔记，又称为田野笔记或现场详录，用书面语言形式记录观察者在参与观察过程中所看到、听到、想到和经验的信息，不仅要求记录现场所观察到的人、行为、事件和谈话，还要求记录观察者个人较为主观的想法、推测、情感、预感、印象等，要求对行为背后的意义做出诠释。但在记录中应注意把对事实的客观描述与记录者或观察者的主观解释和评价区别开来，描述要尽可能具体，避免使用抽象、笼统和有偏见的文字。由于记录与观察同时进行，这种实况现场记录往往令人十分紧张，应接不暇，并可能遗漏、忘记或错过一些细节。有经验的观察记录者常用速记法或现代技术当场记录，事后再详细整理。表 4-31 为田野笔记资料分析样表。

表 4-31　田野笔记资料分析样表

过程编码	研究方法编码	观察者评注
12:00——食堂大约 300 人，10 个窗口前队伍平均有 4 米长	这个数字是我的估计，不一定准确	我感觉很拥挤。中午 12 点似乎是学生就餐的高潮
12:05——在卖馅饼的窗口排了足有两米长的队，而且排队的大部分（大约 3/4）为男生	我站在离卖馅饼的地方，看不清楚馅饼的质量，不知道这些人买馅饼是否因为馅饼好吃	我想是不是今天的馅饼特别好吃？是不是男生特别喜欢吃馅饼？也许买某一样食物的人数与食物的质量之间有正相关的关系？
12:10——食堂里有 5 对男女在一起吃饭，两个人坐得很靠近，都是男生坐在女生的左手边	我只是根据他们坐在一起的亲密样子判断他们是恋人，这个猜想需要进一步的检验	也许他们是恋人。也许在食堂里就餐时，男生习惯于坐女生的左手边
12:20——一位女生将一勺菜送到旁边的男生嘴边，望着对方的眼睛说："想不想吃这个菜？"	我现在与他们坐在同一桌上，可以听到他们的对话	为什么这些恋人们在公共食堂里如此放肆？我对此有反感。似乎女生喜欢主动向男生献殷勤，这一点与我平时的印象不一样，需要进一步观察和检验

——摘自《新教师培训讲座》，有改动。
https://wenku.baidu.com/view/36b79817a216614791711288b.html。

叙述体系因为较为开放，没有预先分类，为避免遗失，可依照这样一些项目来观察描述事件：

①空间：物理位置或场所。
②时间：观察时间及事件发展的时间顺序。
③环境：现场呈现的物质环境。
④行动者：介入的人们。
⑤事件、活动：人们所做的单一行动。
⑥目标：人们正在完成的事情。
⑦感情：观察者的感受和被观察者所表达的情绪等。

（三）图示记录

图示记录作为一种辅助性观察手段，同时也可用作定性观察的记录手段，是利用预先准备好的图表如位置图、环境图等形式直接呈现相关信息，利于迅速将观察到的情况记入图中，常与多种简单的代号结合使用。观察者在进入一个课堂现场做定性观察时，最好先对教室布置做一个记录，在文字描述时配以位置图，将会描述更清楚明了。如下面的案例就是图示记录和描述体系的结合使用。

相关链接

华东师范大学二附中上海理科班的课堂观察

华东师大二附中高一（7）班"上海理科班"是从上海各中学中选拔的理科成绩突出的学生，班级课桌椅摆放基本整齐，没有明显破损情况，窗玻璃也没有破损情况，地面干净。图4-22是班级教室布置图。

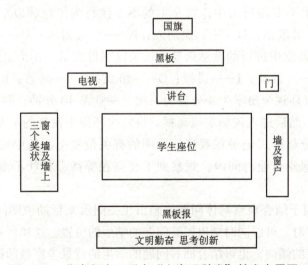

图4-22 华东师大二附中"上海理科班"教室布置图

——来源：新教师培训讲座［EB/OL］，有改动。
https://wenku.baidu.com/view/36b79817a216147917l1288b.html。

观察后的主观评价是：观察了理科班这节课后，又到高一班普通班物理课上进行课堂观察，就两个班在教室环境方面情况进行对比，觉得有两个具体方面区别较大：一是"上海理科班"教室布置较简单，墙了除了几张竞赛所得奖状和黑板报上方一条标语外，没有其他东西。普通班则有各种活动照片、海报、宣传画等。二是从学生制服看，"上海理科班"共47个学生，有7人没穿制服；普通班46人，只有7人穿校服，明显与理科班学生形成对比。通过环境对比观察，"上海理科班"学生更多关注于学习，对其他方面，特别是环境装饰和个人衣着显得比较淡漠。

课堂教学过程中常常会有学生表现出一些与学习无关的行为，如讲废话、打瞌睡、干扰别人等，这些行为称为"不专注行为"。如要记录学生不专注行为的情况，可预先绘制一张教室地图，每天在课堂教学过程中每隔4分钟将学生的不专注行为记入地图（记录可以是幼儿的名、代码或其他方式），以表示幼儿从事何种活动（如图4-23所示）。

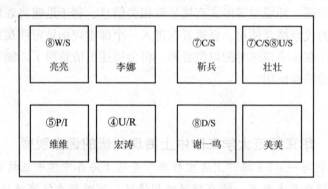

图4-23　课堂不专注行为观察位置图

在观察课堂学生不专注行为中，将学生的不专注行为（每项以字母表示，作为记录符号）分为：C——讲废话；D——干扰别人；P——个人需求；U——不参与；W——等待；S——打瞌睡。课堂中进行的教学活动（每项以字母表示，作为记录符号）可以分为：C——小组活动；G——游戏；I——讲授；O——组织；Q——问答；R——朗读；S——课堂作业。观察时，以环视全班学生4分钟为一次，一堂课40分钟，共环视全班10次，以① ② …… ⑩表示。然后进入现场实施观察，将每次环视中发现的不专注行为和课堂教学环节分别以分子、分母形式记录在观察记录图的有关位置上。从中可以看出在课堂教学第29~32分钟时，课堂作业时间内，观察到了亮亮在等待、壮壮不参与、谢一鸣在干扰别人。

图示记录，可用于结合观察具体问题，画出相关图示来帮助说明问题，如教师针对个体学生提问进行观察时，可以同时画出回答问题的学生的位置，这样可考察教师提问学生的位置有没有较为固定的倾向，也可结合回答问题的学生的背景考察教师提问与学生本身的特点有无相关等这些研究者需要了解的问题。如图4-24中每个框代表1个学生，学生回答了问题，方框内的数字代表问题的序号，空白框则没有回答。还可记录学生回答是自愿还是被动，V表示自愿，A则表示被要求回答，自愿回答几次用几个V。

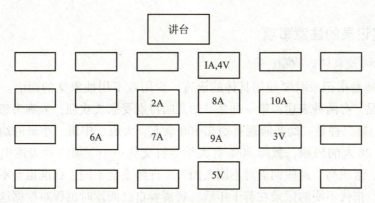

图4-24 课堂学生回答问题方式观察位置图

上图可见，第一排第4列学生被要求回答第一和第4个问题，一是被动回答，4是自愿回答，此节课教师共提问10个问题，回答问题学生集体在中部，10个问题中7个是教师要求学生回答，3个是学生自愿回答。

又如通过教师移动位置图，可以看出教师课堂中关注的学生焦点，如图4-25所示。

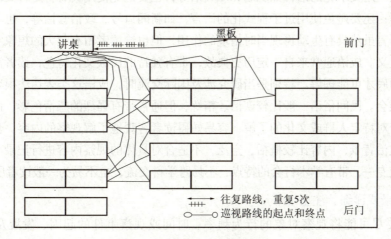

图4-25 教师移动位置图

（四）工艺学记录

工艺学记录是指借助摄像机、录音机、照相机等设备，使用录像带、录音带、照片等电子形式对所需研究的行为事件做现场的永久性记录。录音和录像最为常用，如微格教学就是采用录像方式记录下教师某一教学技能或教学环节，供事后观察、点评、改进。现代科技的发展能够把观察到的资料如实、详尽地记录下来，待事后可重复再现，以便反复地加以分析，尤其是为深层次研究微观问题提供基础。但需要注意的是，观察中可能会干扰被观察者，需要操作设备必须熟练、充分理解研究目的、有效地取舍研究场景，而且整理这类资料时，会花费大量的时间和精力。

综上所述，观察记录方法是多种多样的，研究者应当根据观察的目的和条件选择使用。无论使用哪种记录方法，都应尽量地使观察资料保持客观性和准确性。

三、观察记录的注意事项

（一）记录时要具体、清晰

具体、清晰是指记录时要使用具体的语言，少用或不用抽象性的词语。如观察某个幼儿园的运营情况，有两种表述：第一种是"幼儿园特别受家长欢迎，人满为患，教师素质都非常高……"；第二种是"幼儿园现有幼儿100余人，大班、中班、小班的幼儿分别达到了40人、36人、28人的班额，教师80%有大学专科文凭……"第一种表述中提到的"受欢迎、人满为患、素质高"这些词语对不同人而言，理解上会不同，标准也会不统一。事实上这种含混不清、指代不明的记录在若干年后，观察者自己阅读时也很难根据这些记录回忆起当时的具体情形。因此，描述应尽可能地量化。相比之下，第二种表述非常具体、明确，使人对幼儿园的情况一目了然。

（二）记录要朴实、规范

朴实、规范是指记录时应该尽量使用平实、中性、规范的语言把观察到的现象全面地描述出来，少用或不用文学化的语言如隐喻和双关语等；也要避免使用具有特定含义的用语，如成语、歇后语等；还要避免使用过于程式化的语言，如新闻口号、政治套话等，也不要使用学术行话。文学语言虽然具有生动再现当时情境的作用，但也给读者留有很大的想象空间，容易造成解释上的歧义。成语通常来自一定历史典故，带有独特的民族文化特色，读者需要一定的文化或跨文化功底才可能理解。特别是当研究涉及国际交流时，成语这类表达法很容易造成理解上的困难或误会。民间俗语一般比较诙谐、精练，但通常带有强烈的感情色彩，而且对俗语的理解也取决于对特定人群或文化的了解，容易妨碍读者客观地了解观察的内容。套话通常具有特定的社会政治背景，内容比较概括、空泛，不适合对具体的观察内容进行记录。学术行话的意义一般比较专一，带有学术行会的特点，不易跨学科交流，也不易为一般读者所理解。

（三）记录要详细、注重细节

观察时要尽可能将观察对象的行为频率、时间或观察事件的起因、发展及结果等环节完整、全面地记录下来，同时，自己的感受、想法或推论也要有所标注（见表4-32），以备后期分析资料、推导结论或探讨解决对策时使用。如一份观察记录写着："萱萱上课又没举手发言。"这样的观察记录不具有任何意义，因为上课不吵不闹，但又不举手发言的幼儿大有人在，但原因是她对活动内容不感兴趣，还是不明白、对新环境陌生，或是不愿意举手呢？教师只有通过幼儿教育活动时的注意情况、神情及行为等细节的观察，才能针对该幼儿的具体情况找到切实有效的教育策略。

表4-32　教师教学方式的观察

时间	观察到的事件	观察者的分析
10:10	教师阅读课文，眼睛盯着课本，没有看学生一眼	教师似乎对课本内容不熟悉
10:20	教师问了一个课本上有答案的问题，学生用课本上答案齐声回答	教师似乎不注意鼓励学生用自己的语言回答问题

续表

时间	观察到的事件	观察者的分析
10:30	教师提问时用手示意学生举手发言，左第一排一男生未举手就发出声音，教师用责备的眼光看了他，他赶紧举起了右手，所有学生举手时都用左手，手肘放桌上	教师似乎对课堂纪律管理很严，绝大多数学生对课堂规则都比较熟悉
10:40	教师自己范读课文，学生眼睛盯着书本，静听教师范读	为什么不让学生先读呢？是否可以让学生范读？

（四）记录要客观、忠于事实

客观是指观察记录时直接对感觉器官感觉到的进行客观描述，而不是感受的主观描述，即不要把观察者的情绪、观念、推论等夹杂在其中。如"小微拿了一块积塑给壮壮""乐乐对阿涛说：'我们一起玩娃娃，好不好'"，这些是眼睛看或耳朵听到的。而诸如"他们太聪明了""这儿的教师素质太差""小班的家长太惯孩子了"，这是感受性的主观描述，并不是实际观察到的行为，这样的描述没有指明一种特定的行为或事物，是经过观察者价值判断的主观看法。另外，表述中要少用绝对性的陈述，加上一些条件可使描述更为客观，如"小明是最胖的小孩""他很害羞"也反映了观察者感觉、情绪的成分在内，把条件加进去会显得比较客观，即"小明是中二班最胖的小孩"，此句里加入了人员范围；"他很害羞，别人看他时，他几乎总是低下头，别人邀请他玩时，他也总是摇头"，在这句里加入了害羞的具体表现。

课堂讨论

仔细阅读下列观察记录，区分记录中哪些属于对幼儿行为的客观描述，哪些是观察者的主观感受和判断？

1. 升旗仪式庄严肃穆，仪仗队员一个个穿戴整齐、昂首阔步，观看的人心潮澎湃，但见五星红旗冉冉上升，幼儿齐声高唱国歌。

2. 乐乐早早地来到了幼儿园，正感到无聊的时候，梓微入园了，手里拿着一只可爱的火烈鸟公仔。乐乐上前一把抓住火烈鸟的脖子，准备抢过来好好地玩一玩。但没想到的是，梓微早有防备，两只手紧紧地护着火烈鸟，并大声说："这是我的，不给你玩！"乐乐仍然不撒手。梓微求助于老师，经老师提醒，乐乐才松开手。乐乐说："请给我玩一会儿，好吗？"不过还是很急切，边说边把手伸向火烈鸟。好在梓微既往不咎，很爽快地把火烈鸟递了过去。不过，乐乐的好奇心一会儿就消失了，两分钟不到就把火烈鸟还给了梓微。

3. 咪咪4岁，她安静地慢慢走进教室，直接走到放插塑的桌边，熟练地拼插起来。过了一会儿，插塑用光了，她便安静地坐在那儿，用手捏着上衣的纽扣，若有所思。平平走过来，拿起她拼好的圆环看，咪咪羞怯地窥视平平，无言。她似乎是一个不善交往的幼儿。

参考答案：

1. 更多的是观察者的主观感受，观察记录应该少用形容词，而庄严肃穆、整齐、昂首阔步、心潮澎湃等词都是形容词，而非量化、具体行为的表述。

2. 是客观描述,两个幼儿的动作、语言描述都很具体,而且"急切""好奇心消失"两个相对主观性的词语短句,后面分别用"边说边把手伸向火烈鸟""不到2分钟"来具体列举。

3. 有客观描述,如直接走到桌边、手捏衣服纽扣、窥视平平等;也有主观感受和判断,如安静地、熟练地、若有所思、羞怯地、不善交往等。

第六节 观察记录的处理

观察时,认真、细致、全面地进行了记录,接下来是对观察记录的资料进行处理。观察记录的处理包括对记录资料的整理分析、观察结果的解释与评价、观察结果的运用。

一、观察记录的整理分析

(一)定量观察资料的分析

观察的目的是为了从中发现问题、得出结论,这样就需要对观察所收集的频次、时间等数据信息进行科学分析。对于用定量的方式收集的量化数据资料,一般要借助于统计方法进行分析。定量课堂观察数据分析常用的统计技术有3种:

1. 简单计算

对于一些简单的、目的单一的观察表所收集的数据,不用通过复杂的统计分析就可以从记录中计算出一些能说明问题的百分比、频率或是评定的分数。教师进行合作研究时,就可以设计这样简单的观察表,并通过简单计算对数据进行分析,从而对彼此课堂中学生学习投入情况进行比较准确的了解。课堂学生参与度的观察如图4-26所示。

讲台								前门
1	9 D	17	25	33	41	49	57
2	10 B	18	26	34	42	50 D	58
3	11	19	27	35	43	51	59
4	12	20	28	36	44	52	60
5	13	21	29	37 BD	45	53 BB	61B
6	14	22	30	38	46	54	62
7	15	23	31	39	47	55	63B
8	16	24	32 BB	40	48	56	64

A为学生主动提出相关主题的问题;B为学生正确回答;
C为学生提出无关主题的问题;D为学生错误回答。

图4-26 课堂学生参与度的观察

从图4-26可见,一是A、C是提问,B、D是回答,没有A、C,说明一个提问都没有,都是教师问学生答,即学生课堂中不积极主动。二是回答共11次,但回答人数却是

8人，即 11 个回答中有 3 人分别回答了 2 次，即 8 人回答。回答者占总人数的 $8 \div 64 = 12.5\%$，参与程度不高。三是对于教师的提问，正确 B 与错误 D 回答分别是 7 次、4 次，64 人，准确率 $7 \div (7+4) = 63\%$，准确率差。上面算式是对观察获得的数据进行的简单计算，根据计算结果分析出了 3 点结论，即学生课堂不积极主动、参与度不高、准确率低。

2. 相关关系

对于探究两种变量或者说两组测量数据之间的相互关系，可以运用相关系数的统计技术。关系的程度由两种变量数据的分布来确定。这两个分布由一组个体的成对数据组成，如要了解学生课堂中的不当行为的总量与投入学习任务的学生数之间的关系，就可以运用相关系数。

3. 组间差异比较

如果对 3 组或 3 组以上数据间的差异性进行分析，则适用方差分析。如研究者可以对观察的不同对象所得的数据进行方差分析，那么，所得的 F 比率就会解释 3 组数据在统计学意义上是否有显著差异。

（二）定性观察的资料分析

因为，定性观察的结果大多为语言文字、图示、照片、影像等，记录也较为开放，收集到的资料很难统计，费时费力。因此，首先要将定性观察搜集到的资料按照性质分类，即图示类、文字类等。其次，根据观察主题，将相同或相似观点的资料归类并进行初步思考。如研究某幼儿攻击行为，共观察到了 7 例行为事件，其中，有 5 例观察是被观察者攻击同伴的，有 2 例观察是攻击成人的。而在攻击同伴的 5 例中，4 例是抢夺玩具、1 例是同伴妨碍了被观察幼儿的行走。最后，根据前面的分类、思考，结合观察中记录的备注或简单推论，尝试提炼结论。

二、观察结果的解释、评价与形成结论

观察记录的资料经整理分析后，会使人产生一些推论、判断或想法，继而对观察结果进行解释或评价。无论是对观察结果进行解释，还是评价，不应是只根据一次或有选择的几次观察资料就进行解释或评价，而应该依据观察到的诸多数据、事实，兼顾观察中闪现的疑问、想法或访谈等渠道获得的信息，谨慎地求证、检验、推论，对观察记录整理后的资料进行解释与评价。

（一）观察结果的解释

观察是接受外界信息、感知某些刺激的过程，观察所感受的信息是一种客观的事实描述，它需要通过一定的加工和解释，即有意识地给所获信息赋予某种抽象的意义，超越可以观察到的现实做出某种解释。如观察到幼儿壮壮总是以打人解决与其他幼儿之间产生的问题（可观察的事实），于是，教师可能做出解释，说壮壮是个攻击性很强、自制能力较差的男孩，可能与家庭教育环境有关（对未曾观察到的现象的推论）。又如对表 4-32 学生课堂参与度的观察数据原因进行解释的话，可能有两点：一是教师直接演示实验启发设疑少，没有调动学生学习积极性；二是学生缺乏主动思考的习惯，或者习惯了被动接受。

对观察结果解释时，会程度不同地受一些因素的影响，如观察者根据自身的喜好、知识水平、研究经验、教育观等来筛选所观察到的信息，因此会注意不同的情景、事件或行为的特定部分，并用不同的词语去描述和解释现象。如观察儿童某阶段发展情况时，认知心理学家皮亚杰会关注儿童的认知、思维发展，道德教育家柯尔伯格（Lawrence Kohlberg）则更关注儿童的道德发展水平。还有的观察因为时间较短，没有将幼儿放在一个完整的情境中进行了解，教师只抓住幼儿说的几句话或几个动作就结束了观察，并且往往会习惯以成人的观点来看待孩子们中间发生的事情。在观察分析中会经常出现这样的话语："该幼儿是个内向、胆小的孩子，交往能力欠佳"，"这个孩子聪明、调皮，但不太会与其他幼儿相处"。实际上，这常常是教师主观而简单地在给幼儿贴标签，没有结合观察内容分析幼儿行为背后的深层原因。为什么说是交往能力不够？为什么说不太会与其他幼儿相处？是能力的问题还是兴趣的问题？可见，对观察到的现象做出正确的、有针对性的解释，需要观察者建立一定的比较客观的经验体系和理论观念，也需要掌握一定的方法与技巧。

（二）观察结果的评价

对观察结果的评价要根据观察的目的进行，预定的观察目的与观察方法，决定了对观察结果加以评价的方式与标准。对所观察的幼儿的发展情况做出评价，往往需要把所观察到的行为与一定的标准相比较，从而判断其发展水平或阶段。标准有各种类型：理论上的标准，如柯尔伯格的三水平六阶段道德发展阶段理论，出自经验或个性的各种标准；常模性的标准，如标准化智力测验的常模比较对照数值、格塞尔婴幼儿动作发展量表等。

要评价的对象是变化的，对观察结果评价选择的标准也要随之改变，即要恰当选择评价婴幼儿发展的标准。教师或家长应了解与婴幼儿年龄特征有关的行为特点，要学习有关儿童发展方面的规律性知识，还应反复观察婴幼儿的实际表现，不断对选择何种标准做出新的决定。

观察婴幼儿，对所观察的对象做出解释和评价，最终目的是要更深入地了解他们，通过改进教育或调整教育方法，来促进婴幼儿的身心健康、全面、和谐发展。

相关链接

格塞尔婴幼儿发展量表

格塞尔婴幼儿发展量表是美国心理学家格塞尔（A.Gesell）制定的婴幼儿发展测量工具。经过数十年的研究，格塞尔通过对婴幼儿日常生活录像后收集了数以万计儿童的发展行为模式，发现了每个特定年龄行为发展的平均水平，即年龄常模的资料。如12周的婴儿能接触杯子，16周的婴儿会接触方木，28周婴儿才会接触小丸，16周是动作发展的转折点，粗糙的手臂活动按发育成熟的程序逐渐出现抓握、操纵及探索等精细动作。1925年，格塞尔公布了格塞尔发展量表。1974年修订版的测试对象为从出生至5岁的婴幼儿，测试时间约30分钟。测试内容分：（1）应人能：测试幼儿对周围人的应答能力。（2）应物能：测试幼儿看物、摘物和绘画等能力。（3）言语能：测试幼儿听、理解和言语能力。（4）动作能：测试幼儿坐、步行和跳跃的能力。结果以发展商数评价幼儿的发展水平。

我国学者将此表翻译过来，部分见表4-33。

表 4-33 婴幼儿智能发育检查表（部分）

姓名： 年龄： 生日：
检查日期： 编号：

	12 周	16 周	20 周
应物能	悬环：呈在中央立刻注意到（16周） 悬环：移动悬环，两眼跟随180° 摇荡鼓：握在手中，能晃眼看过 方木、杯：注意到，为时不长	悬环、摇荡鼓：能立刻注意到 悬环、摇荡鼓、方木、杯：两臂活动起来（24周） 悬环、摇荡鼓：握着、望着 悬环、摇荡鼓：送向口去 悬环：一手握环，另一手向中线活动起来（28周） 桌面：凝视着桌面或两手 方木、杯：两眼视线从手移到物件（20周） 小丸：反复地注意到	摇荡鼓、铃：两手试攫取（28周） 悬环、摇荡鼓：放得近时会用手拿起来（24周） 摇荡鼓：手中失掉了摇荡鼓时，两眼会追随 方木：手握一块，注意第二块方木堆：手接触到方木时，会握在一起（24周）
动作能	仰卧：两手放松或轻握拳 摇荡鼓：主动握着 杯：手触杯	悬环：留握 仰卧：玩弄手指，能抓，能抓牢（24周）	俯卧或对着台面：抓垫面或台面（28周） 方木：指端掌根握
言语能	发音：咕咕声（36周） 发音：咯咯笑 社交：逗引时有表情并出声	表情：兴奋时深呼吸、屏气（32周） 发音：大声笑	发音：尖声叫（32周）
应人能	社交：逗引时有表情并出声 仰卧：牢望着主试 玩耍：注意到自己的手（24周） 玩耍：拉自己的衣服（24周）	社交：自动微笑迎人 社交：拉臂坐起时会发音或微笑（24周） 哺喂：见食物懂得 玩耍：扶坐可达 10~15 分钟（40周） 玩耍：两手合起来，玩弄手和手指（24周） 玩耍：把自己的衣服拉到脸上来（24周）	社交：望着镜中的影子微笑 哺喂：两手拍着奶瓶（36周）

来源：宋杰，等.小儿智能发育检查[M].上海：上海科学技术出版社，1981.有改动。

（三）形成结论

怎么形成结论？以表 4-34 为例，主要有以下 3 点：

表 4-34 教师追问频数观察统计表

追问方式	跟踪追问	逆向追问	因果追问	发散追问	无意义追问	不恰当追问
频次	7	2	3	4	2	1
百分比 /%	43.7	12.5	18.7	25	12.5	6.2

1. 点面结合，围绕观察主题，针对所观察到的教学现象进行如实、客观的分析

如根据教师追问频数观察统计表中数据，针对观察到的现象进行的如实、客观的分析是：教师的追问方式集中在跟踪追问和因果、发散追问 3 种方式。因果追问能够引发学生深入思考，给学生提供展示思维过程的机会。这样有利于教师及时了解学生的学习过程和学习

方法，以便教师调整教学策略，向学生提供具体的帮助和指导。跟踪、发散追问能够引导学生针对某一具体问题进行多角度多层面分析与研究，培养学生反思能力，提升学生的思维水平。但无意义追问和不恰当追问共 3 问，占整堂课追问数 18.7%，这是需要注意和改进的地方。

2. 要将重点放在可能性原因的分析上，提出建设性意见

如根据教师追问频数观察统计表中数据，可能性原因的分析是：师生的交流主要集中在新课学习中，一方面反映出这堂课"火力集中"，注重重点知识的理解与难点的化解；另一方面反映教师的教学视线由过去的关注学习结果转向关注其学习过程，在"教师提问—学生回答—教师反馈"这个环节中突出了学生的主体作用，更多的是利用追问加强了与学生的交流，这些追问往往是教师与学生之间互动质量的指标之一，反映了该教师有较强的课堂调控能力。不过还要通过追问加强对旧知的复习和对新知的巩固。

教师追问问题的结论及建议有两点：一是教师追问要紧紧围绕初始的主要问题，不能拉出去太远，甚至与本课题的教学目标无关；难度要适宜，要切合学生的实际水平。二是教师的追问不能模棱两可，给出的问题要明确无歧义，一次追问不能太多。日常教学中，很多教师喜欢一次问一大串问题。结果导致了两个问题：第一，学生对那个最初问题的思考被打断了。第二，改变措词后的问题常与原来的问题大相径庭，从而使学生认为这是两个不同的问题。所以，教师还要注意一次只能提 1~2 个问题，追问要适度，并用简洁易懂的言语表述出来。

3. 要将定量分析和定性分析相结合，有助于对教学现象的整体把握

通过上面两点，可以看出，根据观察表进行的客观分析利用的是表格中的数据，是定量分析；而原因、结论及建议则是定性分析。定性与定量相结合，能更全面、深入地把握研究现象。

三、观察结果的运用

利用观察所得到的信息资料，改善婴幼儿发展的条件与机会，改进教育工作的方法，从而提高教育效果，这不仅是对观察结果的运用，而且涉及对整个观察活动本身的计划、构思、过程等全面综合性考虑。其中，观察结果的运用对教育教学的改革提供最有用的信息或依据，从其实质而言是为教育实践活动服务。如根据下面观察记录的结果（见表 4-35），教师可以在以后的运动游戏中，多注意引导、鼓励佳佳练习平衡能力，使佳佳平衡能力逐渐提高。

表 4-35 对佳佳的个案观察记录

行为的客观描述	解释与说明
一次运动游戏中，佳佳在平衡木上移动的速度特别慢，脚步跨度特别小，身子还不时摇晃几下。接下来的转圈练习和单腿游戏中，佳佳虽然能完成转圈动作，但身体特别摇晃，单腿平衡练习时，左腿提了两次都没站稳	根据皮亚杰的认知发展理论，幼儿要完成一个动作，要具备 3 个条件：一是平衡能力；二是行动计划；三是身体协调能力。佳佳运动时行动计划和身体协调能力都具备，但平衡能力不够好，不能在重心移到一边后继续长时间保持同一动作

以上事例说明，在教育实践中要不断利用观察这一方法，更加客观、具体、准确地了解婴幼儿发展的情况和问题，以便及时采取措施，促使婴幼儿更好地发展。教师和家长也应加强自身的各种修养，提高教育理论水平和教养能力，不断学习观察的知识，掌握观察的技能和灵活处理观察发现的问题、提高教育实践的技能，逐步在实践中提高观察水平，以及解释、评价和运用观察结果的水平。

思考与练习

1. 什么是观察法？有什么特点？
2. 观察在学前教育研究中起着什么样的作用？
3. 观察法的类型有哪些？
4. 观察的具体方法有哪些？如何运用这些方法进行观察？
5. 观察法实施的3个阶段是什么？在3个阶段中，有哪些具体步骤？
6. 观察实施时，有哪些要求？
7. 观察记录具体方法有哪些？观察记录有什么注意事项？
8. 选定一个问题，根据下面步骤，拟定教育观察计划。

教育观察计划

一、研究课题

二、观察目的、任务

三、观察对象、范围

四、观察内容

五、观察地点

六、观察的方法、手段（选用一种具体的观察方法，采用什么仪器设备，如何保持观察对象和情景的常态等）

七、观察步骤与时间安排（观察如何进行，包括观察次数、程序、间隔时间，每次观察要持续的时间等）

八、其他（包括组织、分工和有关要求）

拟定计划人：

年　月　日

---

9. 确定一个观察目的，选取相应观察内容，根据定量观察记录和定性观察记录的方式，从中任取一种记录形式设计观察记录表。

10. 选定某幼儿园大班幼儿，采用事件抽样法对幼儿攻击行为设计观察记录表，并实施观察。

11. 采用时间抽样法，针对小班幼儿游戏中注意力稳定性设计观察记录表，并实施观察。

12. 运用操作性定义的相关知识与技能，对"幼儿自我服务能力"下操作性定义，设计观察记录表，并实施观察。

13. 请使用行为事件描述方法，说说大学期间你最有成就感的一件事。

14. 设计一个观察用的五等级量表。

15. 参照图示记录，绘制一幅某班班级环境布置图，并对该图进行评价。

16. 选定一个小班，参照表4-36对小班幼儿依赖性进行观察评定。

表4-36 儿童依赖性观察评定量表

维度	操作定义	等级				
1.要求权威者的承认	常向老师询问"这样好不好"，始终按照老师的要求去做	极多见 5	常可见 4	普遍 3	不常见 2	极少见 1
2.身体靠近或接触	常喜欢站在老师身旁或依偎着老师的身体，和同伴、朋友也常拥靠	极多见 5	常可见 4	普遍 3	不常见 2	极少见 1
3.求他人帮助	积极求人帮助，自己会做的事也要求人帮助，常哭泣	极多见 5	常可见 4	普遍 3	不常见 2	极少见 1
4.求他人支配	常问别人怎样去做，照着他人的话去做	极多见 5	常可见 4	普遍 3	不常见 2	极少见 1
5.模仿他人行为或作品	模仿长辈，或群体中最有影响的人物的言行，模仿别人的图画作品	极多见 5	常可见 4	普遍 3	不常见 2	极少见 1
6.讨好别人	别人叫他做什么，就很快很乐意去做，别人要借什么，就立刻出借	极多见 5	常可见 4	普遍 3	不常见 2	极少见 1

17. 结合给出的幼儿游戏活动类型的操作性定义（见表4-37），运用编码系统方式观察幼儿参与游戏活动程度的类型，要求选择不同年龄段的幼儿被试、设计观察记录表，并对观察结果分析、解释。

表4-37 幼儿游戏活动类型的界定

代码	游戏类型	操作性定义
1	无所事事	幼儿没有参与游戏，只是随意地观望暂时引起他们兴趣的事情，如没有可注视的就玩弄自己的身体，或走来走去，爬上爬下，东张西望，和参与游戏的幼儿相比，处于游离状……
2	旁观	幼儿基本上是在观看其他幼儿的游戏，有时凑上来与正在游戏的幼儿说话、提问题、出主意，始终离游戏幼儿较近，但自己并没有直接参加游戏。他们对某个或某些幼儿的游戏有固定的兴趣
3	单独游戏	幼儿独自一人游戏，专注于自己的游戏，不受别人影响，不做努力与他人接近或参与别人的游戏、活动

续表

代码	游戏类型	操作性定义
4	平行游戏	能与其他幼儿离得较近或在同一处玩,但幼儿仍是各自玩各自的游戏,互不影响
5	联合游戏	幼儿与其他人一起玩同样的类似的游戏、分享玩具、相互追随,但没有组织与分工,每个幼儿都做自己想做的事情,兴趣不在小组游戏上
6	合作游戏	幼儿为某种目的组织成游戏小组,有领导和角色分工,相互帮助,支持分工角色的执行

18.运用时间抽样观察,观察学生课堂学习行为与非学习行为,并进行分析、解释,见表4-38。

表4-38 学生课堂行为记录表

学校: 年级: 学生姓名: 教学科目: 课题: 教师:
(注:出现次序,以1、2、3等序数字表示。 记录者: 日期:)

学习行为	出现次序	持续时间	出现次序	持续时间	出现次序	持续时间	非学习行为	出现次序	持续时间	出现次序	持续时间	出现次序	持续时间
听讲							与邻座讲话						
举手答问题							看手机						
举手提问题							做小动作						
记笔记							看别人或别处						
做课堂练习							擅自离开座位						
做示范							睡觉						

实 训

项目一 幼儿游戏类型与交往反应观察记录

一、观察目的

集体活动中,观察与辨别4岁到4岁半幼儿社会交往的具体指向及引起同伴或成人的反应。观察目标为3个幼儿及班上与之交往、做出反应的同伴和成人的行为。根据观察,了解幼儿如何相互适应、相互学习对方所能接受的社会行为。

二、观察任务

1.观察几个幼儿与成人和同伴的交往方式是否一致?

2. 观察每个幼儿是否有自己独特的交往风格，如接近他人时是否均以相似的方式——一边跑向某人，一边大叫"我在这儿"，还是悄悄地站到某人近旁？

3. 哪些幼儿在交往中一般都能成功？哪些常被人拒绝或忽视？

4. 3个幼儿中，谁更愿意与成人交往？

5. 幼儿的言语发展与社会性发展之间存在何种关系？

6. 男女幼儿在交往中有何差别？

7. 在与幼儿交往中，成人的态度对幼儿是否有影响？在何种情景下，成人行为可鼓励幼儿的社会交往？

三、观察准备

熟记所要观察的具体行为符号，界定游戏类型和交往反应类型的定义，制作记录表格（见表4-39），在幼儿园教室内或户外活动场地，提供相应玩具、器材供幼儿游戏交往。"被观察幼儿"栏中记录幼儿的代号（可以用数字序号也可以用英文字母）。"交往对象"栏中注明在交往的人，如小朋友、成人、老师或家长、其他人等。"交往行为的描述"栏中简单记录交往活动情况，如两人在插塑等。"游戏类型"共4类，在栏内填入相应游戏类型的代码。"反应类型"分为接近和反应两大类，在栏内填入相应代码。

表4-39 幼儿社会交往观察记录表

被观察幼儿	交往对象	交往行为的描述	游戏类型（代码）	反应类型（代码）

游戏类型及代码：

a.孤独游戏——独自一人玩。

b.平行游戏——在别人旁边玩，但仍然是独自玩，与别人没什么言语交往或物质往来。

c.联合游戏——两个或更多的幼儿在一起玩，可能有言语交流，但每人都有自己的意图。

d.合作游戏——几个幼儿一起计划和游戏，有共同的目的，有角色分工。

反应类型及代码：

第一类：接近

A.接近成人

S——身体接触，拉住手或衣服，坐在膝上等。

Y——用语言接近，如"到这儿来""你来这干什么"等。

Q——其他身体姿态，如站得很靠近、紧盯住成人等。

B.接近另一幼儿

S——身体接触，拉住手或拥抱等。

Y——用语言接近，如"哎，你来""你……"等。
Q——其他。如站得靠近、看别人玩、设法引起别人注意等。
C. 成人接近
S——用身体接触该幼儿。
Y——用语言接触该幼儿。
Q——用其他方式接近。
D. 另一幼儿接近
S——用身体接触该幼儿。
Y——用语言接近该幼儿。
Q——用其他方式接近。
第二类：反应
E. 得到成人的注意
+——积极反应，成人用言语回答，微笑或拍拍幼儿等。
-——消极反应，成人用言语或非言语方式拒绝幼儿接近。
中——中性反应，成人并未注意到幼儿或忽视幼儿的接近。
F. 得到另一幼儿的注意
+——积极反应，同伴用言语回答或行动响应，接近该幼儿。
-——消极反应，同伴用言语或非言语方式拒绝该幼儿接近。
中——中性反应，同伴并未注意到该幼儿或忽视该幼儿的接近。
G. 对成人做出反应
+——适宜反应，积极的言语回答、微笑或握住成人的手等。
-——不适宜反应，如打、避开，叫道"不！"等。
H. 对另一幼儿做出反应
+——适宜反应，如微笑、拥抱，说"好吧"等。
-——不适宜反应，如打人、推开、跑掉，叫道"不！"等。

四、观察过程与步骤

分别观察每个幼儿5分钟，根据观察要求与定义，判断并记录幼儿的游戏方式、交往对象及对他人的反应。

五、观察要求

第一，预先熟记相关符号与定义，以便观察时能迅速、准确地进行记录。
第二，在相对轻松的情景中观察幼儿交往活动，如娃娃家游戏、搭积木等。避免在讲故事、听音乐或休息时进行，因为在这些情景中交往活动受限制。
第三，观察活动不应对幼儿的活动或行为有任何的干扰和影响。

六、范例——幼儿社会交往观察记录（见表 4-40）

表 4-40　幼儿社会交往观察记录表

观察地点	观察时间	被观察幼儿	交往对象	交往行为的描述	游戏类型（代码）	反应类型（代码）
娃娃家活动区	9:10-9:25	A——小睿（女）	小朋友、教师	能与 C 等其他小朋友合作做饭、炒菜、吃饭，有时指挥别人	d	S/D；Y/A+/H；+/E
		B——阿伟（男）	小朋友	将做好的饭菜请小朋友和教师品尝，模仿 A 的动作	b	Q/B；-/F
		C——赵宇（男）	小朋友	主动寻求与 A 等小朋友合作游戏	d	S、Y/B；+/F
总结性概述：3 个幼儿交往风格明显不一样，小睿更受欢迎，也更愿意与成人交往，在同伴交往中有一定的领导权；阿伟不太擅长交往，不会主动运用语言或身体接触等方式与别人交往，因此得到的反应也是消极的；赵宇有较强的社交欲望，采用身体接触、语言等多种方式与人交往，因此也能得到同伴的积极反应。成人的积极反应会鼓励幼儿与之交往，而且在幼儿采用恰当交往方式时，成人可以微笑、响应幼儿提议等方式鼓励幼儿进行交往。交往中，女孩更喜欢用语言作为交往的工具，男孩则倾向于身体接触或其他方式。						

七、实践与训练——观察记录幼儿社会交往活动

（一）实训目标

1. 培养学生观察记录幼儿社会交往行为的能力。
2. 培养学生分析并总结幼儿社会交往行为及特点的能力。

（二）内容与要求

1. 到幼儿园见习，或观看幼儿交往实录。
2. 根据实际观察填写表 4-41。

表 4-41　幼儿交往活动记录表

观察地点	观察时间	被观察幼儿	交往对象	交往行为的描述	游戏类型（代码）	反应类型（代码）
总结性概述：						

项目二　图示记录

一、范例——幼儿室内游戏选择的图示记录

观察地点：室内活动区　　　　观察对象：班级幼儿
观察时间：9:10—9:20　　　　活动：自由选择游戏活动

总结性概述：从图4-27中可以看出，在室内游戏活动时间内，除了玲玲、黄玉卓在闲逛外，其他幼儿都在一定的活动区域里进行游戏。加着重号的幼儿为同一个区域活动时的合作伙伴，有言语交流或肢体动作的接触。加下划线的赵唯一和龙亮亮因争用同一绘画用具发生过争执。

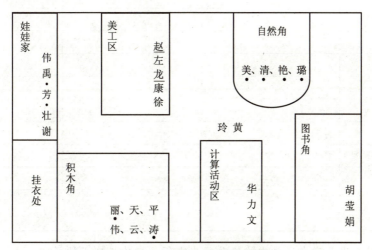

图4-27　幼儿室内游戏选择图示

二、实践与训练——幼儿课堂举手发言的图示记录

（一）实训目标

1. 培养学生设计观察幼儿课堂发言情况记录表的能力。
2. 培养学生分析幼儿课堂发言行为的特点与解释、评价的能力。

（二）内容与要求

1. 到幼儿园见习，或观看课堂教学活动实录。
2. 根据实际观察设计图示，要求在图中体现出教师课堂提问的次数、哪些学生发言、发言者是主动还是被动（被提问）方式。

项目三　6岁儿童课堂捣乱行为观察记录

一、观察目的

观察课堂教学活动中，6岁儿童捣乱行为的表现及频次，了解儿童捣乱行为出现的原因。

二、观察准备

界定捣乱行为的操作性定义并熟记,制作6岁儿童课堂捣乱行为频数观察记录表(见表 4-42),准备秒表。

表 4-42 6 岁儿童课堂捣乱行为频数观察记录表

观察幼儿园:	观察班级:	活动主题:	
观察时间:	观察对象:		
行为类别	次数	持续性时间/s	备注
粗鲁行为			
跪			
侵犯别人			
扰乱别人			
说话			
叫嚷			
噪声			
转方向			
做其他事			
总结性概述:			

国外有人对 6 岁儿童在课堂中的捣乱行为进行了操作性定义的界定:

1. 粗鲁行为:离开位子、站起来、走动、跑动、跳绳、摇动椅子。
2. 跪:跪在椅子上、坐在脚上、横躺在课桌上。
3. 侵犯别人:投掷、推、撞、拧、拍、戳及用东西打其他同学。
4. 扰乱别人:抢夺他人东西、破坏其他同伴所有物。
5. 说话:和其他同伴讲话、喊叫老师、唱歌。
6. 叫嚷:哭闹、尖叫、咳嗽、吹口哨。
7. 噪声:发出咯咯声、撕纸、鼓掌、敲击书桌。
8. 转方向:把头和身子转向其他同学、向别人显示东西。
9. 做其他事:玩弄东西、解自己鞋带等。

三、观察过程与步骤

1. 观察 20 分钟,每 2 分钟巡视课堂一遍,共巡视 10 次,用①②……⑩表示巡视的次数。
2. 每次巡视时,在"次数"里用"正"字或画竖线或其他形式的符号记录不同类型捣乱行为出现的次数;在"持续时间"栏里记录该行为类别持续的时间;"备注"栏里可标注某个位置学生,或选择观察的时间属于课堂教学的哪一段,或教师课堂教学的内容、教学方式等。

四、观察要求

1. 预先熟记相关定义,熟悉秒表操作,以便观察时能迅速、准确地进行记录。
2. 在正常课堂教学情境中观察儿童课堂捣乱行为,要正确区分儿童捣乱行为与教学活动中儿童的正常表现,观察活动不应对儿童的活动或行为有任何的干扰和影响。

五、范例——6岁儿童课堂捣乱行为频数观察记录(见表4-43)

观察幼儿园:哆来咪幼儿园　观察班级:大班(1)班　活动主题:语言活动"谜语"
观察时间:8:30—8:50　　观察对象:W——大伟(男)、Z——壮壮(男)、T——阿涛(男)、Y——小雨(女)、B——御博(男)、Q——茜茜(女)

表4-43　6岁儿童课堂捣乱行为频数观察记录

行为类别	次数	持续性时间/秒	备注
粗鲁行为	⑦Ⅱ	6,7	Z摇、站
跪			
侵犯别人	④Ⅱ,⑧Ⅱ	5,2,2	Z挤Q,Z拍W,Z推Q
扰乱别人			
说话	④Ⅰ,⑧Ⅱ	10,6	W—Z,Q告状,Y—B
叫嚷			
噪声	⑥Ⅱ	4,10	Z敲,2^{nd}制止
转方向	⑧Ⅱ,⑨Ⅲ	4,7,3,6	T后转,B右转,Z3次左转冲人笑
做其他事	⑧Ⅱ	6	B蹲下四望

总结性概述:Z与Q、W与T、Y与B分别是同桌,W、T在Z、Q前排。这是一组从教学活动开始到活动进行至中间的观察记录,从记录中可以看出Z是个比较活跃、爱捣乱的儿童,教学活动开始没多长时间,就开始捣乱,挤同桌、拍前面同学、摇晃座椅、站起来,后来又敲击书桌,第二次敲击时被教师制止。B是个蔫儿淘的儿童,不招惹其他儿童,但却做引其他人注意的动作。Q、W、Y是被动引发捣乱行为的儿童。幼儿捣乱行为主要体现为转动身体、说话、告状、推挤同学及玩弄东西等。幼儿捣乱行为开始出现于教师情境导入之后,集中在15分钟之后,与幼儿注意力保持时间有关,也与教师的教学方式有关。

六、实践与训练——观察记录大班幼儿课堂捣乱行为

(一)实训目标

1. 培养学生观察记录幼儿课堂捣乱行为的能力。
2. 培养学生分析幼儿课堂捣乱行为特点的能力。

（二）内容与要求

1. 到幼儿园见习期间，选择一节大班教学活动进行观察。
2. 根据实际观察填写6岁儿童课堂捣乱行为频数观察记录表（参见表4-43）。

项目四　幼儿户外活动观察记录

一、范例（见表4-44）

表4-44　幼儿建构"坦克"游戏活动的观察

观察基本情况	行为的客观描述	解释和说明
时间：10:15—10:20 地点：幼儿园户外活动区 对象：杨林、魏宇桐 活动主题：玩沙	玩沙活动时，杨林和魏宇桐分在一个组。杨林对魏宇桐说："来搭个公园，好吗？"魏宇桐不语，用铲子不停地往盆里装沙，好一会儿才回答："今天我来做坦克。" 　　杨林看看魏宇桐，他拿起杯子、水壶为魏宇桐装水，并主动地往盆里倒。魏宇桐则用双手将水和沙搅拌在一起。水倒完了，杨林又开始帮魏宇桐往盆里加沙，还不断地问："沙还要吗？沙够了吗？"魏宇桐终于说话了："不要了，够了。你再去装点水吧！"杨林再次拿起容器去装水，这下倒进盆里的水没过了沙，他们赶紧把多余的水倒掉，直到水和沙正好齐平，魏宇桐满意地对杨林说："现在，我可以做坦克了。" 　　魏宇桐从盆中取一把沙，两手将沙捏成一个大圆放在干沙上。他再抓起一把沙，捏成小圆状，放在大圆左边，又将手中剩下的沙再捏紧，放在另一边，并不断重复以上动作。杨林似乎看明白了什么，他也不断地从盆中抓起沙，捏紧一团交给魏宇桐。几分钟后，魏宇桐起身满意地看看自己做的"坦克"，自顾自地洗手去了，杨林紧跟在后。 　　等他们再次回到"坦克"边时，发现"坦克"坏了，魏宇桐伤心地哭了起来，在杨林的安慰下，两人开始进行修补，他们用双手隆起坍塌的"坦克"，将其拍紧，并用同样的方法做了好几辆"坦克"。	魏宇桐已经有了用湿沙进行简单造型的经验，他们在造型游戏中运用了大小概念、数的概念，并掌握了水与沙之间的关系。同时，用手捏出沙团，对损坏的坦克进行修补，可见其动作的灵巧。 　　在两个幼儿的合作建构中，可见魏宇桐是主动的一方，构思主题，示范领导着建构过程；杨林也很善于配合，两个幼儿协调建构主题，很自然地形成了主配角分工，在合作中共同完成了自己的作品。

二、实践与训练

（一）实训目标

1. 培养学生观察记录幼儿户外活动的能力。
2. 培养学生分析、解释与评价幼儿户外活动中行为特点的能力。

（二）内容与要求

1. 到幼儿园见习、社会实践或观看幼儿户外活动实录。
2. 根据实际观察填写幼儿户外活动观察记录表（参见表4-44）。

第 5 单元

调查研究

任务

1. 会编写问卷指导语；
2. 能根据问卷设计的要求，初步编写带有开放、封闭式问题，主题明确、结构完整的问卷；
3. 能根据访谈调查的相关知识，设计简单的访谈提纲；
4. 能依据调查目的，对幼儿作品进行初步分析。

案例导入

一次，一个妈妈很苦恼地对笔者说自己 3 岁的女儿在幼儿园被孤立了，因为班级其他小朋友玩游戏不带她。于是，笔者和小女孩之间展开了一段对话。

笔者：妈妈说你班小朋友玩游戏不带你，是吗？

女孩：嗯。

笔者：是玩所有游戏不带你，还是玩某一个游戏不带你呢？

女孩：玩公主游戏不带我。

笔者：为什么不带你？或者说，你也要玩的话，他们会说你什么？

女孩：你没穿裙子，不能当公主。

笔者：哦，你想当公主，但是没穿裙子，所以不让你当公主。那你要是穿了裙子，是不是就可以和他们一起玩了？

女孩：是。

笔者：那玩其他游戏，比如娃娃家、超市或者玩搭积木那些游戏，他们和你一起玩吗？

女孩：和我一起玩。

笔者：你上幼儿园为什么不穿裙子呢？

女孩：妈妈不让。

（听到这儿，妈妈插话说：是幼儿园让穿园服的啊。）

笔者问女孩：其他当公主的小朋友穿园服没有？

女孩：穿了。

笔者：他们穿了园服能当公主，是不是也穿了裙子？

女孩：是。

笔者：他们园服和裙子是怎么穿的？

女孩：园服在外面，裙子在里面。

结论显而易见，是班级幼儿对游戏角色的思维定式（公主必须是穿裙子的）而拒绝了想当公主但没穿裙子的女孩（妈妈对穿园服的片面理解，导致不给女孩穿裙子），并非是妈妈认为的女孩被孤立了。

笔者和女孩的谈话，是教育研究方法吗？是什么研究方法？

教育部颁布的《幼儿园教师专业标准（试行）》指出：要有效运用观察、访谈、家园联系、作品分析等多种方法，客观地、全面地了解和评价幼儿。为此，本单元将对问卷调查、访谈调查及作品分析法等一一进行阐述。

第一节　调查研究概述

一、教育调查研究的意义

（一）什么是教育调查研究

教育调查研究，又称教育调查法，是在教育理论指导下有目的、有计划、系统地运用问卷、访谈、测验或个案研究等各种方式，搜集有关研究对象的现实状况或历史状况的材料，从大量事实中分析了解教育实际情况、相互关系，借以发现问题、探索教育一般规律的研究方法。教育调查法，是单独使用得最广泛的一种研究方法。

（二）教育调查研究的作用

教育调查研究主要有3方面作用。

一是掌握课题研究的第一手材料和数据，加强课题研究的针对性。教育科研的对象和现象是复杂的，各种因素是不断变化着的，因而，要研究某些问题，就必须掌握第一手材料和数据，加强课题研究的针对性。

二是为课题研究提供事实依据。课题研究及教育科研应努力为行政决策服务、为做好工作服务、为教育改革实践服务，所有这些服务都要以事实为依据。

三是明了现状、敢于创新。社会越是向前发展，要研究的问题涉及的方面就越多。因而，必须了解和把握现实情况，要善于发现并解决新问题，提出新见解，形成新理论，推进教育科学和教育事业的发展。

二、调查研究的特点

（一）调查研究的优势

1. 灵活方便

调查研究不像观察研究那样必须在教育现场进行即时的观测，而是采用问卷、作品等间接的方法，从各个侧面研究当前的教育事实，收集的是自然状态下反映出来的教育实际情况的材料。调查研究不受现场条件及时间条件的限制，形式比较灵活、运用简便、适用面广，收集资料速度较快。如研究或比较不同地区幼儿园经费收入状况、幼儿园营养餐实施情况、家庭中幼儿自我服务能力的培养等。

2. 多途径收集材料

调查研究的方式、手段多样，既可以通过口头调查的形式，如座谈、电话访谈等深入了解有关事实，也可采用书面调查形式，如发放问卷、网络测评等获取观点、意向，而且这些形式也可以同时进行，比观察研究、实验研究等方法采用的被试数量上要多，尤其是问卷调查，可以采用匿名调查，因此，获取信息速度快、数量大、效率高。

3. 简单易行

教育调查法主要通过考察现状、收集资料进行研究，不像实验法那样通过控制实验因素的方法进行研究，所以，调查法比较容易实施。因此，可采用它去研究范围较广、涉及面较大、时间较长的教育现象，如研究学生的学习动力问题、学习兴趣和学习效果问题，研究学生的职业取向和价值观问题等。

（二）调查研究的局限性

虽然调查法在教育科学研究中应用广泛，但也有一定的局限性，如调查可以发现事物之间的联系，但往往只是表面的，难以确定其因果关系；调查能否成功往往取决于被调查者的合作态度，更多地受制于研究对象。另外，调查的可靠性有一定的限制，调查者的主观倾向、态度都有可能影响被调查者，使调查的客观性降低。再有，调查很少采用比较组设计，仅凭一组被试所做的调查往往缺乏研究的有效性，推论到总体中去要慎重。

三、调查研究的分类

（一）根据调查对象的范围和选取方式上的不同

根据调查对象的范围和选取方式上的不同，可以分为全面调查、抽样调查与个案调查。

1. 全面调查

全面调查，也称普遍调查，简称"普查"，是为了了解总体的一般情况而对较大范围的地区或部门中的每个对象进行调查。其主要目的在于了解基本情况、把握总体面貌，得出具有普遍意义的结论。全面调查有广义与狭义相对之分：广义的全面调查，如全国人口普查；狭义的全面调查，如要研究某地小学生体质情况，则对全市小学生进行体检，也是普查。

其优点是具有普遍性，能全面反映教育的诸多现象及其变化发展情况，收集的资料比较全面。但是调查所得到的材料往往比较肤浅和简单，有些问题无法深入了解，而且调查大多采用填表等书面方式进行，难以得到生动的材料。同时，由于调查范围广，往往耗资大、费时长，如我国九年义务教育完成情况普查。

2. 抽样调查

抽样调查是指从被调查总体中抽取其部分作为样本进行调查，根据调查所得数据，运用统计学原理推算出被调查总体的一种调查方式。抽样调查结果与抽取样本数量、抽取方式有关。抽取数量越多，就越接近总体，结果也就越精确；抽取样本采取随机抽取方式，结果更具有代表性。如《民办幼儿园教师流动情况调查研究》，选取某市10所民办幼儿园，每所幼儿园园长和10名教师，共110名被试为调查对象。在此研究中，目标总体是所有民办幼儿园的教师，可获得被试总体是10所园的园长和教师，而抽取样本容量是110人。

相关链接

抽样的原因

不对被试总体进行调查，只选择部分被试作为调查对象的原因有3点：一是一项研究要调查全体对象是不可能的，在人力、财力、时间上都不允许，只能抽样调查，通过对局部的研究，可以取得说明总体的足够可靠的资料，准确推断总体情况。二是在理论上讲，在数量多的总体中，往往它的部分（一定数量）的特征跟总体的特征可以达到极为相同的地步，因此说，抽样调查有科学依据。三是在调查时集中精力研究为数较少的对象，可能更深入、更仔细，从而提高研究的精确性，甚至比全面研究更优越。

——来源：节选自给教育科研定法：做教师自己的教科研[EB/OL].
http://www.doc88.com/p-2847819942368.html.

3. 个案调查

个案调查是从总体中选取一个或几个调查对象进行深入、详尽调查研究的方法，或者是指对一个人、一个特殊事件、一个社区、一种情景进行调查研究的方法，方式有笔记、日记、档案、录音、录像、照片、访谈、填表等多种方式。目的是通过深入、细致地描述一个具体单位（如个人、群体、学校等）的全貌和具体的社会过程来了解其社会活动、生活方式、行为模式、价值观念、文化、规范等。由于个案调查的代表性不大，因此，在推广经验时要慎重。

课堂讨论

从范围上看，下面的调查属于哪一种？
1. 全国教师职业压力的抽样调查
2. 对某校推行竞争上岗、末位淘汰的调查研究
3. 全市中学生心理健康状况的调查

参考答案：
1. 抽样调查
2. 个案调查
3. 全面调查

（二）根据调查的时间尺度不同

根据调查的时间尺度不同，可以分为横向调查和纵向调查。

1. 横向调查

横向调查是在某一时间点上同时采集不同对象的资料查、民意测验等。即对多组对象同时测量，如人口普查、民意测验等。

2. 纵向调查

纵向调查是随时间推移多次地收集调查资料，往往是对一组对象在不同时段进行多次测量，是对某一现象历史展现过程的研究，具体包括趋势研究、同期群研究和追踪研究等。如对某小学三至六年级作文能力进行调查，可以抽取三年级一个班，要求完成一篇命题作文，然后每一年都要求这个班的学生写同样命题的作文，连续 4 年。最后，将 4 年的同一命题作文进行比较，了解学生作文能力的发展过程。又如幼儿语言能力发展的年龄特征、幼儿社会交往能力发展的调查、不同年龄班幼儿所喜欢的游戏形式与内容的特点研究等都属于纵向调查。

（三）根据调查手段不同

按调查手段划分的调查类型可以分为问卷调查、访问调查与作品分析等，这也是本单元第二、三、四节主要介绍的内容。

1. 问卷调查

问卷调查是研究者为了了解某些事实或意见，向被调查者分发印好的问卷或问题表格，要求被调查者实事求是地填写，然后回收问卷进行整理研究。这种方法使用较多。

2. 访问调查

访问调查又称谈话法，这是一种调查者通过与调查对象面对面谈话直接收集材料的方法，如了解幼儿的游戏兴趣、家长对孩子的教育、教师的教学经验及幼儿园领导的管理水平等。

3. 作品分析

作品分析又称产品分析法，是指对被调查者的作品如绘画、折纸、作业等进行分析研究的调查方法。

（四）根据研究的性质不同

根据研究的性质不同，分为现状调查、相关性调查、因果关系调查和发展性调查。

现状调查是指根据一定的研究目的，对调查对象现在状况进行的一种专项调查，调查研究对象的目前状况和与之相关的各种因素，主要解决"某一对象的某种特征目前状况怎样"的问题，如秦淮河的污染问题研究。

相关性调查在于了解现象与现象之间的关系，要解决某一类教育对象的两种特征之间是不是有联系和联系的程度。如惩罚与幼儿侵犯性行为的关系调查、教师教养态度与学生心理健康的关系研究。

因果关系调查，是为了探索研究对象的某一种特征形成的原因，如优秀学生形成的原因是什么？

发展性调查研究，是对研究对象在不同时间段或不同年龄发展变化规律的调查。主要是解决对象的某种特征是怎样随年龄变化而变化的。如不同年级小学生多元智能发展状况的调查研究。

四、教育调查研究的一般步骤

教育调查研究由5个相互关联的主要步骤所组成：第一步，选择课题，提出假设。第二步，设计调查研究方案。第三步，收集资料。第四步，整理与分析资料。第五步，做出结论，撰写报告。此5步分为3个阶段，每个阶段都有各自特定的具体活动和要求，研究者应根据实际情况进行适当的调整，以保证研究的顺利进行（如图5-1所示）。

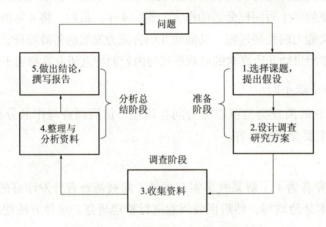

图 5-1 教育调查研究的一般过程

（一）准备阶段

准备阶段的具体步骤包括：

1. 选择课题

通过对教育领域中研究形势的把握和现实问题的探讨，来选择调查的课题。

2. 查阅文献

在确定研究题目和研究目的后，必须收集并查阅有关文献资料，了解研究的背景、研究的意义、问题的表述等相关理论和研究，以进一步明确课题的地位，避免重复别人做过的研究，并获得研究的思路和方法。

3. 界定概念

确定研究的指导思想和理论基础，澄清课题所涉及的基本概念，确定研究问题中主要涉及哪些变量，区分变量的性质，理清变量之间的关系，给变量下操作性定义。在对研究变量进行分析的基础上准确地表述调查研究的目的。

4. 提出假设

研究假设可以更明确地规定研究内容，便于理解研究内容。研究者应根据研究问题和研究目的对研究问题进行探索，再提出研究假设。

5. 确定调查研究的类型和方式方法

方式方法的选择既要考虑研究的需要，也要考虑到实际的物质条件和研究者本人的能力。

6. 选择样本

按照一定的抽样方案，选择研究对象。教育研究通常涉及人，如教师、幼儿、家长、管理人员等。选择研究对象涉及研究总体、研究样本、抽样方案。选取样本，要考虑研究总体范围、抽样的随机化、样本的代表性、合理的样本数量等因素。

7. 选用调查工具

调查需要通过某种形式或工具去收集资料，如编制调查问卷、访谈提纲、测验量表等。研究工具并非都要自行编制，当有合适的现成量表或测验时，也可选择应用。

8. 制定调查的工作计划

调查计划包括划分工作阶段和程序，明确每一阶段的工作任务和要求，估算每阶段需要的工作时间，确定研究的组织形式，列出研究人员之间的分工职责和合作项目，研究经费的预算及应变措施等。也包括研究经费的筹措、设备资料的准备、工作人员的培训和研究进度的安排。

教育调查的准备阶段是一项研究活动的起点，是奠基阶段，非常重要。准备工作比较充分，就能抓住现实中的关键问题，明确调查的中心和重点，避免盲目性，使调查的实施比较顺利。

（二）调查阶段

1. 预调查

在少部分同质被试中进行预调查，检验其可行性，发现问题及时纠正修改。

2. 正式调查

调查阶段是整个调查研究过程中最关键的阶段，它的任务是按照调查设计的内容和要求系统、客观、准确地收集有关资料。研究资料的收集可以通过不同的方式进行，如实施测验、邮寄问卷、当面交谈、电话访问等。调查的方式方法以及具体的调查项目虽然是在准备阶段就已经确定，但调查人员在进入实地时应根据具体情况进行调整和补充。此外，还可以通过查阅文献档案、收集个人记录等获取相关资料。收集资料要考虑研究的目的和内容，还要考虑材料的明确程度、范围的宽窄、聚焦点的大小、数据的性质等因素。

资料的客观性、准确性是一项研究成功的基本保证。为了获得真实可靠的资料，应注意 3 方面的问题：一要熟悉被调查者及他们的生活环境；二要协调好外部工作，获得被调查的地区、单位与个人的支持与协助；三要对调查的过程进行监控，在调查的过程中及时总结工作经验，确保所收集的资料的质量。

（三）分析总结阶段

分析总结阶段的主要任务是在全面占有调查资料的基础上，对资料进行系统的整理、分类、统计和分析，并写出研究报告。本阶段主要包括：

1. 整理资料

对收集到的资料的真实性、准确性、完整性等进行审查，并通过分类、分组和编辑汇总等，将大量的原始资料简化、系统化、条理化，使之适宜于进一步分析。

2. 统计分析

首先，运用统计学的方法研究现象的数量关系，揭示事物的发展规模、水平、结构和比例等，为进一步检验假设和理论，描述研究成果提供准确、系统的数据。其次，运用逻辑思维的方法，对整理后的文字资料和统计分析后的数据进行分析研究。分析研究资料一定要紧扣研究问题和研究假设，来概括研究发现，说明现象的因果关系和规律，检验原有的研究假设，得出结论。如果是应用性调查，还应进一步提出对策和建议。

3. 撰写调查研究报告

研究报告的内容包括研究问题、研究方法、研究结果、讨论与分析、结论与建议等部分。除了要说明研究结论，还要对研究过程、研究方法以及研究中的一些重要问题或下一步研究的设想等进行系统的叙述和说明。

4. 总结调查工作

总结本次调查研究工作中的优缺点良好的借鉴，寻求改进调查工作的途径，为今后的调查研究提供一个良好的借鉴。

分析总结阶段实际上是对系统收集来的资料进行思维加工，得到一些理性的认识结论，然后返回到调查研究的出发点，即对教育领域中某一理论问题或实践问题进行解答，以便深化对教育的认识或制定解决问题的方针、政策和措施。由此可见，教育调查研究的 5 个步骤、3 个阶段是一个相互关联的、完整的循环过程。在进行一项调查研究时，如果能有一幅"全景式"的研究过程规划图在心中，那么也就具备进行初步科研的能力了。

第二节 问卷调查

一、什么是问卷调查

问卷，原意是"一种为了统计或调查采用的问题表格"或"访问表"。问卷调查，是将一系列事先设计好的问题组合起来，以书面形式征询被调查者的意见，通过对问题答案的回收、整理分析，获取有关信息的研究方法。问卷调查是研究者用预先准备的问题收集资料的一种技术，也是教育调查研究中最常用的一种方法。主要适用于对多个研究对象的群体调查，常用于了解具体事实或个人行为、态度、看法、建议等方面的内容。

问卷调查要求被调查者具有一定的书面语言能力和文字表达能力，因此，对被调查对象有一定的文化水平要求，而在学前教育领域，由于幼儿的文字阅读与书写能力较弱，所以，问卷调查的对象多为幼儿家长和幼儿园教师等成人。

二、问卷调查的特点

（一）问卷调查的优势

1. 标准统一

采用统一的提问方式、回答形式与调查内容，对于所有的被调查者都以同一种问卷进行询问，以同一种方式发放与填答，从而反映出同一地区、阶层，也可以不同地区、不同阶层被调查者的某种社会同质性的平均趋势与一般情况。问卷调查具有固定的衡量标准，标准化程度较高。

2. 资料真实

一般不要求被调查者在问卷上署名，而且有些问卷是众多人在公共场合填写或网络问卷。由于匿名或不被人注意，被调查者就减少了顾虑，有利于提出某些敏感性与威胁性的问题，并得到被调查者真实的回答。

3. 调查广泛

问卷可以由访员现场访问填写，也可以邮寄，这就使问卷调查不受人数和地区限制，被调查人数可以较多，短时间内收集到大量资料，同时，能避免调查者与被调查者见面可能带来的不良印象与偏见，推广的应用性大。

4. 经济高效

问卷，尤其是封闭式问卷，资料容易量化、适于电子计算机处理，节省分析时间，从而也可以节省调查用工与经费。

（二）问卷调查的局限性

第一，问卷调查的成功很大程度上取决于被调查者的配合。进行问卷调查时，因为是间接进行的，调查者不能控制被调查者问卷填写时的情境，如是否有外界干扰、受人诱导、敷衍了事、不清楚问题与答案的意义等，被调查者也没有机会向调查者询问与了解问卷中的有关问题，无法对问卷中的有关问题提供问卷所不能包含的情况与看法，这对于调查者而言，则不容易找出问卷的错误或带来的误解，因此其真实程度低于访谈法，而且回收率低。通常邮寄问卷回收率30%~60%，报刊问卷回收率10%~20%，发放问卷回收率能达到80%~90%。（https://wenku.baidu.com/view/29b3f067caaedd3383c4d33e.html?rec_flag=default&sxts=1547694388378）

第二，问卷难以适应不同调查对象的实际情况，如调查对象的不同文化程度、成长经历、地区差异等，因此，也很难根据具体情境针对每个人进行灵活与深入的了解情况，只能在一定范围内取得资料，研究弹性不足。

第三，问卷对设计要求比较高，问题和答案编制难度较大，如问卷中题目太少，往往只能得到表面的东西，几句书面回答会得不到完整的材料；若问题太多，则会使对象产生厌烦心理。如果设计上出了毛病，问卷便无法补救，所以要预调查，提前用几个人试验，有问题再修改。

三、调查问卷的编制原则

（一）目的性原则

目的性原则是指设计问卷时要明确设计的目的，即根据研究需要，紧紧围绕研究的问题、测量的变量科学而客观地选择问题，确定问题项目，明确问卷设计的重点，尽可能做到所搜集的正是所需要的资料，既不能漏掉必需的资料，也不能包揽许多无关的资料，做好实施调查前必要的准备工作。

（二）全面性原则

全面性原则是指全面考虑，要考虑到被调查者的社会背景、文化程度、心理反应、主观意愿、客观能力等多种因素，进而设计问卷内容，如问卷的内容包括哪些方面、选择什么样的回答方式、问题如何排序等，都是设计问卷时需要加以考虑的，使设计后的问卷尽可能适合于被调查者，让被调查者能真诚、有效地合作填答问卷。

（三）计划性原则

计划性原则，指设计问卷时就要提前考虑到问卷调查实施的影响因素、问卷的使用方式和资料的分析方式，因为，不同的影响因素、使用和分析方式对问卷有着不同的要求，或者设计出的问卷会有所不同，不仅影响着被调查者填答的质量，也影响着问卷回收后的数据统计分析等系列问题。如问卷内容过多导致填写问卷不认真；有问题涉及敏感问题或个人隐私时，回答者产生顾虑，不真实作答；封闭式问题的问卷，就可以考虑用计算机对数据统计分析等。

四、问卷调查的类型

（一）纸质问卷调查和网络问卷调查

根据载体的不同，可分为纸质问卷调查和网络问卷调查。

纸质问卷调查就是传统的问卷调查，通过分发、回收问卷进行资料的收集。其不足是分析与统计结果较为麻烦，成本较高。

网络问卷调查，是研究者依靠一些在线调查问卷网站，这些网站提供设计问卷、发放问卷、分析结果等一系列服务。其优点是无地域限制，成本相对低廉，缺点是问卷质量无法保证。目前国外有surveymonkey调查网站，国内有问卷网、问卷星、调查派等调查网站。研究者也可以自己设计问卷，通过微信、QQ群等方式进行网络填答。

（二）自填式问卷调查和代填式问卷调查

按照问卷填答者的不同，分为自填式问卷调查和代填式问卷调查。

自填式问卷调查，按照问卷传递方式的不同，又分为报刊问卷调查、邮政问卷调查和送发问卷调查。报刊问卷调查即将问卷刊发在报纸、刊物中，阅读报刊的被调查者在填写完问卷后邮寄到报刊给出的地址；邮政（邮寄）问卷调查，通过邮局向一定范围的研究对象寄发问卷，要求被试按照规定的要求填答问卷，并在期限之前寄回给研究者；送发问卷调查是研究者或派专人将问卷送到研究对象手中，待填完后于由专人逐一收回。

代填式问卷调查，按照与被调查者交谈方式的不同，分为访问问卷调查和电话问卷调查。访问问卷是研究者按统一设计的问卷向研究对象当面提出问题，然后将研究对象的口头回答填在问卷中；电话问卷，是借助电话中介向被调查者提出问卷上的问题，然后将其回答的答案填写到问卷上。

（三）开放式问卷调查、封闭式问卷调查与半封闭式问卷调查

按照问卷中问题的开放程度，分为开放式问卷调查、封闭式问卷调查与半封闭式问卷调查。

开放式问卷调查，是问卷中的问题不为被调查者提供具体答案，允许被调查者自由发表自己意见，所得资料丰富生动，还可得到一些意外收获。缺点是不易编码和统计分析，要求被调查者有较高的知识水平和语言表达能力，需要花费较多的时间和精力，还可能产生大量的无价值资料，如"你怎么看大学生在校期间结婚的现象"之类的问题。

封闭式问卷调查，是指问卷中问题提出的同时还规定了答案范围，或问题后提供了答案选项，被调查者只能从中选择，回答自由度小。封闭式问卷调查中的问题类型多为肯否式、多项选择式、排序式、等级式、定距式。封闭式问卷容易填答，省时省力，资料集中，便于编码和统计分析，但不利之处在于资料失去了自发性和表现力，回答中的各种偏误难以发现。如：对于大学生犯错误，学校找家长，你赞成吗？ A.赞成，B.不赞成。

半封闭式问卷调查，是指一份问卷既有封闭式的题目，又有开放式的题目，或者很多问题是在封闭基础上的开放。如：你毕业后，选择从事的工作岗位，起决定性作用的影响因素是：A.家长 B.专业 C.地域 D.工资待遇 E.其他_____（请在横线上详细说明）。

一般来说，在大规模正式调查所用的问卷中，通常以封闭式问题为主，开放式问题常常用在小规模的、探索性调查的问卷中。

课堂讨论

中小学教师心理压力状况调查问卷，比较下面开放式问卷，哪种设计更符合开放式设计的要求？

1.教育教学重负

①您的日平均工作时间过长吗？
②您的周授课时数多吗？
③您的工作项目是否繁多？
④新课程改革是否给您带来心理压力？
⑤您有以下身体症状，如心脏病、肩痛、胃病及情感脆弱等带来的压力吗？如果有，那是在您工作之前还是您工作后出现的？
⑥学校是否要求您在学术上有所成就和建树？

2. 中小学教师心理压力状况调查问卷
①您有哪些心理压力？请尽可能全面地列举出来。

_____

②造成您心理压力的原因有哪些？请尽可能全面地列举出来。

_____

参考答案：
第 2 种，因为第 2 种方式更开放，搜集信息更广泛、周全。而第 1 种方式中所列项目可能没有穷尽，教师心理压力也可能和自身性格内向不能上公开课、当不了班主任、处理不了人际关系、自身缺乏创新性等因素有关。

五、问卷的基本结构

问卷除标题外，主要由前言、主体、结束语 3 部分组成。

（一）前言

写在问卷开头的一段话，它是问卷调查的自我介绍信，又称说明信、封面信。依照所起作用不同，前言可细分为卷首语和指导语。一般来说，问卷中的前言通常为内容较为全面的一段。

1. 卷首语

内容一般包括调查的目的、意义和主要内容，选择调查对象的途径和方法，对被调查者的希望和要求，填写问卷的说明，回复问卷的方式和时间，调查的匿名和保密原则，调查者的个人身份或组织名称，以及调查对被调查者的好处、对被调查者的配合表示感谢等。主要目的是消除被调查者的顾虑，引起被调查者的重视和兴趣，争取他们的合作和支持，获得完善回答。因此，卷首语的语气要谦虚、诚恳、平易近人，文字要简明、通俗、有可读性。如果是邮寄的问卷，还要写明最迟寄回问卷的时间。

研究案例

某校学生实习工作质量调查

尊敬的用人单位领导：

您好！首先感谢您参与本次调查。

学生的职业道德素养高低、专业能力强弱、理论知识厚薄等关系到能否快速胜任工作岗位职责，为了使学生职业生涯走得更顺畅、为用人单位输送更优秀的人才，我们想了解一下在贵单位工作的我校学生实习期间德、能、勤、绩等方面的表现，希望您能帮助我们填写"学生实习工作质量调查问卷"。本问卷只做我校调整人才培养模式、完善人才培养方案之用，与贵单位无利害关系。贵单位是我们科学抽样方法选出来的代表，关于贵单位的信息都将被严格保密，不会被透露。回答也没有对错之分，请您详细、真实地填答以下问题。填写问卷大约需要 20 分钟，因耽误您的时间带来的不便之处深感歉意，谢谢您的支持！

××××学院高等职业技术学院学前教育系
2018 年 11 月

2. 指导语

指导语主要是指对被调查者回答问题的方式提出要求、指导如何作答的语句。一般而言，指导答题方式的指导语会出现在前言部分，也有的置于某个题干后面或答案选项后面，主要类型有4种：

①关于选出答案做记号的说明。一般用圆括号（ ）或方框□来限定答案前的空间，并要求被调查者在其要选择的答案前的圆括号或方框内打"√"等记号。如果答案前未留空间，一般要求被调查者圈出所选答案的序号。

②关于选择答案数目的说明。这种指导语有的会写在前言后面，有的写在具体问题题干后面。写在前言后面的，通常状况是将这些选项特殊的问题（即和其他问题相比，此类问题回答方式比较少）序号列出并且说明这些问题可多选或只能选一项，其他未说明回答方式的问题则与此相反；有的问卷将选择答案数目的说明写在问题题干的后面、答案选项前面，如选择最符合自己的一项、有几项选几项或可多选等。

③关于填写答案要求的说明。如封闭型问题题干后的答题要求是"将答案序号按重要程度顺序写在给出的横线上"；又如凡在回答中选择"其他"一项作为答案的，后面括号里通常写着"请在横线上用简短的文字注明实际情况"。还有的是对填写答案精确程度的要求，如您所在学校的校园面积是（ ）平方米（填至小数点后一位数）。

④关于答案适用于哪些被调查者的说明。此类问题指导语通常是在具体问题中，问卷中有的问题可能并不是普遍适用的，而只是适用于某一类人。当这类问题出现时，可说明由特定的一类人填写，其他的人跳过这些问题。如：1. 你大学考试是否挂科过？（选A答第2题，选B答第4题）A. 是 B. 否；2. 你认为补考的试题难度和正考试题难度水平＿＿＿？A. 一样 B. 补考比正考容易 C. 补考比正考难 D. 不清楚。

研究案例

卡特尔16种人格因素测验指导语

指导语：卡特尔16种人格因素测验包括一些有关个人兴趣与态度的问题。每个人都有自己的看法，对问题的回答自然不同，无所谓正确或错误。请来试者尽量表达自己的意见。

本测验共有187道题，每道题有3种选择，作答时，请注意下列4点：

①请不要费时斟酌。应当顺其自然地依你个人的反应选答。一般地说来，问题都略简短而不能包含所有有关的因素或条件。通常每分钟可做五六题，全部问题应在半小时内完成。

②除非在万不得已的情形下，尽量避免如"介乎A与C之间"或"不甚确定"这样的中性答案。

③请不要遗漏，务必对每一个问题作答。有些问题似乎不符合于你，有些问题又似乎涉及隐私，但本测验的目的，在于研究比较青年或成人的兴趣和态度，希望来试者真实作答。

④作答时，请坦白表达自己的兴趣与态度，不必顾虑到主试者或其他人的意见与立场。

（二）主体

这是问卷的主要组成部分，一般把问卷的主体又分为两部分：一是被调查者的背景资料，即关于个人的性别、年龄、婚姻状况、收入等问题。二是调查的基本问题。一般这两部分分开，即序号不编排在一起，或者按类别排序，或者背景资料不排序。

1. 个人背景资料

个人背景资料，通常包括个人基本情况、教育条件因素和家庭环境因素3方面。个人基本情况，如性别、年龄、工作单位、单位性质、教龄、工作岗位、工资待遇、婚姻状况等；教育条件因素，如受教育程度、所在学校、年级、成绩等级、业余爱好等；家庭环境因素，如家庭人口、父母职业、收入状况、住所、居住条件等。

通常，个人背景资料作为调查分析数据的维度而存在，如通过幼儿教师学历层次不同、所在幼儿园性质不同等角度，分析对幼儿园小学化现象的看法会有什么不同；通过教龄不同、职务不同等角度，分析教师对幼儿突发事件处理方式会存在哪些差异等。这些是基本的自变量，几乎所有的教育研究都必须设法了解，否则进一步分析会很困难。

个人背景资料，在不同问卷中位置会有所不同，一般是放在前言后面、没有问题序号，如单位性质：_____，或工资报酬（2000以下，2001~3000，3001~5000，5001以上）；有的是放在问题中，有问题序号，如：1. 工作单位的性质是（ ）。A. 公立，B. 私立；还有的问卷出于降低敏感性的考虑把背景资料的问题放在基本内容的后面，但如果调查对象是农民或文化程度偏低，可以把背景资料问题放前面，因为这些问题相对容易回答。但是有些人对此类问题反感，为避免拒答的人数增加，可以在填写之前增加一个说明语，告诉受测者这些资料的用途，或者把这部分问题放在最后。

2. 问题表

问题表，顾名思义，由问题组成的，问题也是问卷的核心内容，包括从研究课题与理论假设中引申出来调查询问的问题，回答问题的方式及对回答方式的指导和说明等。在此，主要介绍问题类型和问题表现形式。

第一，问题类型。

①按功能划分，问题分为基本性问题、接触性问题、实质性问题和测谎性问题4种。

基本性问题是一组询问被调查者个人背景资料的问题；接触性问题，指一组几个彼此联系而又同现在研究的课题具有某种程度上接近的问题或有趣的问题，主要用来建立与被试接触关系，分析时可用可不用，一般采用开放式问题；实质性问题，指一组涉及课题研究内容实质的问题，主要用来获得研究的真实的且实质性的事实材料，一般用半封闭或封闭式问题；测谎性问题，又称过滤性问题，通常安排在实质性问题之前，用来鉴别调查对象对所回答的问题是否具备资格或是否真实回答。其编制的原则，通常有两类：一类是大多数人都不可能做到的，如我喜欢每一个老师、我每一天都过得相当有意义；另一类是每个人都可能犯的小过错，如我听课有时也走神、我有时也说假话。

②按性质划分，问题可分事实问题或者态度问题。

事实性问题，目的是调查客观存在或已经发生的事实，可分为有关行动的、存在性的事实和有关个人的基本资料。行动的事实,指曾经发生过的行为,包括时间、地点、行为方式等多种内容。常常问"是否有""有多少",如:上课是否提问、有几次发言?你是否有过虐童行为、是否夜不归宿?等等;存在性事实指客观存在的事件、物体、现象等,如:是否有教学课件、有多少人使用?你了解小学化吗?幼儿园每个班主副班与保育教师配备齐全吗?等等;个人的事实,是性别、职业、教育程度等个人背景资料问题。图5-2为教师使用教学媒体行为的事实性问题。

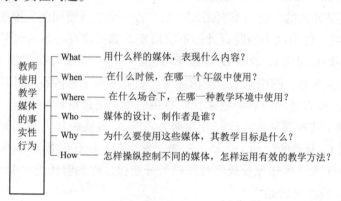

图 5-2　教师使用教学媒体行为的事实性问题

态度性问题,是研究被调查者对某行为或现象等的看法、判断或情感倾向,是教育研究中经常碰到的问题,对教育研究有重要意义。如学生对一门课的态度、对教师教学的评价等。态度作为一种心理倾向,无法直接测量,只能从人的语言、行为或其他方面加以间接判断。态度性问题分为评价性意见、情感性意见、认同性意见和认识性意见。评价性意见,如:你觉得逃课、婚前性行为是否不道德?与学生恋爱的教师是否与为人师表不符?情感性意见,如:当听闻虐童事件时你的感受是什么?听说家长把孩子打死的新闻时,你是什么反应?认同性意见,如:你是否赞成试婚行为?你认为上课讨论是有效的方法吗?你是否觉得女性吸烟是挺酷的一件事?认识性意见,如:你对课堂环境有什么看法?你对官员财产申报与公开制度怎么看?你怎么理解幼儿园小学化倾向?体现情感倾向的态度问题的测量有两个指标:一是方向性,即喜欢或不喜欢、同意不同意、赞成不赞成等。二是强度,即喜欢或厌恶、赞成与不赞成的程度强弱。如:你对学前教育也成为义务教育怎么看? A.非常赞成 B.赞成 C.无所谓 D.不赞成 E.非常不赞成。

③按照回答的形式划分,问题分为开放式问题、封闭式问题和半封闭式问题。

开放式问题,又称自由答题式问题,给出题干但没有列出答案选项,由被调查者自由作答的一种问题。优点是获得信息资料广泛、灵活,发现特殊问题,探寻某些特殊对象的意见,利于被调查者充分表达个人想法;不足之处是资料博杂、难于统计分析,文化程度不高者回答有难度,填写答案需要思考、有些被调查者会敷衍或弃答导致问卷无效。常用词汇是为什么、怎么、如何、哪些等。如"您喜欢什么样的园长?请写出理由""孩子犯了错误后,你怎么办?"

封闭式问题,由被调查者根据自己的实际情况,从事先设计好备选的答案中选择,或者说被调查者被限制在备选答案中。这些答案必须具有穷尽性和互斥性,一方面要列举出所有可能的答案，不能有所遗漏；另一方面，答案间要互不相容，不能出现重叠。优点是标准化程度高，获得资料集中，便于编码和统计分析；填答问题比较方便，省时省力。缺点是灵活性差，不利于被调查者深入充分地表现自己意见；填答中存在的偏误也不易被发现。常用词汇是能不能、对吗、是不是、会不会、多久、多少等。

半封闭式问题，是指问题有事先设计好的备选答案，但考虑到可能答案没有穷尽，因此，设一个由被调查者可以自由填写的选项，如"其他____"。"其他"之前的答案是预先提供的，而其他则是开放的，此为半封闭式问题。若一个半封闭问题，很多被调查者选择了"自由填写"的选项，说明这个问题设计得不够周密。如：你有心事的时候，最先想到的是找谁聊聊？ A.父母 B.同学 C.老师 D.朋友 E.其他_____（详细写在横线上）。如果很多人写了外婆、陌生人、领导、网络论坛、漂流瓶等，就需要考虑修改答案选项分类，如将"父母"换成"亲人"，或者增加问卷问题来获取更多的相关信息资料的数据，如：当你有心事的时候，你更倾向于选择哪种宣泄途径或沟通方式？ A.现实中找人聊天 B.微信、QQ等交往软件中与人沟通 C.喜爱的活动（运动、购物、吃东西、写日记等）。有的半封闭式问题是用于追问，如：对于大学生违反校规学校张贴处分通报，你的看法是：A.不应该公布 B.无所谓 C.可以公布。你的理由是_____。

问卷中一般封闭型问题为多数，半封闭型问题为少数，开放型问题为个别。

第二，问题表现形式。

主要有以下类型：

① 自由记述式。

类似试题中的简答题形式，如：您觉得采取哪些措施能改善教师流动现象？您对教师让幼儿餐后洗刷自己餐具的现象，怎么看？

② 填空式。

如：您所在幼儿园有____名幼儿教师，____个年龄班，共____名幼儿。

③ 二元选择式与多重选择式

二元选择式又称两项式，问题只有两个答案选项，回答是二选一，如从"正确与错误""是与否""有和没有"中划掉一个或勾选上一个。如"性别（男/女）""你觉得幼儿园教学活动中讲授法是最有效的方法吗？（是/不是）""你是否读过教育心理学方面的材料？（读过/未读过）"。

多重选择式是指问题有多个答案选项，也可以多选。如"当你发现自己上当受骗时，你会寻求谁的帮助。A.亲人 B.老师 C.同学 D.朋友 E._____"或"你通常通过什么途径获取课外信息？ A.课外读物和辅导材料 B.电视 C.广播 D.报纸 E.杂志 F.其他_____"。

④ 定距式。

定距式是指备选答案代表一个区间，各区域不易过大，以便于区分。如：周末或节假日，孩子在家每天看电视的时间是：A.半个小时以下 B.半小时到1小时之间 C.1小时到3个小时之间 D.3个小时以上 E.没看。

⑤ 排序式。

是对所选答案进行顺序排列的一种回答方式。即让被调查者从备选答案中选出部分答案,并对它们按照一定的原则进行顺序排列,或者让被测者对全部答案按照一定原则进行顺序排列。前者称部分排序式,后者叫全面排序式。

如:哪些因素对人们选择教师职业较重要?(最重要,填9;次重要,填8;以此类推)

(　)工资收入;(　)福利待遇;(　)离家远近;(　)劳动强度;(　)工作环境;(　)晋升调级的机会;(　)社会贡献;(　)社会声望;(　)其他(请注明)。

⑥ 评等式。

对两个以上分成等级的答案的选择方式。回答方式是只能从中选择一个。对外在事物进行评价的等级式填答方式叫外在等级。如:你所在班级的卫生状况如何? A.很好 B.一般 C.很差。对于主观感受与心理体验进行描述的等级式填答方式,叫内在等级式。如:你对目前职业是否满意? A.十分满意 B.比较满意 C.一般 D.不太满意 E.很不满意。

⑦ 矩阵式。

一般矩阵式填答,主项为横栏,在左边;次项为纵栏,在右边。

如:　　　　　　读书　　看电视　　看报纸　　听广播
你课余时间　　(　)　　(　)　　(　)　　(　)
你父亲休息时间　(　)　　(　)　　(　)　　(　)
你母亲休息时间　(　)　　(　)　　(　)　　(　)

⑧ 后续式。

是对于选择某一种答案的人们再次提供备选答案的填答方式。

如:你是否经常与教师交谈? A.不是 B.是(如果是的话,请回答原因)

A.交流感情 B.获取知识 C.了解信息 D.出于对教师的尊敬

⑨ 数值式。

如果你认为罪行比偷自行车严重20倍,就是200分。如果比偷自行车轻一倍,就是5分。以下情境是多少分:

父母打孩子,致使孩子住院。

在公共场所放炸弹,如果爆炸,将会炸死20人。

⑩ 表格式。

家务劳动内容	平时	假日
洗衣		
帮助做饭		
搞卫生		
帮助买菜		
其他		

(三)结语

一般采用3种表达方式。一是通过一段话对被调查者的合作再次表示感谢,及关于不要漏填与复核的请求。此表达方式在于显示调查者首尾一贯的礼貌，督促被调查者消除无回答问题、差错的答案。二是提出1~2个关于本次调查形式与内容感受等方面的问题，征询被调查者的意见。如：您填完问卷后对我们此次调查有何感想？A.很有意义 B.有些意义 C.没有意义 D.说不上；又如：您还有需要补充的吗？如有，请写在下面：＿＿＿＿。三是提出本次调查研究中的一个重要问题，以开放性问题的形式放在问卷的结尾。如在对某种教学方法所做调查的问卷的结尾处，可安排如下一个开放性的问题：您在使用这种教学方法进行教学的过程中，遇到了哪些主要的困难？请写在下面。

六、问卷设计的技术

（一）问题的产生

问题形成一般经过以下几步：课题分析，提出假设；概念具体化，寻找变项；确定指标；为测定已经确定的指标，编制直接与间接的问题。即课题—假设—概念—变项—指标—问题。

研究案例

幼儿缺乏生活自理能力的原因调查

课题：幼儿缺乏生活自理能力的原因调查

假设：有的幼儿因自身发展特点而生活自理能力弱；有些幼儿因成人包办代替而生活自理能力弱；有的幼儿因环境条件不允许而生活自理能力弱。

概念：自身发展特点、成人包办代替、环境条件。

变量：幼儿性格与智力的差异、掌握技能的速度、成人的耐心、成人的教育理念、环境条件的适合性。

指标：成人与幼儿性格、学习能力、对幼儿自理能力培养的观念、环境条件的标准。

问题：根据指标，先粗线条地提问，然后再将问题细化、设置具体情境提问。

粗线条的提问，如和同年龄幼儿相比，年龄小的幼儿生活自理能力水平如何？和其他幼儿相比，生活自理能力弱的幼儿学习速度如何？在生活中，是否提供了幼儿实现自理的环境条件？

将粗线条的问题进行具体化，如：在对待幼儿生活自理能力问题上，成人持什么态度、采取什么行为？可具体化的问题有：是否觉得幼儿太小，吃饭穿衣大小便等现在教还学不会？在幼儿挣脱成人帮助自己做事时，是否有不被需要的感受？在帮幼儿穿衣喂饭时，是否很喜欢那种被幼儿依赖的感觉？会不会因为舍不得被幼儿依赖的感觉，而不愿意让幼儿学会自理？看到其他成人放手让幼儿自己穿衣、吃饭时，感觉那些孩子很可怜、没人疼爱或者认为那些成人不负责任、没有爱心？教幼儿学穿衣袜、吃饭、大小便吗？给幼儿自己穿衣袜、吃饭、大小便的机会吗？在幼儿自己做这些事情时有没有缺乏耐心或等不及的时候？你是否会因幼儿慢或等不及而不给幼儿学习这些生活技能的机会？

（二）问题语句的设计

一个好的问卷，必须合理、科学和艺术地提出每个问题。

1. 问题提出要合理

判断问题是否合理的标准有3个。

一是全部问题是否都是特定研究课题及其理论假设所必须了解的。即对于与研究课题和理论假设没有关系或可有可无的、多余的问题，应予以删除。

二是问题对于全部被调查者是否普遍适用。有些对于一部分被调查者是适用的，但对另外一些人就不适用。编拟问卷时，必须进行合理化处理。具体办法有：把非普遍适用的问题列为后续问题，如"你是否来自农村？"有两种回答。一种是，一种不是。再提出一个问题，"如果你来自农村，你是否打算毕业后回到家乡去？"此问题属于后续，只适用于来自农村的被调查者。通常而言，后续问题不单独作为一个问题出现在问卷中，而作为相倚问题附属于前面的问题之后。这样所有被调查者都回答前一个问题，而部分被调查者回答第二个问题。在同一份问卷中，后续问题不宜过多，因为需要被调查者跳答，会引起被测者厌烦。

三是提问的形式是否适合被调查者。一般说来表格形式的问题不宜过多，因为，一般人并不经常与表格打交道；在一个表格式的问题中，实际问题容量不宜过大，会让人一看就有复杂和麻烦的感觉，从而使人很容易放弃回答。此外，要从被调查者的知识经验、能力范围内提问，如被调查者是小学生或文化程度不高的人，则问题不要过于抽象、复杂。如：你不感觉自己幸福吗？A.是的，B.不是；你认为大多数幼儿没有不想吃肯德基的吗？A.是的，B.不是。这种否定式、双重否定式提问理解起来有些繁难，尽量不要编制此类问题。

2. 问题提出要科学

科学的标准主要有3个。

一是问题应单一，即一个问题中应该只包括一个调查指标，只询问一件事情。如果一个问题中包括两个调查指标，即同时询问两件事，则该问题也称双重问题，问卷设计是不科学的。

双重问题的表现，一是明显在题目中表达出两个调查指标。如：你是否喜欢语文和数学？此问题将语文和数学捆绑在一起，无论选择哪一个，要么是都喜欢，要么是都不喜欢。同样，你满意这项服务的价格与品质吗？你对本店的商品种类及价格满意吗？都属于是此类问题，因此设计问题时，要避免"或""与""和""及"的使用。二是根据题目语意推断，有不止一个调查指标。如你对总统关于枪支控制的立场倾向于同意还是反对？此问题假设了被试知道总统对枪支控制有一个立场并知道立场是什么。

双重问题分为递进式和并列式两种。递进式双重问题，如：有人认为我国目前中小学教师收入偏低，应该改变这种状况，你怎样看待这个问题？它等同于：其一，有人认为我国目前中小学教师收入偏低，你是否同意此观点？其二，我国目前中小学教师收入偏低，有人认为应该改变这种状况，你同意此观点吗？并列式双重问题，如：有人认为我国目前教师、知识分子收入偏低，你是否同意这一观点？包含两个并列提问：有人认为我国目前教师收入偏低，你是否同意此观点？有人认为我国目前知识分子收入偏低，你是否同意此观点？

二是问题应中性，是指问题表达的是价值中立的观点，而不要使用诱导性或倾向性的词。倾向性的问题，是指研究者提问时，只陈述多种观点或事实中的一种观点或事实，从而使问题带有某种倾向性，对于被调查者具有某种诱导作用，即诱使被调查者顺着提问者的观点及倾向回答。

带倾向的问题有两种。一是权威倾向性问题，权威性问题是提出问题时明显体现出了专家、领导、权威机构或社会大多数群体等具有一定地位或权威作用的人群认可的观点，很容易引导被试也倾向于此类答案。如：省教育厅不同意小学招赞助生，你怎么看？大多数教师认为中学生不能抽烟，你是否同意这一观点？省教育厅、大多数教师都是权威，他们反对招赞助生、反对抽烟的明确观点出现在提问中，无疑会使问题带有诱导与倾向性。二是叙述倾向性问题，叙述倾向性问题是指在表述问题时，明显使用带有赞成或反对意义的词语。如：现在的课业负担太重，你认为是吗？你对大学生在校期间过早结婚问题怎么看？

对于倾向性问题，要进行中性处理。如前面的几个问题可以改为"有人认为中学生可以抽烟，有人认为中学生不可以抽烟，你同意哪种观点？""你如何看待目前学生的课业负担？""你对大学生在校期间结婚现象怎么看？"

三是问题应明确。即提出的问题必须语意清楚，具备明确的含义，用词要通俗易懂，语句要精练简短，不要使用模棱两可容易产生歧义的词、避免难以理解的字母缩写等。问题含义模糊不清，主要有3方面原因：其一，提问没用具体指标，反而使用笼统、抽象的概念。如：你认为我国现行的教育体制，总体上怎么样？问题中"教育体制"就是较为抽象的概念。其二，使用不为大众所知的专业术语。被调查者不懂专业词汇的意义，而又必须回答包括专业词汇的问题时，就只能靠猜测。如：幼儿习得生活自理能力大约需要花费多长时间？问题中的"习得"一词就是专业术语。其三，表达不当。语意不清的表达，会造成歧义、引起误解，使回答的依据失去统一性。如：你最近一段时间以来感觉如何？最近一段时间是两三天以内、一周还是一个月、一学期？感觉是身体方面的、学习方面的、人际关系方面的？又如：你教的班级差生比例占多少？差是指哪一方面的，成绩还是品德？意思不确切，使被调查者难以理解或理解不一致。

3. 问题提出要艺术

问题提出要艺术，是指提出问题时使用容易让被调查者接受的措辞与表达方式，消除易于引人反感、厌倦的句子与词汇，激发被调查者回答问题的兴趣与热情。这也是考虑被调查者特点，顾及敏感性问题的提问方式。方法主要有以下5种：

一是委婉法。使用委婉的词代替刺激性的词汇提问。如调查学生参与赌博、酗酒等情况，这些词就不宜在问题中出现。如"你是否赌博"就可改为"现在在一些同学中间流行用扑克、纸牌等定输赢，你是否也喜欢玩这些扑克、纸牌？"

二是间接法。提出问题后，先提供他人的回答，然后要求被调查者进行评价，实际上是让被调查者对他人回答进行选择，或者说使被调查者认为自己只是认同了其他人的一种观点，这样就具有一种缓冲。如：教师接受学生家长和学生本人的礼物，有人认为这是不应当的，它带有受贿的性质；有人认为要做具体分析，其中有些属于受贿性质，有些则不是。你同意哪种看法？

三是消虑法。在正式提问前加一段关于引用权威或普遍性事实的文字，以消除调查者对调查目的、调查内容等方面存在的顾虑。如：按照义务教育法有关规定，我国要在20世纪90年代基本普及九年义务教育，请问今年你区适龄儿童入学率是多少？其中的"义务教育法"法规就具有权威的作用。又如：很多学生在学习经历中都有作弊的经验，你最近一次作弊是什么时候？

四是虚拟法。先假设一种情境，然后要求在情境下回答问题，如：假如你期末考试成绩不理想，你会怎么看待此问题？

五是援助法。表明调查者在可以提供帮助的情况下要求被调查者回答问题，如：失眠、思想不集中、精神恍惚等是心理失调引起的，影响学习与身体健康，您是否有这种状况？如果有，我们可以义务提供心理咨询。

（三）答案选项的设计

1. 答案选项必须穷尽和互斥

封闭式问题的答案选项必须要保持相对独立，具有穷尽性和互斥性。穷尽性是指答案选项要包括所有可能的回答，不能有所遗漏；互斥性是指各种答案互不相容，不能出现交叉、重叠。如：你喜欢什么样的进修方式？ A. 函授 B. 脱产 C. 半年 D. 一年 E. 短训。提供的答案选项分类标准不唯一则不能互斥，A、B是按进修是否脱产为标准，C、D是按进修时间长短为标准划分的，E是按时间，但时间又很笼统不明确。又如：您的孩子在家看电视吗？ A. 从不 B. 很少 C. 偶尔 D. 经常 E. 每天，选项中的"很少"与"偶尔"、"经常"与"每天"内涵上有重叠。

等级式问卷的答案选项必须要有中性等级，中性等级居中、两极项目相等，不能出现两极项目不等的情况。如：我国在学前教育方面投入××万元，您认为这个数字应：A. 增加 B. 保持不变 C. 稍减一点 D. 减少一点 E. 大量减少。此题答案明显鼓励被调查者选择"减少"选项，因为5项中有3项是"减少"，一项是"增加"。

2. 根据研究需要决定答案的形式

如果研究者需要准确地了解被调查者的具体信息，可采用填空形式，如：您的孩子年龄是_____（精确到月）；如果想了解的是被调查总体中，该幼儿在年龄阶段中分布情况，就可以设计成：您的孩子处于哪个年龄阶段？ A. 3~4岁小班 B. 4~5岁中班 C. 5~6岁大班。

3. 设计的回答方式要减少被拒答的可能性

要求过高的回答会导致被拒答或猜想，因此，在结合实际情况的基础上，尽可能降低回答难度，确保问题易于回答。如：请你以给孩子选幼儿园时考虑因素的重要性将以下20项排序，答此题相当于让被调查者做一次相当大的计算工作，容易被拒答或得到敷衍答案，可以将回答形式换为：请你根据给孩子选幼儿园时考虑因素的重要性从以下项目中挑选出前5项。

4. 答案形式要考虑数据的处理方式

开放式问题统计起来没有封闭式问题容易，如开放式问题：2018年，你读了多少本书？

此题答案可能没有相同的，统计起来较困难，被调查者回答时也有胡乱填写的。而添加封闭式选项答案后，如"A.无 B .1~10本 C .11~25本，D. 26~50本 E .50本以上"，对于被调查者回答和研究者统计，难度都降低了。

课堂讨论

分析找出下面问题存在不同类型的错误：

1. 你认为教师待遇够好吗？ A.非常好 B. 很好 C.一般 D.不好 E 特别差
2. 你认为大众传媒会对幼儿产生影响吗？ A.会 B. 不会
3. 你的父母是教师吗？ A.是 B. 否。
4. 目前，大多数人认为幼儿入园费太高，你怎么看？
5. 你家中有酒鬼吗？ A.有 B. 无。
6. 利用假期您与孩子一起出去玩过吗？ A.出国旅游 B.国内旅游 C.市里游玩 D.没时间一起出去
7. 对于"幼儿园禁止幼儿带药入园的规定"，你持何种态度？ A.不赞同 B.应视情况而定
8. 你赞成中考采用标准分数吗？
9. 你每天的睡眠时间是：A .7小时 B .8小时 C .9小时 D. 10小时。

参考答案：

1. 问题表述不明确、语意不清。"够好"的语意不清，因为，不同的被调查者对"好"的标准不统一。
2. 用词过于笼统、不够具体。可以将"大众传媒"改为"电视"。
3. 双重问题，问的是两个问题"你的父亲是教师吗？""你的母亲是教师吗？"
4. 问题带有诱导性。可将"大多数人"改为"有的人"，或者将同时存在的不同观点也列出来，"有人认为幼儿入园费高，有人认为入园收费挺合理的，你怎么看？"
5. 措辞不够艺术。可改为"你家中有人喝酒成瘾吗？"
6. 答案界限不清，而且有交叉重叠。A、B、C是按旅游地划分的，但B包括C；D是按时间提出的、符合题干的选项。
7. 等级式问题答案选项中要求两级项目相等，因此，答案选项应增加"C 赞同"一项。
8. 使用令人难以理解的术语"标准分数"。
9. 答案没有穷尽。

（四）问题排列的设计

一般说来，为方便被调查者顺利回答和便于资料整理分析，研究者可以从以下几个方面考虑排序：

①采用漏斗型技术，先一般后特殊。把一般性的问题、被调查者较熟悉的问题放在前面；把特殊性的问题、被调查者较生疏的问题放在后面，减少被调查者因畏惧而产生的排斥心理。

②按照先易后难的顺序排列。设计问卷时，要尽可能让被调查者填写时感到简单、容

易回答，要从被调查者的实际回答能力出发，因此，简单易答的封闭式问题、能引起被调查者兴趣和动机的问题放在前面；开放式问题需要时间思考答案和组织语言，而敏感性问题、个人背景资料问题容易引起被调查者紧张、顾虑，这些问题都要放在后面。又如先问有关行为方面的问题，再问有关态度方面的问题，也是根据先易后难的顺序。

③按一定逻辑顺序排列问题，如时间顺序、类别顺序等。类别顺序，是指按照内容的类别进行分类。如基本资料一类，行为资料一类，态度资料一类。时间顺序是指有时间序列的问题，要依一定先后顺序进行提问，不要杂乱无章。询问同一类事物的问题尽可能放在一起，不要将它们打乱，以免破坏被调查者回答时的思路和注意力。

此外，个人基本情况通常放置在指导语之后，不作为排序的问题出现。而若无特殊的顺序要求，敏感性问题可分散在问卷中。

七、问卷调查实施的步骤

（一）准备阶段

围绕所要研究的问题收集有关资料，向各类对象征询意见，了解他们对将在问卷中出现的问题和可能的答案有何反应，以避免在正式的问卷中出现含糊的问题和不符合客观实际的答案。在广泛调研、搜集资料的基础上，根据调查研究课题，确定调查变量，列出调查提纲，构建问卷框架。

（二）初步设计阶段

将调查提纲具体化，即构建问卷框架的基础上，进一步将大问题分解，根据调查提纲中的各部分项目编制相应的具体问题，如在形式方面，确定问卷结构，设计问卷标题、前言和指导语；在内容方面，要将所提的问题和相应的答案确定下来，主要包括确定问题和答案的题量、问题类别的选择、问题的表述方式和排列方式的设计，以及回答方式的设计。

（三）试测和修改阶段

试测，一是站在调查者立场上试问试答，看问题是否清楚明白，是否便于资料记录、整理。二是站在应答者角度试行回答，看是否能答和愿答所有的问题，问题的顺序是否符合思维逻辑。三是估计回答时间是否合乎要求。试测的目的是在小范围进行实地试答，通过试测，发现问卷表达方式、项目、内容等方面存在的缺点和不足。

试测一般选取30~60人为预测样本，试用对象通常是就近找的人或研究者熟悉的人，但原则上应该是与被调查对象属于同一总体的，试测方式、程序与正式调查相同。试测后，对所取得的资料进行分析，侧重分析回答者关于问卷的各种意见，尤其是从那些被调查者未回答的或未加评论的问题中寻找线索，而不是问题的具体答案。还要结合该领域的相关人员、专家的意见，求出信度与效度，对问卷进行必要的修订、再试答、再修改，直到完全合格后定稿付印，制成正式问卷。

（四）正式实施

将修改后制成的正式问卷投入应用。

1. 被试的选取

在确定的被调查者范围内，选取有代表性、相应数量的被试，不少于 30 人。

2. 分发与填答问卷

发放问卷形式有多种，问卷发放的形式很大程度上影响着被调查者的回答质量和问卷的回收率。发放问卷形式有研究者实地发放当面填答、邮寄方式委托人员协助调查、网络方式调查等。若采用的不是实地发放当面填答的形式，就需要在问卷前言、问题数量、问题排列及填答时间等方面仔细斟酌，尽量让被调查者能够配合填写问卷。

问题数量的多少、填答时间的长短也影响着填答的质量和问卷的回收率，问题太多、时间太长往往会引起被调查者心理上的畏难和厌烦情绪。而一份问卷应该包括多少个问题，这要根据研究的内容、样本的性质、分析的方法、拥有的人力财力等多种因素决定，没有固定的标准。但总的来说，问题不宜太多，问卷不宜太长。一般以被调查者能在 30 分钟完成为宜，也可根据研究实际情况，适当调整。

（五）资料的回收整理

对于回收后的问卷要逐一审查问卷，审查内容包括：淘汰不合格的无效问卷、分类整理，对整理的材料进行统计分析等。

1. 剔除无效问卷

判定问卷无效的情况有以下几点：一是回收的问卷填答不完整，有漏答、不答或错答现象。二是填写不真实，有前后矛盾现象，或有明显的不合理答案。如第 1 题"你非常愿意为新入职教师解答疑惑"的答案选"是"，第 2 题"你通常以做好分内工作为主，不轻易帮助工作上有疑问的同事"的答案也选"是"，被调查者答案前后不一，该问卷视为无效问卷。又如"幼儿年龄为 3 岁，所在班级为大班"存在明显的逻辑错误。三是整份问卷被调查者的选项皆为同一个或大面积出现相同选项的答案，如都选 A，或者前一半选 C、后一半选 B。四是整份问卷的填答有规律性，如 A、B、C、D、A、B、C、D、A、B、C、D。五是问题不是多选，但被调查者却选择了多个答案。六是同一人重复填写多份问卷，则此人填写的第二份之后的问卷皆视为无效。

相关链接

鉴别回答的真实性

1. 回答者是否选择了某个事实上不存在的可能性。

2. 设计多个针对同一因素的题目，进行答案一致性的检测。如"课堂上你经常发言吗？""陌生人多的场合，你敢于发言吗？""小组讨论中，你经常发言吗？"

3. 结合访谈、观察，看问卷的结果与事实是否相符。

——来源：节选自教育研究方法之教育调查研究［EB/OL］.
https://wenku.baidu.com/view/29b3f067caaedd3383c4d33e.html?rec_flag=default&sxts=1547694388378.

2. 计算回收率、有效率

①回收率。

回收率＝总回收问卷数量 ÷ 总发放问卷数量 ×100%。访问问卷的回收率可达 100%，发放问卷也比较好，邮寄问卷最差。

对问卷回收率的计算是：回收率 30% 左右，资料只能作为参考；50% 以上，可以采纳建议；70%~75% 以上，可作为研究结论的依据；回收率一般不应低于 70%。

提高回收率的方法，通常有：提高问卷质量；写好指导语，及充分利用其他与被调查者关系密切的沟通渠道；选好抽样方法；随问卷寄上回信的信封和邮票，并写上地址；附赠小礼物；寄催促信或打催促电话，或追寄问卷等。

②有效率。

有效回收率，是扣除无效问卷后的有效问卷的回收率，也称有效率，比回收率更能反映问卷的质量。收回的废卷越多，说明被调查者填答完整的就越少，这也就意味着问卷在设计上的问题可能较多。有效率＝有效问卷数量 ÷ 总回收问卷数量 ×100%。

3. 资料的统计分析

选取合适的问卷分析方法，是非常困难的。一般情况下，选择方法时应该注意两个问题：第一，如果只需对问题进行初步探索，那么，可采用定性分析或简单定量分析。定性分析，认识事物本质，揭示内在规律，要求分析者具有较高的专业水平。简单的定量分析，是对问卷结果做出一些简单的分析，诸如利用百分比、平均数、频数来进行分析。第二，如果需要对问题进行深入研究，探索事物的本质，则需要利用复杂定量分析。复杂的定量分析，可运用 SPSS、SAS 等统计软件处理。

相关链接

问卷的统计

1. 开放式问卷的统计

分析单元以反应语句为基本形式，有两种复杂情况需要处理：

一是叠加－相异反应，指被试的一个回答包含若干不同语义语句和（或）同一语句包含若干语意单位句子的，应分别计项。如"多看书、多培养自己开朗的性格"这个句子为多阅读与培养性格两项反应，这类句子形式上是叠加，实质上不同，因此，将在这两类上分别记分。

二是重心反应，指被试回答属重复、示例或有明显侧重倾向的，不一一计项。如"自己平时多锻炼，从一次次发言、表演中去发展"只视为锻炼反应偏向。其他地方就不计分。

2. 封闭式问卷的统计

一是赋值法（临界值判别，F、Z 检验），适用于等级式量表，不管是文字式、线段式还是数字式的等级量表，对多项选择答案赋予数字值，求其加权平均数，再进行检验。

二是权重分配法，适用于排序式问卷，即将选择顺序值换成数值，第一选择为最大值，最后选择为最小值，求出各个选项占用数值总和，然后进行卡方检验。

三是多项选择式，适用于卡方检验。求出各项选择的人次，还应对各项人次进行卡方检验，以检验是否有显著差异。

——来源：节选自心理学各类研究方法3［EB/OL］.
https://www.docin.com/p-839961047.html.

第三节　访谈调查

一、访谈调查的意义

（一）什么是访谈调查

访谈调查是指研究者依据调查提纲与调查对象直接交谈，以口头问答的形式来了解某人、某事、某种行为态度或教育现象，收集语言资料的调查方法。可以面对面，也可以电话、QQ或微信语音等方式进行。如本单元前的导读案例及《鲁豫有约》《面对面》《防务新观察》等电视栏目，都属于访谈调查。访谈调查适用典型研究、个案研究。

相关链接

访谈与日常谈话的区别

1. 目的性不同。访谈有明确的目的，而日常谈话可能是随意的。
2. 提问明确程度、重复性方面不同。访谈提问清晰、细致，由简入难，层层推进，而且对于受访者回答不清晰的问题会进行追问。而日常谈话，不太追求"丁是丁，卯是卯"，谈的话题多是双方感兴趣或关注的问题，对对方不想谈的不会深入追问。
3. 在亲密、礼貌程度方面不同。访谈双方彼此尊重、有礼，而日常谈话双方关系更为亲密。
4. 问答关系固定程度不同。访谈双方问答关系固定，而日常谈话双方问答关系可能随时互换或停止。

——来源：教育研究方法之教育调查研究［EB/OL］.
https://wenku.baidu.com/view/29b3f067caaedd3383c4d33e.html?rec_flag=default&sxts=1547694388378.

（二）访谈调查的作用

访谈调查可以了解受访者的所思所想，包括他们的价值观念、情感感受和行为规范；了解受访者过去的生活经历及他们耳闻目睹的有关事件，并且了解他们对这些事件的意义解释；对研究的现象获得一个比较广阔、整体性的视野，从多重角度对事件的过程进行比较深入、细致的描述；为研究提供指导，事先了解哪些问题可以进一步追问，哪些问题是敏感性问题，需要特别小心；帮助研究者与受访者建立人际关系，使双方的关系由彼此陌生变成相互熟悉、相互信任；使受访者感到更加有力量，因为，自己的声音能被他人听到，自己的故事被公开，因此，有可能影响到自身文化的解释和构建。

二、访谈调查的特点

（一）访谈调查的优点

1. 访谈者与被访谈者直接的相互作用

访谈调查主要采用对话、讨论等面对面交往、直接的交流方式，是双方相互作用、相互影响的过程。如果对象感觉敏感，可通过访谈的适当引导。

2. 访谈调查有较好的灵活性与深入性

灵活性是指可以根据访谈情况，随时调整访谈内容，特别是对于一些容易使人情绪触动产生疑虑的问题，访谈可以根据对象情绪反应随机应变地安排谈话内容；而比较复杂的问题需要向不同的调查对象了解各种类型的材料，访谈的效果好些。深入性是指访谈可以直接询问受访者自己对问题的看法，用他们自己的语言和概念表达自己的观点，因为可以追问，便于深入调查，了解被调查者经历、过往及其行为所隐含的意义。此外，在研究关系和具体情境许可的情况下，访谈者还可以与受访者探讨问卷中无法处理的一些敏感性话题，如犯罪性行为、婚前性行为、性倾向问题等。如果访谈的结构足够开放，访谈者还可以通过让受访者讲故事或举例的方式对自己的生活细节进行比较细致的描述。

3. 访谈调查获取信息比较完整真实

访谈者需要在和受访者建立良好关系的基础上进行访谈，可以通过非言语行为来判断受访者提供的信息真伪，通过追问、引导等方式避免题目被遗漏、不回答或回答偏离主题等现象。

4. 访谈调查使用范围比较广泛

访谈调查不仅对行为，而且也可以对态度、观点或信念进行研究；访谈调查不受受访者的文化程度限制，不肯或不会填写问卷的可以用访谈，也适用于具有一定表达能力的幼儿。

（二）访谈调查的局限性

1. 样本小、代表性差

样本数量越接近研究总体，研究得出的数据、结论越真实有效。从受访者数量上看，访谈通常是个别访谈和集体访谈（座谈），因为人的感官功能原因，访谈需要访谈者倾听、记录，因此，受访者人数有限，这就决定了访谈调查样本小、代表性差。

2. 不够经济

每个受访者都要用相同的时间进行接受访谈，时间长、代价高，而且事前必须对访谈员进行培训，访谈调查的结果也比较难统计，分析比较费力。

3. 存在隐秘性顾虑

访谈调查是双方直接沟通，缺乏隐秘性，会给受访者带来不便，访谈范围受限，访谈记录困难。

4. 难度大

访谈要求很高、难度也比较大，这是因为一是调查对象不一定愿意接受访谈，二是访谈不一定能得到需要的材料。因此，需要精心设计访谈提纲，访谈人员事先需要接受培训。

三、访谈调查的分类

（一）根据研究者对访谈结构的控制程度

根据研究者对访谈结构的控制程度或者访谈提纲的标准化程度，访谈分为结构型访谈（封闭型）、无结构型访谈（开放型）和半结构型访谈（半开放型）。

结构型访谈是问题标准化，事先将访谈的题目设计成一份调查表或访谈问卷，然后严格按照拟定的调查表或访谈问卷的内容进行访谈，访谈时访谈人员必须按调查表或访谈问卷上的题目顺序发问，不得随意改变或转述题目及答案的用语，访谈人员处理问题的自由度比较小，所有受访者回答的是同样的问题。

无结构型访谈，又称非结构式访谈，无须事先拟订统一调查表或访谈问卷，而是按一个粗细条的访谈提纲或某一个主题和问题方向，与被访者交谈。这种访谈目的是了解受访者自己认为重要的问题、他们看待问题的角度、他们对意义的解释，以及他们使用的概念及其表述方式。在无结构型访谈中，访谈者只是起一个辅助作用，尽量让受访者根据自己的思路自由联想。访谈的形式不拘一格，访谈者可以根据当时的情况随机应变。

半结构型访谈，访谈中，研究者对访谈的结构具有一定的控制作用，但同时也允许受访者积极参与。通常，研究者事先备有一个粗线条的访谈提纲，根据自己的研究设计对受访者提出问题。但是，访谈提纲主要作为一种提示，访谈者在提问的同时受访者提出自己的问题，并且根据访谈的具体情况对访谈的程序和内容进行灵活的调整。

通常而言，量的研究使用结构型访谈，以便重复调查、收集统一的数据，对其进行统计分析。而质的研究在研究初期往往使用无结构型访谈，了解被访者关心的问题和思考问题的方式，随着研究的深入，逐步转向半结构型访谈，重点就前面访谈中出现的重要问题及尚存的疑问进行追问。

（二）根据访谈对象的数量

根据访谈对象的数量，访谈可以分为个别访谈和集体访谈。

个别访谈，通常只有一名访谈者和一名受访者，两个人就研究的问题进行交谈。

集体访谈，可以由1到3名访谈者和6到10名受访者组成，访谈者主要协调谈话的方向和节奏，受访者自己相互之间就有关问题进行讨论。

（三）根据访谈正式程度

根据正式程度，访谈可以分为正规型访谈和非正规型访谈。

正规型访谈，指研究者和被研究者双方事先约定好时间和地点，正式就一定的问题范围进行交谈。

非正规型访谈，指研究者根据受访者日常生活的安排，在与对方一起参加活动的时候根据当时的情形与对方交谈。

（四）根据访谈者与受访者双方接触的方式

根据访谈者与受访者双方接触的方式，分为直接访谈与间接访谈。

直接访谈，指的是研究者与被研究者一起坐下来、面对面地交谈。

间接访谈，是研究者与被研究者事先约定好时间，通过电话、电脑等通信工具对对方进行访谈。

（五）根据访谈次数

根据访谈次数，分为一次性访谈和多次性访谈。

一次性访谈，通常内容比较简单，主要以收集事实性信息为主。

多次性访谈，通常用于追踪调查，或深入某些问题（特别是意义类问题，如焦点访谈的各期主题），可以有一定的结构设计，逐步由浅入深，由表层到深层，由事实信息到意义解释。

虽然访谈的形式多种多样，对访谈形式的选择应该依研究问题、目的、对象、情境和研究阶段不同而有所不同，在必要的时候还可以结合不同的方式。

四、访谈调查的实施步骤

（一）访谈前的准备阶段

1. 设计访谈提纲

访谈提纲的目的是起一个提示作用，以免遗漏重要内容，形式可以多样。访谈提纲应该简洁明了，最好只有一页纸，可以一目了然。

结构型访谈中，必须事先编制访谈提纲，访谈时必须用统一设计的访谈提纲。访谈提纲的形式大体上与一般的书面问卷相似，可以有开放式问题，也可以有封闭式问题，只是访谈者在设计访谈提纲时，并不知道什么问题比较适合受访者的实际情况，往往只能根据自己的经验进行猜测，因此，访谈提纲列出的问题尽量保持开放，使受访者有足够的余地选择谈话的方向和内容，而且访谈问题的设计要更注重表述的口语化，要明白易懂、简要具体、具有可操作性。非结构型访谈和半结构型访谈要求给访谈者较大的表达自由，但是访谈者开始访谈之前需要事先设计一个访谈提纲，可以是粗线条的，无须有严格的分类和固定的回答方式，但要求必须把与调查主题相关的主要项目和问题列出，或者说列出研究者认为应该了解的主要问题和应该覆盖的内容范围。

2. 访谈对象的选取

选择访谈对象的多少、范围，要根据课题的研究目的、内容和研究者的能力确定。如研究托小班某个幼儿生活自理能力问题，访谈的主要对象是该幼儿的家长和所在班级教师。而研究民办幼儿园教师流动问题，访谈的主要对象是从民办园的教育管理者和流动教师群体中抽样出来的受访者。

如果访谈对象是幼儿，需要注意幼儿的年龄、知识水平、理解表达能力。幼儿的语言表达能力不是十分完善，词汇有限，形象思维占主导，对抽象概念理解较差，如4岁幼儿仍不能完全理解双重否定和被动句的含义，因此，访谈中要充分考虑他们的领会、理解能力，所提问题应具体、形象，适合他们年龄水平，如可设计故事情境，然后通过提问进行访谈调查，最著名的是柯尔伯格为研究儿童道德发展阶段设计的海因兹偷药等两难故事。

3. 访谈人员的选择与训练

访谈人员的选择要求有：对工作认真负责，对访谈内容有兴趣，具有一定的科学文化知识、技能和能力，能吃苦耐劳，在性格与气质方面应有一定的交际意识和能力等。

对访谈人员培训的内容大体包括：让访谈人员了解研究方法的知识，特别是有关测量的理论和方法；了解该项研究的性质、目的、方法、变量及理论框架；了解访谈的方法，熟悉访谈的技巧；让访谈人员在控制条件下进行实际的访谈，提供练习和操作的机会；在模拟的访谈过程中判断和评价访谈内容，分析访谈记录。

4. 制定访谈计划

访谈计划是对访谈全过程的规划，一般包括：确定访谈调查目的，即为什么访谈；确定访员，谁去谈；确定访谈对象念，与谁谈；确定访谈时间，何时谈、谈多久、周期是多长时间；确定访谈地点，何地谈；确定访谈种类，怎么谈；确定访谈记录方式，怎么记；确定访谈报告方式，怎么写。

同时做好物质上的准备，如准备好录音笔（机）、笔记本、笔、充电器（电池）等，以及介绍信或学生证等身份证明材料。

（二）预备性访谈

访谈者应在被访者面前树立一个真诚、坦率、平和且负责任的个人形象，建立相互信任、相互尊重的关系；说明来意，介绍研究目的；消除被访者的各种顾虑，有准备地使谈话向访谈主题过渡。

需要注意的是，预访谈对象应与正式访谈对象为同一类人；预访谈过程应尽可能做详细的记录；预访谈结束后及时根据试谈情况对访谈设计进行修订。

（三）正式访谈

1. 接近受访者的方式与技巧

接近受访者的方式有5种：自然接近，在某种共同活动过程中接近对方；求同接近，在寻求与被访问者的共同语言中接近对方；友好接近，从关怀、帮助被访问者入手来联络感情、建立信任，如《面对面》节目对温州虐童女教师颜某的采访；正面接近，开门见山进行自我介绍，说明调查目的、意义和内容，然后做正式访谈；隐蔽接近，以某种伪装的身份、目的接近对方，并在对方未察觉的情况下访谈，如央视网经济频道的"315"调查类节目。

接近受访者的技巧：由中间人引见；注意对被访问者的称呼，并关注称呼随双方访谈发展的变化；要入乡随俗、亲切自然；要符合双方的亲密程度和心理距离，既要尊重客气，又要恰如其分。

2. 与受访者协商有关事宜

访谈能否成功，很大程度上取决于访谈者和受访者之间的关系，而访谈关系的建立和保持又在很大程度上取决于双方就有关事宜达成的共识。一般来说，访谈者在访谈开始之前就应该向受访者介绍自己和自己的课题,而且就语言的使用、交谈规则、自愿原则、保密原则和录音等问题与对方磋商。

访谈者在向受访者介绍自己的研究课题时,应该告诉对方他们是如何被选择作为访谈对象的,自己希望从他们那里了解哪些情况。访谈者应该尽量做到坦率、真诚,尽自己可能回答对方提出的问题,帮助对方消除顾虑。访谈者应该对受访者本人表示高度的兴趣,通过自己的言语和非言语行为向对方传递这样的信息:自己不仅仅想从对方那里得到有关信息,更重要的是了解对方这个人;对方不仅仅是一个信息源,而且更重要的是一个活生生的人,自己很希望了解这个人;自己是一名学习者,希望从受访者那里学到经验,希望对方积极配合。

关于自愿、保密原则和录音问题。自愿原则,在访谈开始之前,访谈者应再次许诺自愿原则,说明在研究的过程中受访者有权随时退出,而且不必对研究负任何责任。同时,研究者应该向受访者做出明确的保密承诺,保证对受访者提供的信息保守秘密。如果在研究报告中需要引用受访者提供的资料,研究者将对所有的人名和地名使用匿名。

访谈开始前,访谈者应告知访谈资料将来的使用情况,并与受访者探讨是否可以对访谈进行录音,一般来说,如果条件允许,而受访者又没有异议的话,最好对谈话过程进行录音。

3. 提问

(1)问题的类型

根据问题题干中是否提供答案,分为开放型问题和封闭型问题。开放型问题指在内容上没有固定答案、允许受访者做出多种回答的问题。此类问题通常以"什么""如何""为什么""怎么"之类词语为语句主线。如:你对高校课程不及格补考需要交费有什么看法?你怎么看待宿舍晚上10点就熄灯这个管理规定?封闭型问题是指对受访者回答方式和内容均有严格的限制,回答只能从题干中进行选择,通常是两选一,因此,又称为"是否问题"。如:你觉得是否应该给毕业前仍有不及格科目学生一次补考机会?你觉得大学生在校期间结婚现实吗?

从回答内容的概括程度来看,可分为具体型问题和抽象型问题。具体型问题指那些询问具体事件,特别是事情细节的问题,如"海因兹偷药"。抽象型问题指的是具有较高总结性和概括性的问题,如:您认为孩子啃咬手指甲的原因有哪些?对于孩子啃咬手指甲的现象,您是什么态度?

研究案例

海因兹偷药

欧洲有个妇女艾玛身患一种特殊的癌症,生命垂危。医生认为只有一种药才能救她,就是本城一个药剂师最近发明的一种镭剂。制这种药的成本是200美元,药剂师却索价2000美元。艾玛的丈夫海因兹到处借钱,一共才借得1 000美元,只够药费的一半。海因兹不得已,只好告诉药剂师,他的妻子快要死了,请求药剂师便宜一点卖给他,或者允许他赊账,以后再付钱。但被药剂师拒绝了,药剂师还说:"不行,我研制这种药就是为了赚钱。"海因兹走投无路,撬开药剂师经营的商店的门,为妻子偷来了药。

问题：

1. 海因兹该不该偷药，为什么？

2. 如果海因兹不爱他的妻子，他应该去偷药吗？为什么？

3. 假定不是海因兹的妻子，而是他最好的朋友快死了，他朋友家里没有钱，也没人肯去偷药。在这种情况下，海因兹是否会去偷药？为什么？

4.（如果赞同为朋友偷药）假定快要死的是海因兹宠爱的一只动物，他应该为救这只宠物去偷药吗？为什么？

5. 为了拯救一个生命，人们不论用什么方式都行吗？为什么？

6. 海因兹偷药触犯了法律。从道义上看，这种行为好不好？为什么？

7. 药剂师的行为道德吗？为什么？

8. 海因兹偷药被捉住了，法官该不该判他的罪？为什么？

9. 假如法官考虑释放海因兹，其理由会是什么？

——来源：节选自海因兹偷药救妻［EB/OL］.
https://wenku.baidu.com/view/f0c9f37d657d27284b73f242336c1eb91a3733c6.html.

从语意清晰程度来看，分为清晰型问题和含混型问题。清晰型问题指那些结构简单明了、意义单一、容易被受访者理解的问题。如：每天吃饭时，是自己吃还是别人喂啊？含混型问题指那些语句结构复杂、承载着多重意义和提问者偏见的问题。如：你今天什么时间、和哪些同学一起到校的？到校前是不是和这些淘气的同学去游乐场转了一圈？

研究案例

访谈中的提问

一位研究者在美国学习了4年以后，回到中国了解中国大学生的交友方式，访谈中研究者经常问一个问题：交朋友对你的个人成长和自我认同有什么影响？结果，研究者发现，受访者几乎个个面露疑色，不知道研究者在说什么。通过与大学生进一步交谈，研究者才意识到，他使用的"个人成长"和"自我认同"都是十分西化的表达方式，由于研究者在美国接受教育，他的设计又是用英文撰写的，结果导致研究者思想变得含混不清。后来，他改变了问题的表述方式：交朋友在你的生活中有什么作用？朋友对你来说意味着什么？

——来源：节选自访谈法［EB/OL］.
https://wenku.baidu.com/view/2903d021f242336c1eb95e78.html?from=search.

根据问题的功能，问题的种类有实质性问题，即为了掌握访问调查所要了解的情况而提出的问题；功能性问题，指访谈过程中为了对受访者施加某种影响而提出的问题。

（2）访谈问题的编制

提问方式主要有3种。一是直接法，开门见山，提出问题让对方回答。二是间接法，问的是甲，想了解的是乙，如：有一个同学考试时遇到了不会答的题，他应选择不答还是会选择作弊？三是迂回法，从不同侧面了解一个实质性的问题，比较"你平时上课经常迟到吗"和"你喜欢上学校吗"两个问题，后一个属于迂回提问。

访谈问题编制的要求主要有以下几点：一是考虑访问者和受访者之间的关系、问题本身的性质和特点，访谈者要随机应变，根据情况选择最佳的方式提问。若研究问题属于敏感性话题，访谈者应该十分谨慎，采取迂回方式进行，如"我知道这样问可能让您为难，你可以酌情回答……"；若受访者性格比较内向、不善言谈，访谈者可以多问细节，启发受访者做出回应，如"你是否愿意谈谈……"；如果访谈关系尚未建立，访谈者应避免直接询问个人隐私，等到关系融洽了再试探性地进行询问。二是访谈第一句话要遵循的重要原则是尽可能自然地、结合受访者当时的具体情况开始谈话。可以询问受访者个人经历、家庭背景和生活工作情况；可以从共同感兴趣的话题，如育儿、运动、服饰等开始；可以从受访者正做的事，如看电视、做手工等谈起，如"这是什么电视剧？""你的手真巧！"这么做可以使气氛比较轻松，增进双方情感交流，消除或减少双方心理上的隔阂。三是使用普通话，口齿清楚、语言简洁明确、语句尽量口语化，不要一题多问，不使用令人难以理解的词汇、术语。四是提问时，不能流露出自己的偏见、不能诱导提问，也避免使用奉承性问题。五是先从简单问题入手，问题之间过渡自然，不要跳跃式提问；对需要解释说明的问题，应制定统一的解释说明。六是把握主题和方向，当话题偏离时要适度提醒，不要粗暴打断，使对方难堪。如不要说"你没有按要求回答"，而是采用"您刚才说的其中一点是……我想作进一步了解""您刚才谈的是……很好，那么我们接着谈谈……"等方式来提问。

（3）追问

追问，是访谈者就受访者前面所说的某一观点、概念、语词、事件、行为进一步探询，将其挑选出来继续向对方发问。在受访者对问题回答不明确、自相矛盾或答非所问时，可采用复述问题、复述回答、表示理解和关心、停顿或给一个中立的问题或评估等方式对原问题进行追问。如重述问题"我刚才的问题意思是这样的……"，或将问题归于自己原因，"对不起，我没说清楚问题……"，或需要澄清"您说的这个应该怎么理解？我不完全明白""您刚才说的是不是这个意思……而我所关心的是……"，需要具体化、详细说明，如"您能否再具体一些""您的这句话我觉得很有意思，能否再具体说明一下吗？"如果受访者有顾虑而故意避而不答或草率带过，可以重申访谈的安全性，消除顾虑，如"我刚才的问题是……应该是比较重要的问题，您看能否具体解释，我们保证会保密的"。在无结构型访谈中，追问的一个基本原则是使用受访者自己的语言和概念来询问受访者自己曾谈到的看法和行为。如本单元前的案例，问："为什么不带你？或者说，你也要玩的话，他们说了你什么？"答："你没穿裙子，不能当公主。"问："没穿裙子，所以不让你当公主。那你要是穿了裙子，是不是就可以和他们一起玩了？"

就追问时机而言，不要在访谈的开始阶段频繁进行，如果受访者谈话时，访谈者发现自己对一些具体细节不太清楚，希望对方补充或澄清，此时可即时进行追问。但当访谈者追问的内容涉及重大概念、观点或理论问题时，应该先将问题记录下来，等访谈进行到后期再进行追问。追问还要讲究适度，即追问时要考虑受访者的感情、双方的关系及访谈问题的敏感度，若问题比较尖锐，应采取迂回的办法，从侧面进行追问。访谈中最忌讳的追问方式是不管对方在说什么或想说什么，只管按照自己事先设计好的访谈提纲逐个把问题抛出去，不仅妨碍访谈自然进行，而且没抓住受访者思路，强行将访谈计划乃至偏见塞给对方。

言语标记

追问适时适度的一个具体办法是要注意捕捉受访者谈话中有意或无意抛出的言语标记。言语标记是指受访者接受访谈，除了为研究者提供信息外，还有一些自己的动机、兴趣或利益，因此回答问题时，他们常常滑向自己的意愿，好像是顺口随意说出一两句与研究问题无关的话来。

如在回答一位研究者的问题"您上课时候通常使用什么教学方法？"一位大学教师说："在我调到这个学校以前，我比较喜欢使用讨论法，现在嘛，只好用讲授法了。"研究者意识到，对这位教师来说，工作调动与她的教学方法之间存在着重要关系，因为，研究者没有询问有关工作调动的事，但是她自己主动提到了这一点。于是，针对她调动的情况进行了追问，结果发现受访者原来所在学校是一所研究型大学，教的是研究生，班级规模小，可以采取讨论式教学法。而现在她在一所省级师专，教学对象是专科生，班级人数多，只好进行课堂讲授。通过受访者像是无意流露出来的"学校调动"这个"标记"进行追问，研究者获得了对研究十分重要的信息，即学校和学生类型对老师教学风格的影响。

——来源：节选自访谈法［EB/OL］.
https://wenku.baidu.com/view/2903d021f242336c1eb95e78.html?from=search.

（4）访谈问题的顺序与过渡

访谈应以非指导性问题开始，从开放型结构逐步过渡到半开放型结构，再逐步到问题聚焦；访谈问题应由浅入深、由简入繁。深和繁，不一定指的是内容上的艰深和语句上的复杂，更多的是对受访者来说比较难以启齿的事情，如个人的隐私、政治敏感性话题、有违社会规范的行为和想法等；提问可采取由近及远的策略，即先从最近的事情问起，逐步延伸到那些久远的往事。

访谈问题的过渡，有两种情况，一是自然转承，即一个顺畅、完整的个别访谈中，问题与问题之间的衔接应该自然、流畅，与前面受访者的回答在内容上有内在联系。要做到自然转承，访谈者应该注意倾听受访者的谈话，将对方前面所谈内容某一点作为构建下一个问题的契机。访谈问题应该以受访者的思想作为起承转合的主线，语句的构成应该使用受访者自己前面使用过的词汇和造句方式。二是转换话题，即当受访者正兴致勃勃地谈论某一个话题，而访谈者由于时间或认为对方跑题，希望转换话题，这种情况下，访谈者应该使用一个过渡型问题，使内容转换比较自然。如受访者谈孩子淘气，而访谈者希望转到她的工作上面时，可以问"您的孩子这样淘气，对您的工作有什么影响吗？"或者转换的问题很难与受访者正在谈话的内容联系起来，访谈者可以用铺垫的方式为转换话题做一些准备，如：您说的这些很有意思，可是因为时间关系，我还想问您另外一个问题，不知道行不行？这样做不仅可以在时间上和谈话节奏上有所缓冲，也可以使受访者在心理上做好转换话题的准备。在集体访谈中，问题过渡通常是访谈出现争执时或僵局时，需要主持者进行引导。一般采用归纳法、提要法或以动作等方式转换话题或深入进行。主持人一般不参与争论，但必须注意启发和引导，同时注意以谦虚平等的态度争取被试合作。

（5）听取回答

听取回答的原则有两点，即不轻易打断受访者的谈话；容忍沉默，要给受访者以充分的思考与回答的时间，不要过于急促，否则被访者也会仓促简短回答问题，以致丢失有效的宝贵信息。听取回答的过程中，要注意接收、捕捉信息，理解、处理信息，记忆或做出反应。

听的方式有行为层面的听、认知层面的听、情感层面的听3个层次。

行为层面的听指的是听的态度，表现为表面的听、消极的听、积极关注的听。"表面的听"指访谈者只是做出一种听的姿势，并没有认真将对方说的话听进去。"消极的听"指访谈者被动地听进了受访者说的一些话，但没有将这些话所表示的意义听进去，更不用提理解受访者的言外之意了。"积极关注地听"指访谈者将全部注意力都放在受访者身上，给予对方无条件的、真诚的关注。在此状态下，能给予受访者基本的尊重，而且为受访者提供一个探索自己的宽松、安全的环境。

认知层面的听分为强加的听、接受的听、建构的听3种情况。"强加的听"指访谈者将受访者说的话迅速纳入自己习惯的概念分类系统，用自己的意义体系来理解对方的谈话，并且很快对对方的内容做出了自己的价值判断。如受访者谈道："我们班1/3是差生"，访谈者脑海里马上出现"上课大声吵闹、下课打架、不按时交作业、学习成绩不及格"的男生形象，而受访者所说的差生可能不全是男生、上下课也不吵闹打架、只是学习成绩"不太好"，"不太好"指的是考试平均分数在90分以下。"接受的听"指访谈者暂且将自己的判断"悬置"起来，主动接受和捕捉受访者发出的信息，注意他们使用的本土概念，探询他们所说语言背后的含义，了解他们建构意义的方式。如一位北京大学研究生在谈到报考该校原因时说，他认为北京大学代表的是一种"知识品牌"，访谈者就此词进行了追问，受访者将知识比作"商品"，知识也有牌子，"当你是名牌大学毕业时，说明你的出身比较好，知识品牌在知识社会里是最有力量的东西，它可以转化成钱，也可以转化成权力"。访谈者用接受的态度听，抓住了受访者的本土概念，比较准确地了解了此人报考北京大学的心意。"建构的听"指的是访谈者在倾听过程中积极地与对方进行对话，在反省自己的"偏见"和假设的同时与对方进行平等的交流，与对方共同建构对"现实"的意义。

情感层面的听可以分为无感情的听、有感情的听、共情的听。"无感情的听"指访谈者在听的时候不仅自己没有感情投入，而且对受访者情感表露也无动于衷。当一位30岁男性小学教师告诉访谈者，由于工资低、无住房、受社会歧视，至今尚未成亲时，若访谈者面部无丝毫表情，言语也未表示同情安慰，对方便很可能不满，停止倾诉自己的苦衷。"有感情的听"指的是访谈者对受访者的谈话有情感地表达，能接纳对方所有的情绪反应，而且表现出对受访者情感表达方式可以理解。"共情的听"指的是访谈者在无条件的倾听中与受访者在情感上达到了共鸣，双方一起欢喜、悲伤。

（6）回应

回应的类型有非言语回应和语言回应两种。非言语回应的方式有点头、微笑、适当的手势等，以无声的方式传递回应信息，但是切忌表情、动作过于丰富，给受访者眉飞色舞、手舞足蹈的感觉，干扰到访谈的正常开展。语言回应一般有3种方式，即象征性回应、重复性回应和评价性回应。象征性回应就是象征性应答，多以虚词中的叹词形式出现，如"哦，是这样""嗯""啊"等；重复性回应是访谈者通过简单重复受访者叙述中的原话或概括要点进行回应，如"原来您每天都工作到12点啊""看来您一开始并不喜欢教师职业，是工作以后越干越觉得有意思，而且也离不开园领导和老教师的指导帮助"；评价性回应是访谈者对受访者的叙述进行价值上的判断，间接或直接地抒发自己的观点和立场。

应该避免的回应方式是不当的论说型回应和评价型回应。论说型回应指的是利用社会一些现成的理论或者访谈者个人的经验对受访者所说的内容做出回应，如一位重点中学女班主任谈到自己工作十分辛苦，每天都夜里十一二点才睡觉。访谈者可能对精神分析略知一二，认为对方这么做是受到自己内心某种潜意识的驱使，因此回应说："您这么做是不是为了弥补自己内心的某种缺陷呢？是不是希望得到领导和同事的赞扬而提高自己的自尊呢？"此种回应方式不仅在态度上给受访者一种居高临下的感觉，而且在知识权力上展示出访谈者的优越感和霸权，很容易使受访者感到自己在被分析，而不是被理解，因此，产生排斥心理，不想与对方继续合作。评价型回应指访谈者对受访者的谈话内容进行价值判断，其中隐含有"好"与"不好"的意思。如针对重点中学女班主任谈的每天夜里都十一二点睡，评价型回应是："您工作这么卖力又是何苦呢？您这么干可不太好！"或者"您这么做真是太好了，我们都应该向您学习！"此类回应方式通常反映的是访谈者自己的价值观念和评判标准，不一定适合受访者的具体情况，而且表现出对受访者的不够尊重。过多的评价回应表明访谈者不成熟，不能够接受事物的多样性、不确定性及道德两难性，不能容忍受访者有与自己不同的观点或感受，会妨碍受访者自由地表露自己的思想。

对于访谈过程中的冷场，可采用"其实我也有过这样的经历，您的做法也不奇怪"等方式回应，减少受访者的尴尬。针对访谈中的拘束、不信任，可根据受访者情况岔开话题或选择新的感兴趣的话题拉近距离，也可提出结构性问题，即提供备选答案供选择。

（四）结束访谈

1. 访谈在约定时间结束

访谈应该在良好的气氛中进行，因此，如果访谈已经超过事先约定时间，受访者已经面露倦容，访谈的节奏变得有点拖沓，访谈的环境正在往不利方向转变（如受访者有客人来访）等，访谈者应该立刻结束。访谈时间不宜过长，最好能严格按规定程序进行，不要延长时间，更不要超过2个小时。

2. 要把握住适当的时机结束访谈

访谈者要善于察言观色，在适当时机结束访谈。结束的方式，总体来说是尽可能以一种轻松、自然的方式结束，不要等到双方都感到疲乏和厌倦，谈话难于进行下去了的时候再结束访谈。具体表现为：一是问受访者"您还有什么想说的吗？""您还有需要补充的吗？""您对今天的访谈有什么看法？"二是为了给结束访谈做一些铺垫，访谈者可以谈一些轻松的话题，如询问受访者"您今天还有什么活动安排？""您最近忙什么呢？"三是如果必要的话，访谈者可以做出准备结束访谈的姿态，如开始收拾录音机或笔记本等。

3. 最后要表示感谢

对访谈对象愿意参与调查研究活动表示感谢。

（五）访谈资料的记录整理

访谈内容要随时记录，访谈后要及时整理和分析访谈记录。

1. 访谈记录

访谈记录要准确详细，既抓要点又不放过细节，忠实记录，不润色、不概括性记录。记录后要进行资料审核，对记录的真实性进行侧面核实或与其他调查材料比较核实。

（1）访谈记录的内容

访谈记录的内容主要是受访者的语言和非言语行为。一是由于访谈研究的目的是捕捉受访者自己的语言，了解他们建构世界的方式，因此，受访者的谈话最好能够一字不漏地记录下来。如果可能的话，访谈者应该对访谈进行现场录音或录像。如果条件不允许，访谈者应该对访谈内容进行详细的笔录。二是因为受访者的非言语行为不仅可以帮助访谈者了解对方的个性、爱好、社会地位、受教育程度及他们的心理活动，而且可以帮助访谈者理解他们在访谈中所表现出来的言语行为。因此，在访谈过程中，访谈者可以对受访者的面部表情和形体动作进行观察，同时做一些简短的记录。

可以现场速记为主，辅以补记，即现场注意记录语言信息和非语言信息，之后回忆当时的环境、自己的体会等。访谈时可用代码、表格记录整理谈话材料。

相关链接

访谈中的非言语行为

访谈中交谈双方除了有言语行为，还有各种非言语行为，如外貌、衣着、打扮、面部表情、眼神、人际距离、说话和沉默的时间长短、音量、音频和音质等。

美国乔治·麦森大学的安妮塔·泰勒将非言语行为划分为如下几类：

1. 通过听觉接收信息的非言语交际：声音、类语言（笑、叹气等）、环境响声。
2. 通过视觉接收信息的非言语交际：动作（手势和运动、肌肉的力量、面部的表情、眼睛的神情）、外貌（静止姿势、运动姿势）、物体的运用、距离（人际距离、领域行为）。
3. 通过其他途径接收信息的非言语交际：时间、气味、环境。

非言语行为往往起着点缀、加强语气的作用。尤其是当互动双方的话题涉及人们感情的时候，这些非言语行为的表达往往更加有效。如案例："朱克曼在访谈美国的诺贝尔奖获得者时，就注意通过对方的一些非言语行为来了解对方的态度，比如在一次访谈开始时，受访者坐在轮椅上，离她大约4英尺①，接着他就开始往后撤。到访谈结束时，他离开原来的位置至少有10英尺。朱克曼注意到这是对方对访谈不感兴趣或怀有敌意的一种暗示，因此，采取了一些其他的办法来改善双方的关系。"

访谈者本人的非言语行为（服饰、打扮、动作、表情和目光）也会对访谈产生十分重要的影响。访谈者的穿着如果与受访者所处的文化环境格格不入，可能会使对方感到不舒

---

① 1英尺 = 0.304 8米。

服，从而影响对方与自己合作。如果访谈者的形体动作过于频繁、目光左顾右盼、表情过于夸张，也可能使受访者受到干扰，不能集中注意力思考问题。

——来源：节选自访谈法［EB/OL］.
https://wenku.baidu.com/view/2903d021f242336c1eb95e78.html?from=search.

(2)访谈记录类型

访谈的现场笔录一般有4种，即内容型记录、观察型记录、方法型记录和内省型记录。

内容型记录，记的是受访者在访谈中所说的内容，这种记录在无法录音的情况下尤其重要；观察型记录，记下的是访谈者看到的东西，如访谈的场地、周围的环境、受访者的衣着和神情等；方法型记录，记的是访谈者使用的方法以及这些方法对受访者、访谈过程和结果所产生的影响；内省型记录，记下的是访谈者个人因素对访谈的影响，如性别、年龄、职业、相貌、衣着、言谈举止、态度等。

2. 访谈资料的整理

访谈后，要及时将访谈记录进行整理，避免遗忘；记录上标注访谈时间、地点、人员等；发现需要核实、遗漏和进一步说明的问题，应在下一次访谈中补充，或进行电话重访。

整理的目的有两个：一是对事实进行归类分析，找出因果关系；二是从事实资料中产生新的学说和理论，形成结论。

相关链接

柯尔伯格的道德发展阶段理论

利用创设的道德两难故事对儿童提问，通过儿童的回答，柯尔伯格将道德发展分为6个阶段：

第一阶段，赞成偷药的孩子说："假如妻子死了，海因兹会因为自己没花钱救她而受到谴责，海因兹和药剂师都会因艾玛的死亡而受审。"反对意见是："海因兹不应该偷药。他这样做会被逮捕和坐牢的，就算海因兹成功逃走了，他的良心也会不安，因为警察随时可能追捕他。"

此阶段，孩子的道德动机是避免受到惩罚，服从一定的规则，否则会受到"良心"的谴责，他们服从是因为制定法律的成人有高于他们的权力。

第二阶段，赞成偷药的孩子认为："假如海因兹被抓住，他可以把药交还，就不会判什么刑罚。假如海因兹出狱时妻子还健在，那他坐一段时间的牢也不会有多大烦恼，最后他们能夫妻团聚。"他们认为，他人的权利和自己的权利是可以平等互换的。反对意见认为："偷药，他不会坐多久的牢。但是，他的妻子可能在他出狱前就死了，因而，这样对他不会有多大好处。妻子死了，他不应该责备自己，因为，她患癌症并不是他的过错。"

可以看出，儿童的道德动机是想得到赞扬或好处。在这样的动机驱使下，犯罪本身往往被忽视了。孩子们会用十分实用的方式来看待惩罚。他们把愉快或痛苦的情感体验与惩罚的结果区分开来。此阶段，儿童发展了人与人之间简单的交互的道义，做事讲究"平等"。

第三阶段，赞成偷药的孩子认为："海因兹为妻子偷药，没有人会认为他坏，假如他不偷，他的家庭会认为他是一个没有人性的丈夫。弄不到药而让自己的妻子死去，他会没脸见人的。"而反对的孩子提出："海因兹偷了药，不仅药剂师会认为他是一个罪犯，别人也会这样想。以后，他会因为自己给家庭和自己带来耻辱而感到不开心，他将没脸见人了。"

这些想法反映出这个阶段的儿童有做"好孩子"的倾向，他们关心他人，愿意与别人保持信任、忠诚、尊重和感激的关系。

第四阶段，儿童开始预见到"行为的不光彩"，即意识到由于没有尽到责任，人通常会受到谴责，还会由于对别人造成损害而产生内疚。赞成"偷药"的孩子提出："假如海因兹还有一点荣辱感，就不该因为怕做这件事而让妻子死去，他会因为是自己导致妻子的死亡而内疚。"反对"偷药"的孩子也是从维持社会秩序的角度提出自己的想法的："海因兹受到惩罚而坐牢时，他就会知道自己做错了，并会因为自己触犯法律而感到内疚。"

第五阶段，赞成"偷药"的孩子说："假如海因兹不偷药，他会失去别人的尊敬。""假如海因兹就这么让妻子死了，说明他胆怯，他会失掉自尊心，也会失去别人的尊敬。"反对"偷药"的孩子认为："海因兹偷药，他会失去社会的尊敬，他违反了法律。海因兹因感情冲动，失去自制，忘了从长远着想，他自己也会失去自尊的。"

可以看出，孩子们已经意识到，价值和标准是相对而言的。为了维护社会秩序应该守纪律和规则，但法律和规则是可以改变的。

第六阶段，持赞成意见的孩子认为："海因兹不偷药而让妻子死去，他以后一定会谴责自己。海因兹遵守了外在的法律规则，他虽然不会受到外界的责备，但他没有遵守自己良心的标准。"反对意见："海因兹偷了药，他不会被别人谴责，但会受到自己良心的谴责，因为，他没有依照良心和正直的标准行动。"

这些回答说明儿童已经能从"比社会更重要"的观点出发，服从于一个更高级的法律。他们在判断是非时，恪守自己选择的道德原则。法律与这些原则通常是相一致的，所以应遵守法律；但当法律与道德发生冲突时，以道德为标准。

在这样一系列的研究中，心理学家进一步推断，儿童道德认识的发展是按照一个不变的阶段顺序进行的，而且这个顺序适应于一切文化社会。

第四节　作品分析法

一、什么是作品分析法

作品分析也称产品分析法，是指通过对被调查者的活动作品进行分析研究，以了解、评定被调查者的情况，发现问题，把握特点和规律的方法。被调查者的作品，包括其自身制造或创作出来的笔记、作业、日记、书信、图画、工艺制品、读书心得、实验报告、试卷等，也包括其生活、学习和劳动过程中所做的事和东西；通过作品分析不仅可以了解提供作品的被调查者的技能水平、思维方式、表达能力、学习态度等情况（如图5-3所示），也可以了解他人的情况，如教师的教学效果、布置作业的科学性、批改作业是否认真及家长对幼儿自理动手能力的影响等。作品分析法是一种深入了解被调查者信息，并对其发展做出准确判断的研究方法，运用作品分析法是提高教育者科研素质的重要途径。

作品分析多用于个案研究或群体的心理品质和个性特征等方面的研究。如绘画是学前儿童非常喜欢的活动，通过分析学前儿童的绘画作品，可以得到许多关于学前儿童智能发展的资料，推断其观察能力及认识事物的能力（如图5-4所示）。还可以通过分析观察学前儿童完成作品的过程来分析、了解学前儿童。比如学前儿童完成作业是习惯于拖拉、边做边玩，还是集中精力做完作业再去玩；作业错误是由于粗心大意所致，还是由于理解失误所致等。从学前儿童完成作业的速度、正确率、作业态度及行为表现等方面，可以大概地分析出学前儿童的智能品质和个性特质。

图5-3 一名小学三年级学生的作文《爸爸，我想对你说》

图5-4 小班幼儿美术活动"给水果穿衣服"

二、作品分析法的作用

（一）深入了解学前儿童信息

学前教育科研中有时受时间、环境条件、人力资源等因素的限制，或由于研究的特殊需要，不能进行现场考察。那么，可提出一个主题，让学前儿童在规定时间内完成，上交作品，通过他们的作品对其所具有的方法技术和能力水平进行分析。由于完成作品的过程大多需要一定的方法、能力的参与，因此，各种探究方法与能力的评价几乎都可以运用作品分析法。如对幼儿续编故事进行分析，可以分析幼儿文学创作能力、幼儿思维和言语的发展，也可以分析幼儿的兴趣和理想的发展。观察力、想象能力、创造能力可以通过幼儿绘画作品的好坏体现出来，动手操作能力可以从幼儿泥塑、积木、纸工作品中做出判断。作品分析法的可比性特点比较突出，同一主题，几个研究对象的作品放在一起，比较后便可见出高低。而且，在研究过程中，作品分析法是以学前儿童作品为中介，推断学前儿童的探究能力水平与心理特征的发展，实施研究时，学前儿童通常不知道研究者要求他完成作品的意图，其注意力集中于作品的完成过程中。这样可以降低学前儿童防范心理，从而获得真实信息。

作品分析法作为一种辅助研究方法时，在研究过程中可以弥补其他研究方法的不足，从而实现研究过程的最优化。研究人员在研究过程中根据需要收集学前儿童作品，间接地了解他们的情况，从而帮助研究人员了解学前儿童整个变化过程、学习特点、长处短处、对所学内容掌握的深度及广度等方面的情况，以便更好地面向全体因材施教，取得更好的教学效益。因此，作品分析法是深入了解学前儿童信息，并做出准确判断的一种重要研究方法。

（二）提高学前教育工作者科研素质的重要途径

随着学前教育改革的深入，新的问题层出不穷，需要广大学前教育工作者去研究。而作为和学前儿童平时接触最为密切的学前教育工作者，一方面，通过积极参与学前教育科学研究，运用作品分析法，不但推进了学前教育改革，提高了学前教育质量，而且可以为幼儿园和教育主管部门的决策提供科学依据；另一方面，对于学前教育工作者，在专业学习、工作经验及不断的反思中，对学前儿童的语言表达、绘画、手工等作品的判断标准也日臻熟练和准确。因此，作品分析法的运用对于教育工作者来说不仅是适合的，而且运用作品分析法对于不断提高学前教育工作者的科研素质有更为重要的促进作用。

三、作品分析法的特点

（一）作品分析法的优点

作品分析法具有客观性、系统性、间接性及量化与质化相结合等特点。

1. 客观性

客观性是指在作品分析过程中，严格按照事先制定的分析单元和类目来记录客观事实，而不是凭分析者的主观印象来记录。通常作品分析法，是基于学前儿童已经完成的作品及对作品产生过程进行分析，研究人员按照已经设计的指标进行评价，很少存在研究者对研究对象产生的诱导、干扰等问题，因此，研究者的主观态度对作品的评价影响比较小。而且大多作品为静态，能保持或保留一段时间，为保证研究结论的客观性，一般要有两个以上的评判记录员。

2. 系统性

系统性是对所有待分析的作品，按照一定程序、系统地进行分析，包括选取样本、确定分析维度和类目，按分析维度评判记录，计算结果，信度分析，统计描述结论。如对绘画作品的心理分析，样本选取上，可以用于群体，也可用于个体；分析维度和类目，可以选择"房树人"综合分析，也可以确定"房""树""人"其中一个分析。可以测智力，也可以对性格、情绪等解读。

3. 间接性

由于作品分析法作品分析法以研究对象的作品为中介，有时，研究者和研究对象间没有正面接触，可降低其防范意识，较其他研究方法更易获得真实反馈。同时，作品分析法不受时间和空间的限制，研究者可以根据自己的需要，调整研究进程和场所。

4. 量化与质化相结合

作品分析的结果更多的是用描述性的语言将结果及结果里表现的各种关系表达出来，但也可以将分析维度赋值，用客观的数据来表达，以量化形式出现。见"相关链接"《房树人测试分析》。

相关链接

房树人测试分析

房树人之间的标准化

◇ "房树人测验"的顺序，开始先画房，其次画树，然后画人。

◇ 评分标准，有关房树人的评定标准，往往用因子符号来代替。在评定中：

智商 IQ		因子符号	
智力优秀	125 以上	S_2	有关房屋部分的评定
智力略高	111~124	S_1	（1）屋顶有六个项目：
智力平均	90~110	A_3	（A）没有画屋顶（D_3）
智力略低	80~89	A_2	（B）平面屋顶（D_2）；如果是多层建筑，可以是平顶，（记 A_2）
智力处于边缘状态	70~79	A_1	（C）倒 V 形屋顶（A_1）
低度智力低下	50~69	D_1	（D）二因素屋顶形状为长方形、半椭圆、台形（A_2）
中度智力低下	25~49	D_2	（E）二因素屋顶有，有两个屋顶，主房和配房各一个（A_3）
重度智力低下	<25	D_3	（F）二因素屋顶有一个表现出立体的因素，在主墙和端墙上面有一个倒 V 形屋顶和一个平行四边形屋顶（S_1）

　　　　（量的规定）　　　　　　　　　　　　　　（量的具体化）

1. 房子的主题：一般都是画私人住宅，很少以庙宇、宗教建筑物、学校等公共设施及以公寓、大厦、酒吧等为主题，房子的分析应该分阶段地进行分析（PDZ），以此了解被测者对自己家庭不满所在。

2. 屋顶：屋顶特别大，其余很小，显示好空想，好幻想，逃避现实生活及人际关系。

3. 屋顶与壁相连：分裂症。

4. 顶上画窗：表现在现实生活中有意识地行动，屋顶过大时，指维持有限的活动，窗和门在一面墙，并且连在同一条线的屋顶上，提示缺乏幻想力，智力低下，对缺乏幻想能力的智能正常者，则表示为好幻想，追求现实的具体事物时情感不丰富。

5. 屋顶线浓重：唯恐不能控制自己摆脱空想生活，焦虑不安，努力控制自己，精神病初期。

6. 屋顶线较淡：不能自我控制而被压倒的象征。

7. 瓦片描绘是认真画：追求完美，黏着性格。

8. 除了瓦片就是高高的围墙：不能保持与现实接触，自我崩溃。

（质的指标）

——来源：节选自房树人测试分析手册完整版［EB/OL］.
https://wenku.baidu.com/view/8f9ca1bbfd0a79563c1e725a.html.

（二）作品分析法的局限性

1. 解释比较困难

研究的是已经完成了的作品，能够分析作品的内容、结构及研究对象的典型特点，但解释起来比较困难。即使有些作品分析有经过信度、效度检验的解读标准和常模，但因作品分析通常都存在质的研究部分，而且由于对作品进行分析的人在经验、专业等方面能力水平不同，如对同一个人画的房树人心理画进行分析，结论也可能会有所不同，因此，作品分析法对分析者或研究者的要求较高。

2. 不适合大样本研究

作品分析法分析的对象是作文（如图5-5所示）、笔迹、书法、绘画、手工作品（如图5-6所示）、言论、著作等，在衡量、判断这些事物的标准上，因为评判尺度会有所不同，且解释比较困难，因此，更适合进行小规模研究，可以对个体进行深入研究，也可以用于群体的心理品质和个性特征等方面的研究。

每一种研究方法都有其独特的优越性和局限性，因此，在实际研究过程中，往往根据研究需要，科学而合理地选择和使用研究方法，以一种或两种研究方法为主，其他方法为辅，以这种研究方法的优点去弥补其他方法的不足。作品分析法可以辅助观察法、访谈法等其他研究方法互证或证伪其研究成果，也可以作为一种独立、完整的研究方法使用。

图 5-5　一名六年级小学生邵某作文《沙漏》的部分段落

图 5-6　大班美术活动"制作小乌龟"

四、作品分析法的类型

根据分析的作品性质不同,作品分析可以划分为语言作品分析,构建作品分析,绘画、手工作品分析及其他作品分析。

(一)语言作品分析

语言作品分析以学前儿童描述的故事或事件的文字记录、叙述、自编故事的录音带,各种记录单、自创的书写符号等为分析对象。语言作品分析所涉及的内容比较广泛,包括学前儿童语言基本表达能力、事件表达能力、语言创新能力和想象能力等心理特征。一般而言,根据学前儿童的年龄特点,小班和中班可以把分析重点放在基本表达能力与事件表达能力方面,如复述故事、主题讲述等;大班、学前班可适当关注创造性等高级心理活动,如即兴说话、续编故事等。

(二)构建作品分析

构建作品分析以学前儿童构建作品为分析对象。构建作品分析的内容包括制作原理的掌握程度、构建作品的创意水平、部件及其关系的协调程度、材料选用及外观等,如对泥塑、积木、沙盘制作等作品的分析(如图5-7、图5-8所示)。

图5-7 搭建粉红塔

图5-8 操作棕色梯

(三)绘画、手工作品分析

绘画、手工作品分析以学前儿童的绘画、手工作品为分析对象。绘画作品分析的主要内容包括构思、构图、比例、明暗、颜色搭配、填涂等(如图5-9所示)。手工作品的分析内容包括材料与形式对主题的表现水平、部件质量及其关系的合理程度、颜色搭配的协调程度、作品细节的表现程度、作品的外观等(如图5-10所示)。

图 5-9 美术活动"吹画"

图 5-10 美术活动"剪纸"

(四)其他作品分析

其他作品分析以学前儿童探究事物、创编舞蹈、表演、游戏等活动的照片、录像带为分析对象。

五、作品分析法常用的 5 个维度

(一)内容

作品分析内容的正确性是指学前儿童完成作品的正确态度,是学前儿童知识经验水平与应用水平的集中反应,是作品分析法最重要的指标。

(二)形式

形式是作品表现主题的方式,反映着学前儿童的想象力、创造力和对任务完成的方式与掌握程度,体现学前儿童的技能水平。

（三）时间

完成作品的时间一般情况下能反映学前儿童的能力，能力强的儿童完成作品所用的时间相应比其他儿童少。

（四）能力

从作品分析学前儿童的能力特征是作品分析法的一项重要内容。

（五）性格

作品分析法中对学前儿童性格的研究主要侧重于了解学前儿童在性格方面存在的缺陷及所表现出来的消极态度和问题行为，以便分析成因并进行矫正。

六、作品分析法的实施步骤

（一）明确具体研究目标

作品分析需要有明确的目的和计划，对分析的作品要确定范围和分析的重点。调查者要根据研究目的，明确作品分析的具体研究目标。作品分析的具体研究目标，即通过作品分析想获得学前儿童哪些方面的信息，如知识的运用水平与特点、技能的熟练程度与特点、相关心理特征的表现与特点。具体研究目标确定后，再选择实现目标的最佳方法。

（二）确定分析指标

每个作品都是由多种要素构成的，具体的研究目标确定之后，研究者就要根据目标选定一定的要素即指标及标准对作品进行分析。如分析幼儿故事表演（见表5-1）。

表5-1　幼儿故事表演《狐假虎威》作品分析指标

项目	一般指标	二级指标				三级指标			
幼儿故事表演《狐假虎威》	表情	优	良	中	差				
		表情丰富，表现力强	表情较丰富，表现力强	有表情，有一定表现力	无表情，表现力差				
	语言	普通话				优	良	中	差
						语音标准，自然流畅	语音较标准，较自然流畅	语音基本标准，基本自然流畅	语音不标准，不自然流畅
		角色语言				优	良	中	差
						很好地使用表现人物角色的语言	能使用表现人物角色的语言	基本能使用表现人物角色的语言	不能使用表现人物角色的语言

续表

项目	一般指标	二级指标				三级指标
		优	良	中	差	
幼儿故事表演《狐假虎威》	态势语	设计自然和谐	设计较自然和谐	设计基本自然和谐	设计不自然和谐，表现力差	

（来源：张宝臣，李兰芳.学前教育科学研究方法［M］.2版.上海：复旦大学出版社，2012.）

（三）选择作品抽查方法

作品分析适宜在班级内进行，通过分析既可以获得共性认识，发现普遍存在的问题，同时也要获得个性的认识，找到特殊性，从而将共性与个性、普遍性与特殊性综合起来加以研究。因此，研究过程中，可根据实际需要采取不同的抽查方法选择作品进行分析。一是总体检查，即对全体幼儿作品进行分析，这是绘画作品和手工作品分析时常用的方法，了解幼儿掌握学习内容的程度与技能习得特点。二是分类抽查，即将不同性质的作品分开检查、分析，常用于语言、绘画、手工作品等分析中。在分类抽查中，首先要确定分类标准及类别，再从每类中随机抽取部分学前儿童作品进行分析。分类抽查属于形成性分析，即指为了能够更准确地掌握学前儿童活动发展的信息，在学前儿童活动的发展过程或完成任务过程中不定期地进行分类分析，以便更好地实施和改进后面的工作。

（四）作品分析的实施

实施阶段主要工作是布置任务、分析作品、填写指标项目及分析表。具体来说，分为两步：

1. 布置任务，规定完成时间

根据研究目的，向学前儿童布置所要完成的作品及完成作品的时间。在布置任务时，研究者不需将研究目的告诉学前儿童，但要将作品操作任务交代清楚，以避免诱导。学前儿童在了解任务的基础上，充分发挥个体主观能动性，使自己的作品带有不同风格。学前儿童自由发挥的空间越大，作品分析的内容就越具体，越利于全面、深入了解学前儿童的发展状况。作品完成时限不宜过长，应根据制作任务的内容、性质和难度进行设定。如果规定时限过长，在作品制作的前期，学前儿童会因认为时间充裕而放松情绪，在上交作品前又匆忙完成，这种前松后紧的情况不利于充分发挥他们的主动性、积极性和创造性，研究者也难以据此准确地分析作品的制作水平及学前儿童的相应特征。

2. 收集学前儿童作品进行分析

对学前儿童作品进行分析时，应根据事先确定的指标项目及标准分析作品所具有的各自特点，以保证不同作品之间具有可比性，同时也要分析作品所具有的特色。

（五）资料的整理与统计

将学前儿童作品统计与分析后，调查者根据研究目的对分析表等资料再进行分析、综合，得出研究结论。

七、作品分析法实施时的注意事项

（一）要关注学前儿童的心理状态

"字如其人"，是说通过写的字可以窥视一个人的个性；"文如其人"，通过一个人的文学作品同样可以看出一个人的某些心理特征。因此，通过作品分析可以分析出学前儿童的能力和性格等个性心理特征。用于分析学前儿童心理状态的作品如图 5-11、图 5-12 所示。

图 5-11　6 岁女孩画的《房树人》

图 5-12　6 岁男孩画的《房树人》

如大班幼儿在画"房树人"时，有幼儿主题较明确，房、树、人 3 者皆有，而且画面上人物与物体之间关系较清晰。有的则项目不齐全，画上有一些线条或图形，但其表示意义不明确，物与物都是孤立的、彼此间的关系不明显。这些和幼儿各自的智力水平，如理解力、空间关系知觉能力等密切相关。有的幼儿画上了一家人，有的幼儿只画了一个人，有的作品是单色的，有的则颜色丰富多彩，这和幼儿年龄特点或者性格有关系。但画面比较特殊的就需要注意，和图 5-11 女孩的作品相比，图 5-12 是一个男孩的画，画面全是黑色笔迹、画面涂写得比较满，而且画纸上写满了数字、画出来的房树人难以辨认，经了解该幼儿有感统失调问题。由此可以看出，学前儿童选择完成任务的方式，不仅反映的是其独特的心理活动，而且也能反映出幼儿的状态是否和同龄人不同。

（二）要尊重学前儿童的创新思维

作品形式可以体现出主题，但同时也反映着学前儿童的想象力、创造力和对任务的理解与知识、技能的掌握状况，而且也蕴涵着学前儿童的内心世界。

如艺术教育活动"花"中，有的幼儿用蜡笔画出花，有的幼儿用铅笔画花，有的幼儿用剪刀剪出花，有的幼儿用手撕出花，有的是用吹颜料的方式吹出花；有的幼儿作品是一朵花，有的幼儿作品是很多花；有的幼儿作品是单一颜色，有的幼儿作品颜色丰富多彩。由此可见，同一主题，不同幼儿完成任务的形式不尽相同，作品反映着幼儿独特的心理活动，也反映着其创新思维。正因为作品带有学生的个体主观能动性，也就意味着有的作品表现出来的内容或形式并不是研究者所预期的结果。在碰到这种情况时，研究者更要冷静思考，审慎分析学前儿童的作品。

（三）注意完成作品内容的正确性

作品分析内容的正确性是指学前儿童完成作品的准确程度，是学前儿童知识经验水平与应用水平的集中反映，是作品分析法最重要的指标。通过对内容正确程度的分析，研究人员可以清楚地了解学前儿童在教学过程和自我学习过程中对知识和技能、重点与难点的掌握程度，从而判断学前儿童的发展水平，同时将信息反馈给教师，使教师不断反思，对教师的专业成长有重要的促进作用。

（四）注意完成作品时间与作品质量的关系

完成作品时间一般情况下能反映学前儿童的能力，能力强的幼儿正确完成作品所用的时间相应比其他幼儿正确完成作品的时间要少；反之，则比其他幼儿多，如玩魔方、搭积木等。但是，完成作品时间的判定必须建立在正确完成作品的基础上，并且与总体平均时间做比较，不能盲目以完成作品时间来判断幼儿的能力，也不能简单地将完成作品的时间长短与幼儿能力强弱画等号。如有些活动中，有的幼儿可能因性子慢、追求做得更满意，也会花费较长时间。因此，时间长短与智力水平高低关系不能一概而论。

第五节　测验法

一、测验法的意义

（一）什么是测验法

测验法，又称测量法，是研究者以数量化的方式对研究对象的某些心理、行为特征及学习结果进行测查和评价，收集研究资料，并进行数量化的统计分析，从而得出一定的结果和结论的方法。换言之，是用一套标准化题目，按规定程序，通过测量的方法来收集数据资料,如智商测验、气质测量等。标准化是指测验在编制、实施、评分和解释方面依据一套系统的程序,而按照严格的科学程序编制的测验称为标准化测验。测验的标准化使测验有统一的标准,不同人的测验结果具有可比性,能减少无关因素对测验结果的影响,从而使结果更为准确、可靠。

(二)测验法的功能

1. 诊断功能

心理测验特别是标准化的测验可以通过测验对幼儿心理缺陷、发育不良或心理适应不良等做出诊断。通过分析可能的原因,从而可采取适当的教育和补救措施。

2. 评价功能

测验一般有明确的评分标准,可用于幼儿心理特征和行为发展水平的评价,既可以对同年龄段幼儿差异进行横向评比,也可以对不同年龄段幼儿进行纵向评比。另外,测验也可以对幼儿园的办学水平、幼儿教师的教学水平等进行评价,通过评价找到优势和不足,为今后的发展和完善提供参考。

3. 建立和检验理论假设的功能

研究者可以通过测验收集的资料和统计结果,建立或检验某些理论假设,促进理论的发展和完善。

二、测验法的特点

(一)测验法的优点

1. 标准化程度高,便于操作

测验法,从测验工具的编制、测验过程到评分计分及结果的解释都有严格、统一的标准,实施过程有据可依、容易控制。

2. 结果可量化,容易统计分析

测验研究所获得的大多是数据资料,可以用统计分析的方法对结果进行处理。

3. 效度、信度较高

测验量表的编制过程是严谨的,标准化测验的工具有的是从国外引进,专家根据国内情况多次修订的;有的是国内专家编制,经过大范围使用检验的。因此,和其他方法比较起来,测验法更为可信、有效。

(二)测验法的局限性

1. 测验编制难度大

测验量表等测验工具的编制需要花费较长的时间,需要经过搜集相关信息、编制后实施、进行效度和信度的检验、常模的计算、不断的修改完善等诸多环节和过程,因此,很多研究者在研究过程中苦于编制不出测验量表或找不到适合自己研究情况的测验工具,导致研究工作受到限制,或使研究工作不能正常进行。

2. 难以进行全面深入的研究

测验数据只能概括地描述或解释心理和行为的表层特点，难以揭示变量间的因果关系及心理和行为发生的背景，不能获得全面、深刻的资料。

3. 对测验人员要求较高

测验有一定的专业性，测验的操作过程及对结果的解释都要求测验者具备一定的专业知识，所以，测验研究中的测验人员必须具备一定的专业基础知识或经过专门培训。

4. 存在一定的主观性

测验通常是间接的测量，心理特点如智力、能力、性格等难于进行直接的测量，往往通过观察、评价被测者的行为、活动或被测者的自我评价来推测其水平。因此，测量结果难免有一定的偏差，测量的客观性、准确性不是绝对的。

三、测验法的分类

（一）根据测验的标准和严密程度

根据测验的标准和严密程度，可分为标准化测验和自编测验。

1、标准化测验

标准化测验是指编制和实施过程都要有统一的、严密标准的测验，为保证测验的准确性，测验试题的编制、施测过程评分计分及对结果的解释都有统一的、严密的标准。标准化测验的编制比较复杂，首先确定测试目的，根据测试的目的和内容拟定测验的方式和题目。然后选取小样本试测，分析测验题目的信度、效度和区分度，经过筛选确定试题，最后确定评分计分标准及分数转换和解释的方法，规定施测规则，编制统一的指导语。该测验试题一般由在教育和心理领域比较有经验的专家进行编制。

2、自编测验

自编测验也叫非标准化测验，是指研究者根据研究目的和所要解决的具体问题，在没有现成的标准化测验可用的情况下，仿照标准化测验的形式自编测验试题或量表。虽然测验的严密程度不及标准化测验，但是为了尽量降低研究的误差，研究者需要根据研究目的确定测查内容，在认真分析测查对象的实际心理和行为表现的基础上，设计适宜的观测指标、测验方式和测试题目。如测查幼儿的记忆能力，可以通过在故事教学中，幼儿回忆故事的顺序和要点的数量进行测评。自编测验也要有评分计分的标准和对结果的明确说明。

（二）根据测查对象数量的不同

根据测查对象数量的不同，分为个体测验和团体测验。

1. 个体测验

个体测验是指在同一时间内，每次仅以一位受测者为对象，通常是由一位主测者与受测者在面对面的情形下进行测验，这是常用的教育和心理测验方式。优点是研究者可以控制测验过程、观察到被测者的表情言语和情绪，能有效地控制受测者的言语、情绪及行为反应，测验结果比较真实、客观。学龄前儿童或某些特殊被试，如文盲，更适合使用个体测验。但个体测验费时、费力，不能进行大范围的测验。

2. 团体测验

团体测验是指在同一时间内由一位主测者（必要时可增配助手）对多名受测者实施测验。团体测验的优点是省时、省力，可以在短时间内收集到大量的资料。缺点是被测者的行为不易控制，容易产生测验误差，所得结果不如个体测验法准确、可靠。

（三）根据测验的功能不同

根据测验的功能，分为能力测验、学绩测验和人格测验。

1. 能力测验

从测验的角度，可将能力分为实际能力和潜在能力。实际能力测验又分为一般能力测验和特殊能力测验，一般能力测验即通常所说的智力测验，特殊能力测验多用于测量一个人在音乐、美术、体育、飞行等方面的特殊才能。潜在能力是指个人将来"可能为者"，因此，潜在能力的测验通常被称为能力倾向测验。

2. 学绩测验

学绩测验，主要用于测试个人或团体经过某种正式教育或训练之后对知识和技能掌握的程度。由于所测得的主要是学习成绩，所以被称作学绩测验。

3. 人格测验

人格测验主要用于测量个性中除能力以外的性格、气质、兴趣、态度等方面的个性心理特征。

（四）根据测验的材料不同

根据测验的材料不同，分为文字测验和非文字测验。

1. 文字测验

文字测验又称纸笔测验，指测验内容是文字材料，受测者用文字回答。文字测验实施方便，但它容易受到受测者文化程度和不同文化背景的影响。对不同文化或教育背景下的人使用时其有效性会降低，甚至无法使用。

2. 非文字测验

非文字测验又称操作测验，指测验内容不涉及文字，而是以实物、模型、图形和工具呈现，受测者无须使用文字。因此，非文字测验不受文化因素的影响，它对幼儿或文盲十分适用，适合不同文化背景的比较研究。

四、测验法实施的步骤

（一）明确测验实施的内容和测量、观测指标

根据研究的目的和内容，对研究对象的心理、行为特点及活动进行观察分析，把研究的变量具体化、操作化为符合研究对象的具体观测指标。例如测查幼儿的空间知觉能力，可以用布娃娃和玩具，让幼儿按要求把玩具摆在布娃娃的前面、后面或左面、右面等。

（二）选择或编制合适的测验工具

根据测量指标选择合适的标准化测量工具，调查者平时要注意对标准化测量工具，包括标准化测验和各种心理学量表的学习和积累，当研究需要时才能做出合理的选择。如果所研究的问题没有现成的标准化测量工具，就要根据研究内容的观测指标进行自编测验。

（三）按测验的要求实施测验

实施测验前首先要熟悉测验工具和操作程序，选择测验对象，确定测验的时间和地点；与被测者建立良好的关系，消除被测者的紧张感。然后，按照测验工具的指导进行测验。在测验过程中，要注意每个被测者的测试过程和条件都是一致的，不能有任何暗示和指导。在实施测验的过程中，按照测验工具的评分和计分标准，客观、准确地记录被测者的反应。

（四）对测验结果进行整理、统计和解释

对测验所得的原始分数进行分类，按照测验工具的要求进行统计和转换，按得分情况对被测者的心理和行为做出合理的解释，切记对测试结果的解释要客观、合理。

（五）得出结论，写出测验报告

测验结果不是绝对的，只能作为一个参考，既不能武断地得出结论，也不能过多地猜想和推论。要根据测验结果，结合研究的目的、内容及相关理论，进行有理有据的分析，得出结论，按照调查研究报告的格式写出测验报告。

五、使用测验法时的注意事项

（一）选择恰当的测验工具

每一种测验都有其特定目的、功能和适用范围，因此，主测者应仔细阅读测验的手册，结合自己的研究目的、被研究者的特征、研究者对测验的运用能力等慎重做出选择。

（二）按标准化测验的要求施测

测验实施过程中的操作，需要按照该测验严格规定的要求进行，严格控制这一过程中可能出现的各种无关因素。要求主测者做到：第一，做好测验前的准备工作，包括熟悉测验手册，特别是指导语和准备测验需要的材料；第二，选择适宜的测验环境，尽力排除一切干扰；第三，严格按照标准化的指导语和标准时限进行测验，不得随意改变；第四，客观、准确地记录受测者的反应。

（三）正确解释和看待测验结果

测验分数的解释人员必须经过专门的训练，懂得所使用的测验及测验结果的解释原则。解释测验结果时应注意以下几点：

①由于测验的信度是有限的，所以，任何时候都要把所测得的分数看成是个范围而不是一个确定的点，在解释分数时，应提供一个可能的参考范围或者是一个最佳估计。

②根据效度资料加以说明。

③不同的测验分数不能直接进行比较，即使是两个名称相同的测验，由于所包含的具体内容不同、样本的组成不同、量表单位的差异，其分数便不具可比性。

④在宣布和分析测验结果时，最好不将测验结果的分数告诉受测者，而只告诉测验结果的解释，以防测验分数被误解或误用。

> **相关链接**
>
> ### 常模参照分数与标准参照分数
>
> 　　施测过程中，主测者将受测者的反应与答案做比较获得的分数为原始分数。原始分数本身没有多大意义。譬如某生成绩单上写着数学 85 分，语文 80 分，由此既不能看出该生水平的高低，也不能看出哪一门课学得更好。为了使原始分数有意义，同时，为了使不同的原始分数可以比较，必须把他们转换成具有一定的参照点和单位的测量量表上的数值。通过统计方法将原始分数转化成的量表上的分数叫作导出分数。根据解释分数时的参照标准不同，可以将导出分数分为常模参照分数与标准参照分数。
>
> 　　常模参照分数，是把受测者的成绩与具有某种特质的个人所组成的有关团体的一般平均分数做比较，根据一个人在所比较的团体内的相对等级来报道他的成绩。这里用来做比较的参考团体叫作常模团体，常模团体的一般平均分数叫常模。
>
> 　　标准参照测验，与常模参照测验不同。在标准参照测验中，一个人在测验上的成绩不是和其他人的比较，而是和某种特定的标准比较。一种标准是对测验所包括的材料熟练或掌握的程度，将分数与此种标准比较可以搞清一个人知道什么和不知道什么。因为，涉及的主要是测验的内容，所以，把这种分数叫作内容参照分数，即内容参照分数是看受测者对特定范围中内容和技能掌握得如何。另一个比较标准是外在效标，即用预期的效标成绩来解释测验分数，因为涉及的是后来的结果，所以，把这种参照分数叫作结果参照分数，即用效标行为的水平来表示的分数叫结果参照分数。
>
> 　　　　　　——来源：杜国莉，张德启.学前教科研方法和研究性学习［M］.
> 　　　　　　北京：北京出版集团公司北京出版社，2014:115-116.

六、常用的学前教育测验工具

（一）比纳智力测验

　　1905 年，法国心理学家比纳和西蒙编制了第一个诊断异常儿童智力的测验，即著名的"比纳-西蒙量表"（Binet-Simon Scale）。该量表包括 30 个项目，从易到难排列，以通过题数的多少作为鉴别智力高低的标准。1908 年和 1911 年作者对量表先后修订了两次，测验项目增加到 59 个，并按年龄分组，从 3 岁到 15 岁。该量表首次采用心理年龄（mental age，MA）即智龄来计算成绩，儿童通过哪个年龄组的项目，便表明他的智力与几岁儿童的平均智力水平相当。比纳认为，智力是一种判断的能力，创造的能力，适应环境的能力。因而他从复杂任务入手，着重测量判断、理解、推理等高级心理过程，即智力中的普通因素。

　　美国斯坦福大学教授推孟（L.M.Terman）在 1916 年修订了比纳-西蒙量表，即斯坦福-比纳智力量表（Stanford-Binet Scale）。该测验有 90 个项目，其最大特点是引入智力商数（intelligence quotient，IQ，简称智商）的概念。所谓智商，就是心理年龄（MA）与实足年龄（chronological age，CA）之比，也称比率智商，作为比较人的聪明程度的相对指标。

智商的计算公式如下：智商（IQ）= 心理年龄（MA）/ 实足年龄（CA）x 100。举例来说，某儿童实足年龄为 8 岁 2 个月，如以月数表示，他的实足年龄即为 98 个月，即 CA = 98。设该童接受斯坦福 – 比纳智力量表后的成绩是：通过 8 岁组的全部题目，其基本心理年龄得 96 个月；通过 9 岁组的 4 个题目，再加 8 个月；通过 10 岁组的 2 个题目，再加 4 个月；11 岁组（及以后）的题目全未通过。总计该童成绩，其心理年龄计为 108 个月，即 MA = 108。按智商公式计算，得出其智商为 110。智商是心理年龄除以实足年龄的得数，所以智商为 100 者，其智力相当于他的同年龄人的一般水平，属于中等智力。智商高于 100，表明智力较佳；低于 100，则表明智力较差。在一般人口中，智商呈正态分布，即中等水平的居多数，两极端的为少数。

1937 年、1960 年推孟对斯坦福 – 比纳量表曾做过两次修订，修订后的斯坦福 – 比纳量表共有 100 多个项目，这些项目被分为 20 个年龄组。2～5 儿童每半岁为一组，每组有 6 个正式项目，一个备用项目；6～14 岁每岁为一组，每组也有 6 个正式项目和一个备用项目。此外，还有一个普通成人组和 3 个不同水平的优秀成人组的项目。1972 年在测验内容不变的情况下，对修订本重新做了标准化，常模是从更具代表性的新样本中得到的。仅以 6 岁组和 10 岁组为例，测验包括以下内容：

6 岁的测验内容有：

①词汇：在 45 个词中正确解释 6 个。

②区分：说出两物的不同点。

③图画补缺：指出画中物体缺少的部分。

④数概念：从一堆积木中取出需要的块数。

⑤类比：类似于 "夏天热，冬天□ 6 □ 7 □ 6 □ 7" 这样的题目。

⑥迷津：用铅笔画出最短通路。

备用：看图讲故事。

10 岁的测验内容有：

①词汇：在 45 个词汇中正确解释 11 个。

②在一个三维的图中数出立方体的数目。

③解释抽象词。

④说明理由：说出一种规则和偏好的理由。

⑤一分钟内说出 28 个词。

⑥复述 6 位数。

备用：指出一段话中的荒谬之处。

从测试项目可以看出，随儿童年龄增长，测验更加强调言语技能和抽象思维能力。1960 年修订本的一个重大改变是以 100 为平均数，16 为标准差的离差智商代替了比率智商，表示的是个人在一定年龄组内所占的相对位置。现在智力测验所指的智商，都是离差智商。1982 年，吴天敏再次修订，特点是内容上有增减，计算方法不用年龄量表，而是以个体成绩与他所属群体的常模成绩相比较，其结果为智商。项目标准不以年龄组划分，而是统一划分，即从 2~18 岁之间，每岁 3 个项目，共 51 个项目，称为《中国比纳测验》（见

表 5-2）。一题记一分，连续 5 题不通过就停止测验，将答对题数加上承认他能通过的分数，即得到测验总分，然后根据实足年龄和总分，从指导的智商表中查得被试智商。测试一人大约需要 20 分钟。

表 5-2　第三次修订中国比纳量表

1. 比圆形	27. 数学巧算
2. 说出物体	28. 方形分析（一）
3. 比长短线	29. 心算（三）
4. 拼长方形	30. 迷津
5. 辨别图形	31. 时间计算
6. 数纽扣 13 个	32. 填字
7. 问手指数	33. 盒子计算
8. 上午和下午	34. 对比关系
9. 简单迷津	35. 方形分析（二）
10. 解说图形	36. 记故事
11. 找寻失物	37. 说出共同点
12. 倒数 20 至 1	38. 语句重组（一）
13. 心算（一）	39. 倒背数目
14. 说反义词（一）	40. 说反义词（二）
15. 推断情境	41. 拼字
16. 指出缺点	42. 评判语句
17. 心算（二）	43. 数立方体
18. 找寻数目	44. 几何图形分析
19. 找寻图样	45. 说明含义
20. 对比	46. 填数
21. 造语句	47. 语句重组（二）
22. 正确答案	48. 校正错数
23. 对答问句	49. 解释成语
24. 描绘图样	50. 区别词义
25. 剪纸	51. 明确对比关系
26. 指出谬误	

（转引自郑日昌．心理测量[M] 长沙·湖南教育出版社，1987:342.）

（二）韦克斯勒儿童智力量表（Wechsler Intelligence Scale）

韦克斯勒儿童智力量表是美国临床心理学家韦克斯勒设计编制的，他长期从事心理测验的编制和研究工作，在智力测验面做出了杰出的贡献。他编制了一套韦克斯勒成人智力量表（WALS），此外，还编制了适用于 6~16 岁儿童的韦克斯勒儿童智力量表（WISC）和适用于 4~6.5 岁儿童的韦克斯勒幼儿智力量表（WPPSI）。3 个量表各自独立，又相互衔接，适用于 4~74 岁的被试者，是国际上通用的权威性智力测验量表。这 3 个量表分别于 20 世纪 70 年代末、80 年代初由我国心理学家引进、修订，出版了中文版并制定了中国常模。

下面介绍的是林传鼎和张厚粲主持修订的WISC-CR，称韦氏儿童智力中国修订本，测验适用于6~16岁的少年儿童，共有12项分测验，大约需要55~80分钟。实施中言语测验和操作测验交叉进行，目的是使测验过程更加有趣并富于变化。言语测验包括常识、类同、算术、词汇、理解和背数（又称"数字广度"）6个测验项目；操作测验包括填图、图片排列、积木图案、拼图、译码和迷津6个分测验。各分测验的大体内容如下：

1. 常识

共30题，测题范围广泛，涉及天文、地理、历史、物品、节日及其他知识。被试只需简洁扼要说出知晓的特定事物事实即可，不必说明其间关系。如：这个指头叫什么（竖起大拇指）？人有几个耳朵？

2. 填图

填图又称图画补缺，共26题。以图卡形式向被试呈现26张未完成的图画，内容取自日常生活中经常接触的事物（见图5-13）。要求被试说出或指出图画中缺少部分的名称，而不是真正把图画缺少部分补足，每图时间20秒。

图5-13　图画补缺测验图例

3. 类同

包括17组配成对的名词，如"蜡烛—灯""猫—老鼠"、"数字49—21"要求被试说出每对词在什么地方相似，概括出每对事物的共同之处。此类测题除了正确性以外还应从概括深度来考虑，一般来说，抽象水平上的概括比在具体水平上的概括得分要多，如"轮子和球都能滚动"比"轮子和球都是圆的"得分多。

4. 排列

排列又称图片排列。用一组图片为例，然后用12组图片，每组3至5幅不等，以打乱的次序（统一规定的）呈现给被试，要求儿童依照逻辑次序将每组图片重新排列，使得每组图片可以表示出一个故事，即要求被试按故事情节排列次序。有时间限制，速度快加分。图片排列测验图例如图5-14所示。

图 5-14　图片排列测验图例

5. 算术

算数测验图例如图 5-15 所示。

图 5-15　算术测验图例

共 19 题，前 4 题呈现图片卡，5 到 15 题按指导手册上所列文字由主试以口述实施，而 16~19 题则呈现题卡让被试朗读作答。若被试有视觉或阅读困难，可由主试代为朗读。作答时，不得使用纸和笔，只能心算。例如"如果我将一个苹果切成两半，我有几块苹果？""兰兰有 8 个玻璃球，姐姐又给她 6 个，她总共有几个玻璃球？"

6. 积木

积木又称积木图案，共有 11 题。该测验是将 9 块积木（每个积木两面是红色，两面是白色，两面红白各半）交给儿童，然后要求按呈现给他的图案拼摆出来。共有 11 张图案样子，其中有的由 4 块积木摆成，有的由 9 块摆成。积木图案测试图例如图 5-16 所示。

图 5-16　积木图案测验图例

7. 词汇

共有 32 张词汇卡片，每张上面分别横写着一个词，主试口述时亦同时呈现词汇卡片，被试须以口述方式回答问题，要求儿童对读给他听或看的词加以解释。如：什么是伞？勇敢是什么意思？词汇测验如图 5-17 所示。

伞	驴	防止	拖延
钟	贼	消灭	凉台
小刀	联合	强迫	法律
帽子	字典	苦恼	钻石
自行车	传染	螳螂	竞争
钉子	危险	寓言	损害
勇敢	退休	急迫	迁居
废话	赌博	间谍	公文

图 5-17　词汇测验

在计分方面，给 2 分的要求是：适当的同义词；主要的用途；事物的一个特征或几个主要特征；指出词所属的类别；指出词的几个不甚确切的但是正确的描述特征，加在一起表示出对词的理解；对动作的适当举例。给 1 分的标准是：模糊和不太确切的同义词；仅简单地讲出次要用途；指出一种正确的属性但不明确或者不是一种鲜明的特征；利用一个词举例但未加阐述。给 0 分的标准是：显然是错误答案；语词的联想，经追问表现不出真正的理解；不是完全错误的回答，但在追问后仍然回答得很模糊、肤浅并且内容贫乏。例如帽子，如儿童回答说戴在头上、圆圆的、上面有个顶，得 2 分；如儿童回答戴的（再问仍无说明），得 1 分；如儿童回答说黑的、黑帽子，得 0 分。

8. 拼图

拼图又称物体拼配。除例题外，共有 4 题。向被试（按规定要求）出示一套切割成曲线的拼板，要求组合成一个完整的物体。例题及 1、2 题告诉被试名称，3、4 题不告诉被试名称。物体拼配测验图如图 5-18 所示。

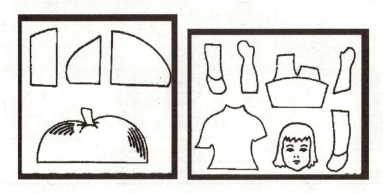

图 5-18　物体拼配测验图例

9. 理解

共 17 题，涉及的问题包括一些与自然、人际关系及社会活动等有关的事情，要求被试解释为什么要遵守某种社会规则和为什么在某种情况下一定要这么做等日常生活中的事件。例如：如果你把小朋友的皮球弄丢了，你应该怎么办？当你割破了手指的时候，你应该怎么办？我们需要警察都有哪些原因？如果你看到邻居房间的窗户冒出浓烟着火了，你将怎么办？

10. 译码

译码是一种符号替代测验，分两种形式，译码甲是"图形对符号"，译码乙是"数字对符号"（如图 5-19）。测验要求被试按照所给的样子，把符号填入相应的数字下面或图形中间，既要正确又要迅速。例题练习结束后，儿童便正式测验，译码甲和乙的时限均为 120 秒。

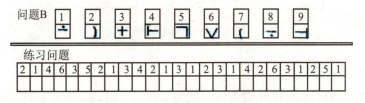

图 5-19　译码测验图例（译码乙）

11. 背数

一系列随机排列的数字组由主试者以每秒念 1 个数字的速度读给被试听，要求即时复述。包括顺背 8 组（顺背从 3 位到 10 位）和倒背 7 组（从 2 位到 8 位）。本测验是语言量表中的替代（补充测验），但是若因诊断上的需要，特别是应用因素分析来解释结果时，应将他列为实施的分测验。数字顺背测题形式见表 5-3。

表 5-3 数字顺背测题形式

顺背					得分
	测试1	成（√）败（×）	测试2	成（√）败（×）	2、1、0
1	3-8-6		6-1-2		
2	3-4-1-7		6-1-5-8		
3	8-4-2-3-9		5-2-1-8-6		
4	3-8-9-1-7-4		7-9-6-4-3-8		
5	5-1-7-4-2-3-8		9-8-5-2-1-6-3		
6	1-6-4-5-2-7-6-3		2-9-7-6-3-1-5-4		
7	5-3-8-7-1-2-4-6-9		4-2-6-9-1-7-8-3-5		
8	7-5-1-3-2-6-9-1-8-7		4-1-9-2-4-7-8-3-1-5		

12. 迷津

这是操作量表中的替代（补充）测验，共有一个例题和 9 道正式测验题。被试须从迷津中心人像开始，不穿越墙线，且需以连续绘线方式走到出口，要求被试用铅笔正确地找出出口。一共有 11 个由简单到复杂的迷津，要求儿童用铅笔正确画出通向路口的路线。迷津测验例图如图 5-20 所示。

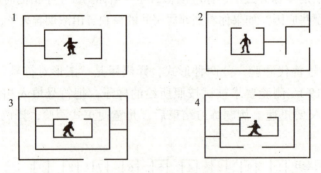

图 5-20 迷津测验例图

（三）瑞文标准推理测验

瑞文标准智商测验是 1938 年由英国心理学家瑞文（J.C.Raven）创造的一种纯粹的非文字智力测验，原名"渐进方阵"，用以测验一个人的观察力及清晰思维的能力，适用对象为

5岁半以上年龄的人。因为它是由无意义的图形组成，受文化知识背景影响较小，所以，广泛应用于无国界的推理能力测试，与国际标准智商测试相比，适用的年龄层更广，电视节目《最强大脑》采用的就是这种智力测量标准。

整个测验一共有60张图组成，由知觉辨认能力、类同比较能力、比较推理能力、系列关系能力与抽象推理能力5个单元的渐进矩阵构图组成，根据测量结果将智力等级分为优秀、良好、中等、中下和低下。

测试说明：

1. 有 A、Ab、B、C、D、E 6 部分，每部分 12 道题，共 72 道题，用时不超过 40 分钟。

2. 以下每个题目都有一定的主题，但是每张大图都缺少一部分。大图以下有 6 至 8 张小图，将其中一张小图填补在大图的空缺部分，使整个大图合理、完整。

瑞文标准推理测验图例如图 5-21 所示。

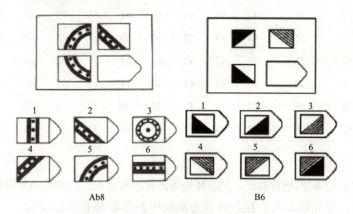

图 5-21　瑞文标准推理测验图例

在测试后，结果的统计分析相对比较简便。见表 5-4、表 5-5。

表 5-4　瑞文推理测验答案

A		Ab		B		C		D		E	
题号	答案	题号	答案	题号	答案	题号	答案	题号	答案	题号	答案
1	4	1	4	1	2	1	8	1	3	1	7
2	5	2	5	2	6	2	2	2	4	2	6
3	1	3	1	3	1	3	3	3	3	3	8
4	2	4	6	4	2	4	8	4	7	4	2
5	6	5	2	5	1	5	7	5	8	5	1
6	3	6	1	6	3	6	4	6	6	6	5
7	6	7	3	7	5	7	5	7	5	7	1
8	6	8	4	8	8	8	1	8	4	8	6
9	1	9	6	9	4	9	9	9	9	9	3
10	3	10	3	10	3	10	6	10	2	10	2

续表

A		Ab		B		C		D		E	
题号	答案	题号	答案	题号	答案	题号	答案	题号	答案	题号	答案
11	4	11	5	11	4	11	1	11	5	11	4
12	5	12	2	12	5	12	2	12	6	12	2

表 5-5 瑞文标准智力测验百分位及智商转换表

年龄段			7	8	9	10	12	14	16	20	25	30	35~55
IQ	描述	百分位	原始分数										
130 以上	超优	98	50	57	59	61	63	66	69	71	71	70	70
120~129	优秀	91	47	55	54	59	62	65	67	69	69	68	68
110~119	中上	75	44	48	52	56	59	63	65	67	66	64	63
90~110	中等	50	40	47	49	52	56	59	62	64	63	59	59
80~89	中下	25	35	39	43	47	51	54	57	61	58	53	53
70~79	迟钝	9	30	34	38	42	46	49	51	55	53	44	44
70 以下	低能	3	22	25	27	29	31	33	35	41	39	28	28

需要说明的是：

①智力测验与测试时的精神状态、周边环境等多种因素有关，波动范围大约在 3 至 15 分左右。

②经常做智力游戏题的人，在各种智力测验中的分数都有可能提高。

③本智力测验分数不能代表未来成就大小。

（四）中国儿童发展量表

北京师范大学张厚粲主持编制了中国儿童发展量表，适用于 3~6 岁儿童。量表分成智力发展量表与运动发展量表相互联系的两个部分。智力发展量表由 11 个项目 106 个题目构成，主要对幼儿言语发展、注意、感知、记忆、想象以及判断推理能力与计算能力的发展、社会认知发展进行评价，由此探索幼儿智力发展的规律，测验是用语言和操作两种材料进行；运动发展量表由 5 个项目构成，主要对幼儿身体素质与动作发展进行评价。

量表每个项目所测量的主要内容：

1. 智力发展量表

（1）看图命名

主试出示图片，要求受测者在 5 秒钟内用恰当的词汇对图片上的景或物命名。有 10 张图片，分为 10 个题目，正确回答一题记 1 分，满分为 10 分。主要测量视觉辨认、记忆力和语言能力。

（2）量词使用

主试出示图片，要求受测者在 5 秒钟内准确使用量词说明图上有多少东西。有 9 张图片，其中一张图片用于练习，分为 8 个题目，正确回答一题记 1 分，满分为 3 分。主要测量视觉辨认和使用量词的能力。

（3）看图补缺

主试出示图片，要求受测者在10秒钟内指出图画中缺少的部分。有10张各缺少一个主要部分的图片，分为10个题目，正确回答一题记1分，满分为10分。主要测量观察力、记忆力及区分本质特征与非本质特征的能力。

（4）语言理解

主试出示图片并说出一个含有特定空间词汇的句子，要求受测者在10秒钟内根据对句子的理解找到相应的图画。有7幅图画，分为7个题目，正确回答一题记1分，满分为7分。主要测量理解空间关系和语言的能力。

（5）按例找图

主试呈现图例后，要求受测者根据每组图片中几种图形间的关系，在10秒钟内从备选的小图中找到应放在空白处的图形。有11张图片，其中的一张是图例，分为10个题目，正确回答一题记1分，满分为10分。主要测量视觉辨别能力、图形比较、想象力、分析概括及类比推理的能力。按例找图测验图例如图5-22所示。

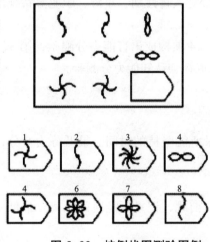

图 5-22　按例找图测验图例

（6）袋中摸物

要求受测者从一个装有各种小物品的布袋中一个一个地取出主试指定的物品。分为8个题目，每题限时20秒。正确回答一题记1分，满分为8分。主要测量对物体形状、大小、软硬等物理特性的认知与分类、词语理解、触摸觉和手的灵巧性等。

（7）拼摆图形

由两部分组成，第一部分要求受测者照图纸拼出图形，第二部分要求受测者在看过摆好的图形之后，凭记忆用彩色积木照样摆出图形。两部分各有6个题目，每题限时30秒。正确回答一题记1分，满分为12分。主要测量视-动协调能力、色彩分辨能力、记忆力、分析与综合能力和空间知觉能力。

（8）数数算算

共有16个题目，分为3类，第一类由第1~4题组成，主要测试儿童对数的认知。第二类由第5~9题和第11题组成,都是计数题。第三类由第10题和第12~16题组成,都是计算题。每题限时10秒。正确回答一题,第1~12题记1分,第13~16题记2分,满分为20分,主要测量数的概念、数量推理和计算能力。

(9)分析错误

主试呈现图片后,要求受测者指出图上的人有哪些地方做得不对。有6幅图画,分为6个题目,每题限时20秒。正确回答一题记1分,满分为6分。主要测量观察力、记忆力和道德判断能力。

(10)社会常识

要求受测者回答8个有关日常生活的常识问题,每题限时30秒。正确回答一题记1分,满分为8分。主要测量对日常生活用具、场所以及行为规范正确认知的能力。

(11)人物关系

主试出示图片后,要求受测者指出图中人物的特征和关系。有两张大图片,共提出14个问题。每题限时10秒。前8个问题,正确回答一题记1分,后6个问题,正确回答两题记1分,满分为11分。主要测量对人物性别、年龄、职业等特征的认知以及对人物关系的判断能力。

上述11个项目中的第1、2、4项构成语言能力分测验,第3、5、6、7、8项构成认知能力分测验,第9、10、11项构成社会认知能力分测验。

2. 运动发展量表

(1)单脚站立

要求受测者单脚站立,记录所能坚持的时间。最低分为0分,最高分为5分。主要测量儿童的平衡能力。

(2)立定跳远

要求受测者从起点线使劲往前跳,记录所能跳的距离。最低0分,最高5分。主要测量儿童的爆发力。

(3)左跳右跳

要求受测者双脚同时起跳,往一条直线的左边、右边来回不停地跳,不要踩在线上。该项目限时20秒,主要测量儿童动作的灵活性。

(4)蹲蹲站站

要求受测者先蹲下,再站直,又蹲下,再站直。最低分为0分,最高分为5分。该项目限时20秒,主要测量儿童的耐久力。

(5)快捡小豆

先将小筒里黄豆倒在筒盖上,要求受测者把黄豆一粒一粒地捡到小筒里。最低分为0分,最高分为5分。该项目限时20秒,主要测量儿童的手眼协调能力和手部动作的灵敏度。

测验结果的统计方法:

首先,是按照测验手册中的指导语对受测者逐项地进行测试。其次,将前11个项目的分数相加,求得智力发展量表的原始分数。同时,将后5个项目的分数相加,求得运动发展量表的原始分数,将智力发展量表与运动发展量表的分数相加,求得整套量表的总分。最后，根据受测者的实足年龄和各项原始分数查测验手册中的原始分数与百分等级的换算表，即可对受测者的总体发展状况和智力及运动方面的发展水平做出评估。

（五）绘人测验

1963年哈里斯（Harris）在对绘人智力测验方法进行大量研究的基础上，首次提出绘人测验与智商之间有明显的关联性。1968年，柯彼兹（Koppitz）证明绘人测验与韦克斯勒智力量表和斯坦福－比纳量表所得智商相关系数为0.55~0.80，有较为密切的相关。绘人测验可以测定儿童智能的成熟程度，儿童在绘人测验中表现出观察力、注意力、记忆力、想象力和创造力、空间和方位知觉的水平，同时，也能测查到儿童绘画的技能及手眼协调的精细运动发展水平，适用于4~12岁儿童。

测验指导语：请你画一个全身的人像，可以画男人、女人，也可以画男孩或女孩，随你的便。但不能画机器人、动画片里的人或演戏跳舞的人，也不要照墙上的图画或书上的人物画。

测验工具只需要一支铅笔、一块橡皮、一张白纸。通常采用17项评分法（见表5-6），计算出儿童的绘人总分，根据年龄在绘人智商表（见表5-7）中查出相对应的智商。

表5-6　绘人测验评分表

项目	评分				
	1	2	3	4	5
1. 头	轮廓清楚，什么形状均可	形状基本正确	头小于躯干长的1/2，头大于身长的1/10		
2. 眼	形状不论	有眉毛或睫毛	眼长度大于眼裂开阔度，双眼一致	有瞳孔	双眼视线一致
3. 躯干	形状不论	长大于宽	有肩，角或弧形均可	躯干轮廓正确	
4. 下肢	形状不论	长大于宽，长度小于躯干的2倍	有膝关节或膝盖		
5. 口	形状不论，须在面部的下半部				
6. 上肢	形状不论	长大于宽，长于躯干，短于膝关节	表示有肘关节		
7. 头发	形状不论，1根即可	在头轮廓之上画有头发，要多些			
8. 鼻	形状不论	有鼻孔			
9. 上下肢与躯干连接	上下肢均从躯干出来	上肢从肩处，下肢从躯干下边出来	上下肢有轮廓，与躯干连接处不变细		
10. 衣着	1件，用纽扣、口袋、衣领表示亦可	2件，衣、裤、鞋、袜、书包、帽、领巾等	有衣及裤，均为4件，不透明		服装齐全，符合身份

续表

项目	评分				
	1	2	3	4	5
11.颈	有，能将头与躯干分开	必须有轮廓			
12.手	有，形状不论	有手掌	有5个手指（单侧）	手指轮廓长大于宽	有拇指，短于其他手指，位置正确
13.耳	有双耳，形状不论	位置正确，小于面部横径1/2			
14.足	有脚后跟，鞋后跟或正面有鞋	足长度大于厚度，足小于1/3下肢长，足大于1/10下肢长			
15.脸	清楚地表示出下颌	上额与下颌各占面部1/2	口、眼、鼻须有轮廓	耳、眼、鼻、口均有轮廓，左右对称	
16.画线	清楚，无重复或交叉	画面干净，有素描风度			
17.侧位	头、躯干、下肢都是正确侧位	要更好一些			

表5-7 绘人智商表

智商得分 \ 年龄	4岁	4.5岁	5岁	5.5岁	6岁	6.5岁	7岁	8岁	9岁	10岁	11岁	12岁
1	94	81	71	64	58	53	48	41	35	30	25	21
2	97	84	74	67	61	55	51	44	38	32	28	24
3	100	86	77	69	63	58	54	46	40	35	31	27
4	102	89	79	72	66	61	56	49	43	38	33	29
5	105	91	82	74	68	63	59	51	45	40	36	32
6	108	94	84	77	71	66	61	54	48	43	38	35
7	110	97	87	80	74	69	64	57	51	46	41	37
8	113	99	90	82	76	71	67	59	53	48	44	40
9	115	102	92	85	79	74	69	62	56	51	46	42
10	118	105	95	88	82	76	72	65	58	53	49	46
11	121	107	98	90	84	79	75	67	61	56	52	48
12	123	110	100	93	87	82	77	70	64	59	54	50

续表

智商得分\年龄	4岁	4.5岁	5岁	5.5岁	6岁	6.5岁	7岁	8岁	9岁	10岁	11岁	12岁
13	126	112	103	95	89	84	80	72	66	61	57	53
14	128	115	105	98	92	87	82	75	69	64	59	56
15	131	118	108	101	95	89	85	78	72	66	62	58
16	133	120	111	103	97	92	88	80	74	69	65	61
17	136	123	113	106	100	95	90	83	77	72	67	63
18	139	125	116	109	102	97	93	86	79	74	70	66
19	142	128	119	111	105	100	96	88	82	77	73	69
20	144	131	121	114	108	103	98	91	85	80	75	71
21	146	133	124	116	110	105	101	93	87	82	78	74
22	149	136	126	119	113	108	103	96	90	85	80	76
23	150+	139	129	122	116	110	106	99	93	87	83	79
24		141	132	124	118	113	109	101	95	90	86	82
25		144	134	127	121	116	111	104	98	93	88	84
26		146	137	129	123	118	114	106	100	95	91	87
27		149	140	132	126	121	116	109	103	98	93	90
28		150+	142	135	129	124	119	111	106	101	96	92
29			145	137	131	126	122	114	108	103	99	95
30			147	140	134	129	124	117	111	106	101	97
31			150+	143	137	131	127	120	114	108	104	100
32				145	139	134	130	122	116	111	107	103
33				148	142	137	132	125	119	114	109	105
34				150+	144	139	135	127	121	116	112	108
35					147	142	138	130	125	119	114	111
36					150+	145	140	133	127	121	117	113
37						147	143	135	129	124	120	116
38						150+	145	138	132	127	122	118
39							148	141	135	129	125	121
40							150+	143	137	132	128	124
41								146	140	135	130	120
42								148	142	137	133	129
43								150+	145	140	135	131

续表

智商得分\年龄	4岁	4.5岁	5岁	5.5岁	6岁	6.5岁	7岁	8岁	9岁	10岁	11岁	12岁
44									148	142	138	134
45									150+	145	141	137
46										148	143	139
47										150+	146	142
48											148	145
49											150+	147
50												150

——来源：儿童绘人测验［EB/OL］．
http://www.doc88.com/p-7512435676903.html.

绘人测验在进行智商评价时，可按5级法，即：

高智能　　　　　　　　$130 \leq IQ$
中上智能　　　　　　　$115 \leq IQ < 130$
中等智能　　　　　　　$85 \leq IQ < 115$
中下智能　　　　　　　$70 \leq IQ < 85$
低智能　　　　　　　　$IQ < 70$

因儿童多喜欢绘图，该测验能引起儿童的兴趣，是一个简便易行的智力测验方法，广泛应用于儿童的智力筛查。绘人测验适用于有一定绘画技能的儿童，对绘画水平过高或过低的儿童的评价要慎重。做智能评价时，还应与儿童平时表现结合起来考虑，必要时，可用其他智能测验方法复查。

思考与练习

1. 什么是教育调查研究，其作用有哪些？
2. 教育调查研究有哪些类型，是如何划分的？
3. 什么是问卷调查，有何特点？
4. 问卷的基本结构包括哪些组成部分？
5. 一份好的问卷的标准是什么？
6. 问卷设计的步骤是什么？问卷调查实施的步骤有哪些？
7. 问卷中的问题有哪些类型？针对每种类型分别设计出3道题。
8. 什么是访谈调查？有何特点？
9. 访谈调查有哪些类型？实施时应注意什么？
10. 访谈调查的实施步骤是什么？
11. 什么是作品分析？有哪些类型？
12. 作品分析的实施步骤有哪些？

13. 以封闭式问题为例，设计有3种不同回答方式的问题。
14. 运用本单元所学的理论与技术，自拟题目，编制一份问卷。
15. 选取下列题目之一，利用本单元所学的调查方法进行调查。
（1）大班幼儿与一年级小学生24小时活动的比较调查
（2）幼儿交往能力成因调查
（3）独生幼儿与非独生幼儿性格特征的调查
（4）多动症儿童家庭教养情况调查
（5）幼儿生活自理能力与行为习惯的关系研究
（6）大班幼儿识字量与阅读理解能力的相关研究
（7）惩罚与幼儿侵犯性行为的关系调查
（8）幼儿智力水平与记忆水平的相关研究
（9）幼儿口头语言和书面语言发展关键期的调查
（10）幼儿社会交往能力发展的调查
（11）大班幼儿智力水平调查
（12）幼儿生活自理能力调查
（13）儿童营养不良的原因调查
（14）亲子关系与幼儿性格形成的关系调查
（15）对10所五星级幼儿园管理水平的调查

实　训

项目一　问卷的编制

一、范例

学前教育发展状况调查问卷（幼儿园园长问卷）

尊敬的园长：

您好！为全面准确地了解我省学前教育发展状况，为研究制定学前教育发展思路和措施提供必要的事实依据，我们特编制了此调查问卷。问卷填答不记名，请您仔细阅读填写要求，并如实作答。为了保证问卷的完整性，请不要漏答。对于您提供的信息我们仅做研究之用，不做任何评估，并将对个人资料严格保密。谢谢您的合作与支持！

（一）个人情况

1. 性别（　　）
A. 男　　　　　　　　B. 女
2. 年龄（　　）
A. 30岁以下　　　B. 31~40岁　　　C. 41~50岁　　　D. 50岁以上

3. 从事幼教工作年限（ ）
A.10年以下　　　　B.11~20年　　　　C.21~30年　　　　D.30年以上

4. 园长任职年限（ ）
A.5年以下　　　　B.6~10年　　　　C.11~15年　　　　D.15年以上

5. 所任职务（ ）
A.园长　　　　　　B.业务副园长　　　C.后勤园长

6. 个人身份（ ）
A.公立园教师　　　B.非公立园教师

7. 学历
（1）第一学历（ ）
A.本科　　　　　　B.专科　　　　　　C.中专　　　　　　D.高中
E.初中

是否学前教育专业（ ）
A.是　　　　　　　B.否

（2）最后学历（ ）
A.研究生　　　　　B.本科　　　　　　C.专科　　　　　　D.中专
E.高中及以下

是否学前教育专业（ ）
A.是　　　　　　　B.否

8. 工资待遇
月工资（ ）元，其中政府款（ ）元，主办单位拨款（ ）元，收费解决（ ）元，其他渠道（请详细注明：　　　　）

9. 社会保险
（1）投保类别（ ）
A.养老保险　　　　B.医疗保险　　　　C.其他（请注明：　　　　）
（2）每年投保费用（ ）元；保险费用来源为：政府拨款（ %），主办单位补贴（ %），收费解决（ %），个人承担（ %），其他渠道（ %）

10. 专业技术职称（ ）
A.中学高级　　　　B.小学高级　　　　C.小学一级　　　　D.小学一级以下
E.未评定

11. 教师资格证书（ ）
A.取得　　　　　　B.未取得

12. 园长岗位培训合格证书（ ）
A.取得　　　　　　B.未取得

13. 选拔和任用方式（ ）。
A.教育部门任命　　B.主办单位任命　　C.竞争上岗　　　　D.群众推荐
E.其他

14. 每天工作时间（   ）小时，每周业务学习时间（   ）小时。
15. 接受继续教育情况
（1）近三年参加培训时间累计（   ）次（   ）天，其中省级（   ）次（   ）天，市级（   ）次（   ）天，县级（   ）次（   ）天，乡级（   ）次（   ）天。
（2）多选：培训经费来源（   ）
A. 市财政　　　　　B. 县财政　　　　　C. 乡财政　　　　　D. 主办单位
E. 幼儿园　　　　　F. 个人
16. 政治思想素质自我评价（   ）
A. 好　　　　　　　B. 较好　　　　　　C. 一般　　　　　　D. 较差
17. 业务素质自我评价（   ）
A. 好　　　　　　　B. 较好　　　　　　C. 一般　　　　　　D. 较差
18. 自担任园长以来是否主持或参与过市级以上科研课题（   ）
A. 是　　　　　　　B. 否
19. 对本园保教质量的满意度（   ）
A. 满意　　　　　　B. 比较满意　　　　C. 不太满意　　　　D. 不满意
20. 自身工作环境和工作氛围的满意度（   ）
A. 满意　　　　　　B. 比较满意　　　　C. 不太满意　　　　D. 不满意
21. 您认为自己的领导管理类型属于（   ）
A. 人格魅力型　　　B. 业务能力（学者）型
C. 权力型　　　　　D. 民主型　　　　　E. 经验型

（二）所在幼儿园情况
22. 幼儿园地处区域（   ）
A. 省　　　　　　　B. 市　　　　　　　C. 县　　　　　　　D. 乡
E. 村
23. 幼儿园性质（   ）
A. 政府办　　　　　B. 教育部办　　　　C. 企事业单位办　　D. 村委会办
E. 公民个人办　　　F. 其他（请注明：　　　　　　）
24. 幼儿园类别（   ）
A. 省级实验（示范）B. 市级示范　　　　C. 市级一类　　　　D. 市级二类
E. 市级三类　　　　F. 未定类　　　　　G. 其他类别（请注明：　　　　　　）
25. 幼儿园规模
全园共（   ）个班，（   ）名幼儿，平均班额（   ）人，幼儿入园最远距离（   ）km。
26. 教职工数量
共有教职工（   ）人，其中专任教师（   ）人，保育员（   ）人，专职保健人员（   ）人。
27. 幼儿园服务半径（   ）
A. 1.5 km 以内　　　B. 1.5~3 km　　　　C. 3~5 km　　　　　D. 5 km 以上

28. 入园幼儿接送方式（　　）
A. 家长自行接送　　　B. 幼儿园统一派车接送
C. 家长联合租车接送　D. 其他接送方式（请注明：　　　　　）

29. 幼儿园经费来源（　　）
A. 财政全额拨款　　　B. 财政差额拨款　　　C. 主办单位拨款
D. 自收自支　　　　　E. 其他方式（请注明：　　　　　）

30. 多选：幼儿园园舍条件（　　）
A. 正规幼儿园建筑　　　　　　　　B. 厂房、民居、商业用房或其他用房改建
C. 学校教室改建　　　　　　　　　D. 采光好、通风好、向阳
E. 安全舒适　　　　　　　　　　　F. 属于危房

31. 幼儿园活动面积
（1）生均活动场地面积（　　）
A. 充足　　　　B. 比较充足　　　C. 不太充足　　　D. 严重不足
（2）生均活动室面积（　　）
A. 充足　　　　B. 比较充足　　　C. 不太充足　　　D. 严重不足
（3）生均绿化面积（　　）
A. 充足　　　　B. 比较充足　　　C. 不太充足　　　D. 严重不足

32. 幼儿园教育设施配备（　　）
A. 充足　　　　B. 比较充足　　　C. 不太充足　　　D. 严重不足

33. 审批注册情况（　　）
A. 已审批注册　　　B. 未审批注册

34. 幼儿园收费标准为（　　）元/月/生

35. 你园现行的课程特点（　　）
A. 按学科教学　　　B. 按领域教学　　　C. 按主题教学　　　D. 按特色教学

36. 你园使用的主要教材
（1）教材版本（　　）
A. 省编　　　　B. 本市编　　　C. 幼儿园自编　　　D. 其他（请注明教材名称及出版社：　　　　　）
（2）是否经过审定（　　）A. 是　　　　B. 否

37. 全园教师（　　）人，其中（　　）人取得教师资格。

38. 教师待遇
（1）全园公办教师（　　）人，平均月工资（　　）元。
（2）非公办教师（　　）人，平均月工资（　　）元；投保（　　）人，投保类别有（　　），其他福利待遇有（　　）。

39. 教师继续教育情况
（1）近三年参加培训（　　）人。其中，市级（　　）人，县级（　　）人，乡级（　　）人。
（2）多选：培训经费来源（　　）

A. 市财政　　　　B. 县财政　　　　C. 乡财政　　　　D. 主办单位
E. 幼儿园收费　　F. 教师本人

40. 教师招聘录用方式

（1）招聘方式

A. 教育部门招考　B. 主办单位招考　C. 幼儿园招考　　D. 不需招考

（2）合同签订（　）

A. 与教育部门签订　B. 与主办单位签订　C. 与幼儿园签订　D. 不签约

41. 您认为制约幼儿园发展的因素依次为（　）

A. 政府重视程度　　B. 主管部管理与指导　C. 社会关注　　D. 家长支持
E. 园长水平　　　　F. 教师素质

（摘自山东省学前教育发展状况调查问卷（二）[EB/OL].http://www.mayiwenku.com/p-6405266.html）

二、实践与训练——编制调查问卷

（一）实训目标

1. 培养学生设计问题的能力。
2. 培养学生编制问卷的能力。

（二）内容与要求

1. 选取一个学前教育领域的研究主题，设计问卷。
2. 要求问卷结构完整，前言、问题、结语等项目齐全。
3. 要求问卷中设计的问题至少15题以上，包括开放式问题、封闭式问题和半封闭式问题。
4. 实施后对调查资料整理，进行统计分析并初步形成结论。

项目二　访谈提纲的编制

一、范例

课题名称：幼儿园小学模式教育现状调查及对策研究

课题小组成员：彭显崴　李如平

访谈对象：珠海金鼎和香州几所幼儿园的领导人员、教师、学生家长

访谈过程：

您好，我们是北京师范大学珠海分校2003级教育经营系的学生，我们正在进行珠海幼儿园课堂教学现状调查，希望通过这次调查了解幼儿园的发展状况。为此，我们需要您的帮助和参与，以共同完成对本课题的相关情况的调查，使研究具有现实和实践价值，为政府和学校的决策提供可靠依据。课题组向您承诺，今天访谈涉及的内容和您阐述的观点，只作为我们研究参考，您声明不宜公开的资料和观点，我们将严格为您保密，非常感谢您的帮助。

访谈提纲所包含的主要内容：

（一）学校部分（所访谈幼儿园的园长和相关教务领导1~2人）

基本资料：职务、教龄、性别

主要问题：

1. 幼儿园学生总人数是多少，教职工有多少，师生比约为多少？
2. 幼儿园的专任教师的学历情况。
   A．中专、高中毕业及以下（　）人　　B．专科毕业（　）人
   C．本科毕业（　）人　　　　　　　　D．硕士毕业（　）人
3. 幼儿园各年级的学杂费是多少，以及是否有开设特色、特长班，如何收费？
4. 幼儿园的性质（　）
   A．公立学校　　　B．名办公助学校　　　C．民办学校
5. 幼儿园办学目标、办学理念是什么，品牌特色有哪些？
6. 幼儿园的班级设置，有没有分特长班？
7. 幼儿园的课程设置，以及是否需要课程改进，平时有什么课程作业？
8. 幼儿园的上课时间安排如何？
9. 幼儿园的教具、教学设备、游戏设施有哪些？
10. 幼儿园领导对其幼儿园学生的总体看法（学习能力、自律能力、动手能力、行为习惯、道德修养、创造能力等方面）如何？
11. 幼儿园对幼儿素质的培养目标以及评价指标，学校领导对所培养出来的学生的综合素质的总体看法，现状与培养目标之间存在哪些差距？
12. 幼儿园对目前国内存在的幼儿超前教育现象的看法如何？
13. 该幼儿园对教师和学生的教育评价体系是怎样的？

（二）教师部分（在所访谈幼儿园的各年级教师中随机选取一位教师作为访谈对象）

基本资料：所教年级、班级、所教科目、职务、教龄、性别

主要问题：

1. 教师的教育价值观、儿童观是什么？
2. 教师所认为的作为一名幼儿教师应具备哪些素质，认为自己在哪方面素质需要继续努力？
3. 教师最关心的是幼儿成长中的哪方面，为什么？
4. 教师在具体的教育教学工作中是如何体现以上提到的所关心的事情上的？
5. 教师对课堂教学的认识有哪些？
6. 教师课堂教学的具体内容是什么？
7. 教师如何把课堂教学与游戏结合在一起？
8. 教师对幼儿学习能力培养的方法有哪些？
9. 教师对学生的评价指标有哪些？
10. 教师的教学感受、经验和现在或曾经遇到的教学难题有哪些？

11. 教师对学校课程的看法和建议有哪些？
12. 教师与家长如何交流与沟通？是否了解家长比较重视学校教学的哪方面？
13. 教师对目前社会上存在的幼儿园超前教育的看法是什么？

（三）家长部分（在所访谈的幼儿园的各年级学生家长中随机选取一位家长作为访谈对象）

基本资料：子女所在年级、班级、自身学历水平、职业、性别

主要问题：

1. 家长是什么时候送孩子上幼儿园的以及为什么送孩子上幼儿园？
2. 家长对培养孩子的看法以及对幼儿园教育的期望是什么？
3. 家长给孩子选择当前幼儿园的原因是什么？
4. 家长是否希望孩子在幼儿园时期就提前学习小学的知识？
5. 家长是否认为幼儿园提早用小学的教育模式来教育孩子有利于孩子将来的发展？
6. 家长对孩子就读的幼儿园的总体看法（包括满意的地方和不满意的地方）有哪些？
7. 家长对孩子所读幼儿园不足之处的看法有哪些？对此家长有什么要求，以及是否向幼儿园提过这些要求？
8. 孩子在接受了幼儿园教育后的转变（包括学习能力、自理能力、个性品质等方面）有哪些？家长对孩子这些转变有何看法？
9. 家长对幼儿学习与游戏娱乐的看法是什么？
10. 通过家长了解幼儿园是否给孩子留了课外作业，作业的形式和内容是怎样的，以及了解家长对幼儿园布置作业的看法。
11. 家长了解幼儿园是否开设了特长班和特色课程等现象吗？相关的课程和内容是怎样的？收费状况如何？
12. 家长对学校开设特长班或特色课程的必要性的看法与兴趣偏好是什么？
13. 家长希望幼儿园如何管理自己的孩子（严格还是宽松）？现在幼儿园的情况是怎样的？

二、实践与训练

（一）实训目标

1. 培养学生设计访谈问题的能力。
2. 训练学生实施访谈调查的能力。

（二）内容与要求

1. 根据下面给出的故事情境中的访谈调查部分，进行访谈提纲的设计。

要求：访谈对象为幼儿，问题不少于6个；对访谈资料进行整理，初步形成结论。

材料：霍莉爬树

霍莉是一个8岁的女孩，她喜欢爬树，在邻居所有的孩子中她最会爬树。一天，当她从一棵高树上爬下时，从离地面不高的树枝上掉了下来，但没有摔伤。她的爸爸看到了，他很担心，要求霍莉以后再也不爬树了，霍莉答应了。后来有一天，霍莉和她的朋友们遇到了肖恩。肖恩的猫夹在了树上下不来了，必须立即想办法把猫拿下来，不然猫就会从树上摔下

来。只有霍莉一个人能够爬上树把猫拿下来，但她记起曾答应爸爸再也不爬树了。

2. 根据下面给出的材料信息，进行访谈提纲的设计。

材料：围绕3棵树的探究

秋日，在一次课间休息之后，几个五年级学生兴奋地回到教室。他们将科学老师格雷厄姆夫人拉到窗前，向外指点着说："我们发现操场上那几棵树有问题，它们怎么啦？""什么意思？"格雷厄姆夫人问道。学生们指着并排长着的3棵树，一棵树的叶子全掉光了；中间那棵树的叶子颜色各异，但主要是黄色；第三棵树叶茂密苍翠。学生们问道："为什么这3棵树会有这么大的不同呢？它们过去看上去不都是一样的吗？"对此，格雷厄姆夫人也无法回答。【发现问题】

格雷厄姆夫人知道，按照课程计划，她的班级要到本学年晚些时候才学习植物，不过她认为这恰恰是调查植物生长情况的好机会。由于问题是学生们自己提出来的，所以，会特别激励他们去寻求答案。格雷厄姆夫人不能断定这样做的结果会怎样，但她还是决定冒一次险，让学生在她的引导下进行调查。毕竟他们有过一些经验，去年他们曾观察过种子在不同条件下的生长情况。于是，格雷厄姆夫人将一张大牛皮纸挂在学生们都能看到的位置上，然后说："让我们一起列张单子吧！为什么这3棵树会产生差异？我们把所有可能的解释都写在上面。"同学们纷纷举起手臂，提出自己的解释：与光照有关；一定是水太多的缘故；这3棵树现在看来不同，可过去它们看上去是一样的；秋季到了，有些树的叶子会比其他树掉得早一些；地下有有毒物质；它们的树龄不同；有害虫吃树叶；其中一棵树比另外两棵老一些……【提出假说】

当学生们认为所提出的观点已足够多时，格雷厄姆夫人便鼓励他们进一步思考：在这些观点中，有哪些解释可以进行调查，哪些只是描述。然后，她请每一位同学挑出一个她或他自认为是正确的解释，并据此将学生分成小组，例如"水"组，"季节"组，"害虫"组，等等。她要求每个小组制定计划并开展简单的调查活动，以弄清能否找到一些支持他们的解释的证据。在学生们制定调查计划时，格雷厄姆夫人到各组去仔细倾听讨论过程。然后，她要求每个小组向全班同学解释他们的想法，以使计划进一步完善。运用这种迅速、公开的现场评估方法，格雷厄姆夫人能够帮助学生们反思自己提出问题的过程，促使他们考虑是否可能有更好的方法。【确定变量】

在接下来的3周里，格雷厄姆夫人专门划拨出科学活动时间，留给学生开展调查研究。各小组充分利用各种资源，搜集有关树木特性、生长过程及其周围环境的信息。例如"树龄差异"小组很快就找到了问题的答案。他们与曾参与种植操场上部分树木的家长——教师协会成员取得了联系，并且得到了购树的原始单据。然后，他们到苗圃去核实。结果发现这3棵树品种相同，购买时树龄相差无几。对这种完成调查较早的小组，格雷厄姆夫人就请他们加入尚未结束的小组中去。【实施访谈调查】

"水"小组决定尽量每隔一小时察看一下地面。他们轮流值日，连续记录观察的结果。虽然没有做到每小时都观察记录一次，但他们记录的数据足以向全班同学报告："没有叶子的那棵树几乎一直泡在水里，中间那棵有时泡在水里，那棵长满绿叶的树周围地面潮湿，但从来没有泡在水里。"【实施观察】

有一位同学回忆说,几个月前,他妈妈种的天竺葵中有一株的叶子变黄了。妈妈告诉他,这是由于水太多的缘故。格雷厄姆夫人给了"水"组一本小册子,名为《栽培健康植物》,是从当地苗圃找来的。"水"组读了这本小册子后,明白了当植物的根部被水包围时,就无法从周围的空间里吸取空气,等于是被水淹着。基于从观察和小册子中所获取的信息,同学们推断:无叶的树被淹,中间那棵树部分被淹,而第三棵则没有受淹。"水"组继续工作,调查水的来源。他们发现,学校管理员每周3次打开草坪洒水系统,由于开放时间过长,过量的水流过草坪,汇集到树旁。又由于地面有点坡度,大部分水流到了植树带的一端来。他们同其他小组一起,向全班同学汇报了调查结果。

随着各小组的汇报,同学们得知,有些观察结果和得到的信息不能解释3棵树有差异这一现象——例如调查这3棵树本身是否存在差异的小组所做的工作;有些只能部分支持观察现象——例如认为这些树可能遭到虫害的小组的工作。学生们感到最合理、既符合所有观察结果又符合从各处获知的信息的,是水太多这一解释。经过3周的工作之后,他们找到了一种合理的解释。对此,全班同学都很满意。在格雷厄姆夫人的建议下,同学们给管理员写了一封信,告知其他们的发现。管理员来到他们班上表示感谢,并表示他将改变浇水程序。这个结论是否正确呢?学生们讨论后决定,这只有等到明年看看这些树是否活过来才能知道。【得出结论】

来年同月,同学们看到这3棵树都挂满了绿叶。格雷厄姆夫人班上的学生们现在更加坚信他们得出的结论有效地解释了他们的观察。【验证结论】

第 6 单元

实验研究

任务

1. 能依据假说特点进行辨析；
2. 能依据研究问题提出假说；
3. 能对影响实验效果的无关变量进行初步控制。

案例导入

一天，在幼儿午睡时间，专业见习的学生李一和王迪因为幼儿是辨认颜色能力发展得更好还是辨认图形能力发展得更好争执了起来，李一说："颜色太复杂，尤其是混合色，有时候成人都分辨不清楚，对幼儿来说就更难了，幼儿应该是认识形状发展得好。"王迪摇头说："不对，那些图形才难呢，上小学才能把那些图形的种类认得差不多。但是颜色，幼儿从小就开始涂涂画画，一定是辨认颜色的能力发展得更好。"

那么，幼儿对颜色和形状的认知，到底哪个发展得更好？除了通过长期观察或广泛调查之外，还可以采用什么方法，能更快地得出结论，并可以验证结果是否科学准确呢？本单元，就来介绍教育实验研究的方法。

第一节 教育实验研究的概述

一、什么是教育实验研究

（一）实验研究

实验研究是科学研究中最基本、最重要的方法，是人们为实现预定目的，人为地创造条件，有目的地将事物或现象分成多种因素，以探求条件与因素在发展变化过程中相互关系的规律性的一种方法。实际上，实验也是一种观察，只不过是有控制的观察。实验研究不仅有助于研究者揭示"是什么"的问题，而且能进一步探究问题的根源，即"为什么"。图

6-1为科学活动"奇妙的溶解"。

图6-1　科学活动"奇妙的溶解"

（二）教育实验研究

教育实验研究就是在可控的教育情景中，依据一定的理论假设，有目的地改变一些教育因素（自变量），控制无关因素，观察记录另一些教育因素（因变量）的变化，在统计分析的基础上，找到两类教育因素之间的内在联系，验证理论假设的方法。简言之，教育实验法就是通过控制寻找教育因素间内在联系的方法。

相关链接

守恒是皮亚杰理论中的一个重要术语，是指物体从一种形态转变为另一种形态时，它的物质含量既不增加，也不减少。皮亚杰认为守恒概念的获得是儿童认知水平的一个重要标志，儿童一般要到具体运算阶段（7~11岁）才能获得守恒概念。为此，皮亚杰等人对儿童守恒概念做了大量研究，其守恒实验主要包括液体质量、物体质量、重量、长度、数量、面积及体积守恒等。

如质量守恒实验，是先呈现给儿童两个相同的泥球，问儿童是否一样多，在儿童回答"一样多"后，当着儿童的面将一个圆球搓成"香肠"，问儿童圆球和香肠哪一个橡皮泥多。一部分儿童认为圆球的多，因为圆球大，而另一部分儿童认为香肠的多，因为它长，表现为质量不守恒。在守恒实验中，最为有名的是液体守恒实验（也是容积守恒实验）。先将两个相同玻璃杯注满水，问儿童两杯水是否一样多，在得到肯定回答后，当着儿童的面将其中一杯水倒入一个细高的量筒内，问儿童哪个里边的水多。一部分儿童认为量筒里的水多，因为它水面高；一部分儿童认为杯子里的水多，因为杯子比量筒粗，表现为容积不守恒。液体守恒实验如图6-2所示。

守恒实验

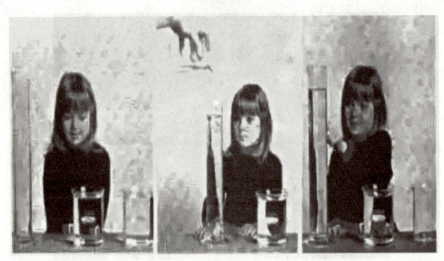

图 6-2　液体守恒实验

此外，年幼儿童还表现出对重量、面积、体积、长度认识的不守恒。试验表明，当物体量的表现形式改变后，年幼儿童就认为数量变化了，表现出不守恒现象。皮亚杰把这一思维称为"我向思维"或"自我中心"，认为年幼儿童的思维受直接知觉的影响，即儿童认为别人的思考和运作方式应该与自己的思考完全一致，这时儿童还没有意识到别人可以有与自己完全不同的思考方式。

——来源：节选自液体守恒实验［EB/OL］.
https://wenku.baidu.com/view/057f256a25c52cc58bd6be03.html.

二、教育实验与自然科学实验的区别

（一）研究对象的不同

自然科学实验以自然现象为研究对象，主要研究客观事物的属性，探讨物质变量之间的关系。如化学实验"用生活中的材料制作简易电池""温度、催化剂对过氧化氢分解反应速率的影响""粗盐的提纯"等，都是针对"物"进行的实验。

教育实验则是以教育现象为研究对象，教育现象是一种复杂的社会现象，其中包括人与社会的关系。教育实验则主要研究人的活动。无论是"集中识字"或"分散识字"等各种教法改革实验，还是素质教育、基础教育课改等教育改革实验，研究的对象都围绕着"人"。教育实验要根据教育现象的独特性来精心安排和组织实验过程，要在自然教育情境中实施变量的处理。

（二）研究手段的不同

自然科学实验主要在实验室人为控制的条件下严格进行，强调仪器、工具的先进性，实验过程和控制条件可以随研究者的意志而转移，可运用改变研究对象的各种手段。

教育实验则主要在教育教学的自然环境状态中进行，研究手段必须符合社会伦理要求，还涉及对青少年儿童的实验道德问题，可采用的手段比自然科学少得多。学生生活在特定班级、学校环境中，离开这个特定社会环境，相应教育现象就不会发生，所以，教育实验不能脱离教育教学实践活动。另外，实验的成败，直接关系到研究对象的成长与发展。因此，一旦进行，便要严格控制，而且必须小心翼翼，如发现实验影响学生正常发展，或者会带来长期负效应，便要及时修正理论假设或改变控制条件，甚至停止实验。

（三）实验假设的不同

自然科学实验可以根据实验的目的，提出假设，并通过实验进行验证。假设可以被证实，也可以被证伪。证实是指假设成立，即一种理论模型或假说能够正确地解释和预测客观事实。而当客观现实的发展超出了它的解释范围时，也即假设不成立，它就被证伪了，需要有新的理论假说来代替它。例如理论假设是"羊都是白的"，检验成立则证实，检验不成立则证伪。又如早在17世纪亚里士多德派就认为一切天体都是完美的球体，而伽利略在用他新发明的望远镜仔细观察了月球之后宣布，月球并不是一个光滑的球体，表面充满了山岭和凹坑，将亚里士多德派理论证伪。

教育实验假设只能从正面提出，不能从反面提出，更多的是证实，极少证伪。这是因为教育实验是教育过程中的实验，从教育本质与人道主义出发，教育实验的假设必须符合求善的要求，一切为了教育质量的提高，一切为了学生素质的发展与健全。因此，教育实验只能从正面进行，不能从反面进行，正如有"希望教育"而无"失望教育"，有"成功教育"而无"失败教育"等。证伪的情况虽然也有，但这并不是实验进行的初衷，而且一旦出现，便会造成巨大损失，或者损害研究对象的身心健康甚至牺牲一代人的正常发展。

（四）无关变量控制的不同

一般来说，自然科学实验非常强调对无关变量的控制。无关变量是指实验中除实验变量以外的影响实验现象或结果的因素或条件，它会对反应变量有干扰作用。例如在"温度对酶的活性"的实验中，实验在于获得和解释温度变化（自变量）与酶的活性（因变量）的因果关系，那么，除自变量（低温、适温、高温）以外，pH、试管洁净程度、唾液新鲜程度、可溶性淀粉浓度和纯度、试剂溶液的剂量、浓度和纯度、实验操作程度、温度处理的时间长短等，都属于无关变量，实验进行中要对这些无关变量严格控制。

教育实验涉及的变量非常多，有的甚至不可预料，所以，实际上很难对所有无关变量进行控制。例如教师的评价与学生成绩关系研究中，影响学生成绩的因素包括教师的教学质量、师生关系、班级风气，以及学生的身体、情绪、家庭环境、父母素质等，还有社会各种现象也会对成绩产生影响，因此，教育实验无法控制所有无关变量，只能控制主要的无关变量，而且控制也只是有条件的弱控制，而非严格意义上的消除或纯化。

（五）研究方法的不同

自然科学实验采取随机方法，更关注量的描述。这是因为自然科学研究中，物可以分解，无关变量可以做到严格控制，理论假设可以通过实验设计的实施进行验证，能做到客观的定量研究。

教育实验则由于教育对象变量的不确定性及周期长、因素复杂，又有很多道德上的羁绊等原因，想达到精确表达的量化分析是困难的，因此，更强调定量研究与定性研究相结合的方法。

（六）研究结果的不同

自然科学实验的研究对象只受客观条件的制约，制约的程序对同类对象是一样的。那么，相同的实验条件，无论实验者是谁，在何时何地进行实验，其结果应是相同的，若有差别也只是微小的数量差异，不会有质的差异。

教育实验则不同，相同的实验条件，即使由同一实验者实施于同类对象上，其结果也往往有很大的差异，这种差异不只是数量上的不同，有时是质量不同的反映。究其原因，是教育实验对象具有主观能动性。由此可见，教育实验是复杂多样的，实验结果的分析不能单纯地把控制条件与结果做因果判断，必须通过对过程与结果、数量与质量的综合分析，得出结论。

（七）测量的不同

自然科学实验的结果一般可以测量，即重复验证。

从相同条件下进行重复实验检测的结论来看，教育实验几乎不可能做到真正意义上的重复实验。因为，一开始就很难进行严格的条件控制，而且教育实验活动是一种人作用于人的活动，即使所有客观条件完全一致，但实验中最主要的因素"人"不可能完全相同，在重复过程中，由于教师、学生的不同，不会产生与实验时完全吻合的教育效果。另外，教育实验结果有时具有滞后性，在实验期间很难看出来。

三、教育实验的特点

（一）教育实验的优势

第一，主动变革性。观察研究与调查研究都是在不干预研究对象的前提下去认识研究对象，发现其中问题的。而教育实验研究则要求主动操纵实验条件，人为地改变对象的存在方式、变化过程，使它服从于科学认识的需要，可以使人观察到在自然条件下不易观察到的情况，无形中扩大了研究的范围，也可以把国外先进理论引进、研究、验证，使其成为有中国特色的教育理论。第二，控制性。在各种研究方法中，教育实验控制能力最强，即研究者在教育实验研究过程中，根据研究的需要，能对事物的情况加以适当的控制，排除一些无关因子的干扰，突出所要研究的实验因子，在一定程度上，能达到在简化、纯化的状态下认识研究对象，从而比较容易地观察不同因素所起的作用、特定因素所产生的效果和影响，得到预期的结果，较为经济。第三，因果性。实验以发现、确认事物之间的因果联系为直接宗旨和主要任务，本质上是按因果推论逻辑设计与实施的，主要是寻求一种命题"若 A 则 B"最终是否成立。因此，可以说，教育实验是揭示事物之间的因果联系的有效工具和必要途径。

（二）教育实验的局限性

和其他研究方法相比，教育实验的局限性主要体现在3个方面：第一，教育实验研究中的许多变量是无法操纵、控制的，不能通过实验去研究。原因与结果处于不同层次，许多原因往往不能直接观察到，而需要在事物的深层结构和内在机制上加以理解性解释。第二，教育实验的控制有时使实验情境与实际生活情境存在一些差距，如由于采用随机抽样导致样本选取的缺陷、实验主试（通常是教师）的影响、道德和法律的限制及从实验情景中获得的结论，并不完全适用于实际生活情景，它还需要通过广泛的实践做进一步的检验。第三，教育实验过程本身离不开理论假设的引导，离不开对研究对象的观测，从某种意义上来说，实验是观察调查与理性思辨的综合运用，其客观性不足。

四、教育实验的适用范围与实施要求

（一）教育实验的适用范围

在教育科研的发展性研究、改革性研究、验证性研究、预测性研究等类型的研究中，经常使用实验法。从研究的内容上看，主要应用于以下几个方面：

其一，学生发展状态的研究。在教育教学工作中，为了测定学生已有的发展水平和可能达到的发展水平，可以通过实验来进行，如3~6岁学前儿童对颜色与图形辨认的实验。

研究案例

3~6岁儿童颜色及图形视觉辨认实验研究（节选）

在以往的研究中，标准刺激物的呈现时间都比较长，最短的也在5秒以上，有的甚至在呈现时间上没有严格限制，可以设想：如果要求儿童在速视条件下进行颜色或图形的辨认，其难度会大得多。这要求被试有高度集中的注意力、迅速的视觉反应及善于抓住刺激物空间结构的主要特征。这些知觉特点可能要更多地受后天生理成熟、学习与经验的影响而进一步发展。本研究采用快速呈现的方法，探讨3~6岁学前儿童对颜色及图形的迅速辨认能力的发展特点，以期进一步验证与阐明以上的一些设想。

实验对象：分别为幼儿园的大、中、小班的3、4、5和6岁年龄的儿童。每个年龄组30人，男女各半，共120人。实验前均进行色觉检查，属于正常视觉者。

实验材料：采用两套材料。第一套是12种不同颜色的卡片，分别为棕、白、红、绿、紫、橙、浅蓝、品红、深绿、黄、深棕、蓝，第二套材料为12张图形（如图6-3所示）。图形的组合来自3种变化：十字形结构（图形1~4号），半月形结构（图形6~8号）及四方形结构（图形9~12号）。

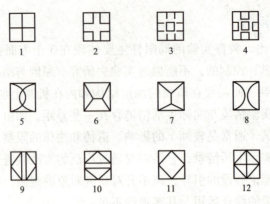

图 6-3 12 种图形

实验步骤：

实验采用个别测验法。实验时主试先向儿童分别说明实验的要求和做法，待儿童了解后，进行若干次练习，然后正式进行实验。进行颜色辨认实验时，采用第一套材料进行。12种颜色通过速示器的小窗孔依次按不同时间呈现给被试看。被试在每看完一种颜色后，让他在面前的一张贴有与速示器呈现卡片完全相同的12种颜色的纸板上找出相同的颜色，每种颜色呈现一次。刺激呈现的顺序是随机的。卡片呈现的时间分为3种：0.01秒、0.05秒、0.1秒。被试的眼睛距离速示器0.3米远，结果计算采用计分法，辨认正确给1分，错误给0分。12张颜色或图形全对者得12分，因为，每个年龄组被试均为30名儿童，故满分为360（12×30）。第一套颜色材料认完后，休息两分钟，然后进行图形辨认实验。采用第二套材料进行12种图形的实验，条件控制与前者相同。

实验指导语：

小朋友，今天我请你做一个游戏，你注意看这个小窗孔（主试指着速示器的窗孔），一会儿我从这个小窗孔给你看一种颜色（或图片），当你看完之后，就在这张纸板上（主试指着贴有12色纸板或图形的纸板）找出你刚才看见的颜色（或图形）。

实验结果表明：

儿童对12种颜色和12种图形的辨认能力均随着年龄增长而逐步提高；刺激呈现的速度对颜色辨认和图形辨认都有着明显的影响，速度因素对年龄越小的儿童影响越大；在3种呈现速度条件下，均对黄、红、绿三色辨别正确率最高。不同呈现速度条件下，图形辨别出现了优势图形与劣势图形之分，优势图形辨认的正确百分比明显较高。

——来源：张增慧，林仲贤.3~6岁儿童颜色及图形视觉辨认实验研究［J］.

心理学报，1983（4）：461-468.

https://wenku.baidu.com/view/135e5b6bb307e87101f696ab.html.

其二，教学改革研究。如课程体系改革实验、新教材实验、新教学方法实验等，这是运用实验法的主要领域。

其三，对已有的教育观点、教育经验或其他人做过的教育实验进行验证性论证。

其四，为形成新的教育理论、教育模式或改革方案提供实验依据。如为了研究提出来的未来的教学模式是否合理或能否使其更完善,可以通过实验来进行。实验帮助研究者更具体、更清楚地看到:为了实现理想的教学模式,必须具备哪些条件;在实现假设的过程中可能会发生一些什么问题;方案在哪些方面必须修订;等等。在此,实验法就成了预测未来教育的方法。

(二)教育实验的实施要求

第一,要秉持科学、严谨的态度。教育实验的操作直接关系到儿童身心的健康和发展,实验者必须以高度严谨的科学态度,提出实验假设,对实验方案的效应做严密的科学论证,以避免负效应的出现。

第二,主观条件要达到实验的要求。主观条件主要指的是实验者对实验方法和技术掌握的程度、实验合作者的业务水平、对实验的态度和意愿等。这些方面如果达不到实验要求的条件,就不能收到预期实验效果。因此,要根据实验的任务和实验内容的需要,加强对实验者的培训工作,如实验仪器的使用方法、测量的方法、实验的步骤、实验的记录、实验的手段与措施等都要统一,甚至测试的时间也要一致,这样,所得数据才更准确。

第三,要事先设计好实验方案。设计实验方案是一项非常重要的工作,它关系到实验的成败,实验方案设计得越细致、越周密,实验过程越顺利,越好操作,越能保证研究计划如期实施。因此,实验者必须掌握所实验问题的有关信息,了解前人是否已经提出过同样的假设并进行过实验。他们所做的实验是否可靠,哪些部分已经解决了,哪些部分还没有解决等,只有在知道前人确未解决,而研究者对此问题又有着一定设想方案的情况下,才可以考虑采用实验的方法。

第四,要事先确定实验对象,同时要尊重实验对象。在遵循教育性原则的前提下开展实验,使实验研究控制在社会道德允许的范围内,实验内容无损受试者身心健康。如青少年犯罪问题的研究、常见病发病率的研究等课题就不宜采用实验法进行研究。必要时,要将实验的意义与要求向受试者讲清楚,以便其在实验过程中更好地配合。

第五,要排除无关因素的干扰,使实验条件基本相同或完全相同。这在教学改革实验中难以做到,要施加一些控制因素或采取控制措施,使实验顺利进行。

第六,坚持以实验事实为依据。公开实验操作过程和操作方法,实事求是地报告实验结果,让不同的研究者可以进行重复验证,确保假设检验的客观性。

五、教育实验研究的分类

根据不同的划分标准和角度,教育实验研究有不同的分类。

(一)从研究方式角度划分

从研究方式角度划分,有自然实验和实验室实验。

1. 自然实验

所谓自然实验,也称现场实验,是在自然的情况下,实验者根据研究目的创设教育情境,控制某些条件,以引起某种行为表现或心理活动出现而进行研究的方法。其特点在于实验的整体情境是自然的,但某种或某些条件是有目的、有计划加以控制的。自然实验有观察法和实验法两者的优点，是教育实践领域内研究学生心理最常用和最适用的方法。另外，自然实验简便易行，获得的材料真实可靠，推广应用可能性大。自然实验法的不足也很明显，由于强调在自然的活动条件下进行实验，难免出现各种不易控制的因素。

一位苏联心理学家曾用该方法设计了"冬夜拾柴火"的自然情境，以研究孤儿院儿童在困难条件下的性格意志特征。实验过程是实验者把一部分干柴放到离宿舍不远但需走一段夜路的山谷中，把一些湿柴放到离宿舍较远的但一路有灯光的储藏室中。要求孤儿院的儿童定期在夜晚去捡柴火（地点不指定），实验者则藏在岔路口的小房内观察。结果发现，一部分儿童勇敢而负责任地到山谷中取干柴；有的儿童边走边埋怨；还有部分儿童怕黑，宁愿走远路去储藏室取湿柴。在这个实验中，实验者真实地了解到了孤儿院儿童性格特征的差异。

2. 实验室实验

实验室实验是指在实验室内利用一定的设施，控制一定的条件，并借助专门的实验仪器进行研究，探索自变量和因变量之间关系的一种方法。实验室实验最主要的优点是能够严格控制各种因素，并通过专门仪器进行测试和记录实验数据，具有较高的信度。也可以通过特定的仪器设备探测一些不易观察到的情况，取得有价值的科学资料。其不足之处在于，幼儿在实验室环境内往往产生不自然的心理状态，由此导致所得实验结果有一定局限性，推广应用受限，特别是研究一些复杂的心理现象时尤为明显。因此，运用实验室实验时，应该考虑到：实验室内的布置应尽量接近幼儿的日常生活环境；对幼儿的实验室实验可通过游戏等幼儿熟悉的活动进行；实验开始前要有较多的准备时间，使幼儿被试熟悉环境和熟悉主试；对幼儿的实验指导语，要用简明的语言和肯定的语气；实验进行过程应考虑到幼儿的生理状态和情绪背景；实验记录应考虑到幼儿表达能力的特点。另外，还要考虑到实验法常用实验组和控制组两组学前儿童相对比研究，测查自变量对因变量的影响。但是，事实上在实验过程中影响儿童心理的因素是复杂的，并不像理论上设想的那样，只有一个自变量在起作用。还有，实验中主试和被试的关系对学前儿童心理活动的影响也是不可忽视的。

相关链接

华生经典的情绪唤起及解除实验

华生（J. B. Watson）经典的情绪唤起实验是在一名叫阿尔伯特的 11 个月大的婴儿身上做的惧怕条件反射。实验初期，阿尔伯特与小白鼠玩了 3 天后，当阿尔伯特开始伸手去触摸小白鼠时，脑后敲起了钢条的声音。阿尔伯特猛然跳起，向前摔下，将头埋进垫子，但没有哭。第二次，正当他的右手刚触摸白鼠时，钢条又被敲响，他又猛然跳起，向前摔倒，开始哭泣。一周以后的几次白鼠与响声的组合刺激也都引起孩子惊起。最后，当白鼠单独出现后，阿尔伯特表现出极度恐惧，转过身去，扑倒在地，匍匐前进，躲避白鼠。几天以后，华生及其同事发现了试验刺激的泛化。他们发现阿尔伯特玩耍很多东西，但惧怕任何有毛的东西。不管是他看见了白兔、狗、毛大衣、棉毛或圣诞老人面具，他都哭或焦急，纵然以前根本没被这些吓怕过。可见阿尔伯特的惧怕已泛化到一切带毛的东西上了。出于道德原因，这个实验曾遭到学术界严厉批评，但实验确实提供了惧怕条件反射形成的证据。情绪唤起实验如图 6-4 所示。

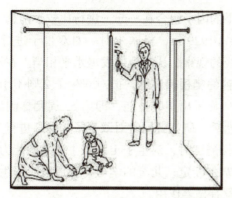

图 6-4 情绪唤起实验

彼特是一个 3 岁的小男孩,他害怕白鼠、兔子、毛大衣、羽毛、棉花绒、青蛙、鱼以及机器玩具,除此之外,他非常健康活泼。华生建议其同事琼斯(M. Jones)对其进行惧怕的解除条件反射实验,琼斯用了很多方法,包括要彼特观看其他儿童与兔子玩耍。而最精彩的方法如下:把彼特安放在高背椅中坐并给他吃午后快餐,随后将一个装着白兔的笼子放在和他有一定距离又不干扰他的地方。第二天白兔的笼子又稍靠近些,直到他显示有轻度的不安为止。每日按此处理,一天接一天地把兔子放得越来越近。由于实验者小心处理,从未惊扰彼特半分。最后彼特可以用一只手吃东西,同时用另一只手与兔子玩耍。通过相同的方法琼斯也消除了彼特其他的大多数的惧怕。

——来源:王振宇. 儿童心理发展理论[M]. 上海:华东师范大学出版社,2000.

(二)从研究变量数量多少划分

从研究变量数量多少划分,有单项实验和整体实验。

1. 单项实验

单项实验也叫单因素实验,指实验中的自变量因素只有一个,即实验目的主要是解决一个问题或围绕着一个自变量与某种行为之间的关系进行实验设计,具有强烈的针对性与应用性。如在"教师的表扬对学前儿童行为的影响"研究中,自变量只有一个"教师的表扬"。一般情况下,单项实验操作较简单,但无关因素控制往往不够充分。

2. 整体实验

整体实验也叫多因素实验,是指实验过程中围绕着两个或两个以上自变量进行实验设计,得出实验结果的研究方法。例如"影响幼儿注意力各种因素的研究"中,实验的自变量可以有多个,教师的教学方式、幼儿的年龄阶段、教学环境的布置等,都可以作为自变量进行研究。

(三)根据实验主要任务的不同划分

根据实验主要任务的不同划分,有探索性实验与验证性实验。

1. 探索性实验

探索性实验探明造成某种现象的原因究竟有哪些,或者操纵某些条件会引起什么效果。

它的特点是因子多，常将许多可能影响结果的因子组合在一起，进行比较、筛选、更新，实验规模小。例如格塞尔的双生子爬梯实验。1929 年，格塞尔对一对双生子进行实验研究，他首先对双生子 1 和双生子 2 进行行为基线的观察，认为他们发展水平相当。在双生子出生第 48 周时，先对双生子 1 进行每天 10 分钟的爬楼梯训练，而对双生子 2 则不予相应训练。训练持续了 6 周，其间双生子 1 比 2 更早地显示出某些技能，即第 53 周爬梯测试中，双生子 1 用时 26 秒，而双生子 2 用时 46 秒。然后，研究者同时对双生子 1 和 2 进行为期两周的爬梯训练。进一步的观察发现，在 5 周爬梯测试时，双生子 1 和双生子 2 的能力没有差别，均用时 20 秒（如图 6-5 所示）。因此，格塞尔断定，儿童的学习与发展取决于生理的成熟。生理成熟之前的早期训练对最终的结果并没有显著作用。

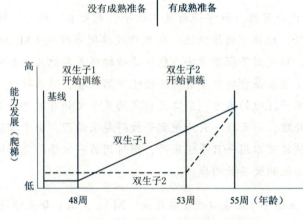

图 6-5　双生子爬梯实验结果示意图

2. 验证性实验

如果对研究课题比较明确，已经有了具体的假设和方案，实验只是为了验证假设是否成立，方案有怎样的效果，这就是验证性实验。它的特点是问题十分明确，因素不多，实验规模较大，控制要求也比较高。如米切尔（Michel）和李伯特（Libert）等人 1966 年进行的言行一致实验。言行一致的实验研究是揭示成人言行不一致对儿童品德形成和发展的影响。他们让儿童玩小型滚木球游戏，即由儿童按一定规则将木球投入球门，投中得分，得 20 分以上可得奖。如果儿童严格遵守规则，得奖的机会很少，但如果不严格按照规则或偷偷违犯规则，就有可能得分获奖。在第一阶段，让儿童与成人一起玩，并把儿童分为两组，在第一组中，成人的言行一致，他们不仅告诉儿童守规则，而且自己也遵守。在第二组中，成人口头上要求儿童守规则，自己却当着儿童的面不严格遵守，此时，成人的言行不一致，但儿童在成人面前仍然严格遵守规则；在第二阶段，儿童独自玩这种游戏，其行为可以通过观察孔而被观察到。实验结果发现：第一组儿童得奖次数很少，仅占总次数的 1% 左右，说明绝大多数儿童严格遵守规则。第二组儿童的得奖次数占总次数的 50% 以上，说明他们离开成人后就开始按照成人的那种低标准去要求自己。在第三阶段，实验者将两组儿童放在一起玩，结果发现，由于第二组儿童的影响，第一组儿童也降低了标准，并将办法介绍给其他儿童。研究者认为，要提高儿童的道德水平，成人和教师不能只进行口头指导，还要给儿童树立以身作则的榜样，包括同伴中的榜样。否则，即使道德水平较高的儿童也会受到不良影响。

（四）根据实验控制的程度、实验内外效度划分

美国的坎贝尔（D. T. Campbel）等人站在自然科学的立场，根据实验控制的程度、实验内外效度将实验分为前实验、准实验与真实验。

1. 前实验

前实验是指缺乏控制无关因子的措施，内外效度均较差的实验。如幼儿园开展"教师教学态度对幼儿学习兴趣影响的研究"实验，虽然在实验过程中对幼儿进行了"教学态度"的设定，但却没有对幼儿学习的环境、教师个体差异、家庭因素、兴趣等无关变量进行控制，因而使得无关变量与自变量的作用发生混淆，从而降低了实验结果的可靠性与可信度。

2. 准实验

准实验即类似真实的实验，指在实际社会情境中，由于环境约束，不能用完全真实的实验设计来控制无关变量，但是可以将一些影响实验的变量进行分类，将其作为自变量的因素进行控制，从而采用类似真实的某些方法来搜集、整理、统计分析资料，得出比较可靠的结论。简单来说，准实验是在现成的教学班级内进行的，但做不到随机分派被试、不能完全控制误差来源的实验。

3. 真实验

真实验是指以数理统计为基础的实验，这种实验不但能够随机分派被试、对各种无关变量进行周密的控制，还可以用比较精确的统计方法帮助分析实验结果。这种实验的可靠性高，但操作难度较大。如为了考查具体运算阶段与形式运算阶段的儿童归纳推理的能力，皮亚杰和英海尔德（B. Inhelder）进行了一系列的实验研究，其中最有代表性的研究是关于钟摆问题的实验。

在钟摆问题的实验中，实验者向被试呈现一个类似钟摆的装置：不同长度的绳子被固定在一个横梁上，绳子的末端可拴上不同重量的物体，实验者向被试演示如何使钟摆摆动（将拴有重物的摆绳拉紧并提至一定的高度，再放下即可），如图 6-6 所示。被试的任务是，通过检验与钟摆摆动有关的 4 种因素（重物的重量、摆绳被提起的高度、推动摆绳的力量、摆绳的长度），来确定哪一种因素决定钟摆摆动速度（在每一种因素中又有不同级别的划分：如摆绳的长度有 3 个级别、重物的重量有 4 个级别等）。被试有较充分的时间对上述各种因素进行检验。正确的答案是，摆绳的长度决定钟摆摆动的速度，摆绳越短，其摆动的速度越快。解决此问题的正确途径是：首先，提出假设，无论其假设是什么，只要它能被检验并产生非矛盾的结果就可以。然后，再对所提出的假设进行系统的检验。

在第一个步骤上，具体运算阶段与形式运算阶段的儿童的反应没有什么区别，都能根

据问题的要求提出某种假设。但在第二个步骤上，这两个阶段的儿童的做法却有很大的区别。第二个步骤（检验假设）的关键点是，在检验的过程中、每改变一个特定因素的同时，必须保证其他的因素不变。其中，每个因素只设两个等级：摆绳：长、短；重量：轻、重，摆高：高、低；推力：大、小。在检验假设的过程中，具体运算阶段的儿童所易犯的错误是，不能在检验某一因素的时候，控制住其他的相关因素。例如当摆绳短、物体重的时候，摆速则快。因此，错误地认为摆速是由摆长和所拴物体的重量共同决定的。只有到了形式运算阶段，青少年才能像科学家一样地检验假设，最终获得关于问题的、唯一可能的、具严格的逻辑意义的解释。

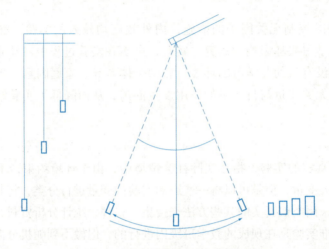

图 6-6 皮亚杰的钟摆实验装置示意图

除以上划分类型外，实验还可以按照实验主试与被试单方或双方是否清楚实验过程而划分为单盲实验和双盲实验；按照实验用途不同分为研究性实验和应用性实验；按实验组织方式不同分为单一实验组实验、实验对照组实验和多实验组实验；按实验内容的不同分为社会心理实验、教育实验、经济实验、法律实验、军事实验、政策实验等。

相关链接

单盲实验与双盲实验

在新药的早期实验中，研究者采取用实验组和控制组进行比较的方法来控制和排除偏误，即对实验组给予新药，而对控制组则不给予新药。通过将两组病人的治疗效果进行对比，可以得出这种新药的效果来。但是，研究者发现，被给予新药有安慰效果，对病人的影响经常是非常积极的，它导致要评价新药本身的效果十分困难。病人病情好转既有可能是吃了新药的结果，也有可能是由于病人知道吃了新药而感觉有效，自己心理因素起了作用。因此，为了控制这种宽慰效果的影响，研究者首先采用"单盲设计"，即采用给控制组吃"宽心丸"（一种无毒无害无任何作用的物质）的方法。这样，两组病人并不知道他们所吃的究竟是新药，还是"宽心丸"，因而他们受到的心理影响或精神作用是一样的。此时，再将两组病人的结果进行对比，就可以得出新药的效果了。

然而，即使研究者采用了"宽心丸"的办法，还是可能会有偏误产生，这就是上面所谈到的研究者的期待对实验结果的影响问题。在实验中，研究者对实验组与控制组在接受实验刺激这方面的区别是清楚的。比如在新药效果实验中，实验人员知道实验组所服用的是新药，而控制组服用的是"宽心丸"。这种清楚会导致实验人员在实验中自觉不自觉地去"发现"或者"观望"新药具有某种效果，就像教师自觉不自觉地"看到"某些学生特别聪明一样。在新药效果实验中，它会导致实验人员自觉不自觉地"看到"实验组的病人病情好转。因此，必须排除这种期待的影响，更严格的实验设计中，往往会考虑采用双盲实验的方法。在这种双盲实验中，作为实验对象的病人和作为实验参与者（或观察者）的医务人员都不知道谁被给予了新药，谁被给予了"宽心丸"。这样，医务人员对病人服药以及服"宽心丸"这两种结果的观察就会更加客观，因而，对新药实际效果的解释也就会更准确、更科学。

——来源：单盲实验与双盲实验的概念［EB/OL］.［2018-01-05］. http://hi.baidu.com/vivizhg/blog/item/3da29e240372537864f979.html.

第二节　假说与变量

一、假说的意义与特点

（一）什么是假说

假说，亦称为假设，是研究者根据经验事实和科学理论对所研究的问题预先赋予的某种答案，是对课题涉及的主要变量间相互关系的设想，是关于事物的因果性的一种假定性解释。日常生活中的假设是大量存在的，如去池塘钓鱼，前提假设是池塘有鱼。考试成绩不理想，假设是复习不到位、有没学过的知识、生病、考场干扰因素多……教育研究通常探讨的是两变量间相互关系，尚未有结果前，研究者总要事先提出一种暂时性、推测性的答案，然后通过合适的资料验证假设。例如"教学方法与学业成就关系的研究"实验，研究假设为"某方法效果优于传统教学方法，就会大大提高学生的学业成就"，再用事实、数据证实提出的假设。

（二）假说的作用

1. 假说是研究的核心

假说是教育实验活动的出发点，教育实验以假说为前提，并围绕假说逐步展开，而实验过程，就是用具体的环节来证明假说成立的可能性程度的过程。验证结果或是假设证实，或是证伪，但无论结果如何，假设就像大海中的航标，为研究指明方向，使研究不偏离航向。

2. 假说能明确规定课题

有假设，内容更具体，方向更明确，目标更集中，研究假设可帮助研究者确定研究重点，提示收集资料的方向与范围，并能提供研究结论的框架。

3. 假说是通向理论的桥梁

从假设到理论是科学认识发展的必由之路，假设与理论有密切联系，假设是有待验证的理论，当假设的基本观点或预言被证实，或证伪，这个假设就上升为理论。

(三) 假说的特点

1. 科学性

假说不是随意的幻想或毫无根据的空想，而是人们以已经认识并掌握了的科学知识或经验知识为依据，以一定的确实可靠的关于研究对象的事实材料为基础，并按照科学逻辑方法推理而成。如植物生长条件是水、温度、阳光，则假说可定为"改变植物生长条件（如采用大棚或温室种植等技术），就可以推迟或提前植物成熟时间"。

2. 预见性

假说是对事物的本质、事物间的内在联系、事物的规律性的猜测和推断，是在不完全或不充分的经验事实基础上推导出来，是还未经过实践检验的结论，是尚存在疑问的思想形态，因此，常有一定想象、推测和预见的成分，因此，预见性不一定准确。如"'一费制'是解决教育乱收费问题的有效办法"。

3. 多样性

对同一现象及其规律可以做出两种或多种不同的假说，如"在教师教学态度与教学水平相近的情况下，中学生的学习成绩与教师的文化程度相关""理科教师文化程度与学生学习成绩相关度，高于文科教师与学生学习成绩的相关度"。

4. 可检验性

教育实验的研究假说应该是可以检验的，它的真伪可以通过研究或以后的实践来确定，无法验证的不称为假说。如皮亚杰认为"儿童不能从他人角度考虑问题（假说）"，他的"三山实验"也证实了其观点，但其他研究者通过改变实验场景、调整实验条件，证明皮亚杰的假说存在瑕疵。假说可以检验，指假说中的变量可以用具体可操纵的动作、活动等形式来说明，可操纵的内容是可以测量和数量化的。一个好的假设，既应该能够说明实验中的自变量和因变量之间的因果关系，也应该有明确的实践操作方案。实验的假设可以检验，他人才可以重复，实验才具有科学意义。如将"小学低年级课堂教学质量研究"的变量界定为"教学质量与班级规模"，再确定假说为"一定条件下，教学质量与班级规模成反比或者说负相关"。

相关链接

三山实验

三山实验，是心理学家皮亚杰做过的一个著名的实验。如图6-7所示，在一个立体沙丘模型上错落摆放了3座山丘，首先让儿童从前后、左右不同方位观察这座模型。然后要求儿童面对模型而坐，并且放一个玩具娃娃在山的另一边，给儿童看4张从前后、左右4个方位所摄的沙丘的照片，让儿童指出坐在不同方位的玩具娃娃所看到的沙丘情景与给出4张照片的哪张照片一样。结果发现幼童无法完成这个任务，他们只能从自己的角度来描述"三山"的形状，皮亚杰以此来证明儿童的"自我中心"的特点。

然而，三山实验广受批评，批评者认为三山实验难度太高，如果选材更为贴近儿童的认知水平，那么，他们是可以完成的。如在 Helen Borke 于 1975 年报告的一项任务中，背景被设定为一个有小湖、森林、动物、建筑物和人的农庄，而布娃娃被替换为美国著名儿童节目《芝麻街》中的角色 Grover。当研究者把 Grover 放置在农庄各处并询问儿童它能看到什么景象时，即使是 3 岁的儿童都能绘声绘色地讲述。这有力地反驳了三山实验的结论，而这也是一条重要的启示：我们认为儿童不具备某些能力的时候，可能只是问题的打开方式不对罢了。

图 6-7　三山实验

5. 明确性

研究的假说要以叙述的方式，明确地说明两个或多个变量之间的关系，但每一假说只陈述两变量间的关系，对两个以上变量间关系的说明可以有一组假说。概念要简单，表述要清晰、简明和准确。以叙述的方式是指可以是肯定或否定陈述，可以是完全肯定或否定，也可以是部分肯定或否定，但不能采取疑问式表述。例如做一个关于学习成绩与教学水平关系的假设，可以表述为"学生的学习成绩与教师的教学水平成正相关"，不能用"学生的学习成绩与教师的教学水平有否关系"的疑问式表述。每一假说只陈述两个变量之间的关系是指不能将多个变量混在一个假说中，如"学生的学习成绩与教师的学习能力、文化程度有关"这一假说中，就有两个以上变量的表述，无法区分各个自变量与因变量之间存在的共性和个性的关系。

二、假说的分类

（一）根据假说中变量关系变化方向

按假说中变量关系变化方向，可分条件式假说、差异式假说和函数式假说 3 类。

1. 条件式假说

假说中的两变量有条件关系。如果 A 成立、则 B 成立，如：摩擦产生热；金属加热会膨胀；教师用语言强化教学，学生课堂行为会改变；等等。

2. 差异式假说

假说中的两变量之间在程度上存在差异关系，如 $A=B$，$A>B$，$A<B$ 等。如果 A 代表讲授式教学方法，B 代表讨论式教学方法，可分别做如下假设：讲授式教学方法的效果不等于讨论式教学方法的效果、讲授式教学方法的效果优于讨论式教学方法的效果、讲授式教学方法的效果差于讨论式教学方法的效果。

3. 函数式假说

假说中的两变量间存在因果共变关系，并且用数学形式表达。X 表原因，Y 表结果。$Y=f(X)$，意为 Y 随 X 变化而变化。如中学生攻击行为问题研究，Y 代表攻击行为，X 可代表诸多因素，当 X 代表性别的时候，假设可定为"男孩攻击行为是女孩攻击行为的 2 倍"。

（二）根据假说性质

按假说性质，可分为特定假说、一般假说和虚无假说 3 类：

1. 特定假说

特定假说，是推测特定对象之间关系的假设，指向个别的、具体的、特定的事例，如小学三年级学生数学思维能力研究中，定甲班为实验班，乙班为对比班，"在思维能力上，甲班比乙班学生推理能力强"是特定假设。

2. 一般假说

一般假说，是推测一般种类之间关系的假设，指向普遍的、抽象的、可推广的事例，如"思维能力上，男生比女生的推理能力强"是一般假设。

3. 虚无假说

虚无假说，是推测某种不存在的、无倾向的关系的假设，指向中性的、无差异的、无区别的事例。这种假设表述上大多采用某变量与某变量之间"无差异、无相关、无影响"等形式来陈述变量之间的联系。

三、提出假说的方法

（一）分类式假设

分类式假设是基本方法，适用于建构抽象程度较低的假设，通过对资料的分类并加以分析，找出其可能存在的规律性，从而提出假设或预言未来。例如整理、分析国家师范教育模式下的大量资料，可以预测定向性和非定向性相结合是师范教育未来发展的理想模式。又如分析教学组织形式（个别教学、小组教学、课堂教学、家庭、网络……），提出假设为"多元化教学是未来的一种趋势"。

（二）归纳式或演绎式假设

归纳是从特殊到一般的逻辑方法，演绎是种从一般到特殊的逻辑方法。归纳式或演绎式假设即把在特殊情况下已被证实无误的认识提高为一般性认识或者把一般性认识应用于特殊情况。如"学生智商越高，成绩排名就越靠前"是归纳，"鸟是有羽毛的动物"是演绎，从归纳中提出假设的办法对于教师来讲特别重要,研究者通过对研究对象的有关方面,诸如学生的行为、个性及其关系进行观察,并提出假设。

(三)移植式假设

移植式假设是借用其他学科领域的新理论、新概念,对科研对象做出假设性解释。如"将记忆过程视为信息输入、贮存、提取过程"就是对信息论有关理论的移植。这种移植方法要求研究者对研究对象有相当深入和清晰的认识,也需洞察其他领域的新发现及其对教育科研的重要意义。

(四)想象或直觉性假设

想象或直觉性假设,是通过对少量典型科学事实的分析,特别是通过对某些基本原理的研究,经过想象甚至是凭借直觉,提出抽象程度较高、具有普遍意义的假设,如浮力定律和元素周期表的发现。

四、实验中"量"的相关概念

(一)变量与常量

教育实验研究中,常量不是要研究的内容,研究探讨的是变量之间的相互关系。

变量又称因子或因素,是随着条件、情境的变化在数量或类型上起变化的人或事物的特征或方面。相对变量而言,常量是在一个研究中所有对象都具有的相同的状态或特征。例如,"比较两种不同教学方法对初一年级学生阅读能力的效果"的实验研究中,"初一年级"是常量;"教学方法"作为不同的因素、有不同的操作程序,是变量;"阅读能力"对每个学生而言,有强弱之分,测量上阅读成绩也会有不同分数,是变量。

(二)变量的类型

1. 自变量

自变量又称刺激变量,是指存在某种联系的两变量,其中一变量对另一变量具有影响作用,称那个具有影响作用的变量为自变量,也是引起或产生变化的原因,由实验者掌握,在性质和数量上可以变化,可以操纵测量的条件现象或特性,常用 X 表示。例如有几种不同的教材,考察它对学生的学习影响有没有显著差异,在这里,教材是实验自变量,如果教材分为甲、乙、丙、丁等不同种类,这些种类是对自变量变化过程或者说水平的规定,而要解决的问题是采用哪种教材才能更有效地促进教学。由此可见,自变量至少要有两种水平才能进行比较,否则就不能成为自变量。再如,"比较两种不同教学方法对初一年级学生阅读能力的效果"和"学生智力与学业成绩的关系"研究中,"两种不同的教学方法""学生智力"是自变量。

2. 因变量

因变量,又称反应变量、依变量,是自变量作用于被试后产生的效应,也是研究者要测定的假定的结果变量,常用 Y 表示。因变量必须具有一定的可测性,如"噪声对学习效果的影响"研究中,"学习效果"是因变量。"光照与产蛋率的关系"研究中,"产蛋率"是因变量。

3. 调节变量

调节变量，是自变量的特殊类型，是为了研究是否影响自变量与因变量之间关系而选择的次要自变量。即研究者研究 X 在 Y 发生的作用，但发现 X 与 Y 之间关系的性质是由第三因素 Z 的水平来改变的，Z 就是调节变量。如研究者要比较两种教学方法即视觉方法（用影片）和听觉方法（用录音磁带）教一个单元内容的教育效果，研究者考虑到：一个方法可能对以视觉学习为最佳方式的学生效果很好，而另一个方法可能对以听觉学习为最佳方式的学生效果好，当全体学生在单元结束共同进行作业测验时，两种教学方法效果可能无区别。但当将以不同学习方式为最佳效果的学生分别进行测验时，两种教学方法在每个小组中可能产生不同的结果。在这个研究中，教学方法与教学效果的关系被学生的学习方式调节，即"学生学习方式"是调节变量。再如"研究某一考试情况和考试成绩之间关系"，实验者将因变量分为两种，即自我定向（不要把你的名字写在试卷上，我们在测量你）和工作定向（不要把你的名字写在试卷上，我们在测量试验），受试者测验时的焦虑水平被分析为一个调节变量，考试时高度焦虑的人在工作定向条件下成绩较好，低度焦虑的人在自我定向条件下成绩较好。

4. 中间变量

中间变量是不易被看到、不易被操作，也不易被测量的不具体的因素，但影响 X 与 Y 的关系，是一种潜在或称为假设的变量。它的效果由研究者根据 X 在 Y 所发生的作用来推断，一般在论文中体现为对研究结果的讨论和结论部分，中间变量常被作为解释为什么会产生这种实验结果而加以陈述。如"当对作业的兴趣增加时，测量的课业成绩相应而增高"假说中，自变量 X 是课业兴趣；因变量 Y 是课业成绩，中间变量是学习。又如"得到较多正反馈经验的教师比得到较少正反馈经验的教师，对儿童态度表现更积极"假说中，自变量 X 是教师得到更多或较少的正反馈经验，因变量 Y 是教师对儿童态度的积极性高或低，中间变量是教师自尊心。在"达到志愿途径被阻滞的儿童比未受阻滞儿童表现有更多的进取行为"假说中，自变量 X 是志愿达到或达不到，因变量 Y 是进取行为次数多少，中间变量是挫折。

5. 控制变量

控制变量，有时也称无关变量，是研究者需要消除或使之成为对因变量无影响效应的因素。研究时，对某些变量如情境变量、人体素质变量不能同时研究，而这些变量又可能影响自变量 X 对因变量 Y 的效应，因此，要控制这些变量。有时控制变量也会被当成调节变量来用，包括年龄、性别、智力、社会经济背景及噪声、工作秩序、工作内容等。例如"两种不同教法与学生学业成绩"研究中，控制变量是教学时间、教学环境、学生智力、原知识基础、家教辅导等。

五、选择变量的注意事项

（一）自变量

1. 自变量操作的严密性

变量是相对的，"噪声"在实验中通常作为无关变量进行控制，但研究"声音对完成教学问题的影响"时，"悦耳音乐、噪声"就会成为自变量。因此，在自变量操作中，要使自变量呈现的仪器设备保持不变（如是用大喇叭传递噪声，还是用麦克风传递噪声）。

2. 自变量数目

不同的实验目的，选择不同类型的自变量。自变量的类型可分单一自变量和组合自变量，前者用于单因素实验研究，后者由几个单一自变量组织而成，用于多因素实验研究。如"智力与学业成绩关系"是单因素研究，而"影响中学生思想道德因素问题研究"则属于多因素研究，因为，影响因素可以来自家庭、社会或学校多方面。

3. 自变量水平数

自变量可区分为不同的水平数，一个自变量至少应有两种水平，即出现或不出现。如"学习古诗词将会提高对中国古代文化的欣赏能力"假说中，自变量是学习古诗词，水平1：学习古诗词，水平2：不学习古诗词。而假说"将小学生的阅读训练推迟到六年级，不会影响他们初中三年级毕业时的阅读能力"中，自变量是推迟阅读训练到六年级，水平1：推迟阅读训练到六年级，水平2：推迟阅读训练到三年级，水平3：在正常条件下（一年级），进行阅读训练。又如一项研究对学生进行表扬或批评的作用的实验，将被试分成4个等组，其中3个组同在一间教室学习，另一组单独在另外教室学习，每天这4个组同时做15分钟的数学练习，共5天。在上述安排下，其自变量为：每天练习后，点名表扬第一组学生出现的优点，点名批评第二组学生出现的缺点或错误，第三组学生在同一教室随班听老师对一、二组学生的表扬或批评，但老师对第三组学生出现的优缺点不予评论。第4组学生在另一教室学习，做完练习后，不受表扬或批评，也听不到对别人的表扬或批评。最后比较4组学生成绩的差异，其自变量的水平十分明确并可操作。

（二）因变量

1. 因变量的指标

指标包括反应的正确性、反应的速度、反应的难度、次数、幅度和强度等。选择什么样指标，依研究目的来定，并要认真分析哪种指标能说明"通过操纵自变量而引起了因变量的变化"。如研究学业成绩的指标是答题的正确性，研究记忆力的指标是记忆的速度、正确性，研究产蛋率的指标是产蛋的次数、产蛋量。如果实验是以培养学生劳动习惯为目的，则必须有衡量其劳动习惯变化情况的指标。

2. 指标的客观性

指标（反应时、次数、量）是客观存在的，是可以通过一定方法和仪器测量的，而且可以记录。通过同样方法，指标可以重复出现并经得起检验，这都是客观性表现。如以客观题型测试所取得的成绩等作为评价指标，而一些主观材料如社会、家长、学生的反映等可作为分析结果时的参考。

3. 指标的数量化

上述反应次数、数量、速度等是反应指标，是数量化指标。有一些性质指标，如学生思想道德状况，也可以将其数量化分为等级：优秀、良好、中等，这就使指标便于记录、统计，也可得到统一的分析标准。

4. 指标的区分度

即选择的指标能够反映出测量对象的真实变化。例如人在跑步的时候，心跳加快；人在害怕的时候，心跳也加快。如果用心跳频率作为指标，来区分一个人心跳加快是由于害怕还是刚经历过剧烈运动，结果会如何呢？区分不了，就没有区分度。又如要研究声光刺激下简单反应时间是否有差异，使用最小精度为秒的计时工具测量时间，也不会有区分度，那么，自变量存在的效应也不能被发现。所以，因变量必须具有区分度。

第三节 教育实验研究的实施步骤

教育实验的全程一般分为准备、实施、总结与评价3个基本阶段。

一、实验的准备阶段

这是实验过程中关键的一步，教育实验能否成功，很大程度上取决于实验前的准备工作，具体的任务包括以下4个方面：

（一）选定实验研究的课题

在实验之前，明确实验是要研究什么、试图达到哪些目的，要取得哪些材料，查明各实验因素起什么作用，它们对完成课题都有什么影响。

（二）制定实验计划

主要内容包括：

1. 实验的时间与地点

如果有多所学校进行同一实验，实验时间应尽量统一，不能无限制地延长时间或自定义时间，以保证实验的完整性和统一性。

2. 实验的对象

根据实验的要求选择和确定实验对象，实验对象应有代表性、随机性，实验被试的样本量应根据总体大小而定，样本含量应符合统计学的要求（大样本至少在30人以上）。

3. 实验的内容与指标

内容和指标主要体现在假说和实验设计上。实验的假说要用简洁的文字明确地表达出来，如果有两个或多个假说，也都要按要求将不同实验的名称和内容表达出来。实验的指标要统一并标准化，重点应放在对实验变量的操作定义的描述上（请参见第 4 单元第三节"观察研究的具体方法"中抽样观察法里的"操作性定义"）。要制定检验假说的实验设计，根据研究变量引入具体的实验刺激，说明对实验变量如何控制、实验对象的选择与分组、实验的组织形式、实验观测项目的指标，进行预实验，实验数据、资料的搜集和处理等。

4. 实验队伍的确定与培训

对参加研究的人员进行培训，了解实验过程，控制无关变量及测量仪器的使用等。

5. 实验总结

由于实验条件不完全相同，或者无关变量的干扰，遇到这样或那样的问题，要及时进行小结。

另外，要将实验的结果进行统计和总结。

（三）选择被试，进行实验设计

教育实验中的研究对象即为被试，是相对于实验者（主试）而言的。它可以是由一个或几个人，也可以是由某一个群体如班级、学校甚至更大范围的人员构成。确定实验的被试必须以实验目的为依据，即按实验课题的需要，选择一定条件、一定数量的被试。无论何种抽样方法，首先应确定实验被试的总体定义，即明确被试的年龄、性别、家庭背景、智力水平等相对稳定的被试特征，然后在这个特定的总体中抽取一定数量的、能够代表这些总体特征的对象做实验被试。例如在营养饮食与身体生长发育情况研究中，有严重慢性病的、先天发育不良的、伤残学生等都要舍弃，以保证实验班与对照班的条件、健康状况、例数相似或相近，这样才有可比性。

实验设计是准备阶段的核心工作。实验课题、研究假说提出以后，就要明确和分解实验变量。实验的自变量是什么？有多少个自变量？这些问题都应在实验之前确定。变量分解后，还应对变量的操纵、控制以及变量呈现的顺序，实验的辅助手段、条件等实验过程进行规定，根据课题的性质、任务和类型，选择实验设计类型，进行合理的实验设计。

（四）选择恰当的统计工具或编制合适的测量手段

在实验研究过程中，需要对因变量做多次测量，而采用哪些统计和测量工具观测因变量，这是实验之前应准备好的。如编制调查问卷表、确定观测指标、编制考试试题等，以准确地描述和评价因变量的状况。

二、实验的实施阶段

实施阶段是实验过程中的操作阶段，主要任务有以下 3 方面：

（一）操纵自变量

按照实验设计，使实验自变量随实验的意图变化。如沃尔特斯（R. Walters）等人设计的抗拒诱惑实验，实验假说是"人的道德行为也表现在能否抗拒各种外界诱惑，而对诱惑的抗拒可以通过榜样的影响加以学习和改变"。实验分 3 步，第一步是挑选一批 5 岁男孩进入一间放有玩具和字典的房间，让他们参观，成人的指导语是"这些玩具禁止玩，但可以翻字典"。第二步是将儿童分为 3 组，第一组是奖励榜样组，即让儿童看一部短片，影片中有一男孩在玩一些被告知不许玩的玩具,不久男孩的妈妈进来,夸奖他并与他一起玩。第二组是指责榜样组,与第一组情景类似,不同的是,当男孩的妈妈进入房间时,严厉训斥孩子违反禁令,男孩显出害怕的样子。第三组是控制组,不看电影。实验的第三步,是对所有男孩进行抗拒诱惑测验:每个男孩都在上述的房间内单独待15分钟,其活动通过单向显示屏由实验者观察和记录。结果发现:第一组男孩很快屈从于诱惑,约在80秒后便动手玩玩具。第二组男孩能克制约7分钟,有的甚至坚持完15分钟。第三组男孩平均克制约5分钟。研究者认为,榜样具有一种"替代强化"的功能,在很大程度上影响着儿童对诱惑的抗拒。在此实验研究中,"榜样的影响"是自变量,而实验中,"榜样的影响"被操纵为3种实验情境,即奖励榜样、指责榜样和无榜样。

(二)控制无关变量

控制无关变量的内容与方法有很多,如对因变量进行前测,保持实验教师、实验对象、实验环境的相对稳定,排除来自家庭、社会多方面因素的干扰等。此部分内容,在本单元第四节"教育实验设计与控制"中会详加描述。

(三)观测因变量,搜集实验数据资料

此阶段主要是观察和测量因变量,搜集实验数据和其他重要实验资料。实验过程中应收集哪些资料,对这些资料做哪些分析,用哪些统计方法,这些都应事先计划好。记录实验结果的表格,也应参照统计分析的要求,事先设计好。实验的基本情况,如实验进展情况、学生出席情况、缺席原因、影响实验的因素、实验者和被试者的实际感受等,都应该随时观察并记载下来,作为分析实验结果时的参考。

三、实验的总结评价阶段

此阶段是建立结论阶段,其任务主要包括两个方面:

(一)统计分析得出结论

此阶段研究对实验数据和有关资料进行统计分析,得出实验结论。即经过初试、复试、阶段测试、终结测试,将大量的原始资料、数据归纳整理成易于处理和能够理解的统计图表,在统计分析的基础上,对变量做相关分析、因果分析,求出百分率、增长值、均数等所需要的各种数据或者文字结果。在实验过程的不同阶段,要不断将实验结果与初期目标做系统对照,分析阶段性目标达成度,并对收集的数据资料或文字结果进行分析,提出理论解释,从理论上回答"为何如此"的问题,做出因果关系的结论。最后,通过检验实验误差,分析实验的效度。

(二)撰写实验报告

实验报告或总结是根据实验的结果得出的结论,将实验的课题名称、实验研究的目的与意义、该实验研究的历史与现状、实验研究的假说及具体问题、实验研究的方法、实验的基本过程、结果及经验等用文字的形式写成全面、翔实的报告,完成实验的研究。实验报告是教育实验研究过程的最后一个环节,也是实验结果进行交流、推广的基础,因此,要重视教育实验报告的撰写。

第四节　教育实验设计与控制

一、什么是教育实验设计

教育实验设计是根据实验研究课题的性质和实验研究所具备的条件，对于有关被试的选择和分组、自变量的操作、因变量的测量、无关变量的控制等问题所确定的具体的操作程序。实验设计的过程，就是研究者对如何选择研究对象、采取何种实验组织形式，如何操纵自变量、控制无关变量、测定因变量、结果的统计分析及具体的实施步骤等一系列至关重要的问题都进行具体的思考，在通盘筹划之后做出恰当的安排，从而保证研究能以有效的方式展开并最终达到研究目的。

实验设计的基本思想是要突出自变量和因变量之间的关系，即体现在以下两个方面：一是使自变量对因变量作用最大化，从而显现自变量和因变量关系。二是使无关变量对因变量影响尽可能达到最小，避免无关因素影响，使实验误差和无关变量对因变量产生的干扰作用控制在最小范围内（如图 6-8 所示）。

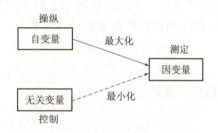

图 6-8　实验设计基本思想示意图

二、实验设计模式

实验设计根据因变量的观测安排、实验组织形式、实验控制程度、自变量的数量水平的不同而分为不同的类型。

为便于理解后面的内容，先认识以下几个符号：

X　　表示实验处理或自变量；
——　　表示无实验处理；
O　　表示实验观测，包括因变量的测定；
G　　表示实验组，包括实验组或控制组；
R　　表示被试已做随机分配；
S　　表示被试；
---　　表示虚线上面和下面的组不是等组。

另外，字母后下标的数字表示次数，如 O_1、表示观测 1，O_2 表示观测 2；X_1 表示实验处理 1，X_2 表示实验处理 2。

（一）前测和后测设计

根据因变量的观测时间不同，可分为后测设计、前测－后测设计和所罗门4组设计。

前测是实验处理前对被试的测量，后测则指实验处理后对被试的测量。实验设计中，并非所有设计都需要前测，但后测对每个设计来说是需要的。

1. 后测设计

任何实验设计都有后测，典型的两组后测设计是将被试随机分到实验组和控制组，在引入自变量（实验处理）后测量因变量，两组的基本模式为：

$$RG_1 \quad\quad X \quad\quad O_1$$
$$RG_2 \quad\quad — \quad\quad O_2$$

实验结果就是比较 O_1、O_2 数据差异，即 O_1-O_2。例如，为研究一种新的教学方法对学习成绩的影响，随机抽取两个班，其中一个班学生实施这种教学方法，另一个班不实施此教学方法。一个学期后，进行测验并比较两班成绩，给出结论。

2. 前测－后测设计

在实验处理前后各进行一次测量，加前测目的是了解实验处理前被试原有水平，为了分析被试在处理前后的差异。两个组的前后测实验设计模式为：

$$RG_1 \quad\quad O_1 \quad\quad X \quad\quad O_2$$
$$RG_2 \quad\quad O_3 \quad\quad — \quad\quad O_4$$

结果是比较前后测两组数据的差异。

3. 所罗门4组设计

这种设计模式由所罗门1949年提出，主要目的是为了克服等组前后测中的前测效应，并且能将前测分离出来，从而增加实验效度。模式如下：

$$RG_1 \quad\quad O_1 \quad\quad X \quad\quad O_2$$
$$RG_2 \quad\quad O_3 \quad\quad — \quad\quad O_4$$
$$RG_3 \quad\quad — \quad\quad X \quad\quad O_5$$
$$RG_4 \quad\quad — \quad\quad — \quad\quad O_6$$

实际是等组前后测设计（前两组）与等组后测设计（后两组）的组合，是一种内外在效度较高的、比较理想的实验设计，但现实中很少用。同时进行4个组的实验耗时、耗精力、耗经费，也很难找到4组同质的被试，结果分析也较复杂。例如如果 O_2 显著大于 O_4，并且 O_5 显著大于 O_6，则说明实验处理效果显著，因为无论是否有前测，实验组的观测值总是显著大于控制组。如果 O_2 显著大于 O_4，并且 O_5 显著大于 O_4，也可认定实验处理有效。如果 O_2-O_1 显著大于 O_4-O_3，并且 O_5 显著大于 O_6，也说明实验处理有效。如果 O_2 显著大于 O_5，并且 O_4 显著大于 O_6，则说明前测对实验结果有明显的影响，具有前测效应。因为，无论是实验组还是控制组，有前测的组的观测值总是显著大于无前测的组。如果 O_2 显著大于 O_4，O_5 与 O_6 无显著差异，则说明实验处理本身效果不明显，有可能前测与实验处理产生交互作用。

（二）单组设计、等组设计、轮组设计和固定组比较设计

按照实验的组织形式，根据是否设控制组可将实验设计分为单组设计、等组设计、轮组设计和固定组比较设计 4 种类型。

1. 单组设计

单组设计是指研究不设控制组，只有一个实验组，通过实验处理前后测量的差异，看实验处理的效果，从而反映自、因变量关系。其设计模式为：

$$O_1 \qquad X \qquad O_2$$

例如有人用两种不同的运动器材对儿童运动量大小进行比较研究，研究者以儿童运动后心跳的速率为测量指标。先让儿童在锻炼前测定心率（前测 O_1），然后规定时间用第一种器材（X_1）进行锻炼，运动结束后即测儿童的心率（后测 O_2）。一周后，再用同样的程序测得第二种器材的运动量效果。最后将获得的两种运动量效果进行比较，即（O_2-O_1）与（O_4-O_3），从而得出两种实验处理谁优谁劣的结论。这是一个有两种实验处理的单组设计，其设计模式为：

$$O_1 \qquad X_1 \qquad O_2$$
$$O_3 \qquad X_2 \qquad O_4$$

一般说来，单组设计只做自身比较说明实验效果，不与外部比较，避免了被试不同可能造成的影响，但前测、后测中间可能也有许多干扰因素难以控制，如被试的成熟、情境的改变等影响。这种实验设计要注意：两个实验处理（X_1 和 X_2）之间不应互相影响；每次测定之间不应互相影响，即前测不应对后测造成影响；每次测定的指标应统一。

2. 等组设计

等组设计也叫配对组设计，是指在实验自变量介入之前，根据一定标准，通过测定将条件一致的被试一一配对，然后再随机分配给实验组和控制组。配对组设计的关键是要形成等组。通常做法是对所有被试进行测试，测试内容与实验性质、内容紧密相关，然后按测试成绩排列，将相同分数或分数接近的被试配对，形成等组，然后随机确定实验组、控制组。因为，经过了相同测试，两组成绩相同或相近，因此，两组在总体上是同质的。在此基础上，实验组接受实验处理，控制组不给予实验处理，对两组的结果进行比较，基本模式为：

$$RG_1 \qquad X \qquad O_1$$
$$RG_2 \qquad — \qquad O_2$$

例如为了研究两种不同教材对学习效果的影响，研究者随机抽取两个平行班，先对两班测验，将两班成绩相同学生配对，70 分对 70 分，80 分对 80 分。匹配成若干对，形成两个组，再随机决定哪组为实验组或控制组，没有配对的学生与配对学生一样跟班接受实验处理，只是在结果统计时不把他们成绩计算在内。这是一个等组的后测设计，可控制几乎所有的影响实验内在效度的因素，是被广泛采用的一种理想实验设计。

等组设计被广泛应用，在于两组等质，就可以控制偶然事件、成熟、被试选择等对实验结果造成影响的因素，内在效度高。不足之处在于有前测的设计中，前测可能对后测造成影响（前测效应），另外有时形成等组具有一定难度，此时，可用固定组比较

设计。

3. 轮组设计

轮组设计也称为循环设计、对抗平衡设计，是对不同的组，以不同的顺序，轮流施加不同实验处理的实验设计，即将不同实验处理 X 轮流施予各组，根据每个处理效果来确定实验处理的效应。例如对幼儿用参与活动法和不参与活动法进行常识教学，来探讨究竟哪种方法教学效果好。设计两个教学内容，一是"认识空气"，二是"认识水"。随机选择两组中班幼儿，一组中班幼儿先用参与活动法学习"认识空气"，再用不参与活动法学习"认识水"；另一组中班幼儿先用不参与活动法学习"认识空气"，再用参与活动法学习"认识水"。然后，测定两班的成绩。基本模式为：

$$G_1 \quad X_1 \quad O_1 \quad X_2 \quad O_2$$
$$G_2 \quad X_2 \quad O_3 \quad X_1 \quad O_4$$

实验两组可为不等组，如果是等组则更好。每组都是实验组，接受不同实验处理 X_1、X_2，每组实验处理介入顺序不同，一组为 X_1、X_2，另一组为 X_2、X_1。实验处理前后都有测定，结果测定是将两组中实验处理 X_1 和 X_2 的效应分别相加，即 O_1+O_4、O_2+O_3，然后再比较两种效果（见图6-9）。

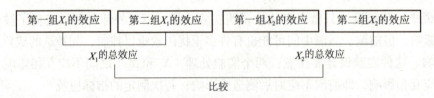

图 6-9 轮组设计结果形成示意图

轮组设计较适合于自然情境下实验，无须为配置等组而打乱班级，并可通过实验处理轮换达到某种平衡。与等组设计相比，对分组要求、无关变量控制的要求低，便于操作，但周期长，被试反复测试可能产生多重处理的干扰。

轮组设计是拉丁方设计，每个项目在每一行、每一列中必须出现一次，如果有 3 个实验处理，则实验模式为：

$$X_1 \quad O_1 \quad X_2 \quad O_2 \quad X_3 \quad O_3$$
$$X_2 \quad O_4 \quad X_3 \quad O_5 \quad X_1 \quad O_6$$
$$X_3 \quad O_7 \quad X_1 \quad O_8 \quad X_2 \quad O_9$$

4. 固定组比较设计

比单组设计有所改进，使用了控制组，但实验组与控制组不是随机选择和分配的，通常以自然班为单位，故称为固定组比较设计，又称整组比较设计。例如研究者在两个班上进行教学实验，实验班引入新教学法 X，控制组沿用传统教学法，一学期后测验，并对两组测验成绩比较，看哪种教学法更有效，这就是固定组比较设计。基本模式为：

$$G_1 \quad X \quad O_1$$
$$G_2 \quad — \quad O_2$$

引入了控制组做外部比较，一定程度上使无关因素在两组中平衡，但被试不随机选择，又没有前测，因此，无法判断两组为等组，实验效果会受到一定影响。即使实验组成绩高于控制组，也有可能是实验组在施加实验处理前成绩或水平就高于控制组。避免的方法就是，在实验前获得有关两组被试相似的资料，以提高实验效度。

（三）单因素设计和多因素设计

因素通常指实验中研究者感兴趣的变量，这个变量也称自变量。只有一个自变量（因素）的实验设计叫单因素设计，有两个或两个以上自变量的实验设计叫多因素设计。

1. 单因素设计

在单因素设计中，研究者只操纵一个自变量，通过自变量的变化来观测对因变量的影响，并试图说明自变量和因变量之间的对应关系。

前面所描述的实验设计模式基本上都是单因素设计。虽然在单因素设计中，有时也会有 X_1、X_2 同时出现在一个设计模式中，如要对两种不同的教学方法进行比较研究，可采用等组前后测设计，其模式为：

$$RG_1 \quad\quad O_1 \quad\quad X_1 \quad\quad O_2$$
$$RG_2 \quad\quad O_3 \quad\quad X_2 \quad\quad O_4$$

在这里 X_1、X_2 分别代表两种不同的教学方法，是一个自变量（教学方法）的两种水平或两种实验处理方式，并不是两个自变量。因为，在这样的实验设计中不涉及 X_1 和 X_2 的相互作用，因此，仍把这些设计看作单因素设计。

2. 多因素设计

多因素设计也称因素设计或析因设计，指实验中含有两个或多个自变量（因素）的实验设计。

其特点是：能把每个自变量的各种水平组合起来进行实验。现实的教育实验研究中，某种现象的变化或结果的产生，往往是许多因素互相作用的产物，绝对的一对一的因果关系极其有限。

例如在"4种注意情境下幼儿自我延迟满足的实验研究"中，采用两因素 4×3 随机实验设计，实验自变量为4种注意情境（A. 两种奖励物同时呈现；B. 只呈现即时奖励物；C. 只呈现延迟奖励物；D. 两种奖励物都不呈现）和幼儿年龄（3岁、4岁、5岁）。一共12个实验处理结合，每个实验处理结合分配10名被试，每名被试只接受一种实验处理。实验因变量为幼儿的延迟时间（以分钟为单位）。研究发现：一是幼儿自我延迟满足在两种奖励物都不呈现情境下平均延迟时间最长，在呈现奖励物的3种情境下平均延迟时间较短，表现出跨年龄稳定性。二是3~5岁幼儿自我延迟满足发展存在显著的年龄差异，表现出随年龄增长而提高的趋势。

多因素设计的优点在于：不必对每个自变量进行设计，它可将多个自变量糅合在一个实验设计中，经济方便，并且可以研究自变量各个水平之间的交互作用，以及对因变量的综合影响。多因素设计比单因素设计可获得更多的信息，可使实验研究更加深入，可探索更为复杂的现象，同时使研究结果更加精确、可靠。

多因素设计至少要有两个自变量，每一自变量至少要有两种水平，因此，最简单的多因素设计称为2×2因素设计。多因素设计通常以数字来命名设计模式,阿拉伯数字的个数表示自变量的数目,数字的值表示自变量的水平。如2×3因素设计,在乘号前后各有一个数,意味着有两个自变量;前后数值分别为2和3,意味着前一个自变量有两种水平,后一个自变量有3种水平。在多因素设计中,随着自变量水平的增加,分组的数目也在迅速增加。分组的数目是自变量每个水平的互相组合数,即数字的连乘积。如最简单的2×2因素设计要分成4个组;3×3因素设计要分成9个组;2×3×2因素设计要分成12个组。

多因素设计比单因素设计要复杂,对结果的解释也较困难。通常要求研究者具备实验设计、统计分析和计算机数据处理技术3方面的知识。

三、教育实验的控制

(一)教育实验控制的意义

教育实验研究的目的是探索某种因果关系,而在分析实验研究结果时,研究者只有在对相应的无关变量进行了有效控制的基础上,才能有充分的理由证明某种因果关系的可靠性,说明因变量的变化是由自变量的变化而引起的。实验研究中的控制就是运用各种方法限制或减少无关变量对因变量的影响,确保实验的结果具有更高的可信度,更充分地证明实验变量之间的因果关系。

(二)教育实验效度

实验效度指实验的有效性和真实程度,即实验的可信度。实验研究的效果是用实验的内效度和外效度来衡量的。实验的内效度是指因变量所产生的变化是否完全归因于自变量的变化,或者说是否真实地反映了自变量与因变量的关系。如教法改革对提高学生成绩的实验,内在效度高就是指学生成绩提高确实是由于教法改革引起的。实验的外效度是指一项实验所得到的结果的适用范围,如果一个实验仅适用于实验实施的范围,不能推广到总体范围中去,则表明其外在效度低。提高实验的内效度和外效度都必须通过有效的控制来实现。

1. 影响实验内效度的因素

在教育研究中影响实验内效度的因素很多,主要包括以下一些内容:

①履历效应。研究进程中,被试周围所发生的各种各样的事情,对被试所产生的影响,叫作实验的履历效应或历史的影响。

②被试的成熟与发展。在实验过程中,被试自身的生理、心理所发生的变化,可能对实验结果产生影响,这也是影响实验效度的一个因素。

③测验。在实验的不同阶段所进行的测试,可能对实验结果产生影响,如学生在前测验中学到的经验,可能有利于后测验的结果。这时测验本身就成为一个影响内效度的因素。

④测量手段。测量手段是验证实验结果的重要工具,但也可能会成为影响实验结果的因素。测量工具的改变、测量方式的变化都可能对实验结果产生影响。

⑤统计回归。统计回归也称为中值回归,在被试的原始成绩极高或极低的情况下,常

常会发生这种情况。

⑥取样偏差。在选择被试时，实验组与控制组的被试不对等就可能产生取样偏差。这种不对等包括数量和来源等方面。

⑦样本的流失率。在实验过程中，有些被试可能中途退出实验班，这种流失率如果较高，就会影响实验的效果。

⑧实验方法的扩散。作为实验因素的实验方法如果扩散到控制组，实验因素就会失去应有的作用，从而对实验结果产生影响。

2. 影响实验外效度的因素

影响实验的外效度的因素主要有以下一些：

①对实验程序的描述。如果一项实验的具体实施方法描述得比较详细，别人就有可能重复地应用这种方法进行研究；反之，具体方法不清楚，就无法进行重复性研究，也就使推广形成障碍。

②样本的代表性。实验所选的样本具有典型性，能代表的总体范围就越广，实验结果就越具有普遍意义；反之，就难以保证在更大的范围内推广。

③实验者的主观因素。在研究中实验者带有某种主观的情绪，就可能影响实验结果的普遍意义，否则，在正常情况下，就可能不会出现相同的结果。

④宽慰效应。被试有意识地参与实验研究，或带有某种希望进行研究，所得到的结果，在一般情况下可能难以达到，如罗森塔尔效应。

⑤时间因素。有时在不同时间进行研究，可能会产生不同的研究结果，这也会影响实验的外效度。

⑥因变量的测量。在论证实验结果时，测量工具的可靠性也会影响实验的外效度。

相关链接

罗森塔尔效应

人们的信念、成见和期望对所研究的对象会产生很大的影响，这种影响在罗森塔尔等人的实验中得以验证。

1968年，罗森塔尔和雅各布森从小学1~6年级的每个年级中各随机抽取3个班为实验组进行预测未来发展的实验（实际上，只是进行了智力测验）。测验结束后，告知学校教师：根据测验结果，可以得知各班（每班抽取20%的学生）在这个学期中有哪些学生将有显著的进步，而且他们未来也会做出卓越的成就，并将这些学生的名字通报任课教师，同时，要求教师不要告诉学生这个结果。8个月后，再行测验。结果表明：被指为可能发展的实验组学生，与控制组学生相比，确像"实验预期"的那样，智商有所提高，一、二年级学生更为明显。在品格方面也有类似的结果。但事实上，名单上的学生与其他学生相比并无智力上的差异，他们是由罗森塔尔博士的研究小组完全随机分配到这种实验条件下的。这结果意味着，教师在同寄以期望的学生相处时，可能态度与对别人不同，致使自己的期待微妙地传给学生，使得教师寄以期望的学生较之教师不期望的学生，具有"更有顺应能力""求知欲更强""情谊更深"等倾向。

学生往往对教师的期望做出反应是有心理学根据的，教师的期望对学生起隐蔽的强化作用。

1972年E.布罗菲和T.古德曾评论罗森塔尔效应的最初研究与许多重复实验，肯定教师对学生的看法能够影响学生。他们在20世纪70年代的一些研究中发现，教师无意中强化高分学生的正确答案甚于低分学生，给高分学生提供更多的反馈。他们认为教师对学生的强化是根据他们对学生的期望，学生则以证实期望的方式来反应。这个解释已被心理学界接受。教师对学生寄托期望对学生来说是件好事，重要的是教师应对每个学生的长处或优点都寄托期望，在每个学生身上都能产生罗森塔尔效应。

——来源：罗森塔尔效应［EB/OL］．［2009-04-07］．http://blog.163.com/supermanjfq/blog/static/87136183209376464 32/.

（三）教育实验控制的内容和方法

1. 控制的内容

教育实验中，无关变量较大地影响着结论的准确性，只有加强对它们的控制并对结果进行适当的统计处理，才能将这种影响减少到最低限度。控制无关变量可以从以下几个主要方面考虑：

（1）被试的选择和安排

为提高实验研究的可靠性，在确定实验对象和安排实验对象的分组时，必须按照科学的随机抽样方法选取及组合被试，选择具有代表性和典型性的个体作为实验的被试，并尽量采取等组的设计方法来安排被试。例如用简单随机抽样从总体中抽取被试10人，然后将这10个被试用抽签的方式随机分配到实验组和控制组，每组50人，由同一教师采用两种不同的教学方法（自变量）进行教学实验；至于哪个组为实验组，哪个组为控制组，可通过投掷硬币随机确定。随机化确保了研究对象的选择具有同等的机遇性，实验组与控制组具有同质性，这样可以控制来自很多方面的无关变量。

（2）实验教师的影响

针对实验教师的行为和特点可能对自变量效果造成的混淆，可采用两种办法控制：一是选择合适的实验教师，二是使实验教师保持恒定。合适的实验教师可通过在研究进行前对其进行培训达到；使实验教师保持恒定就是说尽量由相同的实验教师对不同的群体进行研究，如果各组实验教师不是同一人选，则必须注意他们各方面条件的对等，使实验班教师和对比班教师在业务水平、教学经验和教学效果等方面基本相同。此外，在研究中利用一些多媒体技术有助于减少实验教师与被试的接触，从而消除实验教师的影响。如利用录音机、录像机和计算机等手段来呈现指导语或要求被试完成的作业，并自动记录被试的反应。

（3）实验时间的控制

在研究过程中，实验班和对比班所投入的时间和所用的精力应该基本相同。包括教学所用的时间、活动所用的时间及学生的家庭作业所用的时间等，也包括整个研究过程所经历的时间。例如在算术教学中题为"讲解法和质疑讨论法效果比较"的等组实验中，除严格按各种条件对等分组外,还规定以下控制因素:A.控制实验者的思想,使其对两种教法态度公正;B.两组的上课内容、教学要点应相同,并将实验全过程32节课的教案在实验前写好,上课时不得随意变更;C.上课时间安排对等,如第一天甲组为第一节课,乙组为第二节课,第二天则对调;D.两组均不布置课外作业,不要求预习、复习,并要求家长在实验阶段停止辅导;E.测试卷(包括口试和笔试)均在实验前拟好。

(4)实验环境的控制

例如单组和轮组实验中,各阶段的实验必须在同样的环境下进行,如果第一阶段在一个十分安静的教室中进行,而第二阶段却在一个环境嘈杂的教室中进行,显然就出现了条件不等。在等组实验中,各等质组所处环境也应相当。

总之,无关变量的控制,是保证实验科学性的关键,凡与自变量无关而又可能影响因变量的各种因素,都要自觉地、尽可能地加以控制,更不允许出现那种将好的教师、好的学生集中起来,提供好的设备条件进行实验,然后与一般条件的学校或班级比较,这显然是违背了实验研究的本意,必须极力避免。

2. 控制的方法

经典实验常采用随机法、消除、恒定、平衡、统计处理等方法来控制无关变量。

(1)随机法

指选择被试、安排实验处理顺序等许多实验环节不受实验人员主观意图的影响,而由偶然机遇决定,如从总体中随机选择被试,随机形成实验组和控制组等。

(2)消除

设法运用各种方法将无关变量排除在实验之外或使之消失。一些心理实验在暗室或隔音室内进行,就是为了消除作为无关因子的光线、室外噪声等物理因素的干扰(如图6-10所示)。又如学校条件的不同可能影响实验,选择条件相同的学校进行研究,可在一定程度上消除无关因素影响。

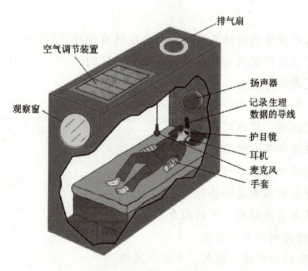

图6-10 感觉剥夺实验

（3）恒定

除了因自变量引起的实验组、控制组不同的经历外，其余经历应保持等同，使某些无关因素在实验中保持恒定不变，成为常量。如对某教学法（双语教学）效果进行比较研究，为防止教师水平不同而给教学效果造成影响，可由同一位教师担任两组教学，使教师这一变量恒定不变。教学时间也可恒常不变，两组均采用相等时间教学，布置相同的作业练习等，使教学时间变成一个常量。

（4）平衡

将无关变量的影响平均分配到实验组、控制组中去，使两组中无关变量基本一致或平衡。例如在一项关于"对考试焦虑的高三学生实施心理干预对学生学习成绩的影响研究"中，学习成绩是要测查的因变量，但学习成绩通常与学生的智力水平相关，因此，学生的智力水平成为此项研究中的无关变量，为了使其不至于混淆自变量的效果，可以先用特定的智力量表来测量被试的智力水平。然后，根据低、中、高智力水平把被试分成 A、B、C 3 类。接着，把每类被试中的一半分到实验组，另一半分到控制组，其原理与等组实验设计相似。该项研究设计见表 6-1。

表 6-1 智力水平研究设计表

分组	高	中	低
实验组	A_1	B_1	C_1
控制组	A_2	B_2	C_2

（5）统计处理

指用统计方法对实验数据做一些处理，以排除、削弱无关变量影响，如测验后去掉最高分、最低分，或以统计方法将实验组和控制组的数据平均化等。

思考与练习

1. 结合实例，说明教育实验研究的优点与局限性有哪些。
2. 简单说明教育实验研究与自然科学实验研究的区别。
3. 教育实验研究有哪些类型？
4. 什么是假说，假说有哪些特点？
5. 确定一个研究课题，提出假说。
6. 变量选择的注意事项有哪些？
7. 试述教育实验研究的基本程序。
8. 影响实验内效度的因素有哪些？
9. 举出两种影响教育实验外效度的因素。
10. 简述教育实验控制的主要办法。
11. 简述教育实验的两种设计模式，并举例说明。
12. 试结合本单元理论与技能，解决"问题情境"中的问题。
13. 指出下列陈述中，哪些是假设，哪些只是陈述观察到的情况。

①小红没参加过测验，但人们希望她的 IQ（智商）相当高。
②像小红那么大的女孩，IQ 要比同年龄的男孩高一些。
③小红刚做了 IQ 测验，她所得的 IQ 分数相当高。
④学生的 IQ 值和学业成绩是正相关。
⑤某班 IQ 值在 120 分以上的学生在班里成绩均在 20 名之前。
⑥因为赵明的 IQ 值较高，所以他的学习成绩较好。

14. 下列陈述中，哪句是特定假设？哪句是一般假设？哪句是观察者发表的言论？
①基础语音教学法比流行的任何其他的阅读教学法都占优势。
②马利语言阅读程序在甲校取得的成绩比在其他任何学校试行的效果都好。
③马利语言阅读程序在甲校取得的成绩比目前任何学校使用该程序的效果都好。

15. 就以下两个问题，分别提出 3 个假设。
①独生子女是否比非独生子女的性格软弱？
②在重点学校读书的学生是否学习成绩一定好于非重点学校学生？

实　训

项目一　教育实验中自变量操纵情境的设计技能

一、范例——皮亚杰的数量守恒实验

皮亚杰设计了各种不同的守恒任务，如数量守恒、液体守恒、体积守恒以及物质守恒等。通过这些守恒实验来研究儿童思维发展的深刻性、灵活性和广泛性。每一种守恒都包含着 3 个实验阶段，下面以数量守恒为例来看这 3 个阶段。

在第一个阶段中，给儿童呈现两排数量同样多的扣子，让儿童仔细观察并了解这两排扣子数目相等（见图 6-11）。

在第二个阶段中，第一排扣子不做任何改变，只改变第二排扣子的排列方式，使其中每个扣子之间的空间距离变大，但所含的扣子数量未变（见图 6-12）。

在第三个阶段中，将第一排扣子间距稍微拉大，扣子数量不变。问儿童："现在这两排扣子一样多还是不一样多？"（见图 6-13）

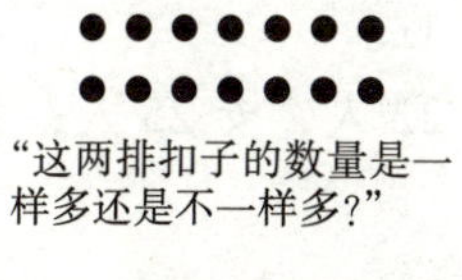

"这两排扣子的数量是一样多还是不一样多？"

图 6-11　数量守恒实验阶段一

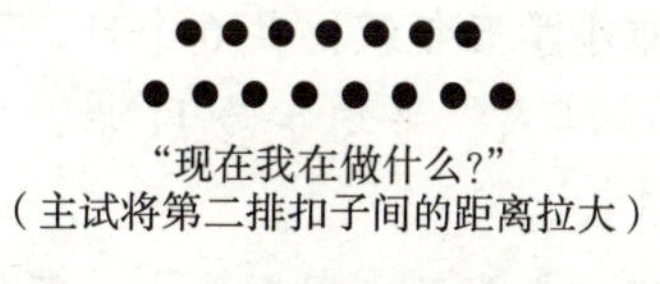

"现在我在做什么？"
（主试将第二排扣子间的距离拉大）

图 6-12　数量守恒实验阶段二

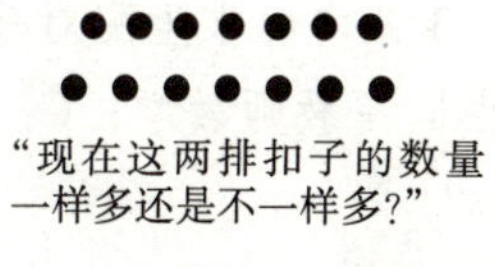

"现在这两排扣子的数量一样多还是不一样多？"

图 6-13　数量守恒实验阶段三

进入具体运算阶段（7~12岁）以后的儿童能够正确解决这个问题。

解决这类问题的关键是个体的心理操作能力。首先，儿童必须能在心里自如地转换物体的空间排列方式。第二，能找到物体间的某种一一对应的关系。第三，儿童不能盲目相信自己的某种感觉，要能给自己的某种结论找到合理的依据。

二、实践与训练——书法对儿童心理品质影响实验研究中的自变量操纵技能训练

（一）实训目标

1. 通过操纵技能训练使学生掌握实验中自变量操纵的基本技能。
2. 培养学生自变量水平区分与创设情境的能力。
3. 培养学生缜密的思维能力。

（二）内容与要求

根据下面所给出的材料，对材料中的自变量进行操纵。

为了研究书法对儿童积极心理品质的影响，华东师范大学的周斌教授带领其课题组历时两年，对不同年龄段的儿童进行追踪研究后发现，书法能促进儿童心理健康。

课题组在上海市某小学选取3个三年级班级作为实验班，对148名儿童开展书法艺术课程。同时，在该学校同一年级中选取一个平行班，不开设书法课程，作为对照班。

通过采用儿童14种人格问卷（CPQ）对儿童个性进行测量，发现两年的书法训练中，儿童个性发生了较大的改变。随着时间推移，实验班的儿童不再像以往那样兴奋了。在满分10分的维度下，他们在兴奋性特质上的得分只有5.25分，而对照班学生的得分却高达7.25分。开设书法课程之前，实验班和对照班的儿童在"自律性"上得分相仿，但练习书法之后，实验班儿童得分明显提高，处事更加冷静，性情也变得相对温和。

项目二　教育实验设计技能

一、范例——解题思维策略训练提高小学生解题能力的实验研究

实验假说：专门系统地进行解题思维训练，就能提高解题能力。

实验处理：实验组用自编教材，讲解6种解应用题方法，每周3次，每次1节课，共7周；控制班不讲，做练习。

取样：某市小学五年级，共6个班，取成绩最好的2个班。

样本大小：94人，平均年龄11岁；实验班47人，男22人，女25人；控制班47人，男24人，女23人。

因变量测定：学生解应用题能力，等值数学难题测验。

条件控制：A. 随机取样：33分钟学习能力测验，15分钟数学基本知识测验，80分钟数学难题测试，把3次测验分数相差3分内的学生配对分组，删除4个相关太大的学生，然后把配对的学生分到不同组去；B. 由同一教师教学；C. 前后测质同：等值难题，时间相同，要求相同。

结果统计分析：前测分数的平均数基本相同，则将后测得到的两组平均数进行 t 检验，

看差异是否显著。

二、实践与训练——"棉花糖实验"的设计技能训练

（一）实训目标

1. 培养学生具有进行教育实验的实验处理、因变量测定等综合能力。
2. 培养、训练学生具有缜密的思维能力。

（二）内容与要求

根据下面所给出的材料，进行实验设计。

斯坦福大学心理学家米切尔做了一个考验儿童耐心和意志力的棉花糖实验，十几年后，研究者发现那些通过实验的孩子成年后更加成功，在米切尔看来，意志力的观点也有助于解释棉花糖实验为何可以成功预测被试未来的行为。

实验选取了一些4岁幼儿，这些幼儿被邀请到斯坦福大学比恩幼儿园的一间游戏房。房间比橱柜大不了多少，里面摆放着一张桌子、一把椅子。研究者告诉被试坐在椅子上，从桌子上的盘子里挑一块零食，盘子里装着棉花糖、曲奇饼和脆饼干。被试挑了一块棉花糖，接着，研究者会对被试说："你可以选择现在就吃一块棉花糖，或者等我出去一会儿，当我回来后，你可以得到两块棉花糖。在我出去期间，如果你等得不耐烦，可以摇桌子上的铃，我会立刻返回，那么，你可以立刻得到一块棉花糖，但必须放弃第二块。"说完，研究者离开了房间。

在短暂等待期间，孩子们的表现千奇百怪。有的用手盖住眼睛，转过身，故意不去看桌上的盘子。还有的不安地踢桌子，或拉扯自己的小辫子。一个留着小分头的男孩小心翼翼地扫视了周围一眼，确定没有人在看他，于是伸手从盘子里拿出一块奥利奥饼干，掰开后舔掉中间的白色奶油，然后再把饼干合起来，放回盘子，脸上露出得意的笑容。只有约30%的孩子成功等到实验者返回，有时候要等上15分钟。

米切尔对这些孩子进行了追踪研究。他发现，那些不擅长等待的孩子似乎更容易有行为问题，无论是在学校或家里都如此。他们的SAT成绩较差，不擅长应对压力环境，有注意力不集中的毛病，交不到朋友。能够等待15分钟的孩子比只能等待30秒的孩子的SAT成绩平均高出210分。

第 7 单元

个案研究

任务

1. 能选择合理的手段解决个案有关问题；
2. 初步具备制定个案研究计划的能力；
3. 能够完成以个别幼儿为研究对象的研究任务。

案例导入

一天，在幼儿园专业见习的学生佳欣问带队教师："老师，我所在中班一个幼儿长得比班级其他幼儿都小，也不爱和其他幼儿在一起玩，和老师也不亲近。午餐时，家长来园把孩子带走，说孩子消化不了外面的饮食，得回家吃饭，苹果都得拿小勺一下一下地刮成汁才能喂给孩子吃。可以针对这个孩子进行研究吗？"

针对一个幼儿的研究称为个案研究，本单元将对什么是个案研究、个案研究有哪些特点、研究的基本过程有哪些环节进行一一阐述。

第一节 个案研究概述

一、什么是个案研究

个案研究是运用多种方法对真实情境中的个体进行全面、深入、系统研究的方法。在个案研究中，可以运用观察、问卷调查、访谈、作品分析、测量等多种方法；作为研究对象的个体，可以是幼儿、教师或学前教育机构等。通过个案研究，能够收集个案多方面的详细资料信息，得出一般结论，是研究者了解或解释某个现象时经常选用的方法。

二、个案研究的特点

（一）个案研究的优点

1. 研究对象的个别性与典型性

个案研究的对象通常是个体，而且此个体应具有与他人差异明显的显著特征，如特殊儿童或自己特别关注的人或教育机构等。通常具有的特点是：在某方面的行为表现、在此方面的测量指标都与众不同，而且周围熟悉的人有类似的印象或评价。适合于因材施教、具有实践意义的课题研究。

2. 研究方法的多样性和综合性

个案研究的手段是综合的，文献、作品分析、系统性的访问、直接观察和问卷调查都能成为个案研究的手段。

3. 研究内容的深入性和全面性

个案研究更为注重对与个案有关的事件进行深入细致的调查：可以了解个案现状，也可以了解过去；可以了解其生活、学习与情绪、心理；可以从多角度、多渠道收集个案各个方面的资料信息；可以观察个案行为，也可以访谈家人、朋友。和其他方法相比，个案研究更擅长说明事件发生的原因。案例的资料来源越多，对个案的了解也会越充分，有助于分析与研究的更加透彻深入、全面系统。

（二）个案研究的局限性

1. 结论可能缺乏推广价值

因研究样本小，得出的结论可能在普适性、推广性方面意义不大。

2. 不够经济、可信

个案研究费时费力，而且多采用定性分析，资料分析难以量化、标准化，易做出主观的判断，研究结论可信度不高。

三、个案研究的分类

（一）根据研究手段划分

1. 观察性个案研究

个案研究中，主要运用观察的方式搜集研究资料，常见的是叙事观察的方法。

2. 调查性个案研究

个案研究中，主要运用调查的方式搜集研究资料，常见的是访谈调查的方法。

3. 实验性个案研究

个案研究中，研究者通过精心设计在一定程度上控制研究对象的行为，搜集研究资料并检验原有的假设，常见的是运用准实验设计的方法。如琼斯的恐惧情绪消除实验，通过给予儿童喜欢的食物逐渐克服其恐惧情绪。实验性个案研究具有较强的科学性，其结果的可信度也较高。

4. 测验性个案研究

个案研究中，主要运用量表或其他测量工具来搜集研究资料，常见的是运用智力测验、认知试题测试等方法。

（二）根据研究目的划分

1. 诊断性个案研究

诊断性个案研究的目的是对研究对象的现状做出判断，然后设计出解决问题的方案。主要用于考察某个特殊儿童的发展状况，或研究幼儿的某种问题行为，也可以用于教研活动中，对某个教师的教学进行诊断性个案研究。

2. 借鉴性个案研究

借鉴性个案研究的目的是为了推广新的方法或教学经验而进行的一种研究，通过对成功范例进行个案研究，可以从个别中寻找出规律，让更多具有同质的个体借鉴学习。

3. 探索性个案研究

探索性个案研究通常是在实践中发现了问题，并不明确问题的相关因素及因素之间的内在关系，因此，研究者先在样本中选择典型个体进行研究，从而发现问题本质，然后设计完整的试验方案，进行大规模的研究。

（三）根据研究时间划分

1. 个案现状研究

研究者选择有一定代表性的研究对象，运用观察、调查等多种手段，考察个案研究对象的即时问题，以解决特殊问题和即时问题为主要目的。

2. 个案追踪研究

个案追踪研究是研究者在确定问题后，选定研究对象并制定研究计划，在相当长一段时间里持续不断地对个案进行跟踪考察，以揭示或解释研究对象发展变化的过程和规律。

3. 个案追因研究

个案追因研究是在相关事实已经显现或形成之后，研究者为了探究原因而进行的个案研究，是由果求因的过程。

研究案例

关于单亲家庭子女的家庭教育个案研究

一、个案研究背景目的和意义

单亲家庭子女由于身处不完整的、破碎的家庭，生活环境有所欠缺，家庭教育更是薄弱。据有关部门统计，由于家庭教育的缺失，许多单亲子女在性格和心理方面表现为内向、孤僻、疑心重、承受能力差、逆反心理强、看问题易走极端等。缺乏父母关爱，又让他们身心发展迟缓，出现学习和社会适应不良，需要学校和家庭更多的关注和爱护。

二、个案基本情况

个案姓名：李某

性别：女

民族：汉

出生年月：2000年10月，现就读于某幼儿园中班。

三、个案生活背景

（一）家庭关系：父母离异，3岁起跟着父亲生活。

（二）家庭经济状况

父亲下岗，在家务农无任何经济收入，整天喝酒、打麻将，每月靠低保金生活。

四、个案主要问题

（一）在校表现出的问题

孤僻、容易和其他孩子发生冲突，不爱学习，常常一个人躲在角落。

（二）在家表现出的问题

父女俩共住一室户房子，家里脏乱，苗苗的个人卫生也不尽如人意，浑身总是油腻腻的，指甲黑黑的；父女俩常在小吃店解决吃饭问题，在家吃多是方便面速冻食品。父亲经常不在家，祖父母也不住在一起，处于无人照顾状态。

五、个案指导

（一）调查了解，摸清家庭教育现状

（二）探索解决家庭育人环境的主要措施和方法

1. 查阅相关资料，了解研究单亲家庭子女教育的误区及子女的心理特点

2. 探索实践，为家长提供有效的指导和服务

第一阶段：通过家访、电访、个别交流、备录留言等方式与孩子父亲进行深入交流和沟通。引导家长重视孩子的教育问题，转变现有的家教观念。

第二阶段：在班主任的建议下，李某父亲尝试从以下几方面弥补家庭教育的不足。

（1）在家多陪孩子、为孩子做饭，带孩子出去玩，增进与孩子的情感交流。

（2）针对去网吧、游戏机房问题，坚持正面引导和教育。

（3）根据孩子的特点，不简单粗暴，多与孩子谈心交流。

（4）和学校教育联手，保持教育的一致性。

第三阶段：为李某建立具体和详尽的个人成长档案，每两周与其父亲进行电话交流。经常利用在校时间，和李某进行亲切交谈。

（三）总结个案研究的主要成效

1. 指导的直接对象：家长的变化

2. 指导的间接对象：李某的变化

经过一个月的帮助，现在孩子变得比之前开朗，也能和同学比较友好地相处。

3. 指导者本身：教师的变化

六、个案研究的结论与反思

1. 改善家长的教养方式

2. 教育过程中往往会出现反复现象，需要一定的时间去强化、巩固

第二节 学前教育个案研究的基本过程

一、确定研究问题和假说

同任何研究一样，第一步是确定要研究什么问题，研究问题的确定也决定了研究内容的范围、研究对象和研究方法的选择，影响到研究计划的制定与研究过程的开展实施。研究都是始于对问题的发现，个案研究则更为明显，因为，在同一时间内，人的注意广度是有限的，注意力更容易集中在某个个体身上，如"他的画为什么画得那么用力，而且全是黑色的数字？""为什么她从没哭闹过？""他会讲很多故事，他的父母是不是有更多的时间陪伴孩子？""她的表达能力特别好，是参加了口才班，还是家长的引导？"这种好奇、困惑、问题是研究的开端。要对想弄清楚、弄明白的问题进行分析，确定能否作为研究课题进行研究，再确定研究的重点和思路。

问题确定后，要针对问题建构相应的理论假说，假说的确立必须以对研究问题现有的可解释的理论和资料为基础，通过科学的推理得出，不能毫无根据地臆断。假说可以有多个，一般情况下，选择其中最可能发生的作为研究方案设计的依据。

二、选择研究对象

个案研究以个体、个别群体或某种教育现象为研究对象进行深入研究，目的是通过研究数量较少的个案反映总体特征。因此，应该根据个案研究的目的和内容，确定具有某一方面典型特征的个案作为研究对象，在个案研究中常用目的取样来确定研究对象。目的取样旨在选取能够提供和研究目的相关的具有丰富信息的个体。

> **研究案例**
>
> **非学前教育专业幼儿教师专业发展的个案研究**
>
> 1. 个案对象选取
>
> 本文选取的是鞍山市某五星级民办幼儿园一名学英语专业的Z老师。Z老师，女，毕业于大连外国语大学，本科学历，2001年进入鞍山市焦耐公立幼儿园作为一线的英语幼儿教师，焦耐幼儿园在鞍山市的幼儿园中办园质量名列前茅，得到家长和幼儿园同行的好评，后因为制度的改革，成为现Z老师工作的五星级民办幼儿园。幼儿园的改革伴随着Z老师的专业成长，Z老师现已经成为该幼儿园的园长，全面负责该幼儿园的工作，但是从未离开一线教学，一直负责该幼儿园英语教学工作，从事少儿英语教学工作十多年，撰写的论文曾获国家级论文二等奖。并且，Z老师是鞍山市第一个引进美国kindergarten企鹅教程的人，经过其改进和融合，成为鞍山市幼儿园英语教程的模板。Z老师还和她的同事共同开发亲子园课程，用TPR（全身反应法），开创亲子英语课程，又是鞍山市幼儿园的一次创新。Z老师作为非学前教育专业幼儿教师，具教育经历有其"典型性"。

本文通过对 Z 老师个人成长经历的解读，全面真实地呈现了一位非学前教育专业幼儿教师专业发展的历程和变化，分析了影响其专业发展的因素并提出促进其专业发展的建议。不是想把得出的研究成果作为具有普适性的理论推广出去，而是重于理解研究对象本身。同时，希望通过本文的研究，让大众聆听非学前专业幼儿教师的心声，关注这个特殊群体的存在，重视其专业发展过程中的需要，感受其发展过程中的变化，引起这一特殊群体的共鸣。同时，本研究也可作为其他非学前教育专业幼儿教师们专业发展的参考依据，为其他非学前教育专业幼儿教师所在的幼儿园提供对这一特殊群体定位的借鉴和启示。

——来源：罗颖.非学前教育专业幼儿教师专业发展的个案研究［D］.鞍山：鞍山师范学院，2015.

在确定研究对象时要明确研究对象的选择条件及相关描述，否则，可能导致研究思路的混乱。为了使所选个案符合研究的要求，研究者在选择研究对象时不要只靠主观判断，最好用测验或调查等方法进一步慎重分析。

研究案例

对一名边缘儿童干预的个案研究

该课题的研究对象是有多动倾向的儿童，研究者对"多动倾向"的界定是：根据《康纳多动症评分量表》的测验结果，个案的问题程度较轻，只是具有多动倾向，伴随有不参加集体活动、游离于集体边缘的问题。在确定个案的过程中，研究者首先通过观察和调查了解其行为表现，确认个案具有好动、注意力不能集中、情绪暴躁、自控能力差、与同伴无良好互动等特征。之后，采用《康纳多动症评分量表》对初步选择的研究对象进行评估，该被试的得分为 15 分，说明其具有多动倾向，最终确定该个案为研究对象。

——来源：吴婷婷.对一名边缘儿童干预的个案研究［D］.重庆：西南大学，2010.

三、搜集个案资料

搜集个案资料是个案研究过程的重要组成部分，全面系统的资料有助于研究者对个案有个完整认识，详尽的资料也是得出准确结论的充分保证。搜集资料的方式是多样的，可采用书面调查、口头访问、量表测量、作品分析等方式，运用多种方法搜集同一现象的资料，可以增强研究结果的可靠性。

个案研究中资料的来源大体分为：一是文献资源，如个人档案、信件、会议记录、小册子等。二是访问，即根据研究使用的访谈等方法获取的资料。三是观察获取的观察记录、图片、影像资料等。四是实物分析，包括所有与研究问题相关的文字、图片、物品、演出作品等。

> **相关链接**
>
> **半结构式个人评定记录的项目内容**
>
> （1）身份和外表：姓名、居住地、职业、个案来源、相貌特征等。
> （2）生活史：个案史、生活经验、发展状况等。
> （3）目前状况：目前个人的处境、如何形成目前的状况等。
> （4）未来透视：未来需要掌握什么？环境提供的机会及限制是什么？采取行动会导致什么结果？将来会有哪些变化？
> （5）身心健康：个人目前生理及心理健康状况怎样？有哪些不正常的感觉、想法、行动和欲望？
> （6）普通人格特质：平常个人表现如何？较持久性及一致性的行为举止是什么？
> （7）特殊人格特质：在特殊情况下的行为表现如何？
> （8）表达能力：个人如何表达其感觉及态度？
> （9）动机状况：个人需求、企图、欲望、惧怕、喜欢或不喜欢的东西分别是什么？
> （10）能力：个人能做些什么？不能做些什么？适应环境的能力如何？
> （11）处事的倾向和感觉：个人对所遭遇的情景感受如何？有何期待或想法？
> （12）理想与价值观：个人的基本信念、价值观和道德原则是什么？
> （13）自我概念：个人对自己的态度如何？想法如何？如何描述自己？
> （14）兴趣：个人认为重要的事情是什么？相关的事情是什么？是如何影响自己的？
> （15）社会地位：个人的社会地位如何？别人对他的看法如何？
> （16）家庭亲属：个人与谁关系最密切？行为上最像哪些人？
> （17）对他人的反应：个案对他人的反应如何？想法如何？期待如何？
> （18）他人对个案的反应：他人对个案的反应、想法、期待如何？
> （19）与他人的交互关系：与他人分享的兴趣及活动是什么？
> （20）与他人相同或异的观点：个案与他人比较，与他人相同及相异的观点是什么？
> （21）习惯与活动：生活习惯如何？如何支配时间和金钱？
> （22）经济状况：经济来源和物资供应来源有哪些？
> （23）实际事件：从实际发生的事件中显示出的个人心理特征是什么？
>
> ——来源：陈李绸．个案研究：理论与实务［M］．
> 台北：心理出版社股份有限公司，2005：23．

四、个案的补救、矫正与发展指导

个案研究的目的之一是促进个案的发展，即个案的补救、矫正与发展指导。根据对搜集到的个案资料的诊断、分析，把握个体差异，找到问题所在，提出恰当的教育措施或改进建议，设计一套因材施教、因地制宜的方案并加以实施，能有效促进个案的发展或提高。在个案补救、矫正或指导方面，从内外因两方面来考虑，内因如交流沟通、心理治疗等方式来影响个体改变原有行为方式，外因如改变环境、改善教育方式、增加培训、加强学习等方式来影响外部条件，使之适应研究个案发展的需要。

研究案例

自闭症儿童游戏治疗个案研究（提纲）

一、治疗前的准备工作

  （一）个案的基本情况

  （二）干预前综合评定

  （三）对个案问题的分析、讨论

二、游戏治疗的实施过程

  （一）在安全中宣泄愤怒

  （二）在游戏中"坦言"害怕

  （三）在接纳中展现全能和无能

  （四）在反馈中流露真情和自知

三、治疗效果评估

  （一）游戏主题的变化

   1. 从家庭到幼儿园

   2. 从受到威胁到控制权力

   3. 从无能到富于能力

  （二）干预后综合评定

   1. 量表评分

   2. 家长评定

   3. 教师评价

——来源：刘建霞.自闭症儿童游戏治疗个案研究［J］.哈尔滨学院学报，2012（5）.

五、个案资料的整理与分析

撰写个案研究报告之前，要对研究过程中搜集到的信息资料进行整理、分析。按照观察资料、访谈资料、测验或实验数据、音像资料等分类登记整理，一般以表格形式或图示方式来表示个案资料之间的顺序和关系。个案研究资料的分析类型包括解释性分析、结构化分析和反思性分析，反思性分析运用得较多。反思性分析，指研究者主要依赖自己直觉和个人判断对搜集到的资料进行分析的过程，也包括对现象的评判观点，这需要有丰富的教育经验才能做到进行有效的反思性分析。可以从以下3方面对资料进行分析：主观上了解分析研究对象的内在动机；客观上了解分析研究对象的教育背景、社会环境、家庭教育等，与其生理、心理特点及其成长、发展过程中存在相适应或不适应的矛盾的关键所在；对导致个案产生行为结果的各种现象的形成和发展过程进行分析，了解其影响因素。

六、撰写个案研究报告

根据资料分析，对研究结果讨论，对研究假说进行验证，得出结论。研究结论是具有共性意义的，而研究结果往往是个别现象，需要结合相关理论，将其升华为一般理论，用于指导解决同类问题。

个案研究报告大体有3类：一是描述性报告，详细地叙述个案资料，尽可能用原话来描述对个案的呈现和解释；二是简介性报告，着重反映个案的主要特征，较简洁；三是分析性报告，对论点直接论述，并说明个案的各种可能现象及推理过程。

撰写个案研究报告时，注意区分"事实"与"意见"。个案研究中的"事实"资料是个案真实发生的事件，而"意见"资料涉及研究者的主观感受和价值判断。撰写研究报告时，必须明确描述哪些是事实资料，哪些资料是有关的证据，哪些是价值判断和推论。

研究案例

品行障碍学生个案研究

一、问题的提出

二、研究方法

三、个案的基本情况

张某，独生子，11岁。性格直爽、好冲动。头脑较聪明，很讲义气。母亲在家，父亲外出做生意。一个月回家一次。父母对张某很宠爱，在各个方面都尽量满足张某的要求，对他的期望值也比较高。

四、个案问题行为的表现

1. 在学校的前两年经常跟其他同学打架，在同学和老师的印象里不好。

2. 住校生，有时候不遵守住宿制度，不按时就寝，在宿舍大声讲话。课间经常和学生打闹，和同学打架差点被开除。本来是留校察看，认错态度好，学校给通报警告处分。

3. 学习兴趣不大，上课爱说话，扰乱课堂纪律，有时候不交作业。各科成绩经常亮红灯，每次月考总分在班级后几名。上课睡觉是经常的事情。

4. 思考问题往往以自己的愿望为出发点，对他人是绝对化的要求。执拗、偏激，对矛盾归因时只看对方的错误，对老师的批评教育表现出强烈的抵触情绪，给班级管理带来困难，班主任为此很头痛。

从以上行为中，可以判断张某品行存在障碍，急需矫正。

五、制定方案，科学辅导

1. 父母与家庭治疗

主要是消除家庭教育的负面影响。

首先，矫正母亲的错误教育观念和行为。

其次，是合理运用奖励方法。

再次，是建立和睦的朋友式的父子关系。

2. 认知治疗

对于问题行为学生来说，对自身行为的正确认知是解决问题的关键。所以，认知过程中张某对当时情境的评价、对周围人的反应，以及在特定事件中做出的自我陈述，是解决问题的必备资料。

首先，说服教育是认知治疗的第一途径。

其次，问题训练是认知治疗的必由之路。

最后，激发动机是认知治疗的最佳方略。

六、治疗与辅导过程中的问题

1. 耐心疏导

2. 允许反复

通过治疗与教育，张某感受到老师对自己的关心、爱护、支持与鼓励，求知的需要随之产生。表现在上课开始听讲，参与课堂问题讨论，作业积极完成。来自家长和老师的不断的积极鼓励，使其成功感得到强化，学习兴趣和自信心逐步提高。第二学期的多次模拟考试，张某的各科成绩有了一定的进步，尤其是英语成绩有了很大的改观。

七、结论与反思

1. 辅导方法

尊重、理解、信任张某的行为，真实地交流；引导张某对自己的行为进行独立思考；用心理暗示的方法，引导张某自己不断鼓励自己、相信自己。

2. 经验与教训

建立很好的师生信任关系，是教育成功的关键因素。

给学生不断树立学习自信的"韧"劲。

辅导者不能急于求成，应该允许学生有一个适应过程以及行为反复，才能趋于稳定。

3. 反思

心理辅导教师要不断提高自己的业务水平，应具备准确分析评价各种信息的能力。

要善于细微之处多观察，要对学生有爱心、耐心——给以学生充分的信任。

要多和学生、班主任以及家长沟通，及时获得第一手的材料。

——来源：节选自学生个案研究案例［EB/OL］.
https://zhidao.baidu.com/question/490112830.html.

思考与练习

1. 什么是个案研究？
2. 个案研究的特点有哪些？
3. 个案研究的基本过程是哪几步？
4. 幼儿园专业见习中，以某一行为问题儿童为个案研究对象进行个案研究。要求：设计一份"行为问题学前儿童的个案研究"方案；从不同途径收集个案的各方面资料；对搜集到的资料分类整理、分析，提出教育建议。

第 8 单元

学前教育研究成果的呈现

任务

1. 会拟定论文提纲；
2. 会选择关键词；
3. 会撰写摘要；
4. 能初步依照研究报告、教育科研论文格式撰写相应的研究报告或研究论文。

案例导入

进入毕业年级后，学前教育专业的学生开始了毕业论文的撰写。一天，王微对张欢说："我会检索文献，也会设计访谈提纲，并在专业见习中访谈了一些教师，有专业见习日记、访谈记录，也有他们的联系方式，可以继续研究，但却不知如何把手里现有的这些材料和我的论文组合到一起。"张欢说："天下文章一大抄，抄来抄去有提高。上网搜一搜，把相关文章组合下就成了。"两名同学提到的写论文的方法是否正确？应该怎么写论文呢？

案例中，两名毕业年级学生谈论的是毕业论文的撰写，也是教育研究成果的呈现。本单元对学前教育研究成果呈现类型、呈现要求及教育研究论文、研究报告的基本格式等内容进行了一一阐述。

第一节 学前教育研究成果呈现的概述

学前教育研究成果的呈现是学前教育研究工作的重要环节，在完成了学前教育研究后，要对整个研究过程和研究结果进行分析和总结，并且根据具体的研究目的、方式及操作过程等，选择一定的表现形式，将研究成果呈现出来。研究成果的呈现，是对研究者的教育研究能力及专业写作能力的全面考验。

一、学前教育研究成果呈现的意义

（一）什么是学前教育研究成果

学前教育研究成果是研究者以学前教育研究活动为基础，结合自身已有的知识、经验，经过文字加工和理论分析而产生的具有一定的学术价值和社会价值的增值知识。所谓知识增值，是研究者进行的学前教育所获得的成果在一定程度上突破和超出该领域已有的知识水平或范围，具有一定的创新性，能产生新的社会效益。

具体来说，包括以下3个方面：

1. 学前教育研究成果要以学前教育研究活动为基础

任何研究成果，都需要研究者经过研究探索的过程而获得，研究者要经过严谨的课题筛选确定、广泛细致的文献检索、恰当的研究方法选择来开展研究，每一实施步骤都体现着学前教育科学研究的特点，遵循着学前教育研究的基本规律。

2. 学前教育研究成果是一个再创造的过程

学前教育研究不是简单的重复验证，在研究方法、研究过程等方面要有一定的创新性创造性，提出新的观点、教育方法或措施等。而学前教育研究成果是在学前教育研究实施过程完成后，对获得的数据资料进行分析、概括、总结、提炼而成的。而在此过程中，需要研究者对研究获得的文字或数据资料，进行全面细致的分析，并通过文字加工，对所有研究资料进行再创造，然后用一定的形式将其呈现出来。

3. 学前教育研究成果要有一定的表现形式

学前教育研究成果要得到认可和推广，就必须要有一定的被人们周知的表现形式，用一定的载体将研究成果呈现出来，如研究报告、学术论文、学前教育专著等。

（二）学前教育研究成果呈现的作用

1. 有利于研究成果的推广

学前教育研究成果的呈现，使研究成果能够通过公开发表、会议交流等方式更快地被更多的人所知晓，使研究成果在更广的范围内得到相应的了解、应用及推广，获得社会的认可和评价，成为全社会所知的精神财富，从而促进学前教育研究工作的发展，产生更大的社会效益和经济效益。

2. 促进幼儿教师专业化

教师既要掌握相关的学科知识及幼儿发展的知识，又要具有较高的教师职业技能，也要知晓国家针对学前教育的政策法规，还要在教研与科研活动中提升素质能力。幼儿教师的教研与科研能力是短板，因在校学习期间，唱、跳、画等专业技能与教育心理等理论知识等课程就占据了大部分时间，教科研能力被大大忽视。因此，幼儿教师通过参与教育研究，撰写研究报告、教学案例等，了解、分析、总结学前教育现状与发展趋势，促进自身教科研能力不断提高、教师素质综合提升。

3. 促进知识的深化和理论的进一步发展

教育研究工作，一方面是验证前人的经验，另一方面也是创新地探索着学前教育的理论和实践。因此，学前教育研究成果的呈现，不仅是对研究过程进行高度的概括和总结，揭示一定的教育规律，实现理论的升华；也不仅是对学前教育实践活动的总结，是新的研究工作的基础，为某一教育问题的解决提供理论依据、建议和方案；而且，学前教育研究成果的呈现也体现着对已有理论和实践的创新和完善，从而推动学前教育改革的进程，同时，也为理论研究者及实践工作者提供有价值的研究基础和参考资料。

二、学前教育研究成果呈现的分类

（一）用事实说明问题的教育研究成果

用事实来说明问题的教育研究成果指的是以事实材料为依据进行论证所得的研究成果，多为研究报告。研究报告是对研究过程和研究结果进行概括和总结，以具体的事实、准确的数据来说明和解释研究结果，并从理论上表述研究结果的论文。常见的呈现形式有观察研究报告、调查研究报告、实验研究报告、个案研究报告及教育经验总结报告等。

此种类型的研究成果撰写要求是材料要具体、典型，是以对学前教育事实进行研究获得的第一手材料为基础而撰写；格式要规范，要科学客观地呈现研究过程和方法，并合理解释研究结果。研究成果必须要包括研究过程和研究方法的说明等，如实验研究要说明怎么控制或处理变量、研究变量之间是什么关系等。

研究案例

个案研究的示例

本研究采用个案干预的方法，选定一名存在典型午睡困难问题的幼儿作为研究对象。根据研究对象所存在的午睡困难问题，制定干预方案。该干预方案，主要运用音乐放松催眠方法，同时，结合其他方法，如绘画疗法、家长指导等对幼儿午睡困难问题进行干预。依据该干预方案，对研究对象存在的午睡困难问题进行为期4周的干预，并对其干预结果进行分析。干预后结果显示：个案在园午睡困难问题得到有效改善，午睡睡眠时间延长、不良睡眠习惯减少、睡眠质量提高；个案心理状态改变，下午活动表现更加积极。同时，幼儿教师、家长对待幼儿午睡的态度观念也发生了转变。最后，在该个案干预研究的基础上，提出解决幼儿午睡困难问题的几点建议。

——来源：郭会敏. 幼儿在园午睡困难干预的个案研究 [D].
鞍山：鞍山师范学院，2014.（摘要）

研究案例

调查研究的示例

本研究通过对3个城市，112名新入职幼儿教师进行问卷调查及访谈，并对所得的数据进行量性分析，得知，新入职幼儿教师的职业角色认同普遍偏低，而性别、收入、学历、专业、园所性质、园所地域等因素都在不同程度上影响着新入职幼儿教师的职业角色认同，尤其是园所性质这一因素对新入职幼儿教师的职业角色认同影响非常显著，性别、专业、地域这3个因素对新入职幼儿教师的职业角色认同影响较为显著，而月收入和学历对新入职幼儿教师职业角色认同没有显著影响。基于以上情况的分析，提出了一些可行性的提高新入职幼儿教师职业角色认同的策略，如幼儿园要加大对新入职幼儿教师的重视程度，明白她们对幼儿园是一笔宝贵的财富；重视新入职幼儿教师的进修培训环节；根据幼儿园经济状况适当提高新入职幼儿教师的工资待遇；"师师合作"，形成新、老教师合作的共同体等方法来提高新入职幼儿教师的职业角色认同。

——来源：魏敏. 新入职幼儿教师职业角色认同的调查研究 [D].
鞍山：鞍山师范学院，2014.（摘要）

（二）用深刻的哲理和严密的逻辑论证来说明问题的教育研究成果

用深刻的哲理和严密的逻辑论证来说明问题的教育研究成果，是理论性的研究成果，即通过理性的分析，用概念、判断和推理等思辨方法来证明或解释教育领域中的现象和问题，在理论性上具有新的科学研究成果或创新见解和知识的科学记录，或某种已知原理应用于实际中取得新进展的科学总结，用以提供在学术会议上宣读、交流或讨论，或在学术刊物上发表，或做其他用途的书面文件。多为采用文献法、比较法或历史研究法等获取研究材料而撰写的学前教育研究成果，其表现形式多样，包括对某领域进行的研究综述、讨论某问题的学术论文，或学术专著、高校学位论文等。

此种类型的教育研究成果撰写要求是论点明确、论据确凿、论述严密，成果表述逻辑要清晰，能清楚展示理论观点和体系的形成过程。

研究案例

学前教育基本理论的研究示例

本研究基于幼儿教师专业发展的背景，以园本课程开发为视域，在总结前人相关研究的基础上，对"幼儿园课程""园本课程开发""幼儿教师专业发展"核心概念进行界定。探讨课程开发中幼儿教师专业发展的现状，分析存在的问题，通过园本课程开发从宏观、中观、微观3个层面提出社会外部支持、幼儿园内部支持和幼儿老师自身改变等促进教师专业发展的策略，从而推进幼儿教师专业发展的进程，提高幼儿园教育教学质量。

——来源：宋雅洁. 园本课程开发视域下幼儿教师专业发展研究 [D].
鞍山：鞍山师范学院，2014.（摘要）

研究案例

文献综述的研究示例

音乐疗法是集心理学、医学、生理学、哲学、音乐、艺术于一体的超级综合性的新兴学科，作为一门应用科学，逐渐被社会所接受，并日趋成熟。本文简要地回顾了音乐疗法的历史，介绍了音乐疗法的方式,并提出了国内研究现状的一些不足,最后展望了音乐疗法的前景。

——来源:音乐疗法综述(摘要)[EB/OL].
http://www.sxsky.net/wenxian/457739.html.

(三)事实与严密逻辑综合运用来说明问题的教育研究成果

事实与严密逻辑综合运用来说明问题的教育研究成果,具有前两类成果的特点,既有基本事实材料,又有理论分析,因此又称综合型的研究成果。根据具体的研究方式和研究过程的不同,这类研究成果的侧重点不同。如某一学前教育方向的专著,可能既有一系列的教育实验结果和教育情况调查,又有研究者的理论观点,并构建了一定的理论体系。苏联著名教育家、心理学家赞可夫,长达20年的"教学与发展问题"课题研究,撰写了《教学与发展》,提出了高难度教学、高速度教学、理论知识起指导作用、使学生理解学习过程、使全体学生得到发展的教学原则等独特见解。又如建立在观察或访谈基础上的研究成果,不仅是描述事实,而且往往在丰富的教育案例事实等材料基础上,有严谨的逻辑推理和理论概括。

此种类型的教育研究成果撰写要求结合实际,在事实基础上,有严谨的推理过程,得出令人信服的结论。

运用此类教育研究成果较多的如学位硕士毕业论文、本专科学生毕业论文、教育反思、教学案例等。

研究案例

学前儿童心理发展的研究示例

在竞争日益激烈的社会中,情绪智力对于幼儿的全面发展及其与他人的交往能力都起着重要的作用。3~6岁是幼儿情绪智力发展的关键期,在其发展的关键时期予以重视非常必要。本研究通过随机取样的方法,选取鞍山市幼儿园400名3~6岁的幼儿作为研究对象。在通过家长填写《3~7岁儿童情绪智力问卷(家长问卷)》后,收集到3~6幼儿在情绪智力方面的一般状况并得到以下结论:3~6岁幼儿情绪智力总体处于较高水平;3~4和4~5岁年龄段幼儿情绪智力不存在性别差异;4~5岁年龄段幼儿情绪智力存在性别差异;除感知体验他人情绪外,3~6岁幼儿情绪智力各维度的年龄差异显著;主要照顾者不同,3~6幼儿的情绪智力存在显著性差异。在已有的调查基础上,为了进一步探究影响3~6岁幼儿情绪智力的因素,本研究采用了问卷法、访谈法得到以下结论:气质是影响3~6岁幼儿情绪智力发展的因素;亲子关系对3~6岁幼儿情绪智力的发展有显著相关;年龄、性别以及幼儿自身认知能力的发展等内部因素对3~6岁幼儿情绪智力的发展有显著影响;家庭、教师对幼儿情绪智力的教育以及同伴关系等外部因素对3~6岁幼儿情绪智力的发展有显著影响。

——来源:张爽.3~6岁幼儿情绪智力的发展特点及其影响因素的研究[D].
鞍山:鞍山师范学院,2017.(摘要)

三、学前教育研究成果呈现的要求

研究成果的呈现有不同的形式,但不论何种形式的呈现都要有高质量的表达,因为,这直接影响着研究本身的质量、研究目的的实现和研究成果的推广、应用。因此,在进行研究成果呈现时,要遵循一些要求。

1. 要有科学性

科学性不仅是课题研究实施环节的要求,它贯穿着教育研究的始终。研究成果在呈现时,科学性表现在:概念的界定要符合科学的阐释,观点的阐述要正确、完整,论证所用的理论学说和事实要有依据,材料要真实可靠,论证过程要有合乎逻辑的推理等。

2. 要有客观性

客观性就是实事求是,研究成果在呈现时,要尊重学前教育研究的客观事实,以研究的本来面目为依据进行阐释,而不主观臆造数据、凭空提炼结论。研究者要严格依据学前教育研究进程和研究方法,客观呈现研究中所获得的数据或文字资料,如实地对研究材料进行分析和处理,分析其反映出来的可能结果,在全面考察和分析、概括、总结后进行成果阐述,不能为"理想"的研究成果而歪曲事实。

3. 要有创造性

创新性是教育科学研究的本质特点之一,而学前教育研究成果的呈现也要追求创新性,即应该将研究成果的价值和意义体现出来,而非重复他人已经表达过的观点。学前教育研究成果的内容,需要将自己的新观点、新发现表述出来,或者在他人已有的研究基础上,将自己研究的进一步程度或补充、完善的部分提出来,或者是对他人研究的本土化研究、应用。对于学前教育专业学生而言,此点尤为重要,要避免论文是多篇文章改头换面的堆砌,更要避免剽窃他人成果。"案例导入"中两名学生的谈话,一人提及的就是毕业论文的写作着手问题,回应学生说的就涉及论文创新性和查重问题。

相关链接

论文查重

论文查重,查的就是论文当中的重复率问题。论文通过抄袭检测系统得出文字重合率,一般高校将重合度30%以上定为抄袭的文章,即论文审核不通过。知网论文检测的条件是连续13个字相似或抄袭都会被红字标注,但是必须满足前提条件:即你所引用或抄袭的文献文字总和在你的各个检测段落中要达到5%。

上传论文后,系统会自动检测该论文的章节信息,如果有自动生成的目录信息,那么,系统会将论文按章节分段检测,否则会自动分段检测。检测系统能够自动将属于用户的已正式发表的学位论文检索出来,并对每一篇已发表文献进行实时检测,快速给出检测结果。

学位论文学术不端行为检测系统(简称"TMLC")以《中国学术文献网络出版总库》为全文比对数据库,实现了对抄袭与剽窃、伪造、篡改等学术不端行为的快速检测,可供用户检测学位论文，并支持用户自建比对库。

——来源：论文查重的文字重合率，原理是什么？[EB/OL].
https://zhidao.baidu.com/question/415807889.html.

4. 要有规范性

规范性是学前教育研究成果呈现的前提和基本要求，也是研究者严谨的研究态度的体现。规范性表现在：研究成果内容表述的规范性，如观点与材料要一致，论证要有严密的逻辑结构和科学的论证方法，观点要明确；语言的规范性，使用学前教育的规范术语进行表达，简洁、准确；研究成果呈现形式的规范性，研究成果的写作结构和布局要清晰、合理，运用的图表、标注格式等要按照格式规范排版。

第二节　学前教育研究成果呈现的步骤

学前教育研究成果呈现的形式是多样的，但呈现的步骤大体都分为确定标题、拟定提纲、撰写初稿、修改定稿4个阶段。

一、确定标题

研究课题的表述在第二单元"学前教育研究课题的选择"第一节的"研究课题的表述"里已经详细阐述了，此处不再赘述。

学前教育研究成果的标题，要根据研究选题来确定，可以选用研究课题的题目，也可以在研究课题题目基础上，为突出研究过程中最有价值的部分，缩小范围，以凝练的文字加以界定。

二、拟定提纲

提纲又称提要，相当于书的目录，是构思谋篇的具体体现，有了提纲，就能分清层次、明确重点，周密地谋篇布局，使总论点与分论点有机地统一起来，也能够按照各部分的要求安排、组织、利用材料，决定取舍，展开论证。提纲，就是研究者的写作思路、写作的逻辑顺序，提纲中的每一个标题，就是研究者的观点、论点，如果将学术论文、研究报告等作为一个人体的话，那么提纲就相当于人体的骨架，而后期的举例论证或理论阐述等撰写，就是往骨架上添加血肉，使其丰满，成为完整的、生动的、有情感的人，也即主题明确、论据翔实、论证充分的论文或研究报告。一般情况下，开始就能写出好的提纲，不仅可以减少写作困难与写作时间，使论文前后呼应、避免跑题，而且论文的结构合理、重点突出、逻辑严密，论文质量也会较高。

（一）提纲的种类

常用的科研论文提纲有两种，即标题式提纲和简介式提纲。

1. 标题式提纲

根据研究成果的题目，将撰写成果所用的资料按一定的逻辑顺序，分层次地加以排列，并用精练、简洁的文字进行概括，便形成标题式提纲。逻辑顺序，可以是研究过程的顺序，如问题的提出、概念的界定、文献综述、研究设计、研究方法、问题的现状、问题的原因分析、解决问题的措施等。分层次是指标题的层级，如《一位优秀园长专业发展的个案研究》中在阐述个案专业发展历程时，将历程分为了4个阶段，在每个阶段中从成长、转变角度又分别提炼了2个三级标题（如图8-1所示）。需要注意的是，通常情况下，论文标题层次不超过3级。

```
二、W园长专业发展历程回顾……………………
    （一）职前预备期…………………………
        1. 选择幼师…………………………
        2. 幼师学习…………………………
    （二）入职适应期…………………………
        1. 做一线教师的酸甜苦辣……………
        2. 参与三年素质教育实验……………
    （三）成长期………………………………
        1. 我做保教干事……………………
        2. 我的园长生活……………………
    （四）成熟期………………………………
        1. 创业初期困难重重………………
        2. 在幼教道路上大展宏图……………
```

图 8-1　标题式提纲示例

2. 简介式提纲

简介式提纲，是简介写作的研究成果的内容要点，即将标题式提纲的每一个要点展开，写出要阐述的内容要点，类似于文章的摘要，更清楚地标示出准备要写的具体内容。通常，初写论文者，可采用简介式提纲，尽量将提纲列得详尽些，有利于捋清写作思路。

（二）拟定提纲的步骤

首先，要有全局观念，从整体出发即根据论文题目（总论点），考虑全篇总的安排：从几个方面，以什么顺序来论述总论点，每个部分各占多少比例，哪些详、哪些略，重点是什么。其次，在大的项目安排妥当之后，逐个考虑每个项目的下位论点，直到段一级，写出段的论点句，即段首句。第三，依次考虑各个段的安排，把准备使用的材料按顺序编码，以供写作时使用。最后，全面检查、推敲，做必要的增删、调整等修改工作。在推敲、修改提纲阶段，一是要推敲框架中的标题是否恰当、合适。二是推敲提纲的结构是否围绕总论点、上级论点展开，划分的层级之间是否存在逻辑关系、能否支撑上级论点，各层级之间联系是否紧密，过渡是否自然，有无上面提及的问题后面却没有分析原因、提出相应的解决对策。三是进行总体布局的检查，再对每一层次中的论述秩序进行调整、改变。以上步骤，在撰写初稿与修改定稿过程中，也可反复进行。

初写论文的人，应该在拟定提纲处多花些时间进行认真的练习、请教他人、思考、修改，写出一个层次清楚、逻辑严密的论文框架，既可以避免撰写过程中很多不必要的返工，也为之后撰写摘要奠定了良好的基础。

三、撰写初稿

初稿是在提纲基础上，添加段落内容，进行内容的充实、完善，是将学前教育研究成果以科研论文形式具体呈现于文字的开始。如果拟定提纲环节完成得好，在撰写初稿阶段，只需要按照写作提纲顺序，将准备好的资料合理地组织、编排进论文相应的框架部分，即可完成初稿的写作工作。

撰写初稿时，应当注意以下几个问题：

（一）要根据论点选取论据

撰写论文过程中，就是在论文框架基础上添加段落，添加段落的依据就是从中心论点出发来决定材料的取舍，所有和主题无关或关系不大的材料都要舍弃，时刻牢记材料是为论点服务的，不能支撑论点的论据（材料）在论文中只能起到画蛇添足的作用。

如《关于幼儿教师对虐童事件的态度调查》论文初稿中，在"改善幼儿老师对虐童事件所持态度的建议"里，提出"教师要提高职业素养"（见图8-2）。无论是"加强专业性学习"，还是"提高职业技能"的论述都和"改善教师对虐童事件所持态度"没有密切关系，或者说把这两段放其他有关教师或幼儿主题的论文里，也不会显得十分矛盾。换言之，拿出一段材料，猜测主题的关键词，猜测不出来、猜测不准确，那么这样的材料就必须进行修改或者舍弃。

> （一）教师要提高职业素养
>
> 1. 加强专业性学习
>   教师要不断进行"自我充电"，这一点是至关重要的。"自我充电"分为两个方面：第一方面，可以说"自我充电"是知识理论型的充电。它则要求我们要懂得教学机制的重要性，因为我们的教育情境是不断变化的，学生在变、教师在变、气氛在变、时间也在变，这些都促使我们要投身于教育学中，多看、多见并多积累。
>   第二方面，也可以说"自我充电"是实践的充电。无论我们获得什么样的教学知识，最终都要应用于实践。俗话说："实践出真知"。并通过我们日常与孩子的相处，不断进行教育反思。换言之，教师只有不断面临挑战才能在意想不到的情境之中，表现出积极的状态，进而更好地走入孩子的内心世界。
>
> 2. 提高职业技能
>   教师是孩子的启蒙者，只有不断提高自身技能，进而提高自身创造力，才能教出有创造力的幼儿。教师应时刻立足于自身职业技能的提高，如：琴、棋、书、画、歌、舞等才艺技能，讲故事、说课、挖掘教材等教学技能等方面。

图8-2 论据不能支持论点示例

（二）要注意行文严谨客观

严谨是指注重衔接得当、过渡自然、行文流畅、逻辑合理、用语精练明确，引用文件法规或他人文献时，要查对原文、不断章取义。论文撰写时，尽量少用或不用"似乎""好像""可能"等模糊用语，有失严谨。客观是指阐述时，应该以一分为二的观点全面地看待问题；运用数据或文字资料，不要只选取支持自己观点的资料，而屏蔽或舍弃与此相反的资料。论文撰写时，不要用第一人称"我""我们"（案例中的对话除外），尽量少使用人称代词，因为会给人观点有失客观的感觉。比较图8-3和图8-4，修改前的初稿存在阐述方式与研究所用方法不匹配、论据不能支撑论点、三级标题不够概括及用语模糊、阐述不够客观等问题，修改后的定稿则改正了相应的问题。

四、调查结果与原因分析

（一）幼儿教师对虐童事件所持态度 1、下面应该用数据或者图表来论证标题，而非使用模糊语词"部分"、"少数"、"绝大部分"；2、此部分是陈述问题，不需要解释原因，原因是标题"（二）影响幼儿教师对虐童事件所持态度的因素"要阐述的；3、缺乏数据，和研究方法"问卷调查"不匹配。部分、少数是多少？要用数据说话，使读者有明确清晰的概念。

1. 身心焦虑而深表理解
　　目前，随着教师虐童事件被频繁的曝光，部分教师在身心处于焦虑之时仍会对"某教师产生虐童这一行为"的背后真正原因而加以思考，她们认为教师这一行为的背后原因可能与幼儿当时哭闹的状态等因素有关，对教师虐童行为深表理解。

2. 换位思考而难以置信
　　经调查发现，绝大部分教师在听闻"教师虐童事件"后而表示难以置信，他们认为，虐童行为不仅是严重违背了教师的师德，更是辜负了家长对教师的信任。如果换位思考自己是该教师，定不会产生这一荒谬行为。口语化。

3. 事不关己而淡漠处之
　　少数教师认为，虐童事件与自身毫不相干，不想将自己掺杂其中并持有淡漠的态度去看待、观望该事件。语意上有重叠。

图 8-3　修改前的初稿示例

（一）幼儿教师对虐童事件所持态度

1. **对虐童事件的关注程度**（如图1所示）

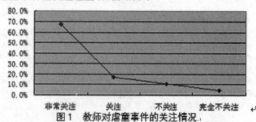

图 1　教师对虐童事件的关注情况

　　针对"您平时关注虐童事件么？"67.2%的教师选择了"非常关注"，4.7%的教师不关注与完全不关注。从数据可见，绝大多数教师非常关注虐童事件，极少数教师不关注。

2. **听闻虐童事件的情绪反应**

　　不同的教师，在听闻虐童事件时的情绪反应也存在差异。对于"当听闻虐童事件时，您的情绪反应是（请简要说明）？"10.9%的教师是"没什么情绪"，如某教师写道："因为很少了解这一类事情，所以也没有刻意去关注这类问题。"56.6%、32.5%的教师分别选择了"生气、愤怒"和"惊讶、难以置信"，这说明这些教师在情感上很难接受虐童事件的发生，那么现实中发生虐童事件的概率也不会太高。

3. **对虐童事件的行为反应**（如图2所示）

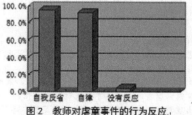

图 2　教师对虐童事件的行为反应

　　不难看出，教师对虐童事件的行为反应略有不同。在回答"当听闻虐童事件时，您的行为反应是？（可多选）"时，95.3%的教师选择"自我反省"，92.1%的教师选择"自律"，仅有4.6%的教师选择"没有反应"，说明绝大部分教师能够积极地从自身做起采取一些措施预防虐童事件发生的行为。

图 8-4　修改后的定稿示例

（三）要注意词汇、语法使用规范

初稿撰写时，要考虑成稿能让学前教育工作者和教育研究者看懂，能按照论文阐述的内容重新进行同样的研究。因此，写作者一是要尽可能选用通用的词汇，使用学前教育领域中众人能领会、理解的概念阐述问题，而不要让读者感觉晦涩难懂。二是论文中特定的对象或现象，撰写时要保持使用术语的一致性。如研究民办教师流动问题，行文时不要一会“流动”一会“跳槽”；研究幼儿的论文，文中不要出现“儿童”“小朋友”“孩子”等各种称呼。还有一会“笔者”一会“研究者”等问题。三是作为科研论文，有一定的学术性和朴实性，可以摆事实、讲道理、严密推理，但不宜在行文时采用比喻、抒情或喊口号等方式，如“良好的开端是成功的一半，相信该幼儿以后在分享行为方面会有很大进步”。也不可过于口语化、使用方言语句，出现“非特意”“不怪幼儿”“教师有欠缺对幼儿行为养成的意识”等表达方式。论文和教材不同，标题中不能出现“×× 含义”“×× 概念”的字样。比较图 8-5 修改前的文稿中存在着缺乏严谨逻辑，词汇贫乏、雷同及使用不当，同一句中主语不统一等问题，图 8-6 为定稿示例。

2. 媒体报道的助推力

关于“请您谈谈是什么影响了您对虐童事件的态度”时，某教师写到：“我对虐童事件的态度转变主要是在通过微信、微博这些渠道了解到被曝光的幼儿园园长和家长的一些说法之后。最开始还真没当回事，但后来发现真是挺可怕的。没当回事，为什么后来就觉得可怕了？转变的原因是什么，内在的逻辑是什么今年被曝光的北京红黄蓝幼儿园教师针扎幼儿事件使我震惊，之后我又开始搜索近几年被曝光的各大幼儿园的虐童事件，真相使我震惊。教师给孩子喂不明白色药片，~~并且~~有的竟然~~还~~让孩子吃芥末，甚至还~~存在~~猥亵幼儿~~的教师~~这几句主语是同一个么？一句话中，即以句号结束的话中，主语应该是同一个。不是同一个主语，不应该都是逗号；若是同一个主语“教师”，为什么“甚至...”这句里“教师”在后面，这完全玷污了教师这一职业，更是警醒了我自己，让我开始反省自己，不允许我的职业生涯以及身边周围人出现这种行为。访谈对象是园长么，他有这种权力或能力么？客观地使用访谈记录，不可随意改变访谈对象的意思”随着各地不断被媒体曝光的虐童事件，使得教师对虐童事件持有的态度发生了转变。由最初不以为然到后来的主动搜索再到后来的自身反省、自身检讨，这些都使得教师把虐童事件重视起来，并且严格杜绝自身产生虐童行为杜绝这种词语会用在什么场合？大会讲话、领导表态，哪有人在日常谈话中往自己身上用的？，他们对自身的要求也表明了日常工作中不会产生虐童行为。

图 8-5　修改前的行文问题示例

2．媒体报道的助推力

关于“请您谈谈是什么影响了您对虐童事件的态度？”某教师写道：“我对虐童事件的态度转变主要是在通过微信、微博这些渠道了解到被曝光的幼儿园园长和家长的一些说法之后。最开始没往心里去，但后来考虑到虐童的后果，才发现确实挺可怕的。最近的北京红黄蓝幼儿园出现教师针扎幼儿这一行为让我百思不得其解，之后我又开始搜索其他虐童事件，太让我震惊了。给孩子喂不明白色药片、让孩子吃芥末，甚至还猥亵幼儿，这完全玷污了教师这一职业，更是警醒了我，让我开始反省自己，担心自己会不会在利益驱使下出现这一行为。”随着各地不断被媒体曝光的虐童事件，许多教师对虐童事件持有的态度发生了转变，由最初不以为然到后来的主动搜索再到最后的自身反省、自身检讨，这些都说明教师开始重视虐童事件，并力求从中汲取教训。

图 8-6　定稿示例

（四）要对全文内容进行整体把控

撰写初稿的时候，就要考虑各部分所占篇幅的长短，从内容比重上，绪论与结论约占 1/3，本论占 2/3。因为“办法总比困难多”，因此，“建议 / 措施 / 办法”要多于“问题表现 / 问题现状”；从详略得当方面看，“讨论与分析”是重点，要详加阐述分析，标题层级应该到三级。“问题的提出”要略写。在段落数量上，同级标题下的段落数量要大体相当，不应悬殊过大。如“讨论分析”作为重点阐述的一级标题，下面二级标题有 3 个，那么这 3 个标题下的段落，不应该出现有的标题下写了四五个段落的，还有的标题下只有 1 段；在内容呼应上，“问题表现”提到的，“原因”中要有相应的分析、“建议”要有相应的“解决对策”。同样，“建议”里提到的对策，“问题表现”中也应该涉及“对策”所针对的“问题”，而不应没有问题就突兀地提出解决措施。

四、修改定稿

初稿完成后，不是修改一次、二次就能定稿的，根据不同人的写作水平，修改次数也会不同。

（一）文稿中常见的问题类型

初次撰写论文的人，常出现的问题有以下几种：

最严重的，是文题不符、缺乏逻辑性、重点不突出，即论点和论据关系不够紧密，表现如下：一是两者没有必然联系，即标题与段落之间没有内在逻辑关系。二是有的论文仅限于反复阐述论点，但缺乏切实有力的论据；有的论文则材料一堆，而论点不明确。三是有的论文各部分之间没有形成有机的逻辑关系，即论文各标题、段落之间衔接与过渡不够紧密、自然。四是重点地方没有深入阐述、论证，而研究背景、文献综述等占据论文篇幅过大，导致论文详略不当、主次不清。这样的论文都是不合乎要求、没有说服力的。为了有说服力，必须有论点、有例证，要理论和实际相结合，论证过程要有严密的逻辑性，修订文稿时要特别注意检查这一点。如“关于大学生手机话费的调查研究”，结论却是“保护眼睛”。又如“问题表现”中阐述影响因素、“解决措施”处谈问题表现等。如图 8-7 所示，段落内容与标题明显不符。

（一）阅读面狭窄下面阐述与案例哪里能看出“狭窄”？

大班幼儿在阅读区开放期间，争先恐后的从书架上挑选自己喜爱的阅读材料。段落中，要么是简单的理论分析或阐述，分析阐述的是问题表现；要么是案例，案例或者是观察（眼中所见、耳朵所听），或者是访谈。无论是理论阐述还是案例，都要支撑论点（标题），你写的是什么？能支撑论点么？如阅读区阅读活动中，福多正拿到一本故事书，小宝对福多说：“这本书可以给我看吗？”正说着，小宝要去拿福多的书，福多皱眉说：“不行，这是我喜欢的我先拿到的故事书。”这个案例能说明什么，2 个幼儿不分享？（G20180702N）针对“您认为幼儿在自主阅读方面存在的问题有哪些”Z 表示：“阅读区所开放的阅读材料图书最多，带多数文字的故事书太少，导致幼儿会发生争抢故事书。”书少、争抢就说明幼儿阅读面窄么？（F20180703Z）幼儿阅读的书籍方面稀缺，所以会发生这种情况。理解什么是“阅读面狭窄”不？案例与阐述都偏题

图 8-7　文题不符示例

其次，是论文撰写风格或阐述方式，与研究所采用的方法不匹配。如使用问卷调查方法的，论文阐述时不使用数据分析论证；采用观察或访谈的，不会用观察案例或访谈记录来支撑论点。如图 8-8 所示，主题是“某园体育游戏活动的应用研究”，采用的是观察研究，但引用的案例根本不是通过观察得到的。

(一)体育游戏活动内容比较单一

由于幼儿园领导与教师尚未对幼儿体育游戏活动引起重视,导致幼儿园对体育游戏器材及场地的投入比较少。而且学校缺少专业的体育教师,使得体育游戏活动缺少多样性。现在是讲问题,这里你讲的是问题还是原因?如在对幼儿园大班体育游戏活动课上的情况观察中,该班的幼儿上课由老师负责带领幼儿进行玩滑梯游戏活动,整个课堂下来,幼儿只有玩到滑梯这个项目,没有其他体育项目的参与(G20180110L1)。这是观察的吗?观察不是评价,不是思考出来的,是把你感觉器官感知到的写出来目前该幼儿园的主要体育游戏活动仅仅局限于转盘和一些简易的运动器械,并且运动的场地不足,无法开展大规模的体育游戏活动。在观察该园体育课时,教师往往带领幼儿到操场上,也只能让幼儿做些简单的小游戏便草草了事。这种情况下,即使教师想要带领幼儿扩展更多的体育运动,也会因为硬件的局限而不能付诸实施,从而导致了幼儿的体育游戏活动的内容较为单一。

图 8-8 阐述方式不能正确体现研究方法示例

再次,是遣词造句不当、标点使用错误等文学素养问题。一是遣词造句方面存在的问题,如固定搭配上,在使用"一方面"的时候,后面就要用到"另一方面";用了"首先",就要有"其次、再次、最后";出现了"第一",就必须有"第二",或者还有"第三""第四"等。又如语词的准确性方面,的、地、得的错字较多,尤其是"的、地","的"后跟名词,"地"后跟动词,"得"后跟形容词或副词。"也、还"用错的也较多,在句子中不可能出现在段首或句首,一般前面都是出现了这种情况,后面又出现时,才会提到"也",而"还"的程度要严重或进一步。当然,遣词造句方面还有搭配不当、语法不正确,但是更多的是词汇贫乏,导致文中出现大量雷同现象,具体表现为相同的词汇和语句在文中不同位置出现多次,或用近义词来阐述观点(如图 8-9 所示)。二是标点使用错误问题,常见的是不会使用顿号、分号及单双引号。如顿号前后内容的语意是并列关系,并列的可以是词汇、短语,如果并列的是中间带标点的长句子,将并列的长句子隔开需要用分号;双引号是将说话者或某文献中的原话一字不动地包在里面,引的是具体的说话内容或文献内容,不是观察到的现象,在一个人说话的双引号里也不能有其他人的说话内容。有时双引号用于特指,或简称缩写,或反语的内容;单引号,是在双引号中引用另一个人的原话时,引用的话用单引号。如访谈教师的话全用双引号,那么,其在提及幼儿说的话或家长说的话时,幼儿或家长的话就得用单引号引上。诸如此类的问题较多,而且是初写论文者最常见的一类问题。

(一)歌唱活动安排的内容比较单一

教师带领幼儿进行歌唱活动时,歌唱活动内容不够丰富。如大班在进行"三只小熊"歌唱活动时,教师采用钢琴伴奏教学,整个教学过程中教师首先为小朋友演唱一遍,随后引导幼儿跟随教师的旋律一起学唱,反复唱几遍后,教师邀请已经学会的小朋友为大家单独演唱,并给予表扬,此时部分幼儿开始左顾右盼并表现出对所学的歌曲不感兴趣。(G20180629D₁)

当被问到:"您认为幼儿园歌唱活动策略中存在哪些问题?"D₁F 表示:"在幼儿园歌唱活动中,我们教师大多是采用简单的钢琴伴奏学唱、听音乐学唱等简单的方法,很少有教师花费大量的时间设计歌唱活动,安排的内容也不够精彩,所以幼儿歌唱兴趣的培养有所缺乏,导致幼儿对歌唱活动兴趣较低。"(F20180629D₁F)教师对歌唱活动的内容安排比较单一,使幼儿缺乏对歌唱的兴趣。这是雷同。

图 8-9 雷同问题示例

最后，是格式不规范问题。格式问题，包括引用的文件或法规等，引用次数不止一次的话，第一次需要在文件或法规名后用括号介绍简称，以后再次出现使用简称；在阐述的段落中，不要出现1、2、3等标题序号。同理，摘要中引用框架观点时，要删去标题序号；标题序号层级应该依次为"一""（一）""1"，而且"有1必有2"；图表的编号、名称、标题所在位置等都有特定要求……通常，学前教育专业学生撰写毕业论文时，学校都会给出格式规范，要求学生遵照修改。

（二）具体的修改方式

1. 多通读、多推敲

在反复多次的通读中，可以将多字、漏字、错字的现象或标点使用错误、多出的空行或空格、不恰当的词语或不规范的语法等问题自行修改。在通读中，要有大局观，要整体考虑，如果修改了访谈提纲中的问题，那么，论文中相应的问题、目录中的页码等可能都要随之变化。对他人的意见或建议，要认真思考，仔细推敲，不要全盘"拿来主义"，不动脑不分析，只会导致论文撰写进度迟滞不前。

2. 向他人请教

自己的论文自己最熟悉，但可能正因为是自己的论文，才会出现"不识庐山真面目，只缘身在此山中"的现实，即有些问题反而看不清楚。而请教他人，一是可以向水平高的人请教，听取意见或建议，在思考后进行修改。二是和同学、同行讨论或交换文稿阅读，在讨论中集思广益、拓宽思路，在交换意见的过程中吸取好的意见，在原有基础上，修改、完善文稿。

第三节　学前教育研究成果规范

学前教育研究成果的呈现虽无定法，但有常规可循。在呈现学前教育研究成果时，要按照一定的规范要求来撰写相应的成果。为了更好地总结研究成果、提高学前教育工作者的研究能力和促进学前教育研究成果的交流和传播，现根据有关标准规定和研究者的表述习惯，对撰写教育研究论文的有关基本规范进行简单介绍。

一、题名、署名

（一）题名

题名是论文的标题，又称篇名、文题，是对研究论文内容的高度概括，反映研究的问题，也是文摘、索引或提录等情报资料的重要组成部分，是文献检索的主要线索，直接影响到论文的传播效果。

题名的表述见第二单元第一节里的"研究课题的表述"。

（二）署名

署名，即论文的撰写者，表明作者拥有著作权的声明和文责自负的承诺，也可作为重要的检索信息，是有关数据库重要的统计源等。

作为毕业论文，按照学校所给的格式规范填写姓名、年班、学号、指导教师等信息。若要刊登在公开出版刊物的论文，则根据刊物发表要求提供姓名、年龄、单位、职称、学历、专业、课题、联系方式等信息。

署名的要求有以下两方面：

1. 署名要真实客观

如无特殊原因应署真名，如果有多个作者参与了研究与研究报告的撰写，应按贡献大小排名次；有时参加研究的人员在两个以上，不便一一署名，可以署××课题组、××课题协作组等，然后在其右上方注"*"，再在报告首页的最后一行文字的下划线下注明参加课题研究的人员，以及研究报告的执笔者。如果有协助研究的非课题组成员或单位，或指导该项研究的人员，也可在注释中列出并鸣谢。

2. 署名要重视产出单位的著作权

职务作品论文的单位署名应署产出单位而非工作单位（两者可能一致）。如果作者在文章发表之前已经调到另一个单位了，一般是在作者姓名后面署上原工作单位的名称，再以注释形式表明现在工作单位的名称。

二、摘要

摘要，又称内容提要，是研究主要内容与结构的简介，是对论文内容不加注释和评价的高度概括和浓缩。摘要虽然是放在前面，但它是在成文之后撰写的。作为期刊文章或研究报告写的简短摘要，字数以占全文2%为宜，一般为200~300字。

（一）摘要的作用

一是使读者通过这段概括简洁的文字，了解全文主题及主要内容，从而决定是否值得读全文，节省读者时间和精力。二是为文献检索做准备。三是有利于计算机储存。

（二）摘要的内容

概括说明全文主要内容，包括目的、方法、结果和结论等方面，应重点写出具体的研究结果，特别是创新之处。总之，摘要应写得内容充实，不要过分抽象或空洞无物，不做自我评价。

1. 目的

主要说明此研究研制、实施的前提，目的和任务所涉及的主题范围或要解决的问题。

2. 方法

说明研究的工作过程及所采用的技术手段或方法，也包括理论假设。介绍使用的主要设备和仪器，如采用了新技术手段则应描述其基本原理、应用范围及所达到的精度、误差等。

3. 结果和结论

工作最后得出的结果和结论，可含应用情况或潜在的用途，可以是所获得的实验数据、实验结果及关系式,也可以是理论性成果等。

(三)摘要的写作要求

1. 客观性

对原文进行如实反映,多采用判断、肯定为主的陈述句式,尽量不用问句、感叹句等,不使用"我们""笔者""本文"等词做主语。

2. 简洁性

语言要精练,开门见山,揭示论文的主要观点和结论。为避免喧宾夺主,切忌出现与原文主要观点和内容关系不大的细节、模糊不清的言辞、介绍他人的成果和结论或介绍背景材料,也不要把问题、前言放摘要中。还要避免摘要文字与原文重复。

3. 完整性

是一篇独立的短文,是对原文完整的浓缩,具有独立性,可以涵盖原文的主要甚至全部内容。作为文前摘要,内容包括论题、方法、观点、结论,不应缺项。

4. 规范性

排除在本学科领域中已成常识的内容,不能简单地重复标题中已有的信息,书写合乎语法,结构严谨(语句要连贯,保持上下文逻辑关系),使用规范化的名词术语,采用图、表、或符号、参考文献要符合规范等。

三、关键词

关键词,又称主题词,能反映论文主题内容的最重要的词和词组,是表达主题概念的自然语言词汇,是对论文所研究的范围、方向做出的标识。选择恰当的关键词,不仅有利于指导读者阅读、迅速了解报告的主要内容,而且更为重要的是便于文献检索。

关键词是从论文标题、摘要、层次标题、正文重要段落中选出来的,一般情况下选自标题,也有个别选自摘要;对选出的关键词依能反映研究成果主题的重要程度进行排序。关键词较之摘要更为概括,通过3~5个词来反映研究的内容,关键词之间要形成逻辑联系。

课堂讨论

确定下列论文题目中的关键词:
1. 教师与家长沟通幼儿在园状况的问题研究
2. 关于幼儿教师跳槽现象的调查研究
3. 某幼儿对教师产生攻击行为的个案研究
4. 关于幼儿不良饮食习惯的教育研究
5. 3~4岁幼儿依赖行为的研究
6. 幼儿告状行为的个案研究
7. 幼儿音乐活动游戏化的现状与策略研究

参考答案：

上面论文题目中的关键词为：

1. 教师、家长、沟通、幼儿在园状况
2. 幼儿教师、跳槽现象、调查
3. 幼儿、攻击教师、个案研究
4. 幼儿、不良饮食习惯、教育
5. 3~4岁、幼儿、依赖行为
6. 幼儿、告状行为、个案研究
7. 幼儿、音乐活动、游戏化、现状、策略

四、引文、注释与参考文献

引文是引用他人信息资料，注释和参考文献是将引用他人资料的出处根据引用的类型用不同形式标注下来。

（一）引文

在进行教育研究过程中和撰写论文时，都会检索文献，并会直接或间接地引用他人的材料或成果，即为引文。

1. 引文的类型

引文分直引、意引和综合引。直引是将材料中的信息原封不动地拿来，引来的文字在论文中必须要用双引号。意引，是对原材料文字加工改写，但原意不变，意引的文字不加双引号。综合引是将直引和意引两种引法合在一起使用，即把直引和意引穿插在行文中，直引的文字部分加引号。

2. 引文的要求

引文要忠于原文的本意，不可断章取义。引文要少而精，避免引用材料的堆砌。引用时，要查找资料的原始信息进行核对。

（二）注释

注释又称注解，是对论文中的词语、内容或引文的出处所做的解释。注释包括题注、参考型注释和内容型注释。题注是对标题名、作者的注释。参考型注释是说明引文的出处，便于读者对引文的查找、核实。内容型注释是对论文内容做补充说明，主要是为了便于读者理解论文中的某些难点、新的名词术语、概念等做出的解释。

1. 注释的方法

篇名、义的出处所做的解释。

（1）行中注

行中注又称注解、夹注、文内注，即在引文之后，用括号与行文区分开，在括号内写明注释内容。目前，国际上比较通行的做法是在括号内只写引证资料的作者名、出版年份和页码，资料全名则一律列入文末的参考文献目录中，不再另加注释。

（2）页下注

页下注又称脚注、页末注，即在引文末端右上角标出①、②、③……在同一页面底端注明引文的出处或需要进一步解释的内容。引文序号以页为单位，每页分别编号。

（3）篇尾注

篇尾注又称尾注、文末注，即在引文末端右上角标出①、②、③……将全文的注释从前至后按顺序统一编号，集中在全文后面。

以上几种注释方法各有特点，采用何种方法加注，要视全文的注释情况而定。通常情况下，全文引文不多，使用行中注可以给人以直观的感觉，如果引文较多，行中注若过多，会影响论文格式的美观，读者阅读时也费力，最好用页下注或篇尾注的形式。但篇尾注容易将注释与参考文献混在一起。

2. 注释的要求

（1）加注方式前后一致

在一篇研究论文中，行中注、页下注和篇尾注 3 种形式只能采用其中一种。引用外文资料时，注释中的书名和篇名可以用译文，也可以用原文。

（2）注释应力求简明扼要，有时可用省略的方式处理

同一来源的资料，稍后再出现时，可以用"同上"或"同前"等字样表示；同一来源，同页或不同页的连续性注释，以"同上"或"同上注"字样表示，亦须另加页数。

3. 注释与参考文献的区别

首先，注释与参考文献的内容不同。参考文献是论文作者在撰写过程中所查阅参考过的主要著作和报纸杂志的目录。注释则是在对正文中引用他人的观点及原话、主要数据等注明出处，或对某一特定内容做进一步解释或补充说明。其次，注释与参考文献的要求不同。注释与注释的内容是一一对应关系，一经引用，非注不可；参考文献则是一个相对模糊的概念，不要求一一对应。最后，注释与参考文献的位置不同。参考文献一般集中列于文末，序号用方括号连续标注；注释可以集中列表于文末，但一般还是采用行中注和页下注的比较多，序号用圈码连续标注。

（三）参考文献

参考文献是文献综述的重要组成部分，也是对期刊论文、学位论文等引文进行统计和分析的重要信息源之一，我国颁布的《信息与参考文献著录规则》规定采用顺序编码制和著者出版年制两种为我国著录参考文献的国家标准。按规定，在科技论文中，凡引用前人或自己以往发表的文献中的观点、数据和材料等，都要对它们在文中出现的地方予以标明，并在文末列出参考文献。

参考文献的要求：

①文后所列的参考文献，应有完整准确的出处，以便于读者查找。

②参考文献应采用规范的格式。详见第 2 单元第三节"开题报告撰写"里的"主要参考文献"。

③著录主要、有代表性的文献。列的参考文献要精选，仅限于与研究撰写论文密切相

关的、起到重要参考作用的专著、论文或其他资料。在学前教育专业学生撰写毕业论文时，通常要求以 3~5 年内的最新文献为主。

④重点著录公开发表的文献。公开发表是指在国内外公开发行的报刊或正式出版的图书上发表。内部交流的刊物、资料，尤其是不宜公开的资料，一般不能作为参考文献引用。

⑤采用顺序编码制著录参考文献，即根据作者在论文中引用的文献在文中出现的顺序先后列出，用阿拉伯数字加方括号连续编码，附于正文之后。

五、附录

附录是对正文起补充说明作用的信息材料，可以是文字、表格、图形等。附录并不是必需的，使用附录的目的是使正文的内容更完整，为读者提供查证的原始文献。一般在发表时，附录不做刊登。

1. 附录的内容

有研究工具类，如观察表、访谈提纲、问卷、测量工作等；研究数据类，如研究过程中收集到的重要原始数据表、访谈记录等；教育研究方案类，如教育干预方案、活动计划等。还有其他不宜放入正文中的资料。

2. 附录的编排

附录列在参考文献之后，与正文连续编页码，每一附录均另页起，排序同文中出现顺序。报告、论文的附录依序用大写正体 A、B、C……编序号，如附录 A。附录中的图、表、式、参考文献等另行编序号，与正文分开，也一律用阿拉伯数字编码，但在数码前冠以附录序码，如图 A_1、表 B_2、式（B_3）、文献［A_5］等。

3. 附录的使用要求

附录不是必需的，可有可无的附录不应列出，在没有字数限制的报告中，附录较为常见。

恰当选择附录内容，一般附录的内容包括：由于篇幅过大或取材于复制品而不便于编入正文的材料；不便于编入正文的罕见珍贵资料；对一般读者并非必要阅读，但对本专业同行有参考价值的资料；某些重要的原始数据、数学推导、计算程序、框架结构图、注释或统计表、计算机打印输出件等。

六、名词术语、数字、符号和缩略词

（一）名词术语

名词术语的使用应以国家公布和审定的标准为准，作者独创的名词术语在论文中首次出现时须加以说明，给予意义的界定，名词术语在同一篇论文中必须前后一致。

（二）数字

研究论文中很多地方要用到数字，以表示时间、长度、质量、面积、容积等量值和数字代码。数字的使用应按 2011 年实施的《标点符号用法（GB/T 15834—2011）》执行。数字的选用有以下几种情况：

1. 选用阿拉伯数字

（1）用于计量的数字

①用数进行计量的场合，为达到醒目、易于辨识的效果，应采用阿拉伯数字。例如一125.03、34.05%、1:500 等。

②当数值伴随有计量单位时，如长度、容积、面积、体积、质量、温度、经纬度、音量、频率等，特别是当计量单位以字母表达时，应采用阿拉伯数字。例如 34~39 ℃、605g、100~150 km 等。

（2）用于编号的数字

在使用数字进行编号的场合，应采用阿拉伯数字。例如邮政编码为 100871、汽车号牌为京 A00001、书号为 ISBN 978-7-8018-4224-4、网址为 http://127.0.0.1 等。

（3）已定型的含阿拉伯数字的词语。现代社会生活中出现的事物、现象事件，其名称的书写形式中包含阿拉伯数字，已经广泛使用而稳定下来，应例如 3G 手机、MP3 播放器、G8 峰会、97 号汽油等。

2. 选用汉字数字

（1）非公历纪年

干支纪年、农历月日、历史朝代纪年及其他传统上采用汉字形式的非公历纪年等应采用汉字数字。例如庚辰年八月五日、腊月二十三、正月初五等。

（2）概数

数字连用表示的概数、含"几"的概数，应采用汉字数字。如三四个月、五六十年前、二十几、几万分之一等。

（3）已定型的含汉字数字的词语

汉语中长期使用经稳定下来的包含汉字数字形式的词语应采用汉字数字。例如万一、四书五经、星期五、八国联军等。

3. 选用阿拉伯数字与汉字教字均可

（1）如果要突出简洁醒目的表达效果，应使用阿拉伯数字；如果要突出庄重典雅的表达效果，应使用汉字数字

例如北京时间 2008 年 5 月 12 日 14 时 28 分、十一届全国人大一次会议（不写为"11 届全国人大 1 次会议"）。

（2）应避免相邻的两个阿拉伯数字造成歧义的情况

例如可以写为高三 3 个班、高三三个班，不能写成高 33 个班。

（3）有法律效力的文件、公告文件或财务文件中可同时采用汉字数字和阿拉伯数字

例如 2008 年 4 月保险账户结算日利率为万分之一点五七五零（0.015750%）。

（三）符号和缩略词

研究论文常用到符号和缩略词。符号是高度形式化的语言，是对自然语言的再抽象。符号本身没有直观意义，但可以用来代替某些词语和概念。

符号有通用符号和专业符号两种。通用符号主要有表示内容次序的符号，有表示停顿语气及词语的性质和作用的标点符号。专业符号包括数学符号、物理符号、化学符号等各学科专业的符号。为了称说方便，使事物称谓中的成分进行有规律的节缩或者省略，形成了一个能自由运用的语言单位，叫作缩略词。例如"WTO"是"世界贸易组织（World Trade Organization）"的缩略词。

使用符号和缩略词是为了使文章醒目简洁，便于学术交流，因此，必须按规定和国际惯例使用，不得随意创造解释符号和缩略词。如不得不引用某些不是公知公用的，且又不易为同行读者所理解的，或系作者自定的符号、记号、缩略词、首字母缩写字等时，均应在第一次出现时一一加以说明，给以明确的定义。

七、图和表

插图和插表是论文的重要表达形式，能使文章表达富于变化，能把难以用文字清楚表达的内容简单直观地呈现出来。插图和插表的恰当运用可以使研究论文图文并茂，便于读者理解论文内容，给人以深刻印象。

（一）图

在研究论文正文中所用的图称为插图，简称图。用图形来表示论文的内容更加形象具体，通俗易懂，能给人以清晰的印象。一般来说，事物的结构分布、发展趋势、事物之间的相互关系等，用图表示往往一目了然。所谓"一图顶千字"就是说图表示内容要比用文字更简洁明了。研究论文的插图可分为表示资料数量变化的统计图和形象描绘事物关系的示意图两大类。

1. 统计图

（1）线型图

线型图是用线条描述变量之间关系的图。常用的线型图有曲线图、折线图、直线图等，一般用以表示变化数量、方向、程度、趋势。

（2）点状图

点状图是用点来表示变量之间关系的图。最常用的是点状分布图，用以表示数据出现的频率、分布的疏密、变化的趋势等。

（3）面积图

面积图是以图中面积来表示因素之间性质、大小、比例的图。常用的面积图有直方图、圆形图、剖面图等。

2. 示意图

（1）模像图

模像图是形象描绘事物特点的插图。模像图可以将一事物与其他物体区分开来，可以表达难以想象或难以用文字表示的事物。

（2）实物图

实物图是提供物具体形状或照片作为辅图，它比一般插图更具生动性与真实感。

（3）程序图

程序图是描述事物发展的过程、步骤或工作原理的插图，通常这是一种框架图或流程图，它能清楚地表达事物的发展方向和程序。

（二）表

研究论文正文中所用的表格称为插表，简称表。表是表达研究中数据、统计结果或事物分类的一种形式。它把经过分类整理的数据资料，有系统、有条理地编列到表格中，以此呈现数据、统计结果或事物之间的内在联系。插表与插图一样是对文字表述的辅助和补充，是研究论文不可或缺的表达手段。常用的插表有以下两种：

1. 数据表

数据表是以数据形式描述实验或调查内容的统计表，目前，比较常用的数据表为开放式表，但三线表更符合当前潮流，开放式表见表 8-1，三线表见表 8-2。

表 8-1（开放式表示例） 因素相关系数矩阵

因素	不良工作习惯	过度自信	逞能心理	岗位技能差	心理状态差	人际协作不良
不良工作习惯	1.00					
过度自信	0.398	1.00				
逞能心理	0.225	0.219	1.00			
岗位技能差	0.331	0.353	0.278	1.00		
心理状态差	0.235	0.207	0.170	0.197	1.00	
人际协作不良	0.199	0.152	0.244	0.081	0.103	1.00
总分	0.837	0.762	0.683	0.674	0.591	0.573

表 8-2 学校饮用水合格情况（三线表示例）

饮用水类型	桶装水	直饮水	X^2	P
合格数	28	12	—	—
总数	52	13	—	—
合格率 /%	53.85	92.31	4.9766	0.0257

2. 文字表

文字表是以文字形式描述事实内容，并进行对比分析的表。文字表与数据表的区别在于一个是用文字形式描述，一个是用数字形式描述。文字表通常用于定性分析，以表达事物的分类，比较事物间的异同。文字表的表现形式可以是封闭式表或开放式表，有时也可用无线表（表中没有根线，只有文字项目的排列）。

（三）图和表使用的注意事项

1. 图、表设计要科学

列入研究论文的图表有利于说明问题，图表要突出重点、具有典型性。当出现 3 种以上相关联的数据时，通常应列图表表示。图、表应精选，勿与文中的文字重复。

2. 列入研究论文的图表要规范

列入研究论文的图表要符合规范要求，应精心设计，结构简洁、便于操作，图表不要远离正文内容，要有编号和标题，图表的文面、符号、文字、计量单位等都需符合图表制作的规定和习惯。

3. 图、表应具有"自明性"

图、表应具有"自明性"，是指读者只看图、图题和图例，不阅读正文，就可理解图意。每一图、表应有简短确切的题名，连同图号置于图下或表上。必要时，应将图下或表上的符号、标记、代码及实验条件等用最简练的文字横排于图下或表上，作为图、表例说明。

第四节　学前教育研究论文与研究报告的基本结构

一、学前教育研究论文的基本结构

学前教育研究论文的基本结构包括标题、摘要和关键词、正文（绪论、本论、结论）、注释和参考文献等。

1. 绪论

绪论又称为问题的提出、前言、导言等，在论文未分章节阐述的情况下，通常用"问题的提出"。

包括介绍问题背景、研究缘起，对要研究涉及的概念和术语进行界定；指出研究的价值；对前人研究成果进行概括的介绍、评价，提出未解决的问题，在此基础上，提出本研究所具有的理论意义和实践意义；介绍研究方法。

2. 本论

本论是对学前教育科学研究中所提出问题的理论性探讨和思辨性论证，包括论点、论据和论证，是作者研究成果的表现，着重于讨论取得研究成果所用的论证手段及所建构的理论观点或体系，观点与材料相结合，通过由表及里、由此及彼的推理论证，显示研究结论的正确性，相当于研究报告中的"分析与讨论"部分。作为学前教育科学研究论文的主体，比重应占论文总体的 2/3。本论是评价论文质量的最主要的指标，也最能反映研究者的专业水平、科研能力和论文写作水平。

3. 结论

结论是在对所提出的中心问题有理有据的论证之后得出的，是对问题分析、综合、抽象、概括后的总结。结论可以是通过概括地总结本研究所获得的成果，包括本研究讨论和说明了哪些问题，验证了哪些假设，解决了哪些问题，还需要进行哪些后续研究，以此作为结论；也可以是通过对研究的评价，如明确地指出研究中遇到的困难与不足，提出在现有研究基础上可能继续开展研究的问题与方向。甚至可以对问题答案的猜测做出可能性分析，以此作为结论；还可以自然收尾，以最为普通的撰写方式，即提出论点——摆明论据——合理论证的一般逻辑顺序自然导出结论。

正文的 3 部分中，引论、结论在提纲中应比较简略。本论则是全文的重点，是应集中笔墨写深写透的部分，因此，在提纲上也要列得较为详细。本论部分至少要有两级或三级标题，层层深入、进一步推理，以便体现总论点和分论点的有机结合，把论点阐释得深入、透彻。

二、学前教育研究报告的基本结构

（一）教育观察报告

1. 标题
2. 摘要与关键词
3. 观察的背景 / 研究的背景 / 问题的提出

主要说明为什么对该问题进行观察研究，是在怎样的情况或条件下进行研究的。包括：本研究所要达到的目的；观察研究的缘起、重要性；文献综述；本观察研究的问题、关键术语的界定及观察研究的假设。

本研究所要达到的目的，通常表现为研究者阐明自己感兴趣并且认为很重要的某个领域的某个方面的研究目标；观察研究的缘起、重要性，是阐明为什么开展该项研究，开展观察研究的背景是什么。说明研究的重要性时，一般是写清楚研究结果带来的认识上的突破或实践上的指导作用。文献综述，是对论文会涉及的相关研究文献进行综述，关键是从相关文献中找出他人研究存在的不足之处作为自己研究的突破口；本观察研究的问题、关键术语的界定及观察研究的假设。观察研究问题是对观察目的的具体化，通常以疑问形式表达，如"学生参与的倾向性是否会影响学生交往的机会？""学生的学习成绩与交往方式有关吗？""交往的对象是否与学生的性别有关？"这些都是"课堂教学交往的观察研究"的问题。观察研究假设是关于本研究可能结果的一种预期，如"学生参与的倾向性会影响学生交往的机会""交往的对象与学生的性别有关""学生的学习成绩与交往方式相关"等。

4. 观察研究的步骤 / 观察程序 / 观察对象与方法

主要用于阐明观察研究的整个过程，包括观察研究所使用的工具；观察对象选取的方法；观察过程中收集数据的分析方法。

观察研究所使用的工具，如用观察记录表记录观察对象的学习参与情况及其他表现；借助仪器设备，如录音录像记录教学现场的实况等，以弥补感官的不足。观察的工具，可以借用较完善的观察表格。如果没有适合自己研究的工具，可以对现有工具进行修订，也可以自己开发。

观察对象选取的方法。一般而言，以随机抽样的方法选取观察的对象，要求样本具有一定的代表性，使样本的研究结论能够在可估计的概率下推广到总体。当然，也可以筛选出某些特定的对象进行观察。

观察的程序。介绍观察研究的程序细节是为了使别的研究者能够重复研究，以证实或反驳本观察研究的结果。因此，应该包括本研究具体要做什么、什么时候做，在什么地点做及怎么做。

观察过程中数据资料的分析方法。要对观察收集到的数据是如何处理的，做出说明。

5. 观察的结果和讨论

观察的结果部分主要是对课堂中的观察记录进行分析统计后得出的事实。结果和讨论可分为结果与分析、讨论（或思考与建议）。撰写观察报告结果部分时，研究者要客观地呈现在观察中所收集到的实证资料；在讨论部分，研究者把研究结果放在更为宽广的范围中，阐述研究结果的意义。讨论包括作者自己的倾向和观点。

6. 参考文献和附录

必要时，可以将观察工具放附录里。

（二）教育调查报告

一般由标题、摘要与关键词、问题的提出（选题缘由、文献综述）、正文（调研方法设计与实施过程、调研数据结果分析、结论或建议）及参考文献、附录部分组成。

1. 标题

用一句话点题，反映主要研究问题。尽量少或不加副标题，副标题是对主标题的补充，用来说明在什么范围内基于什么问题的调查。

2. 摘要与关键词

3. 问题的提出

简要说明调查的问题、调查此问题产生的缘由和背景、文献综述（对调研选题的国内外现状清晰的描述与分析），阐述必要性和重要性、本调研报告的主要内容。即开宗明义地交代清楚调查目的、意义、任务。

4. 正文（调研方法、调研数据结果分析、结论或建议）

（1）调研方法

针对选题，说明调查的基本情况（概述调查的时间、地点、对象、范围、取样及调查的方式方法），介绍问卷编制、个别访谈或测量工具的问题数量、调研内容、实施步骤，资料和数据的来源、获取手段和分析方法。

（2）资料和数据分析/分析与讨论

主要内容是从若干方面反映出研究结果，这一结果意味着什么。具体表现为：运用科学合理的方法对调查资料和数据进行汇总、处理和分析，得出明确的结果，并运用数理的方法对其进行可信度和有效性分析。通过叙述、列调查图表、运用统计数字及有关文献资料，用纲目、篇、章、节或不同层级标题的形式把调查内容有条理地、准确地揭示出来。

（3）结论/建议/结论与建议

在分析基础上探讨，对调研对象存在的问题或调研结果应用于实际可能出现的问题，通过科学论证，提出相应的对策或建议。对策或建议应具有较强的理论与实践依据，具有可操作性及实用性。根据结果材料对研究的问题做出更深入、更广泛的理论分析，结果是否证实了自己的观点，结果与先前的研究有无不同，如有不同可能的原因是什么，本研究可能的局限在哪里。

5. **参考文献和附录**

必要时要把调查工具（问卷、访谈提纲或测量量表等）或部分原始材料（原始数据、研究记录等）附在报告后面。这不仅是使正文内容集中，更主要的是为读者提供可供分析的原始资料，以便让人分析鉴定搜集调查材料的方法是否科学，材料是否可靠，并供其他的研究人员参考。

研究案例

关于幼儿教师对虐童事件的态度调查

摘要：当前，幼儿教师虐童事件的"频发"使幼儿教师整体素质遭受到了外界质疑。幼儿教师如何看待虐童事件？幼儿教师对虐童事件的态度是否会影响其有效避免虐童事件发生？基于以上问题，对幼儿教师对虐童事件的态度开展研究。

采用问卷调查法，以鞍山市8所幼儿园为研究对象，调研幼儿教师对虐童事件所持态度，包括对虐童事件的关注程度、听闻虐童事件的情绪反应与对虐童事件的行为反应；分析幼儿教师对虐童事件所持态度的影响因素，具体包括涉事幼儿的行为习性、媒体报道的助推力、教师的良好职业操守及明哲保身的行为态度。最后提出了教师要提高对虐童事件的关注、幼儿园要强化教师队伍建设、社会要创设良好的舆论环境等改善建议。

关键词：幼儿教师　虐童事件　态度　调查

一、问题的提出

目前，随着各地幼师虐童事件被频繁曝光，引发了家长、幼儿教师以及社会各界人士的广泛关注。距离最近的"三原色"北京市朝阳区红黄蓝幼儿园、上海市携程亲子园的虐童事件发生后，掀起了社会对幼儿教师虐童事件的讨论。那么，幼儿教师对虐童事件在认识、情绪和行为反应方面持何种态度？之所以持有该态度的原因以及应如何提出相应的解决措施和建议？上述问题令人深思。

二、概念的界定

虐童具体表现为两方面，分别为肉体虐童和精神虐童。肉体虐童指教师推、掐、踹、殴打、喂药、喂刺激性食物、针刺、隔离幼儿、猥亵或性侵幼儿等侵害幼儿身体的行为；精神虐童指教师忽视、嘲讽、侮辱、威胁等影响幼儿心理正常发展的行为。

对虐童事件的态度是指幼儿教师对虐童事件的反应，具体体现为认识、情绪和行为反应3方面。认识反应是对虐童事件的重视程度、评价倾向、关注不关注、赞成或反对；情绪反应是对虐童事件的情绪状态、愤怒、激动或淡漠；行为反应是对虐童事件中的行为有无进行自检或自律要求等。

三、调查目的、内容、方法与对象

（一）调查目的

了解当今幼儿教师对虐童事件态度的现状与影响因素，进而更好地提出改善幼儿教师对虐童事件所持态度的建议。

（二）调查内容

通过"您对虐童事件持有什么态度""您对虐童事件所持态度产生的原因""您认为如

何改善幼儿教师对虐童事件所持的态度"等问题的提问和数据统计分析,从而了解幼儿教师对虐童事件所持态度的现状、原因与解决策略。

(三)调查方法与调查对象

本调查采用问卷法,问卷中共设12道题,包括8道封闭式问题和4道开放式问题。

问卷选取对象是8所幼儿园的教师,分别是鞍山市的鞍钢第一幼儿园艺术分园、体育学校幼儿园、鞍山市政府机关幼儿园、旭虹早教艺英幼稚园,沈阳市的和平鸽幼儿园、小凯迪幼儿园,海城市红黄蓝幼儿园,大连市辰光幼儿园。8所幼儿园中,3所为公立幼儿园,5所为私立幼儿园。从每个幼儿园抽取10名幼儿教师作为调查对象,发放问卷共80份,回收率为100%,有效率为80%。

四、调查结果与原因分析

(一)幼儿教师对虐童事件所持态度

1. 对虐童事件的关注程度

如图8-10所示,针对"您平时关注虐童事件吗?"67.2%的教师选择了"非常关注",4.7%的教师不关注与完全不关注。从数据可见,绝大多数教师非常关注虐童事件,极少数教师不关注。

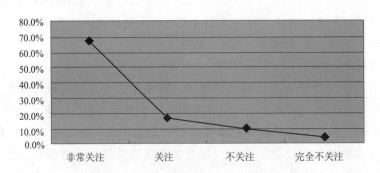

图8-10 教师对虐童事件的关注情况

2. 听闻虐童事件的情绪反应

不同的教师,在听闻虐童事件时的情绪反应也存在差异。对于"当听闻虐童事件时,您的情绪反应是(请简要说明)?"10.9%的教师是"没什么情绪",如某老师写道:"因为很少去了解这一类事情,所以也没有刻意去关注这类问题。"56.6%、32.5%的教师分别选择了"生气、愤怒"和"惊讶、难以置信",这说明教师在情感上很难接受虐童事件的发生,现实中他们发生虐童事件的概率也不会太高。

3. 对虐童事件的行为反应

不难看出,教师对虐童事件的行为反应略有不同。在回答"当听闻虐童事件时,您的行为反应是?(可多选)",95.3%的教师选择"自我反省",92.1%的教师选择"自律",仅有4.6%的教师选择"没有反应",说明绝大部分教师能够积极地从自身做起采取一些预防虐童事件发生的行为,如图8-11所示。

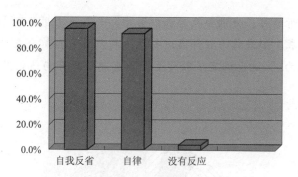

图 8-11　教师对虐童事件的行为反应

（二）幼儿教师对虐童事件所持态度的影响因素

1. 涉事幼儿的行为习性

"对于幼儿出现的一些行为（如顽皮、哭闹、不睡等），您是否会寻找原因？" 69.3% 的教师选择"会"，20.3% 的教师是"不了解时会询问"，仅有 7.8% 的教师选择"不会"，2.6% 的教师选择"不了解时不会询问"。说明有 89.6% 的教师都会针对幼儿胡闹行为寻找原因。针对"当幼儿一直哭闹不止您耐心被磨没时，您会惩罚幼儿的原因是？" 83.7% 的教师选"改正幼儿不良习性"，并且"针对幼儿哭闹不止而打骂孩子等行为，您是否有以下情况：想过好多次了，但没有下手，或者如果是自己家孩子，早就动手了？" 25% 的教师选了"还真有"，可见幼儿哭闹不止，特别是经过教师反复引导未见成效时，教师可能会产生虐童行为，尽管发生此类事件的初衷是幼儿教师为了教育或引导幼儿。教师不会惩罚孩子的原因如图 8-12 所示。

2. 媒体报道的助推力

关于"请您谈谈是什么影响了您对虐童事件的态度"，某教师写道："我对虐童事件的态度转变主要是在通过微信、微博这些渠道了解到被曝光的幼儿园园长和家长的一些说法之后。最开始没往心里去，但后来考虑到虐童的后果，才发现确实挺可怕的。最近的北京红黄蓝幼儿园，出现教师针扎幼儿这一行为让我百思不得其解，之后我又开始搜索其他虐童事件，太让我震惊了。给孩子喂不明白色药片、让孩子吃芥末，甚至还猥亵幼儿，这完全玷污了教师这一职业，更是警醒了我自己，让我开始反省自己，担心自己会不会在利益驱使下出现这一行为。"随着各地不断被媒体曝光的虐童事件，让教师对虐童事件持有的态度发生了转变，由最初不以为然到后来的主动搜索再到最后的自我反省、自我检讨，这些都使教师重视起虐童事件，并从中吸取教训。

3. 教师的良好职业操守

回答"不论幼儿是如何哭闹，您都不会惩罚孩子是考虑到何种因素？" 76.50% 的教师选择了"爱孩子/为孩子着想"，这部分教师素质较高，具有良好的职业操守，为了幼儿的身心发展尽量去合理教育幼儿，他们不可能发生虐童事件。

针对"请您谈谈当今社会虐童事件频发的原因"，89% 的教师都表示虐童事件与教师本身的职业操守有关。如某教师回答道："虐童事件之所以频发，其中一点重要的原因就是教师有没有职业操守。作为一名教师最主要的就是要做到爱孩子、有责任心，不辜负家长对我们的信任。在孩子不听话时，我们要及时加以引导，而不是去用各种办法伤害孩子，这也是身为教师最基本的要求。如果作为教师连这都做不到，那么自然会在日常工作中对幼儿失去耐心进而产生虐童行为。"这也证实了教师是否具有职业操守与他们是否会产生虐童这一行为两者之间存在联系。

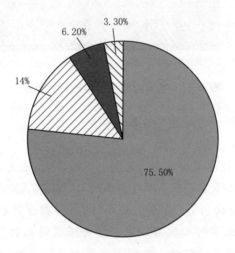

图 8-12 不会惩罚孩子的原因统计图

4.明哲保身的行为态度

某托班教师在回答"请您谈谈是什么影响了您对虐童事件的态度"时写道："我只是一个托班的老师，我的职责就是带好我班孩子，不让他们磕了碰了。孩子每天开开心心地来，安安全全地走，这就是我的使命。至于这种事件，没发生在我身上就与我无关，我可不想给自己惹麻烦。"可见，持有这种态度的教师不会主动去议论这一问题。他们认为这种事情根本与自身无关，之所以避之不谈，是怕家长听闻虐童这类事件或是与虐童有关的报道等后，怀疑本幼儿园存在教师虐童这一行为，进而来问责。他们所持有的态度也会降低其自身在工作中出现虐童行为的概率。

五、对策与建议

（一）教师要提高对虐童事件的关注

对于"您认为应如何改善教师对虐童事件的态度？（幼儿教师怎么做？幼儿园怎么做？）"有教师写道："应加强教师对虐童事件的关注度，多利用网络渠道了解该类事件。在日常工作生活中，多与同事、朋友、家人探讨；当媒体报道该类事件时，要积极关注、客观看待，以更好的行动打消家长因虐童事件而对教师产生的不信任感。"因此，改变教师对虐童事件的态度离不开教师对该事件的关注度。当媒体报道该类事件时，教师应该正视虐童事件及事件带给工作的不便利，使自身更加了解虐童行为对幼儿身心造成的伤害，进而规避自身产生虐童行为。

（二）幼儿园要强化教师队伍建设

1. 加强师德教育

某教师在回答："您认为应如何改善教师对虐童事件的态度"时表示："我们园长特别注重教师对孩子的态度并且禁止教师体罚孩子，就更不用提虐童了。园长规定每天 7：20 所有老师必须下楼集合，准时开早会并由她带领我们进行爱的宣读。每次宣读完，老师之间相互握手并拥抱对方，互相鼓励，以最饱满的状态去迎接孩子。"良好的师风师德环境，会使教师更加端正自身心态、包容幼儿，既能使教师对虐童事件有正确的认识，也能避免虐童事件在幼儿园的发生。

2. 多开展教师研讨会

关于"您园针对被曝光的虐童事件，是否开展了相关会议（请简要说明）"，在调查的 8 所幼儿园中，6 所幼儿园有此类举措。某教师描述："幼儿园开展教师研讨会，一方面可以让老教师传授给年轻教师经验、分享教学事件、对年轻教师身上出现的问题及时提出建议，另一方面也可以让教师们学习教师行为条例。"在回答"您园针对虐童事件学习了哪些条例？"有教师写道："我园教师包括保育老师都会认真研习《幼儿园管理条例》《幼儿园工作规程》《教师法》以及《未成年人保护法》等。"这些条例都促使教师对产生虐童行为会给自身造成的后果形成正确的认识，从而防止虐童事件。

（三）社会要创设良好的舆论环境

创设良好的舆论环境是至关重要的，在如今这个网络开放的时代中，每个人都有言论自由的权利，但教师要正确看待并使用这一权利，力争打造良好的舆论氛围，在报道虐童事件的同时宣扬优秀教师，让教师在汲取他人教训的同时学习他人经验，让教师客观地表达自己所持的情感态度，在确保被传播事件的真实性之后积极、客观表达自己内心对虐童事件的看法。身为教师应时刻保持头脑清晰、思维缜密，全方位分析虐童事件，进而避免虐童事件的发生。

参考文献：

[1] 付玉明，宋磊. 论我国儿童权利的法律保护——以近期几起典型案件为例 [J]. 法学杂志，2013（34）：101-109.

[2] 刘明学. 温岭幼师虐童案研究 [D]. 哈尔滨：黑龙江大学，2015 年.

[3] 徐东，秦雪娇. 近十年我国幼儿园"虐童"事件的研究综述 [J]. 早期教育，2017（1）：12-16.

[4] 王凤娇. 浅析虐童事件 [J]. 山东青年，2016（7）：269-270.

[5] 邵丹. 幼儿教师尊重感体验及其影响因素的个案研究 [D]. 石家庄：河北师范大学，2017.

[6] 阴卫芝. 主体性真实：公正的真实与全面的真实——以"SPJ 规范改版"及"虐童报道案"为例 [J]. 国际新闻界，2008（4）：43-47.

附录

关于幼儿教师对虐童事件的态度调查

尊敬的幼儿教师，您好！此次调查为撰写毕业论文需要，最终数据与结果仅为毕业论文所用，不会暴露与您有关的任何信息，请您放心！因此，请您认真、如实、详尽地填写以下问题，谢谢您的配合！

性别（男／女）；单位性质（公立／私立）；教龄（3年以下／3~5年／5年以上）；所带班型（托／小／中／大）；年龄（20岁以下／21~30岁／31~40岁／41~50岁／50岁以上）；受教育程度（研究生／本科／专科／高中／初中／其他___）；工资（1500以下／1501~2000/2001~2500/2501~3000/3000以上）

虐童具体表现为两方面，分别为肉体虐童和精神虐童。肉体虐童指教师推、掐、踹、殴打、喂药、喂刺激性食物、针刺、隔离幼儿、猥亵或性侵幼儿等侵害幼儿身体的行为；精神虐童指教师忽视、嘲讽、侮辱、威胁等影响幼儿心理的行为。

1. 您平时关注虐童事件吗？（　）
A. 非常关注　B. 关注　C. 不关注　D. 完全不关注
2. 当听闻虐童事件时，您的情绪反应是（请简要说明）？（　）
A. 惊讶、难以置信　B. 生气、愤怒　C. 没什么情绪（请简要说明：___）
3. 当听闻虐童事件时，您的行为反应是？（可多选）（　）
A. 自我反省　B. 自律　C. 没有反应
4. 对于幼儿出现的一些行为（如顽皮、哭闹、不睡等），您是否会寻找原因？
A. 会　B. 不会　C. 不了解时会询问　D. 不了解时不会询问
5. 当幼儿一直哭闹不止您耐心被磨没时，您会惩罚幼儿的原因是？
A. 便于维持纪律　B. 改正幼儿不良习性　C. 防止其他幼儿效仿
D. 其他（请简要说明：___）
6. 针对幼儿哭闹不止而打骂孩子等行为，您是否有以下情况：想过好多次了，但没有下手，或者如果是自己家孩子，早就动手了？（　）
A. 还真有　B. 会以说教为主　C. 完全不会　D. 其他（请简要说明：___）
7. 不论幼儿是如何哭闹，您都不会惩罚孩子是考虑到何种因素？（　）
A. 爱孩子／为孩子着想　B. 从家长的角度换位思考
C. 怕园罚款／监控曝光／园长批评　D. 其他（请简要说明：___）
8. 您园针对被曝光的虐童事件，是否开展了相关会议？（　）
A. 是　B. 否
9. 请您谈谈是什么影响了您对虐童事件的态度。
10. 请您谈谈当今社会虐童事件频发的原因。
11. 您认为应如何改善教师对虐童事件的态度？（幼儿教师怎么做？幼儿园怎么做？）
12. 您园针对虐童事件学习了哪些条例？

再次感谢您的配合与支持，非常感谢！

（三）教育实验报告

教育实验报告结构包括标题、摘要与关键词、问题的提出（选题缘由、文献综述）、研究假设、实验方法设计与实验过程、实验结果与讨论、结论、参考文献及附录部分。示例见下文的"研究案例"中的《3~6岁儿童颜色及图形视觉辨认实验研究》。

1. 标题

常直接采用研究课题的名称，指明研究主要变量，使研究问题一目了然。

学术性强、理论价值较大的，准备发表于专业研究杂志或学报上的研究报告，标题应简练具体、精确严谨、逻辑性强。实践性较强的、准备发表于普及性报纸杂志上的研究报告，标题则应具体明确、引人注目，引起读者的兴趣和注意。如有必要，可以再以副标题的形式列出。

2. 摘要与关键词

3. 问题的提出

是研究报告的正文开头部分，阐述国内外研究的现状及发展趋势、本实验研究的背景及必要性，及本实验研究的主要内容。具体体现为：研究目的、选题依据、课题的价值和意义、文献综述（目前，国内外在这一方面的研究成果、现状、问题及趋势）、该项研究所要解决的问题以及研究的理论框架。文字简洁明了，字数不宜太多，表述要具体清楚。

4. 实验方法

对研究假设进行说明，研究课题中出现的主要概念的定义和阐述，实验的设计（被试的条件、数量，取样方法，实验组与控制组情况，研究的自变量因素的实施及条件控制等），详细阐述整个实验的研究过程（实验的程序，通常涉及实验步骤的具体安排、研究时间的选择），资料数据的搜集和分析处理，实验结果的检验方式。结构应周密，条理要清楚，用词要准确明白。

5. 实验结果及讨论

系统概括通过实验研究所发现的主要结论，明确指出相关教育改革的新思路或新见解，展望实验研究对教育现状的改进前景。

讨论是对研究结果的含义和意义进行评价，对实验结果进行理论上的分析和论证，对本实验研究方法的科学性和局限性的探讨。提出可供深入研究的问题以及本实验研究中尚未解决或需要进一步解决的问题，对未来的研究以及如何推广研究提出建议。其作用是从理论上加深对研究结果的认识，为本研究结论提供理论依据。对结果中不够完善之处进行补充说明，从而为得出结论铺平道路。

6. 结论

系统概括实验研究得出的主要研究结论，基本内容包括研究中所搜集的原始数据、典型案例、观察资料，用统计表、曲线图结合文字进行初步整理、分析，资料翔实、层次清晰、前后连贯，文字准确简明；既有对定性资料的归纳，又有对定量资料的统计分析等，是指对数据资料，不仅要严格核实，而且要采用一定的统计分析技术，从数量变化中揭示出所研究事物的内在必然关系，而不是事实的罗列；在对资料进行初步整理分析的基础上，采用一些逻辑的或统计的技术手段，得出研究的最终结果或结论。明确指出哪些结论是作者独立提出的，简要描述研究成果的实践价值，以陈述事实为主，不应夹杂前人或他人的工作成果，也不应外加研究者的主观议论和分析，从而保证结果的纯洁性、客观性和准确性。

7. 参考文献与附录

此外，需要说明的是，讨论与结论的区别：

研究结论呈现的是研究中的客观事实，它应该是基本肯定的，并可以在相同的研究中重复出现；对自然科学研究来说，结论是经过严密的逻辑推理所做出的最后判断；对于社会科学研究来说，结论是论题被充分证明后得出的结果，作者将自己的观点鲜明地铺垫出来，并引出新的思考。因此，结论的措辞要严谨，逻辑要严密。

而讨论则是主观的认识与分析，是研究者将研究的结果引向理论认识和实验应用的桥梁；往往用于自然科学的学术论文，讨论是从理论上对研究结果的含义和意义进行分析解释和评价。讨论的内容一般包含以下几个方面：阐明结果是否支持了研究的假设；讨论研究结果的有效度和理论意义、实际意义；指明该研究的局限以及进一步需要继续探讨的问题。

研究案例

3~6岁儿童颜色及图形视觉辨认实验研究

张增慧　林仲贤

中国科学院心理研究所

提要：本研究对120名学前儿童(3~6岁)进行了12种颜色和12种图形的辨认实验。实验刺激用速示器分3种速度(0.01秒、0.05秒、0.1秒)呈现。结果表明：呈现速度对辨认正确率有着明显的影响。3~6岁儿童对颜色和图形的辨认能力均随年龄增长而逐步提高。学前儿童对颜色的辨别，在3种呈现速度条件下，均以对黄、红、绿3色的辨认正确率为最高；对图形的辨认在不同呈现速度条件下出现优势与劣势图形之分。优势图形正确辨认百分比较高，而劣势图形则较低，这种优劣势图形的产生可能与图形的空间结构特性及进行言语"句子化"编码的难易有着密切关系。

一、前言

关于儿童对颜色及形状辨认能力的研究，国外已有过一些报道。W.Preyer[1]发现婴儿出生后到42天时，就已经开始对有颜色的物体表示出明显愉快的感觉。R. Staples[2]曾对婴儿的颜色倾向进行过研究，她将两个大小相等、明度相等、距离相等，只是颜色不同的色片（彼此相隔6英寸）呈现给婴儿，记录婴儿对不同色片注视的时间，证明婴儿已具有初步辨色能力。W. M. Cook[3]采用色调匹配的方法，探讨了幼儿对红、黄、绿、蓝四种色调的辨认能力，发现到6岁时已达到97%的正确性。在我们的一项研究中[4]，对3~6岁的学前儿童所进行的颜色命名及颜色再认的实验结果表明，学前儿童的颜色正确命名及颜色再认能力是随着年龄增长而逐步提高的。到6岁时，颜色的正确命名率已达到94.5%，对颜色再认的正确率则为64%。

对于形状知觉的形成与发展问题，R. L. Fantz[5]通过实验证明，1~6个月的婴儿已经能对一些不同结构的图形有选择性的反应，具体表现为对某些形状（如人脸、靶心形、棋盘形)有强烈的偏好,而对另一些形状(如十字形、圆形、三角形等)则未引起明显分化的兴趣,婴儿对偏好形状的注视时间较长,Fantz认为极小的婴儿已具有了形状知觉,在给予有图案与无图案的两种形状刺激,婴儿较多地注视前者。B. C. Ling[6]的实验表明,6~16个月的婴儿能够学会区分不同形状的物体,他用的是有三度空间的物体,如果用的只有两度空间的开头就比较困难。H. W. Stevenson 与 Me Bee[7]对3岁至6岁的儿童进行了不同维度结构的形状辨认实验(立体的、平面的、画的),结果也表明,儿童对立体的物体辨认得较快。J. J. Gibson[8]等研究了儿童(6~11岁)及成人形状知觉的发展,他们呈现给被试一个标准图形(5秒钟),然后要求在17个类似图形中辨认出刚才见到过的图形来。结果表明,这种能力随着年龄的不同而变化。

在上述一些研究中,标准刺激物的呈现时间都是比较长的,最短的也在5秒以上,有的甚至在呈现时间上也没有严格的限制。可以设想,如果要求儿童在速视条件下进行颜色或图形的辨认,其难度就会大得多。这要求被试要有高度的集中注意力,迅速的视觉反应以及善于抓住刺激物空间结构的主要特征。这些知觉特点可能要更多地受到后天生理成熟、学习与经验的影响而进一步发展。在本研究中我们采用快速呈现的方法,探讨3~6岁学龄前儿童对颜色及图形的迅速辨认能力的发展特点,以期进一步验证与阐明我们以上的一些设想。

二、方法及步骤

实验对象

分别为幼儿园的大、中、小班的3岁4岁5岁和6岁年龄的儿童。每个年龄组30人,男女各半,共120人。实验前均进行色觉检查,属于正常视觉者。

实验材料

采用两套材料。第一套是12种不同颜色的卡片,分别为棕、白、红、绿、紫、橙、浅蓝、品红、深绿、黄、深棕、蓝。第二套材料为12张图形(如图8-13所示)。图形的组合来自三种变化:十字形结构(图形1~4号),半月形结构(图形5~8号)及四方形结构(图形9~12号)。

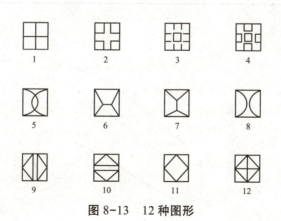

图8-13　12种图形

实验步骤

实验采用个别测验法。实验时主试先向儿童分别说明实验的要求和做法,待儿童了解后,进行若干次练习,然后正式进行实验。进行颜色辨认实验时,采用第一套材料进行。12

种颜色通过速示器的小窗孔依次按不同时间呈现给被试看，被试在每看完一种颜色后，让他在面前的一张贴有与速示器呈现卡片完全相同的12种颜色的纸板上找出相同的颜色。每种颜色呈现一次。刺激呈现的顺序是随机的。卡片呈现的时间分为3种：即0.01秒、0.05秒、0.1秒。被试的眼睛距离速示器0.3米远。结果计算采用计分法，辨认正确给1分，错误给0分。12张颜色或图形全对者得12分。因为每个年龄组被试均为30名儿童，故满分为360（12×30）。第一套颜色材料辨认完毕后，休息两分钟，然后进行图形辨认实验。采用第二套材料进行12种图形的实验，条件控制与前者相同。

实验指导语："小朋友，今天我请你做一个游戏，你注意看这个小窗孔（主试指着速示器的窗孔），一会儿我从这个小窗孔给你看一种颜色（或图片），当你看完之后，就在这张纸板上（主试指着贴有12种颜色或图形的纸板）找出你刚才看见的颜色（或图形）。"

三、实验结果

（一）不同颜色辨认实验结果

分别见表8-3和图8-14。

表8-3 学前儿童对不同颜色辨认结果比较*

年龄	呈现时间 实验结果	0.01秒	0.05秒	0.1秒	总平均分
3岁	分数 正确/%	74 20.5	122 33.8	188 52.2	128 35.5
4岁	分数 正确/%	107 29.7	190 52.7	244 67.7	180.3 50.0
5岁	分数 正确/%	154 42.7	238 66.1	276 82.2	222.6 63.6
6岁	分数 正确/%	187 51.9	283 78.6	328 91.1	266 73.8

*满分为360分。

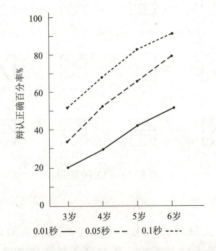

图8-14 儿童在不同呈现时间下对不同颜色辨认的实验结果

从表 8-3 和图 8-14 可以看出，不同年龄的儿童对不同颜色的辨认能力是有差异的，随年龄的增长辨认的正确率逐步增高，并且呈现时间的长短对辨认率也有着明显影响。3 岁、4 岁、5 岁、6 岁的辨认正确百分率在用 0.01 秒速度呈现时，分别为 20.5%、29.7%、42.7% 和 51.9%；在用 0.05 秒速度呈现时，分别为 33.8%、52.7%、66.1% 和 78.6%；在用 0.1 秒速度呈现时分别为 52.2%、67.7%、82.2% 和 91.1%。

把实验结果进行统计处理见表 8-4。

表 8-4　学前儿童颜色辨认实验结果变异数分析

变异来源	和方	自由度	均方	F 值	显著性
条件间	1211.51	2	606.75	216.18	$P<0.001$
年龄间	1061.03	3	353.67	126.22	$P<0.001$
实验条件 × 年龄	15.92	6	2.65		
误差（组内）	975.37	348	2.80		
总计	3263.83	359			

从表 8-4 可以看到，不同条件间的差异和各年龄组间的差异都达到显著性水平（$P<0.001$）。

不同呈现时间条件下的各种颜色的辨认正确率比较见表 8-5。

表 8-5　3~6 岁儿童在不同呈现时间下对各种颜色辨认的结果比较

呈现时间 \ 颜色 正确辨认/%	棕	白	红	绿	紫	橙	浅蓝	品红	深绿	黄	深棕	蓝
0.01 秒	9.1	35.0	59.1	51.6	41.6	45.0	40.0	26.6	12.5	62.5	19.1	26.6
0.05 秒	32.5	70.0	75.8	71.6	55.0	70.8	62.5	43.3	30.0	86.6	53.3	42.5
0.1 秒	60.0	87.5	91.6	79.1	67.5	82.5	80.8	55.0	48.3	89.1	79.1	52.5
平均	33.8	64.1	75.5	67.4	54.7	66.1	61.1	41.6	30.2	79.4	50.5	40.5
次序	11	5	2	3	7	4	6	9	12	1	8	10

从表 8-5 可以看出，呈现刺激时间的长短对颜色辨认有明显影响。呈现时间越短，如 0.01 秒时，只有黄色、红色和绿色正确辨认的百分率达到 50% 以上；其余各色的正确辨认百分率都在 50% 以下；在呈现时间为 0.05 秒时，正确辨认率则有明显提高，黄、红、绿、橙、白、浅蓝、紫、棕 8 种颜色的正确辨认百分率分别为 86.6%、75.8%、71.6%、70.8%、70.0%、62.5%、55.0%、53.3%，占 12 种色的一半以上。而呈现时间为 0.1 秒时，辨认正确率又进一步上升；12 种色的正确辨认率都达到 50% 以上。从结果中还可以进一步看出，不同颜色的辨认易难程度很不相同，黄、红、绿、橙、白五色最易辨认（正确率在 64% 以上）。其次为浅蓝、紫、深棕（正确率在 50% 以上），较难辨认的是品红、蓝、棕和深绿（正确率在 50% 以下）。

（二）不同图形辨认的实验结果

从表 8-6 和图 8-15 可以看到不同年龄儿童对 12 种不同图形的辨认有着明显的差别；并且呈现时间的长短也有着明显的影响。当呈现时间为 0.01 秒时，3 岁、4 岁、5 岁儿童的辨认正确百分率分别为 11.3%、26.9%、38.8%，都未到半数，尤其是 3 岁和 4 岁儿童更差，5 岁儿童也仅达到 1/3，到 6 岁时则有着明显的提高，正确辨认的百分率达到 57%。但呈现时间加长到 0.05 秒时，3 岁、4 岁、5 岁、6 岁儿童的辨认正确率都提高了，分别为 21.1%、41.6%、62.2% 和 80.2%。年越大提高得越多。当呈现时间为 0.1 秒时，除 3 岁儿童外，其他 3 个年龄组的儿童辨认正确率都达到了 60% 以上。

表 8-6　学前儿童对不同图形辨认的实验结果

年龄	呈现时间 实验结果	0.01 秒	0.05 秒	0.1 秒	总平均
3 岁	分数	41	76	129	82
	正确 /%	11.3	21.1	36.8	22.7
4 岁	分数	97	150	233	160
	正确 /%	26.9	41.6	64.7	44.4
5 岁	分数	140	224	286	216.6
	正确 /%	38.8	62.2	79.4	60.1
6 岁	分数	208	289	330	275.6
	正确 /%	57.7	80.2	91.6	76.5

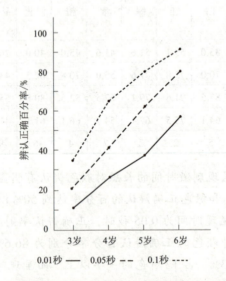

图 8-15　儿童在不同呈现时间下对不同图形辨认的实验结果

用统计处理实验结果见表 8-7。

表 8-7　3~6 岁儿童的图形辨别实验结果变异数分析

变异来源	和方	自由度	均方	F 值	显著性
条件间	892.33	2	470.08	122.41	$P<0.001$
年龄间	2098.79	3	699.59	182.18	$P<0.001$
实验条件 × 年龄	50.70	6	8.45		
误差（组内）	1337.82	348	3.84		
总计	4379.64	359			

从表 8-7 可以看到实验结果经统计处理后，各实验条件间与各年龄间的差异性都达到 0.001 显著水平。

以上是对图形辨认结果的趋势的分析，但在 3 种类型的 12 种图形中，辨认的易难程度是很不一样的，这可以从表 8-8 中明显看出。

表 8-8　3~6 岁儿童在呈现时间长短条件下对不同图形辨认的影响结果比较

呈现时间 \ 正确辨认/% \ 名号	1	2	3	4	5	6	7	8	9	10	11	12
0.01 秒	60.0	43.3	30.8	32.5	40.8	25.8	28.3	46.6	19.1	27.5	24.1	27.5
0.05 秒	85.8	56.6	48.3	37.5	63.3	45.0	42.5	65.8	48.3	45.0	42.5	35.0
0.1 秒	96.6	80.0	62.5	65.0	77.5	60.0	59.1	77.5	60.8	70.0	65.0	55.8
平均	80.8	59.9	47.2	45.0	60.5	43.6	43.3	63.3	42.7	47.5	43.8	39.4
次序	1	4	6	7	3	9	10	2	11	5	8	12

从表 8-8 中可以看到，在不同呈现速度反应下，出现有优势与劣势图形之分，优势图形在各个呈现时间条件下反应正确百分率较高些，而劣势图形则较低。如 1 号、8 号属于优势图形；12 号、9 号为劣势图形。这种优劣势图形之产生可能与图形的空间结构特征与进行言语"句子化"编码的难易有着密切关系。

四、讨论

（一）首先从颜色辨认的实验结果来看，儿童对不同颜色的辨认能力是随年龄增长而逐渐提高的，而呈现时间的长短对辨认结果有着明显的影响。在快速呈现的条件下（呈现时间为 0.01 秒时），3 岁儿童的辨认正确率仅为 20.5%；而且能辨出的颜色也只有红、黄、绿等色。当呈现时间增长到 0.05 秒时，辨认正确率为 33.8%；当呈现时间再增长到 0.1 秒时，这时辨认正确率也只达到 52.2%。3 岁儿童在进行视觉辨认实验时，注意力往往很难保持高度集中，视觉反应也不够迅速，故错误反应较多。这说明 3 岁儿童在本实验条件下对于颜色辨认的能力较差，尤以快速条件为甚。4 岁的儿童则略有所提高，首先表现为注意力能较集中了，当呈现时间为 0.01 秒时，他们辨认的正确率为 29.7%，而且掌握的色彩达到 7 种，有 4 名儿童能正确辨认 7 色。当呈现时间增长至 0.05 秒时，正确辨认率达到 52.7%；呈现时间为 0.1 秒时，正确辨认率为67.7%。5岁儿童在呈现时间为0.01秒、0.05秒和0.1秒时都较4岁儿童增长13%~15%的正确辨认率。6岁儿童在0.01秒的呈现时间时正确率便达到51.9%（相当于3岁儿童在0.1秒呈现时间所达到的结果），当呈现时间增长至0.05秒和0.1秒时则有较大幅度的提高，正确率分别为78.6%和91.1%。这表明了不同年龄儿童对颜色的辨认能力有着明显的差别，儿童的这种对颜色在速视条件下的辨认能力的发展是随着年龄的增长而提高的。

（二）儿童对不同颜色在速视的条件下进行辨认，其易难程度是不同的。如果以正确辨认率在64%以上作为易辨色的话，则有黄、红、绿、橙、白五种颜色，这个结果与我们在另一项研究[9]中，成人被试对10种表色在不同面积呈现条件下所得的辨认结果大致相符（呈现时间没有控制，只控制刺激面积）。在这个条件下的5种易辨色为红、青、橙、绿、黄（正确辨认率均在63%以上）。除青色外，有四种颜色是相一致的。这种情况说明，成人与儿童的辨色结果的趋势基本是一致的。即使在不同的两种实验条件下（一是变化呈现时间，一是变化刺激呈现面积），也是如此。这些容易辨认的颜色一方面可能与其本身的物理特性有关，另一方面与人眼色觉分辨特性也有关。

（三）从图形辨认实验的结果看出，3岁儿童对图形的辨认比起对颜色的辨认困难似乎更大些，他们还不会掌握图形的空间结构特征，而且注意力不易集中。当呈现时间为0.01秒时，多数儿童不能正确辨认，所以正确辨认率只有11.3%；当呈现时间增长至0.05秒和0.1秒时正确率也只能达到21.1%和35.8%。4岁儿童对0.01秒呈现的图形辨认正确率为26.9%，但当呈现时间增长为0.05秒和0.1秒时，则辨认正确率达到41.6%和64.7%。5岁儿童的辨认能力较4岁儿童有明显的提高，在呈现时间为0.01秒时，正确辨认率为38.8%，而呈现时间为0.05秒与0.1秒时，正确率分别达到62.29%与79.4%。5岁儿童开始已能掌握图形的空间结构的一些特点。如5岁儿童张××和戚××都指出1号图形像个田字，王××指出5号图形像两个刀片等，已能初步抓住图形的空间结构的一些特征进行图形辨认。在彭瑞祥等的一项研究中，指出了"句子化"的编码作用是构成优势图形的主要条件[10]。6岁的儿童则更有大幅度的提高，在0.05秒呈现条件下，正确辨认率达到80.2%，呈现时间为0.1秒时，正确率达到91.6%。从3~6岁学前儿童对图形辨认的结果也可看出，他们对图形辨认能力的发展明显地与年龄的增长有着密切关系，辨认能力随着年龄的增长而逐步提高。这表明图形知觉能力的发展更多地依赖于生理成熟过程及后天的学习与经验，较年幼儿的儿童（如3岁儿童），即使在我们这种实验条件下也能进行一些辨别活动，但准确性是很差的（呈现时间为0.01秒时，正确辨认率只有11.3%）。

（四）近20年来不少研究者进行过婴儿知觉能力的研究，采用一种简单的行为反应，即"婴儿看着什么地方"，记录婴儿注视的时间。K. Fantz是最早采用这种方法的，在20世纪60年代早期证明婴儿在出生头几天就能辨别呈现给他的不同形状视觉刺激物，新生儿虽能看出一些图形，但他们的能力毕竟是十分有限的[11]。有些材料证明，视觉系统不是一生下来就是很完善的，出生后需要一段很长时间才发育成熟，例如，对分辨空间距离的视敏度，在人类婴儿期很差，一直到人眼的光学结构已经发育成熟很长时间之后，视敏度才达到成年水平。从我们对3~6岁学前儿童颜色及图形视觉辨认实验所得的结果来看，即便正如一些研究者所得到的材料表明的那样，出生婴儿已具有初步的对图形辨别的能力，他的知觉辨别能力仍然是很有限的。但是，无疑婴儿出生之后就开始接触周围世界与外界发生密切联系。他的知觉能力也就是在这种条件下一天天地发展与完善起来的。我们的材料表明，3~6岁时期的儿童，对颜色与图形的辨认能力有着一个明显的发展过程，这种知觉能力是随着年龄的增长而逐步提高的。

五、小结

（一）120名3~6岁学龄前儿童进行了12种颜色和12种图形的辨认实验。实验是在速视条件下进行的，采用3种呈现速度，0.01秒、0.05秒和0.1秒。结果表明：儿童对12种颜色和12种图形的辨认能力均随着年龄的增长而逐步提高。

（二）刺激呈现的速度对颜色辨认及图形辨认都有着明显的影响。辨认正确率随着刺激呈现时间的变化而变化。在快速呈现条件下（0.01秒），正确率极低，速度因素对年龄越小的儿童的影响越大。

（三）在3种呈现速度条件下，均以对黄、红、绿三色的辨别正确率最高；对图形的辨别，在不同呈现速度条件下出现有优势图形与劣势图形之分，优势图形的正确辨认百分比明显较高，这种优劣势图形的产生可能与图形的空间结构特性及进行言语"句子化"编码的难易有着密切关系。

参考文献

[1] Preyer W, The senses and the will, 1905
[2] Staples R J. Exp. Psychol, 15, 119-141, 1932.
[3] Cook W M, Child Developm, 2, 303-320, 1931
[4] 张增慧，林仲贤. 心理科学通讯，2, 17-22, 1982年.
[5] Fantz R L, Physiological Psychology, 71-77, 1971.
[6] Ling B C, Comp. Psychol. Monogr, 17, No2.1941.
[7] Stevenson H W & MeBee G J. Comp. Physiol Psychol, 51, 752-754, 1958.
[8] Gibson J J & Gibson E J, Psychol. Rev. 62, 32-41, 1965.
[9] 张增慧，林仲贤. 普通心理学与实验心理学论文集，1983年.
[10] 彭瑞祥，林仲贤. 心理学报，第1期，80-87页，1982年.
[11] 奥尔森 G M. 心理科学通讯，第3期. 35-38页，1981年.

——来源：张增慧等. 3~6岁儿童颜色及图形视觉辨认实验研究 [J].
心理学报，1983（4）：461-468.
https://wenku.baidu.com/view/135e5b6bb307e87101f696ab.html.

（四）个案研究报告

个案研究，又称案例研究。研究报告的基本结构一般包括：标题、摘要与关键词、问题的提出、研究方法的选择和运用、案例描述、案例分析、结论与反思、参考文献与附录等。

1. 标题
2. 摘要与关键词

3. 问题的提出

包括选题缘由（阐述案例研究的背景及必要性）、文献综述、本案例研究的研究目标及主要内容。

4. 研究方法的选择和运用

包括抽样标准，即案例如何选定；进入现场及与被研究者建立和保持关系的方式；采用什么方法收集资料和分析资料；关于研究伦理的考虑等。

5. 案例描述

描述整个案例的情景，包括时间、人物、事物发生过程、结果等的详细记述，针对情景中某几个问题进行一些理论分析。

6. 案例分析

分为理论分析部分和评议部分。理论分析包括案例分析目的、教育理论依据、教育意义等；评议分析包括案例自评或者专家点评等。

7. 结论与反思

对研究中关键元素及研究结果进行深入讨论，从研究结果中推论出最终的结论，并对结论的有效性和真实性做出解释，对案例研究问题提出解决方案或策略。

8. 参考文献与附录

研究案例

优秀园长专业发展的个案研究（提纲）

目　录

摘　　要	I
ABSTRACT	II
一、绪论	1
（一）选题缘由	1
（二）研究目的和意义	1
1. 研究目的	1
2. 研究意义	1
（三）文献综述	2
1. 有关幼儿教师专业发展的研究	2
2. 关于校长专业发展的研究	3
3. 关于园长专业发展的研究	4
4. 有关教育生活史的研究	5
（四）研究设计	6
1. 研究方法	6
2. 研究对象的选择	6
（五）核心概念界定	7
1. 优秀园长	7
2. 园长专业发展	7

3. 教育生活史 ·· 7
二、W 园长专业发展历程回顾 ·· 9
　（一）职前预备期 ·· 9
　　　1. 选择幼师 ··· 9
　　　2. 幼师学习 ·· 11
　（二）入职适应期 ··· 12
　　　1. 做一线教师的酸甜苦辣 ·· 13
　　　2. 参与三年素质教育实验 ·· 14
　（三）成长期 ·· 15
　　　1. 我做保教干事 ··· 15
　　　2. 我的园长生活 ··· 16
　（四）成熟期 ·· 17
　　　1. 创业初期困难重重 ··· 17
　　　2. 在幼教道路上大展宏图 ·· 18
三、影响 W 园长专业发展的因素分析 ··································· 20
　（一）影响 W 园长专业发展的内因分析 ······························ 20
　　　1. 良好的个性特征 ·· 20
　　　2. 较强的学习能力和反思能力 ······································ 22
　　　3. 较强的科研意思和科研能力 ······································ 24
　（二）影响 W 园长专业发展的外因分析 ······························ 25
　　　1. 重视他人的引导和帮助——专业发展的助推器 ·············· 25
　　　2. 家人的关怀和支持——专业发展的坚实后盾 ················· 26
　　　3. 多样化的学习培训——专业发展的有效途径 ················· 27
　　　4. 和谐友好的工作氛围——专业发展的精神动力 ·············· 28
四、关于促进园长专业发展对策的几点建议 ··························· 30
　（一）基于自身条件的园长专业发展对策 ····························· 30
　　　1. 强化园长专业自主发展意识 ······································ 30
　　　2. 坚持学习，勤于反思 ·· 30
　　　3. 勤于动手，躬身实践 ·· 31
　（二）源于外部条件的园长专业发展对策 ····························· 31
　　　1. 上级教育相关部门及领导应当给予适当的政策支持和帮助 ··· 31
　　　2. 建立科学的园长专业发展标准和培训体系 ···················· 32
　　　3. 鼓励全社会形成关心幼教、尊重幼教的良好风尚 ··········· 33
结　　语 ··· 35
参考文献 ··· 36
附　　录 ··· 38

思考与练习

1. 研究报告的基本结构包括哪些方面？
2. 教育论文的基本结构包括哪些内容？

3. 选取一节公共课进行观察，撰写一份教育观察报告。

4. 从大学生活入手，如消费状况、交友、学习期望、对社会公益的态度等方面，选取题目，撰写一份教育调查报告。

5. 通过专业见习、社会实践的经历，撰写一份个案研究报告。

实 训

项目一 调查研究报告的写作技能

一、实训目标

1. 培养学生撰写教育调查报告的能力。
2. 培养学生灵活运用访谈、问卷的能力。

二、内容与要求

利用专业见习或社会实践的机会，实施问卷或访谈，完成一份关于教师介入幼儿游戏的调查报告。

项目二 教育论文写作技能

一、实训目标

1. 培养学生撰写教育论文的能力。
2. 培养学生学会观察、善于教学反思的能力。

二、内容与要求

1. 根据专业见习或社会实践经历，恰当运用所学的研究方法。
2. 参考下列案例，对自己或他人的教育教学实践进行反思，完成一份教育论文。

神童与母亲的故事

在辽宁省锦州的杨慧敏，任乡村小学、中学教师近40年，她用独特的教育方法，使自己的3个孩子在小学、中学期间多次跳级，并都顺利地考上了大学，成为少年大学生。她把教育长子、长女的经验和教训加以总结，形成了独特的培养孩子方法，创造性地运用在小女儿高升的教育上，使高升在小学、中学期间4次跳级，13岁就考上了重点大学。今年7月初，18岁的高升又收到了北京广播学院通信与信息系统专业的录取通知书，成为该院最年轻的研究生。

一、她拿自己的孩子做教育试验

杨慧敏小时候家境贫困，可她学习成绩一直很好。17岁初中毕业中断了学业后，被安排进小学当了教师。

她把全部的热情都投放到教育学生上，她教的学生的学习成绩是学校里最好的。多年的教学实践，使她悟到小学的课业其实很简单，就是学制太长了，大量的重复让学生产生了厌倦心理。后来，她成为一名中学教师。她认为，学生学习的压力不是来自课本，而是来自大量没有多大意义的强化训练。教育，只有让学生不断接受新的知识，才能使学生有兴趣学习；而大量的重复练习，使学生感到学习不再是乐趣，而变成了升学的手段。但她没敢拿学生做试验。她当时就想，将来拿自己的孩子做试验。

二、教育应该培养孩子对知识的兴趣

在教育长子和长女的过程中，也有许多的失败的教训。而小女儿高升就比哥姐幸运多了，她总结了教育长子和长女的经验，把最理想的教育观念应用在对高升的教育中。高升4岁时，她就开始实施教育计划。不是简单地教认字，而重在开发女儿的智力。给孩子讲故事：简单的动物寓言故事、短小的童话故事和有趣的神话故事。讲过后，不要求记住故事，而是要求女儿说："你好好想一想，也给妈妈讲个故事好不好？"高升的创造热情被激发出来，把看到的一切都编进故事里，当然故事常常非常幼稚可笑，但她从来不笑。她尊重女儿的创造，鼓励女儿的自信心。

她几乎每天晚上都要和女儿做游戏，是智力游戏。她还不失时机地让女儿认识各种事物，在女儿上学前，就几乎认识了所见过的一切动物、植物。每认识一种花时，她就告诉女儿那花有什么用途和关于花的美丽传说。女儿的求知欲越来越浓，常常问得她也回答不上了。她的丈夫也是知识分子，夫妻在家里就看书学习，3个儿女从小就认为学习是一种乐事。在父母哥姐都在学习时，小高升求妈妈教她画画、写字，求哥姐教她识数字，学会一点，就开心得不得了。她说最成功的是培养了女儿对知识的兴趣。

三、高升5岁半上小学，杨慧敏培养她的自学能力

高升5岁半时，她找到了南哨小学校长，要让女儿上学，校长当然不同意。她说："让高升先随班试读，如果不行，我就把她领回去。"上学后的高升表现出超人的学习欲望，第一次考试就考了全年级第一名，校长同意她正式入学。

她的长子和长女已经跳级，她开始总结经验和教训，要教给女儿一种学习方法：学习的能力和自觉性。女儿跟着一年级学习了3个月，她开始了特殊训练：让高升学会自己看懂数学例题，然后按照例题的方法做课后练习题，实在不懂的就问妈妈。高升问妈妈："人家都跟教师学，我为什么要自己学？"她耐心地告诉女儿："妈妈想把你培养成一个超常的孩子，也就是人们说的神童。"高升知道神童很了不起，就一心一意按照妈妈的要求做。一个月强化训练后，女儿已经能够看懂没有学过的数学例题，能够做没有学过的数学练习题。

语文的自学训练是从女儿学会汉语拼音后开始的，她先教女儿学会了查字典。查字典比较枯燥，她就采用兴趣转移的方法，女儿最爱听童话故事，她就把一个故事讲到一半放下，然后对女儿说："妈妈有事要办，回来再讲，要是你学会查字典，就可以自己看故事了。"如是几次，女儿就有了非学会不可的想法，非常认真地练习查字典的方法，非常认真

地学习识别汉字的偏旁部首和计算汉字笔画的方法。结果又是一个月后,女儿彻底解决了查字典的难题。基本的自学方法被女儿掌握了,妈妈给女儿制定了学习进度表。

四、在小学,高升跳了3次级

到了一年级结束时,她已经学完了一二年级的全部课程,本应上二年级的她坐在了三年级的教室里。杨慧敏始终坚定地认为:学习应该永远前进永远上升,而不应过多地重复。所以,在高升的自学中,不让她过多做题,而坚持一次成功的原则。也就是说,认真地理解了例题后,认真地做课后的练习题,做的时候要非常用心,争取不出错。杨慧敏从教多年,她说:"许多学生学习上的错误,看起来是不细心所致,实际上是多次重复造成学生不专心,久而久之就会习惯性地出现低级错误。许多成人常写错别字,基本上是他们学生时代将错误在无意中重复多次而形成的恶果。类似的恶果会使一个人一生受害,而一种成功的学习方法,会让学生在新知识面前永远有一种新鲜感和责任感。"

三年级时,高升又将两年的课程安排进了自己的学习进度表,上课对于她来说就是复习课。她已养成学习的自觉性,不论遇到多难的问题,都锻炼着自己解决,而不求助于妈妈。常常是一道难题解上几个小时,也不翻参考书上的答案。高升觉得世界上没有任何事能像学习一样带给她快乐,她常常会在周日坐在书桌前学习一整天而不知疲倦,吃饭都得妈妈喊。她的娱乐也是一种学习,她爱看小说、散文,爱背名剧中的精彩对白,爱在书里的游戏中挑战自我,爱在书中去寻找非常的快乐。

她又用一年的时间完成了三四年级的课程,跳进了五年级的课堂。老师劝她放弃这一想法,专心跟着教师学,打好基础,将来好有出息。可高升相信自己的自学能力,她要坚持下去。课程比过去多了,时间也紧了,每天回家抓紧一切时间学习。她的兴趣也更广泛了,爱画画、爱做小实验,更爱看《十万个为什么》。她想搞明白一切她不懂的知识,她知道唯一的钥匙就是知识。当然,她又用了一年的时间自学完成了小学五六年级的课程。

五、18岁成为全国名校的研究生,高升的成功是杨慧敏试验的成功

高升8岁半上初中,开始是以旁听的身份坐在教室的。在初一的第一次考试中,考了全年级的第三名,又一次得到了学籍。她又是计划用一年的时间完成初一初二两年的课程。农村的英语教学水平低,她就靠听广播讲座来校正发音。她把哥姐留下的教材和辅导书都找了出来,那些资料成了她最好的帮手。初三她跟着教师的步伐前进,10岁时考上了朝阳区的重点高中。

1994年夏,几乎所有的新闻媒介都报道了一个"神童"的事迹。13岁的高升以高出全国重点大学录取线的优异成绩考取了东南大学少年班。要知道,虽然她是按部就班地读完了3年高中,可她的考取比她的4次跳级更让人惊叹。在高二时,选择了文科。整个高三的理科课程都没有学过。在报考东南大学少年班时,她和妈妈都忽略了那班只招收理科生。等她们知道时,临考试只有一个月了。教师和亲友都劝放弃东南大学改报其他志愿。而高升的决定是:自学一个月,补上理科课程,继续考东南大学少年班。

一个月的时间里,高升把自己关在房间里,把哥姐的学过的高三物理、化学等教科书

和辅导书按进度搬来,每天按进度学习。她的房间里每天都是深夜还亮着灯。学校的教师和亲友都替她担心——高考不比小学的跳级。高考结束后,高升的高考成绩超过了全国重点大学的录取分数线,被东南大学录取。1999年夏,高升收到了北京广播学院的录取通知书,被该院录取为通信与信息系统专业的研究生,是该院年龄最小的研究生。

来源:王书春.神童与母亲的故事[N].沈阳日报,1999-07-08.

参考文献

[1] 裴娣娜. 教育科研方法导论 [M]. 合肥：安徽教育出版社，1995.

[2] 郑金洲，陶保平，孔企平. 学校教育研究方法 [M]. 北京：教育科学出版社，2003.

[3] 叶澜. 教育研究方法论初探 [M]. 上海：上海教育出版社，1999.

[4] 袁振国. 教育研究方法 [M]. 北京：高等教育出版社。2000.

[5] 杨小微. 教育研究方法 [M]. 北京：人民教育出版社. 2008.

[6] 杨晓萍. 教育科学研究方法 [M]. 重庆：西南师范大学出版社，2006.

[7] 陈向明. 质的研究方法与社会科学研究 [M]. 北京：教育科学出版社，2000.

[8] 刘良华. 教育研究方法：专题与案例 [M]. 上海：华东师范大学出版社，2007.

[9] Hock. R. 改变心理学的40项研究 [M]. 白学军，等译. 北京：中国轻工业出版社，2004.

[10] 吴振东. 学前教育科研方法 [M]. 北京：教育科学出版社，2012.

[11] 张燕，邢利娅. 学前教育科学研究方法 [M]. 北京：北京师范大学出版社，1999:25.

[12] 刘守旗. 塑造希望—献给小学生家长 [M]. 南京：江苏人民出版社. 2002.

[13] 人教社师范教材中心组编. 心理学 [M]. 北京：人民教育出版社. 1998.

[14] 何兰芝. 学前教育研究方法 [M]. 上海：华东师范大学出版社，2014.

[15] 吴振东. 学前教育科研方法（第2版）[M]. 北京：教育科学出版社. 2016.

[16] 卓挺亚，张亿钧，李汪洋. 教育科学研究方法 [M]. 2版. 海口：南海出版公司，2009.

[17] 郑国庆，宋辉，钱士奎. 教育科学研究的理论与实践 [M]. 北京：中国社会科学出版社，2001.

[18] 杜国莉，张德启. 学前教科研方法和研究性 [M]. 北京：北京出版集团公司北京出版社，2014.

[19] 董奇. 心理与教育研究方法 [M]. 北京：北京师范大学出版社，2004.

[20] 王烨芳. 学前儿童行为观察与分析 [M]. 南京：江苏教育出版社，2012.

[21] 张宝臣，李志军. 学前教育科学研究方法 [M]. 上海：复旦大学出版社，2008.

[22] 胡东芳. 教育研究方法 哲理故事与研究智慧 [M]. 上海：华东师大出版社，2009.

[23] 由显斌，左彩云. 学前教育研究方法 [M]. 3版. 北京：高等教育出版社，2018.

[24] 刘晶波，学前教育研究方法 [M]. 北京：人民教育出版社，2006.

[25] 王坚红. 学前儿童发展与教育科学研究方法 [M]. 北京：人民教育出版社，1991.

[26] 周兢，王坚红. 幼儿教育观察方法 [M]. 南京：南京大学出版社，1990.

[27] 马云鹏，孔凡哲. 教育研究方法 [M]. 长春：东北师范大学出版社，2006.

［28］华国栋.教育科研方法［M］.南京：南京大学出版社，2000.
［29］刘良华.教育研究方法：专题与案例［M］.上海：华东师范大学出版社，2017.
［30］修朋月，张宝歌.教师科研能力论纲［M］.北京：中国科学技术出版社，2002.
［31］陶保平，黄河清.教育调查［M］.上海：华东师范大学出版社，2005.
［32］陶保平.研究设计指导［M］.北京：教育科学出版社，2004.
［33］陶保平.学前教育科研方法［M］.2版.上海：华东师范大学出版社，2006.
［34］赵新云.教育科学研究方法［M］.北京：中国人民大学出版社，2009.
［35］刘电芝.现代学前教育研究方法［M］.重庆：西南师范大学出版社，1999.
［36］杨世诚.学前教育科研方法［M］.北京：科学出版社，2007.
［37］周希冰.学前教育科学研究［M］.北京：高等教育出版社，2006.
［38］郭秀艳.实验心理学［M］.北京：人民教育出版社，2004.
［39］陈李绸.个案研究：理论与实务［M］.台北：心理出版社股份有限公司，2005.
［40］邱小捷.中小学教育科研方法［M］.北京：高等教育出版社，2004.
［41］卢明德.中小学教育科研方法与论文写作［M］.天津：天津人民出版社，1996.
［42］杨丽珠.教育科学研究方法［M］.大连：辽宁师范大学出版社，1995.
［43］张红霞.教育科学研究方法［M］.北京：教育科学出版社，2009.
［44］孟庆茂.教育科学研究方法［M］.北京：中央广播电视大学出版社，2001.
［45］李秉德.教育科学研究方法［M］.北京：人民教育出版社，2001.
［46］鲍里奇.教师观察力的培养［M］.么加利，张新立，译.北京：中国轻工业出版社，2006.
［47］胡东芳.教育研究方法哲理故事与研究智慧［M］.上海：华东师范大学出版社，2009.
［48］杨小微.教育研究的理论与方法［M］.北京：北京师范大学出版社，2008.
［49］史爱芬，宋辉.学前教育科研方法［M］.沈阳：东北大学出版社，2015.
［50］郑金洲，等.行动研究指导［M］.北京：教育科学出版社，2004.
［51］郑金洲.教师如何做研究［M］.上海：华东师范大学出版社，2005.
［52］汪利后，等.教育行动研究：意义、制度与方法［M］.杭州：浙江大学出版社，2003.
［53］MILTENBERGER R G.行为矫正的原理与方法［M］.石林，等译.北京：中国轻工业出版社，2004.
［54］张宝臣，李兰芳.学前教育科学研究方法［M］.2版.上海：复旦大学出版社，2012年.

参考文献

[28] 石油和,贵州民族风俗[M]. 贵阳: 贵州大学出版社, 2060.
[29] 陈永正,宋康年等主编. 民俗学概论[M]. 上海: 华东师范大学出版社, 2012.
[30] 陶立璠主编. 民俗学概论[M]. 北京: 中国社会科学出版社, 2003.
[31] 陶思炎,吕建昌等编著. 民俗学[M]. 上海: 东南大学出版社, 2005.
[32] 陈华文主编. 民俗学[M]. 杭州: 浙江大学出版社, 2004.
[33] 乌丙安著. 中国民俗学[M]. 沈阳: 辽宁大学出版社, 2000.
[34] 钟敬文主编. 民俗学概论[M]. 北京: 高等教育出版社, 2009.
[35] 鸟民安. 民俗文化新论著[M]. 沈阳: 辽宁教育出版社, 1999.
[36] 钟敬文. 中华民俗学教程[M]. 北京: 民俗文艺出版社, 2007.
[37] 叶春生主编. 简明民俗学[M]. 长春: 吉林文史出版社, 2006.
[38] 仲富兰. 现代民俗学[M]. 杭州: 人民出版社, 2004.
[39] 高丙中, 苏靖. 友源著. 中国民俗学[M]. 北京: 中国民俗文艺出版社, 2008.
[40] 张恒山. 中国传统民俗文化[M]. 贵阳: 贵州教育出版社, 2007.
[41] 苏冠文. 中国民俗的生存与传承[M]. 北京: 北京大学出版社, 1998.
[42] 苑利. 民俗学与社会学[M]. 北京: 社会科学文献出版社, 1995.
[43] 张紫晨. 民俗学和民俗学史[M]. 北京: 北京师范大学出版社, 2009.
[44] 乌丙安. 民俗学和民俗学[M]. 北京: 中国社会科学出版社, 2001.
[45] 钟敬文. 民俗学概论[M]. 上海: 人民出版社, 2001.
[46] 邓力, 钟敬文著. 民俗学与民俗学史[M]. 上海: 东华大学出版社, 中国社会科学出版社, 2006.
[47] 陶思炎. 贵州苗族习俗的历史源与习俗[M]. 上海: 中国民俗文艺出版社, 2005.
[48] 陈秉业. 贵州苗族民俗文化之研究[M]. 北京: 中央民族大学出版社, 2005.
[49] 罗义群. 苗族民俗与民俗精神[M]. 北京: 中央大学出版社, 2013.
[50] 余涛萍. 苗族文化生态研究[M]. 北京: 中国社会出版社, 2004.
[51] 陆景川. 黔滇桂民俗文化考[M]. 乌鲁木齐: 内蒙古大学出版社, 2005.
[52] 詹承绪, 王承权. 中国贵州苗族. 民俗及其发展[M]. 贵阳: 贵州大学出版社, 2001.
[53] MILTON BENEDIST R G. 文化学概论[M]. 李亦园, 杨景琳译. 台北: 张景东, 中国社会科学出版社, 2004.
[54] 苏宝华. 黔东南苗族传统文化研究[M]. 上海: 上海人民出版社出版社, 2013年.